ŒUVRES

POÉTIQUES

DE J. RACINE

AUGMENTÉES

DES VARIANTES DU TEXTE

TOME PREMIER

PARIS
LIBRAIRIE DE FIRMIN DIDOT FRÈRES
IMPRIMEURS DE L'INSTITUT
RUE JACOB, 56

M DCCC LIII

CHEFS-D'OEUVRE

LITTÉRAIRES

DU XVIIe SIÈCLE

COLLATIONNÉS SUR LES ÉDITIONS ORIGINALES

ET PUBLIÉS PAR M. LEFÈVRE

PARIS. — TYPOGRAPHIE DE FIRMIN DIDOT FRÈRES,
RUE JACOB, 56.

ŒUVRES

POÉTIQUES

DE J. RACINE

AUGMENTÉES

DES VARIANTES DU TEXTE

TOME PREMIER

PARIS

LIBRAIRIE DE FIRMIN DIDOT FRÈRES

IMPRIMEURS DE L'INSTITUT

RUE JACOB, 56

M DCCC LIII

PRÉFACE

DE LA PREMIÈRE ÉDITION,

PUBLIÉE EN 1820.

Plusieurs grands critiques ont commenté Racine; c'est cependant de tous nos poëtes celui dont l'intelligence est la plus facile : comme il parle toujours au cœur, il est toujours entendu. Mais il a introduit dans la langue un si grand nombre de locutions nouvelles; sa poésie, riche, hardie, est tour à tour si simple et si sublime; il y a tant de force dans la conception de ses plans, dans le développement de ses caractères, que souvent, au milieu de l'admiration qu'il inspire, nous sentons le besoin d'un guide qui nous révèle les secrets de son génie. Les observations qu'on nous présente sont-elles neuves, elles nous instruisent; se rencontrent-elles avec les nôtres, elles les confirment; et, dans tous les cas, notre goût s'éclaire, notre style se perfectionne, et notre intelligence s'agrandit; car tel est toujours l'effet d'une étude approfondie de Racine. Pénétré de cette vérité, nous avons relu plusieurs fois ses ouvrages comme lui-même lisait ceux des grands écrivains de l'antiquité, un crayon à la main. L'examen du poëte nous a conduit naturellement à l'examen de ses commentateurs, puis au choix de leurs observations, puis enfin à l'étude des auteurs anciens, dont la présence, si l'on peut s'exprimer ainsi, se fait sentir à chaque page de l'auteur moderne. Telle est l'origine du travail que nous présentons au public. C'est le premier essai d'un *Variorum* français, où les critiques les plus judicieux viennent tour à tour déposer leur tribut. Séduit par les charmes d'une poésie divine, nous avons été involontairement entraîné à faire un ouvrage de ce qui n'avait d'abord été qu'un délassement d'occupations plus sérieuses.

Parmi les commentateurs de Racine, il en est huit [1] qui

---

[1] Louis Racine, d'Olivet, Desfontaines, Nadal, Luneau de Boisjermain, La Harpe, Geoffroy, M. Fontanier.

ont embrassé la presque totalité de ses œuvres. Louis Racine est le premier. Non-seulement il a servi de modèle à tous ceux qui ont écrit sur le même sujet, mais encore il est peu d'observations de détail qu'il n'ait au moins indiquées. Luneau de Boisjermain a emprunté à ce premier essai presque tout ce que son travail a de raisonnable. La Harpe et Geoffroy, à leur tour, l'ont souvent copié, en le citant et sans le citer : enfin Louis Racine a recueilli les principaux passages des poëtes anciens qui avaient servi de modèles à son père. Nous ne dirons rien d'une multitude de notes devenues inutiles, parce que leur but était d'excuser ou de condamner des locutions alors nouvelles, et qui sont presque toutes aujourd'hui consacrées par l'usage.

Quant aux critiques générales sur les effets de la scène, sur les convenances théâtrales, Louis Racine ne pouvait être un bon juge. Sa profonde piété ne lui ayant jamais permis d'assister au spectacle, il a dû se tromper souvent. Heureusement La Harpe et Geoffroy ne laissent rien à désirer à ce sujet, et il est rare que leurs décisions n'attestent pas en même temps la délicatesse de leur goût et l'attention qu'ils avaient donnée à cette partie de l'art.

Nous n'entrerons dans aucun détail sur Luneau de Boisjermain ; d'autres en ont trop parlé. Non-seulement son commentaire a été critiqué sévèrement, mais on a tenté d'en faire honneur à un jésuite nommé Roger, mort en 1810, et dont M. Simonin a publié quelques fragments sur Molière. Dépouillé de ses notes, Luneau s'est encore vu dépouiller de ses traductions : elles furent attribuées à Blin de Saint-Maur, qui a toujours gardé le silence sur cette accusation. Bref, ce commentateur, ou ces trois commentateurs, nous ont fourni quelques remarques ; car leur travail, quoique très-décrié, n'est cependant pas sans mérite.

Les notes de d'Olivet ne sortent pas des limites de la grammaire : la plupart sont justes ; elles le seraient toutes, si les règles n'avaient pas été établies depuis que Racine a écrit. Les fautes du poëte appartiennent le plus souvent à son siècle, ses beautés ne sont qu'à lui : il copia les unes et créa les autres.

En effet, lorsqu'on voit la multitude de tournures nouvelles dont il a enrichi la poésie, et dont l'usage est devenu vulgaire, on est tenté de croire que Racine a fait une partie de la langue que nous parlons.

Desfontaines n'a pris la plume que pour contredire d'Olivet. Ses raisons sont faibles. Nous avons fondu dans ce commentaire ce qu'il y avait d'intéressant dans ses remarques. Quant à d'Olivet, il méritait un autre sort ; et son travail, fait en conscience, se retrouve ici avec quelques légères modifications.

Nous avons fait peu d'emprunts à Nadal, qui ne mériterait pas l'honneur d'être nommé, si La Harpe et Geoffroy ne lui devaient la première idée d'un très-petit nombre de bonnes observations.

Le meilleur commentaire qui ait été publié sur Racine est de La Harpe ; mais cet habile critique oublie trop souvent son auteur pour s'occuper de Luneau ; acharné sur lui, comme sur une proie, il relève toutes ses inexactitudes, compte toutes ses fautes, et triomphe sans cesse et sans jamais se lasser de triompher. Cependant, au milieu de ces discussions fastidieuses, on trouve des notes rédigées avec talent, et des jugements dictés par le goût le plus exquis. Ce commentaire, pour être excellent, n'avait besoin que d'être dégagé de toutes les observations étrangères à Racine.

La même édition renferme quelques remarques qui n'appartiennent pas à La Harpe, et dont nous avons profité.

Un autre littérateur, qui pendant vingt ans charma l'Europe, dont il dirigeait le goût, Geoffroy, vint se joindre aux commentateurs de Racine. Mais ces badinages pleins de verve, ces critiques légères et piquantes, qu'on admirait chaque jour dans un feuilleton, perdirent tout à coup de leur prix en passant dans un commentaire. Loin d'éviter les défauts de son prédécesseur, il semble vouloir les surpasser ; en un mot, il s'attache à la mémoire de La Harpe comme La Harpe s'était attaché à celle de Luneau, et dans cette lutte fatigante il cherche moins à bien juger qu'à contredire les jugements de son rival. De là toutes ses erreurs, et une multitude de notes dont le moindre défaut est d'être inutiles. Ainsi notre siècle, comme celui des Scaliger, des Casaubon, des Saumaise, devait offrir deux exemples de cette vérité, que rien n'est plus froid qu'un commentaire, et que cependant rien n'est plus passionné que les commentateurs.

Après avoir fait la part de la critique, il est juste de faire celle de l'éloge. Le travail de Geoffroy, comme celui de La Harpe, n'avait besoin que d'être débarrassé de toutes les discussions étrangères à Racine. On y trouve alors une profonde connaissance des anciens, l'expérience de la scène, des rapprochements heureux, des aperçus neufs, et ce tact fin et délicat qui distingue les critiques habiles.

Les feuilletons de Geoffroy nous ont fourni quelques notes qui ne se trouvent pas dans son commentaire.

Quant aux erreurs de ces deux grands critiques, il est nécessaire de remarquer que La Harpe s'est trompé dans le jugement qu'il a porté d'*Esther*, comme Geoffroy dans celui qu'il a porté d'*Iphigénie*. Le premier voulait qu'*Esther* ne fût pas une tragédie; le second, dans sa prévention pour les Grecs, plaçait l'*Iphigénie* de Racine au-dessous de celle d'Euripide. La comparaison des deux pièces condamne Geoffroy, sans cependant trop abaisser Euripide.

Il nous reste à parler d'un livre moins connu; c'est celui de M. Fontanier. Le but de cet écrivain étant de rectifier les critiques dont Racine a été l'objet, il a cru devoir recueillir les notes de tous les commentateurs, sans choix, sans ordre, avec les répétitions et les contradictions. Ainsi, dans ce vaste recueil, chaque sujet, après avoir été traité sept ou huit fois, est terminé par une longue note, dans laquelle M. Fontanier juge à son tour tout ce qui vient d'être jugé, et les jugements eux-mêmes. C'est donc encore un commentaire sur les commentateurs. On y trouve plus d'instruction que de goût, des dissertations grammaticales très-bien faites, mais noyées dans un fatras scolastique dont il n'est pas facile de les dégager.

Tels sont les commentaires généraux publiés jusqu'à ce jour sur Racine. Nous ne parlerons point des écrivains qui se sont bornés à l'examen de quelques pièces, tels que Subligny, l'abbé de Villars, l'abbé Pellegrin, Riccoboni, le P. Brumoy, les frères Parfait, Le Franc de Pompignan, Du Bos, J.-B. Rousseau, J.-J. Rousseau (sur *Bérénice*), Voltaire (sur la même pièce), La Mothe-Houdard (sur *Bajazet*), Roger (sur *Esther et Athalie*), et enfin M. Petitot, auteur de quelques notes disséminées dans son édition de Racine. Nous avons recueilli les meilleures observations de chacun de ces écrivains, et rapporté en entier le commentaire de Voltaire sur *Bérénice*.

On s'étonnera peut-être de ne pas retrouver dans cette édition les préfaces et les examens critiques de Louis Racine, Luneau, La Harpe et Geoffroy. Ils y sont cependant en partie, mais dans un autre ordre. Il résulte de la marche suivie jusqu'à ce jour, que les mêmes anecdotes et les mêmes remarques étaient répétées dans les préfaces de l'auteur, dans celles de l'éditeur, dans les notes au bas du texte, dans les examens à la fin de la pièce, enfin dans les divers essais sur la vie de Racine qui précèdent ses ouvrages. Ces répétitions continuelles grossissaient inutilement les volumes, et nous avons cru devoir les éviter. Pour y parvenir, il suffisait de faire passer les préfaces et les jugements dans les notes placées au bas du texte. Tel a été l'objet de cette partie de notre travail, seulement nous avons eu soin de réunir les anecdotes aux Mémoires que Louis Racine a publiés sur la vie de son père, de manière à les compléter. Ces Mémoires offrent, au moyen de ces annotations, un tableau intéressant de tout ce qui nous est parvenu sur ce grand poëte. Ainsi, non-seulement les répétitions ont été évitées, mais l'ordre a été établi dans les matières.

Réduit à cette juste mesure, notre commentaire les renferme tous. C'est le travail d'un siècle entier sur Racine, c'est le jugement de la postérité prononcé par des hommes qui avaient fait une profonde étude des secrets de la langue et de la poésie. Si nous n'avons pas tout dit, c'est que nous aurions été blâmables de tout dire. La Harpe, qui s'est quelquefois trompé dans son commentaire, mais qui a très-bien parlé des commentateurs, les soumet à des règles dont nous avons cherché à ne pas nous écarter. « Il ne faut pas, disait ce grand critique,

« épuiser par l'analyse ce qui est de goût et de sentiment ; il
« suffit de choisir ce qui peut servir au lecteur d'indication
« pour le reste. La connaissance de tous les secrets de l'art,
« qui sont sans nombre, heureusement n'est nécessaire qu'à
« ceux qui le cultivent, ou à ceux qui prennent sur eux de s'en
« rendre les juges devant le public. Ceux-ci ne doivent pas
« tout dire ; mais, pour ne pas se tromper dans ce qu'ils
« disent, ils doivent savoir tout ce que l'on pourrait dire. »

Qu'on nous permette encore deux observations sur notre travail : la première a pour objet le choix des remarques où les commentateurs se sont rencontrés. Il semblait naturel de rapporter la note qui avait servi de type à toutes les autres : nous avons cependant été obligé de renoncer à cet acte de justice; car Luneau en copiant Louis Racine, La Harpe en copiant Luneau, et Geoffroy en copiant La Harpe, ajoutent le plus souvent quelque chose à la pensée qu'ils empruntent. Il était donc impossible de rendre à César ce qui appartenait à César, et c'est à la meilleure rédaction que nous nous sommes attaché.

Notre seconde observation porte sur de légers changements de rédaction que nous avons fait subir à plusieurs notes. Ceux qui ont lu les commentateurs n'ignorent pas que, dans la chaleur de la discussion, ils s'accusent mutuellement d'ignorance et de pédantisme, et que souvent ils ne ménagent pas davantage le poëte qu'ils admirent. Heureux lorsqu'ils se bornent à ne trouver dans certains passages que des *antithèses triviales,* d'*énormes bévues,* des *contre-sens grossiers,* des *métaphores de capitan,* etc. ! Rien de semblable ne devait se trouver dans notre commentaire. Nous avons adopté les critiques et repoussé les injures ; et si le texte de la note a souffert quelques modifications, son esprit est resté le même, et nous osons croire que les commentateurs n'y ont pas perdu.

Quant à nos propres remarques, elles sont peu nombreuses, peu importantes, et cela devait être, après les travaux de tant de critiques habiles. Une chose nouvelle sur ce grand poëte pourrait être regardée aujourd'hui comme une découverte ; et sans doute les futurs commentateurs n'auront d'autres ressources que d'imiter Voltaire, qui, dans son enthousiasme pour Racine, voulait qu'on écrivît au bas de chaque page : Beau! pathétique! harmonieux! sublime!

Suivant l'exemple donné par divers éditeurs, nous avons indiqué les pièces grecques et traduit les passages des auteurs latins qui avaient servi de modèles à Racine. Notre intention avait d'abord été d'emprunter à Geoffroy sa traduction des auteurs latins ; mais elle nous a paru si négligée, que nous avons douté qu'elle fût son ouvrage. Il a donc fallu recommencer ce travail. Cependant, il est juste de le dire, chaque fois qu'un traducteur quelconque nous a offert une expression heureuse, une pensée bien rendue, nous l'avons prise sans façon. Cette méthode peut paraître nouvelle ; mais nous la croyons utile. Pourquoi laisser perdre une belle inspiration dans un livre presque toujours destiné à l'oubli? Ces emprunts forcent d'ailleurs à mieux faire ce qu'on n'emprunte pas. Ainsi, loin de chercher les défauts des traducteurs, nous nous sommes appliqué à chercher leurs beautés pour nous en emparer, non comme d'un bien appartenant à nous, mais comme d'un bien appartenant au public.

Qu'on ne s'attende point à retrouver ici la force, la concision, l'énergie du latin. Tacite surtout nous a mis au désespoir : nous l'avons abandonné et repris vingt fois ; et, pour nous servir d'une expression de J.-J. Rousseau, un si rude jouteur nous a bientôt lassé. Dans cette lutte, où nous avons toujours été vaincu, il a bien fallu reconnaître, avec un de nos plus célèbres critiques, l'impossibilité de traduire un auteur sans altérer les formes de son style. Personne ne nous accusera sans doute de vouloir faire entendre que ce que nous n'avons pas fait, d'autres ne pourront le faire. Il ne s'agit ici ni de l'impuissance du talent, ni de celle des traducteurs, il s'agit du génie des langues. Certes il y a dans Bossuet des pages aussi concises que dans Tacite ; mais ce n'est pas Tacite, c'est Bossuet. Notre langue peut tout exprimer, excepté les formes des langues anciennes ; et voilà, selon nous, ce qui rend une bonne traduction impossible.

La traduction des passages de l'Écriture cités dans les notes d'*Esther* et d'*Athalie* est de M. le Maistre de Sacy. Cette traduction n'est pas toujours élégante, mais elle est toujours fidèle, et ce mérite est le premier de tous.

Il nous reste à parler du texte de cette édition. Celle de Geoffroy pouvait nous inspirer quelque confiance, et nous l'avons prise pour base de la nôtre, mais après l'avoir collationnée sur les éditions première et seconde, publiées sous les yeux de Racine. Deux autres éditions, celles de 1676 et 1687, faites durant la vie de l'auteur, et qu'on croit avoir été revues par Boileau, ont été également lues avec soin. Nous les avons comparées avec l'édition donnée immédiatement après la mort de Racine, et avec celle d'Amsterdam, de 1743, qu'on attribue à d'Olivet, et qui est justement recherchée des amateurs. Ce travail important n'a pas été infructueux, puisqu'il nous a donné plus de soixante *variantes* inconnues des commentateurs ou éditeurs qui nous ont précédé. Il a également servi à rectifier douze ou quinze passages du texte altérés dans toutes les éditions publiées de nos jours. La perfection est une chose bien difficile, puisque, malgré les recherches dont Racine n'a pas cessé d'être l'objet, nous avons pu faire une moisson si abondante. Après cet exemple, il serait téméraire d'avancer qu'il ne reste rien à faire aux futurs éditeurs de Racine.

Boileau disait que la France avait, comme l'Italie, ses auteurs classiques, et qu'il serait nécessaire de relever leurs beautés et leurs défauts dans des notes consacrées à ce seul objet. Notre travail est une réponse à ce vœu. Le premier poëte des temps modernes méritait d'être assimilé aux premiers poëtes des temps anciens : nous avons fait pour lui ce qu'on a fait pour Virgile. Puissent les hommes vraiment habiles s'emparer de cette idée, et reproduire dans une suite de *Variorum* tous les classiques français !

AIMÉ-MARTIN.

AVERTISSEMENT

SUR LA CINQUIÈME ÉDITION[1].

La quatrième édition du Racine *Variorum* est épuisée depuis longtemps, et les rares exemplaires qui passent dans les ventes publiques, recherchés par les amateurs, sont payés des prix exagérés. C'est donc pour répondre aux nombreuses demandes qui lui sont adressées, que M. Lefèvre s'est décidé à mettre sous presse cette cinquième édition.

La lecture de Racine est pleine d'attrait, on y revient sans cesse, et toujours on y découvre de nouvelles beautés. Il serait donc impossible que vingt ans d'une vie toute consacrée à l'étude se fussent écoulés sans aucun profit pour notre commentaire. Le livre tout entier s'est amélioré; et ce n'est point ici une phrase d'éditeur, c'est un fait qu'il est facile de vérifier, en comparant cette édition à toutes celles qui l'ont précédée.

Parmi ces améliorations on remarquera :

1º Plusieurs notes rectifiées ;

2º Un grand nombre de notes nouvelles ;

3º Le nom des acteurs qui ont joué d'original les pièces de Racine ;

M. Lefèvre a, de nouveau, revu le texte sur l'édition de

---

[1] Paris, 1844; 6 vol in-8°

Barbin, 1697, publiée deux ans avant la mort de l'auteur, et la dernière donnée de son vivant.

Aimé-Martin.

Pour éviter la répétition des noms, les commentateurs ont été désignés ainsi qu'il suit :

Louis Racine.	L. R.
D'Olivet.	D'O.
Voltaire.	Volt.
Luneau de Boisjermain.	L. B.
La Harpe.	L.
Geoffroy.	G.

Les notes de M. Aimé-Martin sont sans signature.

MÉMOIRES

SUR

LA VIE ET LES OUVRAGES

DE JEAN RACINE,

PAR LOUIS RACINE.

Lorsque je fais connaître mon père, mieux que ne l'ont fait connaître jusqu'à présent ceux qui ont écrit sa vie, en rendant ce que je dois à sa mémoire, j'ai une double satisfaction : fils et père à la fois, je remplis un de mes devoirs envers vous, mon cher fils, puisque je mets devant vos yeux celui qui, pour la piété, pour l'amour de l'étude, et pour toutes les qualités du cœur, doit être votre modèle. J'avais toujours approuvé la curiosité que vous aviez témoignée pour entendre lire les Mémoires dans lesquels vous saviez que j'avais rassemblé diverses particularités de sa vie; et je l'avais approuvée sans la satisfaire, parce que j'y trouvais quelque danger pour votre âge. Je craignais aussi de paraître plus prédicateur qu'historien, quand je vous dirais qu'il n'avait eu, la moitié de sa vie, que du mépris pour le talent des vers, et pour la gloire que ce talent lui avait acquise. Mais maintenant qu'à ces Mémoires je suis en état d'ajouter un recueil de ses lettres, et qu'au lieu de vous parler de lui, je puis vous le faire parler lui-même, j'espère que cet ouvrage, que j'ai fait pour vous, produira en vous les fruits que j'en attends, par les instructions que vous y donnera celui qui doit faire sur vous une si grande impression.

Vous n'êtes pas encore en état de goûter les lettres de Cicéron, qui étaient les compagnes de tous ses voyages; mais il vous est d'autant plus aisé de goûter les siennes, que vous pouvez les regarder comme adressées à vous-même. Je parle de celles qui composent le troisième recueil.

Ne jetez les yeux sur les lettres de sa jeunesse que pour y apprendre l'éloignement que l'amour de l'étude lui donnait du monde, et les progrès qu'il avait déjà faits, puisqu'à dix-sept ou dix-huit ans il était rempli des auteurs grecs, latins, italiens, espagnols, et en même temps possédait si bien sa langue, quoiqu'il se plaigne de n'en avoir qu'*une petite teinture,* que ces lettres, écrites sans travail, sont dans un style toujours pur et naturel.

Vous ne pourrez sentir que dans quelque temps le mérite de ses lettres à Boileau, et de celles de Boileau : ne soyez donc occupé aujourd'hui que de ses dernières lettres, qui, quoique simplement écrites, sont plus capables que toute autre lecture de former votre cœur, parce qu'elles vous dévoileront le sien. C'est un père qui écrit à son fils comme à son ami. Quelle attention, sans qu'elle ait rien d'affecté, pour le rappeler à ce qu'il doit à Dieu, à sa mère et à ses sœurs ! Avec quelle douceur il fait des réprimandes, quand il est obligé d'en faire ! Avec quelle modestie il donne des avis ! Avec quelle franchise il lui parle de la médiocrité de sa fortune ! Avec quelle simplicité il lui rend compte de tout ce qui se passe dans son ménage ! Et gardez-vous bien de rougir quand vous l'entendrez répéter souvent les noms de Babet, Fanchon, Madelon, Nanette, mes sœurs : apprenez, au contraire, en quoi il est estimable. Quand vous l'aurez connu dans sa famille, vous le goûterez mieux lorsque vous viendrez à le connaître sur le Parnasse ; vous saurez pourquoi ses vers sont toujours pleins de sentiment.

Plutarque a déjà pu vous apprendre que Caton l'Ancien préférait la gloire d'être bon mari à celle d'être grand sénateur, et qu'il quittait les affaires les plus importantes pour aller voir sa femme remuer et emmaillotter son enfant. Cette sensibilité antique n'est-elle donc plus dans nos mœurs, et trouvons-nous qu'il soit honteux d'avoir un cœur ? L'humanité, toujours belle, se plaît surtout dans les belles âmes ; et les choses qui paraissent des faiblesses puériles aux yeux d'un bel esprit, sont les vrais plaisirs d'un grand homme. Celui dont on vous a dit tant de fois, et trop souvent peut-être, que vous deviez ressusciter le nom, n'était jamais si content que quand, libre de quitter la cour, où il trouva dans les premières années de si grands agréments, il pouvait venir passer quelques jours avec nous. En présence même d'étrangers, il osait être père : il était de tous nos jeux ; et je me souviens (je le puis écrire, puisque c'est à vous que j'écris), je me souviens de processions dans lesquelles mes sœurs étaient le clergé, j'étais le curé, et l'auteur d'*Athalie*, chantant avec nous, portait la croix.

C'est une simplicité de mœurs si admirable, dans un homme tout sentiment et tout cœur, qui est cause qu'en copiant pour vous ses lettres, je verse à tous moments des larmes, parce qu'il me communique la tendresse dont il était rempli.

Oui, mon fils, il était né tendre, et vous l'entendrez assez dire ; mais il fut tendre pour Dieu lorsqu'il revint à lui ; et du jour qu'il revint à ceux qui, dans son enfance, lui avaient appris à le connaître, il le fut pour eux sans réserve ; il le fut pour ce roi dont il avait tant de plaisir à écrire l'histoire ; il le fut toute sa vie pour ses amis ; il le fut depuis son mariage et jusqu'à la fin de ses jours pour sa femme et pour ses enfants sans prédilection ; il l'était pour moi-même, qui ne faisais guère que de naître quand il mourut, et à qui ma mémoire ne peut rappeler que ses caresses.

Attachez-vous donc uniquement à ses dernières lettres, et aux endroits de la seconde partie de ces Mémoires où il parle à un fils qu'il voulait éloigner de la passion des vers, que je n'ai que trop écoutée, parce que je n'ai pas eu les mêmes leçons. Il lui faisait bien connaître que les succès les plus heureux ne rendent pas le poëte heureux, lorsqu'il lui avouait que la plus mauvaise critique lui avait toujours causé plus de chagrin que les plus grands applaudissements ne lui avaient fait de plaisir. Retenez surtout ces paroles remarquables, qu'il lui disait dans l'épanchement d'un cœur paternel : « Ne croyez pas que ce
« soient mes pièces qui m'attirent les caresses des grands.
« Corneille fait des vers cent fois plus beaux que les miens, et
« cependant personne ne le regarde ; on ne l'aime que dans la
« bouche de ses acteurs. Au lieu que, sans fatiguer les gens du

« monde du récit de mes ouvrages, dont je ne leur parle jamais,
« je les entretiens de choses qui leur plaisent. Mon talent avec
« eux n'est pas de leur faire sentir que j'ai de l'esprit, mais de
« leur apprendre qu'ils en ont. »

Vous ne connaissez pas encore le monde; vous ne pouvez qu'y paraître quelquefois, et vous n'y avez jamais paru sans vous entendre répéter que vous portiez le nom d'un poëte fameux, qui avait été fort aimé à la cour. Qui peut mieux que ce même homme vous instruire des dangers de la poésie et de la cour? La fortune qu'il y a faite vous sera connue, et vous verrez dans ces Mémoires ses jours abrégés par un chagrin, pris à la vérité trop vivement, mais sur des raisons capables d'en donner. Vous verrez aussi que la passion des vers égara sa jeunesse, quoique nourrie de tant de principes de religion, et que la même passion éteignit pour un temps, dans ce cœur si éloigné de l'ingratitude, les sentiments de reconnaissance pour ses premiers maîtres.

Il revint à lui-même; et sentant alors combien ce qu'il avait regardé comme bonheur était frivole, il n'en chercha plus d'autre que dans les douceurs de l'amitié, et dans la satisfaction à remplir tous les devoirs de chrétien et de père de famille. Enfin ce poete, qu'on vous a dépeint comme environné des applaudissements du monde et accablé des caresses des grands, n'a trouvé de consolation que dans les sentiments de religion dont il était pénétré. C'est en cela, mon fils, qu'il doit être votre modèle; et c'est en l'imitant dans sa piété et dans les aimables qualités de son cœur, que vous serez l'héritier de sa véritable gloire, et que son nom que je vous ai transmis vous appartiendra.

Le désir que j'en ai m'a empêché de vous témoigner le désir que j'aurais encore de vous voir embrasser l'étude avec la même ardeur. Je vous ai montré des livres tout grecs, dont les marges sont couvertes de ses apostilles, lorsqu'il n'avait que quinze ans. Cette vue, qui vous aura peut-être effrayé, doit vous faire sentir combien il est utile de se nourrir de bonne heure d'excellentes choses. Platon, Plutarque, et les lettres de Cicéron, n'apprennent point à faire des tragédies; mais un esprit formé par de pareilles lectures devient capable de tout.

Je m'aperçois qu'à la tête d'un Mémoire historique, je vous parle trop longtemps : le cœur m'a emporté ; et, pour vous en expliquer les sentiments, j'ai profité de la plus favorable occasion que jamais père ait trouvée.

La Vie de mon père qui se trouve à la tête de la dernière édition de ses œuvres, faite à Paris en 1736, ne mérite aucune attention, parce que celui qui s'est donné la peine de la faire ne s'est pas donné celle de consulter la famille [1]. Au lieu d'une Vie ou d'un Éloge historique, on ne trouve, dans l'Histoire de l'Académie Française, qu'une lettre de M. de Valincour, qu'il appelle lui-même *un amas informe d'anecdotes cousues bout à bout et sans ordre*. Elle est fort peu exacte, parce qu'il l'écrivait à la hâte, en faisant valoir à M. l'abbé d'Olivet, qui la lui demandait, la complaisance qu'il avait d'interrompre ses occupations pour le contenter ; et il appelle *corvée* ce qui pouvait être pour lui un agréable devoir de l'amitié, et même de la reconnaissance. Personne n'était plus en état que lui de faire une Vie exacte d'un ami qu'il avait fréquenté si longtemps ; au lieu que les autres qui en ont voulu parler ne l'ont point du tout connu. Je ne l'ai pas connu moi-même ; mais je ne dirai rien que sur le rapport de mon frère aîné, ou d'anciens amis, que j'ai souvent interrogés. J'ai aussi quelquefois interrogé l'illustre compagnon de sa vie et de ses travaux, et Boileau a bien voulu m'apprendre quelques particularités. Comme ils ont dans tous les temps partagé entre eux les faveurs des Muses et de la cour, où, appelés d'abord comme poëtes, ils surent se faire plus estimer encore par leurs mœurs que par les agréments de leur esprit, je ne séparerai point dans ces Mémoires deux amis que

---

[1] Le peu qu'en a écrit M. Perrault dans ses Hommes Illustres est vrai, parce qu'il consulta la famille, et, par la même raison, l'article du Supplément de Moréri, 1735, est exact ; mais le P. Niceron et les auteurs de l'Histoire des Théâtres n'ont fait que compiler la Vie qui est à la tête de l'édition de 1736, ou la lettre de M. de Valincour, les notes de Brossette, et le Bolæana, recueil très-peu sûr en plusieurs endroits. J'aurai occasion d'en parler dans la suite. (L. R.)

la mort seule a pu séparer. Pour ne point répéter cependant sur Boileau ce que ses commentateurs en ont dit, je ne rapporterai que ce qu'ils ont ignoré, ou ce qu'ils n'ont pas su exactement. La vie de deux hommes de lettres, et de deux hommes aussi simples dans leur conduite, ne peut fournir des faits nombreux et importants; mais comme le public est toujours curieux de connaître le caractère des auteurs dont il aime les ouvrages, et que de petits détails le font souvent connaître, je serai fidèle à rapporter les plus petites choses.

Ne pouvant me dispenser de rappeler au moins en peu de mots l'histoire des pièces de théâtre de mon père, je diviserai cet ouvrage en deux parties. Dans la première, je parlerai du poëte, en évitant, autant qu'il me sera possible, de redire ce qui se trouve déjà imprimé en plusieurs endroits. Dans la seconde, le poëte ayant renoncé aux vers, auxquels il ne retourna que sur la fin de ses jours et comme malgré lui, je n'aurai presque à parler que de la manière dont il a vécu à la cour, dans sa famille et avec ses amis. Je ne dois jamais louer le poëte ni ses ouvrages : le public en est juge. S'il m'arrive cependant de louer en lui plus que ses mœurs, et si je l'approuve en tout, j'espère que je serai moi-même approuvé; et que, quand même j'oublierais quelquefois la précision du style historique, mes fautes seront ou louées ou du moins excusées, parce que je dois être, plus justement encore que Tacite écrivant la vie de son beau-père, *professione pietatis aut laudatus aut excusatus.*

PREMIÈRE PARTIE.

Les Racine, originaires de La Ferté-Milon, petite ville du Valois, y sont connus depuis longtemps, comme il paraît par quelques tombes qui y subsistent encore dans la grande église, et entre autres par celle-ci :

« Cy gissent honorables personnes, Jean Racine, receveur pour le roi
« notre sire et la reine, tant du domaine et duché de Valois que des gre-
« niers à sel de La Ferté-Milon et Crespy en Valois, mort en 1593, et dame
« Anne Gosset, sa femme. »

Je crois pouvoir, sans soupçon de vanité, remonter jusqu'aux aïeux que me fait connaître la charge de contrôleur du petit grenier à sel de La Ferté-Milon. La charge de receveur du domaine et du duché de Valois, que possédait Jean Racine, mort en 1593, ayant été supprimée, Jean Racine, son fils, prit celle de contrôleur du grenier à sel de La Ferté-Milon, et épousa Marie Desmoulins, qui eut deux sœurs religieuses à Port-Royal-des-Champs. De ce mariage naquit Agnès Racine, et Jean Racine, qui posséda la même charge, et épousa en 1638 Jeanne Sconin, fille de Pierre Sconin, procureur du roi des eaux et forêts de Villers-Coterets. Leur union ne dura pas longtemps. La femme mourut le 24 janvier 1641, et le mari le 6 février 1643. Ils laissèrent deux enfants : Jean Racine, mon père, né le 21 décembre 1639, et une fille qui a vécu à La Ferté-Milon jusqu'à l'âge de quatre-vingt-douze ans. Ces deux jeunes orphelins furent élevés par leur grand-père Sconin. Les grandes fêtes de l'année, ce bon homme traitait toute sa famille, qui était fort nombreuse, tant enfants que petits-enfants. Mon père disait qu'il était comme les autres invité à ce repas, mais qu'à peine on daignait le regarder. Après la mort de Pierre Sconin, arrivée en 1650, Marie Desmoulins, qui, étant demeurée veuve, avait vécu avec lui, se retira à Port-Royal-des-Champs [1], où elle avait une fille religieuse, qui depuis en fut abbesse, et qui est connue sous le nom d'*Agnès de Sainte-Thècle Racine*.

Dans les premiers troubles qui agitèrent cette abbaye, quelques-uns de ces fameux solitaires, qui furent obligés d'en sortir pour un temps, se retirèrent à la chartreuse de Bourg-Fontaine, voisine de La Ferté-Milon : ce qui donna lieu à plusieurs personnes de La Ferté-Milon de les connaître, et de leur entendre parler de la vie qu'on menait à Port-Royal [2]. Voilà quelle fut la cause que les deux sœurs et la fille de Marie Desmoulins s'y firent religieuses, qu'elle-même y passa les dernières années de sa vie, et que mon père y passa les premières années de la sienne.

Il fut d'abord envoyé pour apprendre le latin dans la ville de Beauvais, dont le collége était sous la direction de quelques ecclésiastiques de mérite et de savoir : il y apprit les premiers principes du latin. Ce fut alors que la guerre civile s'alluma à Paris, et se répandit dans toutes les provinces. Les écoliers s'en mêlèrent aussi, et prirent parti chacun suivant son inclination. Mon père fut obligé de se battre comme les autres, et reçut au front un coup de pierre, dont il a toujours porté la cicatrice au-dessus de l'œil gauche. Il disait que le principal de ce collége le montrait à tout le monde comme un brave ; ce qu'il racontait en plaisantant. On verra dans une de ses lettres, écrite de l'armée à Boileau, qu'il ne vantait pas sa bravoure.

Il sortit de ce collége le 1er octobre 1655, et fut mis à Port-Royal, où il ne resta que trois ans, puisque je trouve qu'au mois d'octobre 1658 il fut envoyé à Paris pour faire sa philosophie au collége d'Harcourt, n'ayant encore que quatorze ans [3]. On a

---

[1] Elle mourut le 12 août 1662. Voyez le Nécrologe et les historiens de Port-Royal.

[2] Lorsqu'en 1638 le cardinal de Richelieu eut fait arrêter l'abbé de Saint-Cyran, il envoya ordre à Antoine Le Maistre et à Le Maistre de Séricourt de quitter Port-Royal ; et les deux frères allèrent chercher une retraite à La Ferté-Milon, chez madame Vitart, tante de Racine.

[3] Il y a évidemment ici une erreur sur l'âge de Racine. Il était né en décembre 1639. Il sortit du collége de Beauvais, dit l'auteur des Mémoires,

peine à comprendre comment en trois ans il a pu faire à Port-Royal un progrès si rapide dans ses études. Je juge de ces progrès par les extraits qu'il faisait des auteurs grecs et latins qu'il lisait.

J'ai ces extraits écrits de sa main. Ses facultés, qui étaient fort médiocres, ne lui permettant pas d'acheter les belles éditions des auteurs grecs, il les lisait dans les éditions faites à Bâle sans traduction latine. J'ai hérité de son Platon et de son Plutarque, dont les marges, chargées de ses apostilles, sont la preuve de l'attention avec laquelle il les lisait; et ces mêmes livres font connaître l'extrême attention qu'on avait à Port-Royal pour la pureté des mœurs, puisque dans ces éditions mêmes, quoique toutes grecques, les endroits un peu libres, ou pour mieux dire trop naïfs, qui se trouvent dans les narrations de Plutarque, historien d'ailleurs si grave, sont effacés avec un grand soin. On ne confiait pas à un jeune homme un livre tout grec sans précaution.

M. Le Maistre, qui trouva dans mon père une grande vivacité d'esprit avec une étonnante facilité pour apprendre, voulut conduire ses études, dans l'intention de le rendre capable d'être un jour avocat. Il le prit dans sa chambre, et avait tant de tendresse pour lui, qu'il ne l'appelait que son fils, comme on verra par ce billet, dont l'adresse est, *Au petit Racine*, et que je rapporte quoique fort simple, à cause de sa simplicité même. M. Le Maistre l'écrivit de Bourg-Fontaine, où il avait été obligé de se retirer :

« Mon fils, je vous prie de m'envoyer au plus tôt l'Apologie
« des SS. PP., qui est à moi, et qui est de la première impres-
« sion. Elle est reliée en veau marbré, in-4°. J'ai reçu les cinq
« volumes de mes Conciles, que vous aviez fort bien empaque-
« tés. Je vous en remercie. Mandez-moi si tous mes livres sont
« bien arrangés sur des tablettes, et si mes onze volumes de
« saint Jean Chrysostome y sont; et voyez-les de temps en

en octobre 1655 : il avait donc près de seize ans. Il resta ensuite trois ans à Port-Royal, et fut envoyé, en octobre 1658, au collége d'Harcourt à Paris. Il avait donc alors près de dix-neuf ans, et cependant il est dit dans ce paragraphe : *n'ayant encore que quatorze ans.*

« temps pour les nettoyer. Il faudrait mettre de l'eau dans des
« écuelles de terre où ils sont, afin que les souris ne les ron-
« gent pas. Faites mes recommandations à votre bonne tante,
« et suivez bien ses conseils en tout. La jeunesse doit toujours se
« laisser conduire, et tâcher de ne point s'émanciper. Peut-être
« que Dieu nous fera revenir où vous êtes. Cependant il faut
« tâcher de profiter de cet événement, et faire en sorte qu'il
« nous serve à nous détacher du monde, qui nous paraît si en-
« nemi de la piété. Bonjour, mon cher fils; aimez toujours votre
« papa comme il vous aime; écrivez-moi de temps en temps.
« Envoyez-moi aussi mon Tacite in-folio. »

M. Le Maistre ne fut pas longtemps absent, il eut la permission de revenir; mais en arrivant il tomba dans la maladie
dont il mourut; et, après sa mort, M. Hamon prit soin des
études de mon père[1]. Entre les connaissances qu'il fit à Port-
Royal, je ne dois point oublier celle de M. le duc de Chevreuse,
qui a conservé toujours pour lui une amitié très-vive, et qui,
par les soins assidus qu'il lui rendit dans sa dernière maladie,
a bien vérifié ce que dit Quintilien, que les amitiés qui commencent dans l'enfance, et que des études communes font
naître, ne finissent qu'avec la vie.

On appliquait mon père, quoique très-jeune, à des études
fort sérieuses. Il traduisit[2] le commencement du Banquet de
Platon, fit des extraits tout grecs de quelques traités de saint
Basile, et quelques remarques sur Pindare et sur Homère. Au
milieu de ses occupations, son génie l'entraînait tout entier du
côté de la poésie, et son plus grand plaisir était de s'aller en-
foncer dans les bois de l'abbaye avec Sophocle et Euripide, qu'il

[1] M. Le Maistre mourut le 4 novembre 1658. A cette époque, Racine
n'était plus à Port-Royal; il était au collége d'Harcourt depuis le mois d'octobre précédent : d'où il faut conclure que M. Hamon, médecin de Port-
Royal, ne veilla pas à ses études après la mort de M. Le Maistre.

[2] S'il n'a pas fait cette traduction à Port-Royal, il l'a faite à Uzès : c'est
un ouvrage de sa jeunesse. Quoique la traduction soit bonne, un fragment
si peu considérable ne méritait peut-être pas d'être imprimé; il le fut cependant chez Gandouin en 1732. On a mis à la tête une lettre sans date d'année, qui m'est inconnue, et ne se trouve point parmi les autres lettres
écrites à Boileau qui sont entre mes mains. (L. R.)

savait presque par cœur. Il avait une mémoire surprenante.
Il trouva par hasard le roman grec des Amours de Théagène
et de Chariclée. Il le dévorait, lorsque le sacristain Claude
Lancelot, qui le surprit dans cette lecture, lui arracha le livre
et le jeta au feu[1]. Il trouva le moyen d'en avoir un autre exemplaire qui eut le même sort, ce qui l'engagea à en acheter un
troisième; et pour n'en plus craindre la proscription, il l'apprit
par cœur, et le porta au sacristain, en lui disant : « Vous pouvez brûler encore celui-ci comme les autres. »

Il fit connaître à Port-Royal sa passion plutôt que son talent pour les vers, par sept odes qu'il composa sur les beautés
champêtres de sa solitude, sur les bâtiments de ce monastère,
sur le paysage, les prairies, les bois, l'étang, etc.[2]. Le hasard
m'a fait trouver ces odes, qui n'ont rien d'intéressant, même
pour les personnes curieuses de tout ce qui est sorti de la
plume des écrivains devenus fameux : elles font seulement
voir qu'on ne doit pas juger du talent d'un jeune homme par
ses premiers ouvrages. Ceux qui lurent alors ces odes ne purent pas soupçonner que l'auteur deviendrait dans peu l'auteur
d'*Andromaque*.

Il était, à cet âge, plus heureux dans la versification latine
que dans la française; il composa quelques pièces en vers latins, qui sont pleines de feu et d'harmonie. Je ne rapporterai
pas une élégie sur la mort d'un gros chien qui gardait la cour
de Port-Royal, à la fin de laquelle il promet par ses vers l'immortalité à ce chien, qu'il nomme Rabotin :

> Semper honor, Rabotine, tuus laudesque manebunt;
> Carminibus vives tempus in omne meis.

On jugera mieux de ses vers latins par la pièce suivante, que

---

[1] Lancelot eut la plus grande part à la célèbre grammaire de Port-Royal. On lui doit aussi les meilleurs éléments des langues grecque, latine, espagnole, italienne, et plusieurs autres ouvrages. Il s'était chargé d'enseigner le grec à Racine, et c'était le plus grand service que l'érudition pût rendre au talent.

[2] Ces odes se trouvent dans cette édition. Elles sont d'un grand intérêt, puisqu'elles offrent le point d'où Racine est parti pour arriver jusqu'à *Athalie*.

je ne donne pas entière, quoique dans l'ouvrage d'un poete de quatorze ans tout soit excusable[1].

AD CHRISTUM [2].

« O qui perpetuo moderaris sidera motu,
    « Fulmine qui terras imperioque regis,
« Summe Deus, magnum rebus solamen in arctis,
    « Una salus famulis præsidiumque tuis, »
Sancte parens, facilem præbe implorantibus aurem,
    Atque humiles placida suscipe mente preces;
« Huc adsis tantum, et propius res aspice nostras,
    « Leniaque afflictis lumina mitte locis. »
Hanc tutare domum, quæ per discrimina mille,
    Mille per insidias vix supcresse potest.
Aspice ut infandis jacet objectata periclis,
    Ut timet hostiles irrequieta manus.
Nulla dies terrore caret, finemque timoris
    Innovat infenso major ab hoste metus.
Undique crudelem conspiravere ruinam,
    Et miseranda parant vertere tecta solo.
Tu spes sola, Deus, miseræ. Tibi vota precesque
    Fundit in immensis nocte dieque malis.
« Quem dabis æterno finem, rex magne, labori?
    « Quis dabitur bellis invidiæque modus?
« Nullane post longos requies speranda tumultus?
    « Gaudia sedato nulla dolore manent?
« Sicne adeo pietas vitiis vexatur inultis?
    « Debita virtuti præmia crimen habet. »
Aspice virgineum castis penetralibus agmen,
    Aspice devotos, sponse benigne, choros.
Hic sacra illæsi servantes jura pudoris,
    Te veniente die, te fugiente vocant.
Cœlestem liceat sponsum superare precando :

---

[1] Il y a encore ici une erreur sur l'âge de Racine, erreur qu'il est facile de rectifier, d'après notre observation précédente. Nous croyons devoir citer la pièce entière, en plaçant des guillemets aux vers que Louis Racine avait supprimés.

[2] On reconnait, dans cette pièce, un jeune homme nourri des bons poetes latins, dont il sait employer à propos les tours et les expressions. C'est en imitant les anciens dans leur langue, que Racine est parvenu à servir à jamais de modèle dans la sienne. (G.)

Fas sentire tui numina magna patris.
Huc quoque nos quondam tot tempestatibus actos
 Abripuit flammis gratia sancta suis.
Ast eadem insequitur mœstis fortuna periclis :
 Ast ipso in portu sæva procella furit.
Pacem, summe Deus, pacem te poscimus omnes :
 Succedant longis paxque diesque malis.
Te duce disruptas pertransiit Israël undas :
 Hos habitet portus, te duce, vera salus.
« Hic nemora, hic nullis quondam loca cognita muris,
« Hic horrenda tuis laudibus antra sonant.
« Huc tua dilectas deduxit gratia turmas,
« Hinc ne unquam Stygii moverit ira noti. »

En parlant des ouvrages de sa première jeunesse, qu'on peut appeler son enfance, je ne dois pas oublier sa traduction des hymnes des féries du Bréviaire romain. Boileau disait qu'il l'avait faite à Port-Royal, et que M. de Sacy, qui avait traduit celles des dimanches et de toutes les fêtes pour les Heures de Port-Royal, en fut jaloux; et, voulant le détourner de faire des vers, lui représenta que la poésie n'était point son talent. Ce que disait Boileau demande une explication. Les hymnes des féries imprimées dans le Bréviaire romain, traduit par M. Le Tourneux, ne sont pas certainement l'ouvrage d'un jeune homme; et celui qui faisait les odes sur les bois, l'étang, et le paysage de Port-Royal, n'était pas encore capable de faire de pareils vers. Je ne doute pas cependant qu'il ne soit auteur de la traduction de ces hymnes; mais il faut qu'il les ait traduites dans un âge avancé, ou qu'il les ait depuis retouchées avec tant de soin, qu'il en ait fait un nouvel ouvrage. On lit, en effet, dans les Hommes Illustres de M. Perrault, que, longtemps après les avoir composées, il leur donna la dernière perfection. La traduction du Bréviaire romain fut condamnée[1] par l'archevêque de Paris, pour des raisons qui n'avaient aucun rapport à la traduction de ces hymnes. Cette condamnation donna lieu dans la suite à un mot que rapportent plusieurs personnes, et

[1] Elle fut condamnée uniquement comme version en langue vulgaire.
(L. R.) Ces hymnes sont recueillies dans cette édition.

que je ne garantis pas. Le roi, dit-on, exhortait mon père à faire quelques vers de piété : « J'en ai voulu faire, répondit-il, « on les a condamnés. »

Il ne fut que trois ans à Port-Royal ; et ceux qui savent combien il était avancé dans les lettres grecques et latines n'en sont point étonnés, quand ils font réflexion qu'un génie aussi vif que le sien, animé par une grande passion pour l'étude, et conduit par d'excellents maîtres, marchait rapidement. Au sortir de Port-Royal, il vint à Paris, et fit sa logique au collége d'Harcourt, d'où il écrivit à un de ses amis :

> Lisez cette pièce ignorante,
> Où ma plume si peu coulante
> Ne fait voir que trop clairement,
> Pour vous parler sincèrement,
> Que je ne suis pas un grand maître.
> Hélas ! comment pourrais-je l'être ?
> Je ne respire qu'arguments ;
> Ma tête est pleine à tous moments
> De majeures et de mineures, etc.

En 1660, le mariage du roi ouvrit à tous les poëtes une carrière dans laquelle ils signalèrent à l'envi leur zèle et leurs talents. Mon père, très-inconnu encore, entra comme les autres dans la carrière, et composa l'ode intitulée *la Nymphe de la Seine*. Il pria M. Vitart, son oncle, de la porter à Chapelain [1], qui présidait alors sur tout le Parnasse, et par sa grande réputation poétique, qu'il n'avait point encore perdue, et par la confiance qu'avait en lui M. Colbert pour ce qui regardait les lettres. Chapelain découvrit un poëte naissant dans cette ode, qu'il loue beaucoup ; et parmi quelques fautes qu'il y remarqua, il releva la bévue du jeune homme, qui avait mis des tritons dans la Seine. L'auteur, honoré des critiques de Chapelain, corrigea son ode ; et la nécessité de changer une stance pour ré-

---

[1] Nicolas Vitart, oncle de Jean Racine, mourut en 1641. Ce ne fut donc pas lui qui porta à Chapelain, en 1660, l'ode intitulée *la Nymphe de la Seine*, mais bien son fils, intendant de la maison de Chevreuse. Ce fils était cousin germain de Jean Racine, qui lui adressa plusieurs lettres que l'on trouve dans sa correspondance.

parer sa bévue le mit en très-mauvaise humeur contre les tritons, comme il paraît par une de ses lettres. Chapelain le prit en amitié, lui offrit ses avis et ses services, et, non content de les lui offrir, parla de lui et de son oncle si avantageusement à M. Colbert, que ce ministre lui envoya cent louis de la part du roi, et peu après le fit mettre sur l'état pour une pension de six cents livres en qualité d'homme de lettres. Les honneurs soutiennent les arts. Quel sujet d'émulation pour un jeune homme, très-inconnu au public et à la cour, de recevoir de la part du roi et de son ministre une bourse de cent louis! Et quelle gloire pour le ministre qui sait découvrir les talents qui ne commencent qu'à naître, et qui ne connaît pas encore celui même qui les possède!

Il composa en ce même temps un sonnet qui, quoique fort innocent, lui attira, aussi bien que son ode, de vives réprimandes de Port-Royal, où l'on craignait beaucoup pour lui sa passion démesurée pour les vers. On eût mieux aimé qu'il se fût appliqué à l'étude de la jurisprudence, pour se rendre capable d'être avocat, ou que du moins il eût voulu consentir à accepter quelqu'un de ces emplois qui, sans conduire à la fortune, procurent une aisance de la vie capable de consoler de l'ennui de cette espèce de travail, et de la dépendance, plus ennuyeuse encore que le travail. Il ne voulait point entendre parler d'occupations contraires au génie des muses; il n'aimait que les vers, et craignait en même temps les réprimandes de Port-Royal. Cette crainte était cause qu'il n'osait montrer ses vers à personne, et qu'il écrivait à un ami : « Ne pouvant vous « consulter, j'étais prêt à consulter, comme Malherbe, une « vieille servante qui est chez nous, si je ne m'étais aperçu « qu'elle est janséniste comme son maître, et qu'elle pourrait « me déceler, ce qui serait ma ruine entière, vu que je reçois « tous les jours lettres sur lettres, ou plutôt excommunica-« tions sur excommunications à cause de mon triste sonnet[1]. »

---

[1] Ce n'est pas ce sonnet, comme le croit Louis Racine, qui attira à son père les réprimandes de Port-Royal, mais bien un sonnet composé à la louange du cardinal Mazarin, à l'occasion de la paix des Pyrénées. Voyez

Voici ce triste sonnet; il le fit pour célébrer la naissance d'un enfant de madame Vitart, sa tante¹ :

> Il est temps que la nuit termine sa carrière :
> Un astre tout nouveau vient de naître en ces lieux ;
> Déjà tout l'horizon s'aperçoit de ses feux,
> Il échauffe déjà dans sa pointe première.
>
> Et toi, fille du jour, qui nais devant ton père,
> Belle Aurore, rougis, ou te cache à nos yeux :
> Cette nuit un soleil est descendu des cieux,
> Dont le nouvel éclat efface ta lumière.
>
> Toi qui dans ton matin parais déjà si grand,
> Bel astre, puisses-tu n'avoir point de couchant!
> Sois toujours en beautés une aurore naissante.
>
> A ceux de qui tu sors puisses-tu ressembler!
> Sois digne de Daphnis et digne d'Aramanthe :
> Pour être sans égal, il les faut égaler.

Ce sonnet, dont il était sans doute très-content à cause de la chute, et à cause de ce vers, *Fille du jour, qui nais devant ton père,* prouve, ainsi que les strophes des odes que j'ai rapportées, qu'il aimait alors ces faux brillants, dont il a été depuis si grand ennemi. Les principes du bon goût, qu'il avait pris dans la lecture des anciens et dans les leçons de Port-Royal, ne l'empêchaient pas, dans le feu de sa première jeunesse, de s'écarter de la nature, dont il s'écarte encore dans plusieurs vers de *la Thébaïde.* Boileau sut l'y ramener.

Il fut obligé d'aller passer quelque temps à Chevreuse, où M. Vitart, intendant de cette maison, et chargé de faire faire quelques réparations au château, l'envoya en lui donnant le soin de ces réparations. Il s'ennuya si fort de cette occupation et de ce séjour, qui lui parut une captivité, qu'il datait les lettres qu'il en écrivait, *De Babylone.* On en trouvera deux parmi celles de sa jeunesse.

la première lettre de Racine à l'abbé Le Vasseur : elle ne laisse aucun doute à ce sujet.

¹ C'est une erreur. M. Vitart, intendant de la maison de Chevreuse, chez qui Racine fut employé pendant quelques années au sortir du collége, était son cousin, et non son oncle.

On songea enfin sérieusement à lui faire prendre un parti ; et l'espérance d'un bénéfice le fit résoudre à aller en Languedoc, où il était à la fin de 1661, comme il paraît par la lettre qu'il écrivit à La Fontaine, et par celle-ci, datée du 17 janvier 1662, dans laquelle il écrit à M. Vitart : « Je passe mon « temps avec mon oncle, saint Thomas et Virgile. Je fais « force extraits de théologie, et quelques-uns de poésie. Mon « oncle a de bons desseins pour moi, il m'a fait habiller de « noir depuis les pieds jusqu'à la tête : il espère me procurer « quelque chose. Ce sera alors que je tâcherai de payer mes « dettes. Je n'oublie point les obligations que je vous ai : j'en « rougis en vous écrivant : *Erubuit puer, salva res est*. Mais « cette sentence est bien fausse ; mes affaires n'en vont pas « mieux. »

Pour être au fait de cette lettre et de celles qu'on trouvera à la suite de ces Mémoires, il faut savoir qu'il avait été appelé en Languedoc par un oncle maternel, nommé le père Sconin, chanoine régulier de Sainte-Geneviève, homme fort estimé dans cette congrégation, dont il avait été général, et qui avait beaucoup d'esprit. Comme il était inquiet et remuant, dès que le temps de son généralat fut expiré, pour s'en défaire on l'envoya à Uzès, où l'on avait joint pour lui le prieuré de Saint-Maximin à un canonicat de la cathédrale : il était outre cela official et grand-vicaire. Ce bon homme était tout disposé à résigner son bénéfice à son neveu ; mais il fallait être régulier ; et le neveu, qui aurait fort aimé le bénéfice, n'aimait point cette condition, à laquelle cependant la nécessité l'aurait fait consentir, si tous les obstacles qui survinrent ne lui eussent fait connaître qu'il n'était pas destiné à l'état ecclésiastique.

Par complaisance pour son oncle, il étudiait la théologie ; et en lisant saint Thomas, il lisait aussi l'Arioste, qu'il cite souvent, avec tous les autres poëtes, dans ses premières lettres adressées à un jeune abbé Le Vasseur, qui n'avait pas plus de vocation que lui pour l'état ecclésiastique, dont il quitta l'habit dans la suite. Dans ces lettres, écrites en toute liberté, il rend compte à son ami de ses occupations et de ses sentiments.

et ne fait paraître de passion que pour l'étude et les vers. Sa mauvaise humeur contre les habitants d'Uzès, qu'il pousse un peu trop loin, semble venir de ce qu'il est dans un pays où il craint d'oublier la langue française, qu'il avait une extrême envie de bien posséder. Je juge de l'étude particulière qu'il en faisait, par des remarques écrites de sa main sur celles de Vaugelas, sur la traduction de Quinte-Curce, et sur quelques traductions de d'Ablancourt. On voit encore par ces lettres qu'il fuyait toute compagnie, et surtout celle des femmes, aimant mieux la compagnie des poëtes grecs [1]. Son goût pour la tragédie lui en fit commencer une dont le sujet était *Théagène et Chariclée*. Il avait conçu dans son enfance une passion extraordinaire pour Héliodore : il admirait son style et l'artifice merveilleux avec lequel sa fable est conduite. Il abandonna enfin cette tragédie, dont il n'a rien laissé, ne trouvant pas vraisemblablement que des aventures romanesques méritassent d'être mises sur la scène tragique [2]. Il retourna à Euripide, et y prit le sujet de *la Thébaïde*, qu'il avança beaucoup, en même temps qu'il s'appliquait à la théologie.

Quoique alors la plus petite chapelle lui parût une fortune, las enfin des incertitudes de son oncle, et des obstacles que faisait renaître continuellement un moine nommé dom Cosme, dont il se plaint beaucoup dans ses lettres, il revint à Paris, où il fit connaissance avec Molière, et acheva *la Thébaïde*.

Il donna d'abord son ode intitulée *la Renommée aux Muses*, et la porta à la cour, où il fallait qu'il eût quelques protecteurs, puisqu'il dit dans une de ses lettres : « *La Renommée* « a été assez heureuse; M. le comte de Saint-Aignan la trouve « fort belle : je ne l'ai pas trouvé au lever du roi, mais j'y ai

[1] On croit cependant que ce fut à cette époque, et pendant son séjour dans cette délicieuse contrée, qu'il éprouva les premiers traits de cette passion dont il fut dans la suite un si habile peintre.

[2] Il présenta cette tragédie à Molière, alors directeur du théâtre du Palais-Royal, et qui avait la réputation de bien accueillir les jeunes auteurs. Molière entrevit sans doute dans cette production, toute faible qu'elle était, le germe d'un heureux talent ; il encouragea le jeune homme, loua ses dispositions; on assure même qu'il le secourut de sa bourse, et lui prêta cent louis, l'excitant à traiter le sujet de *la Thébaïde*, comme plus théâtral.

« trouvé Molière, à qui le roi a donné assez de louanges. J'en
« ai été bien aise pour lui, et il a été bien aise aussi que
« j'y fusse présent. » On peut juger par ces paroles que le
jeune roi aimait déjà à voir les poëtes à sa cour. Il fit payer
à mon père une gratification de six cents livres, pour lui
donner le moyen de continuer son application aux belles-lettres, comme il est dit dans l'ordre signé par M. Colbert, le
26 août 1664.

La Thébaïde fut jouée la même année; et comme je ne
trouve rien qui m'apprenne de quelle manière elle fut reçue,
je n'en dirai rien davantage. Je ne dois parler ici qu'historiquement de ses tragédies, et presque tout ce que j'en puis
dire d'historique se trouve ailleurs[1]. Je laisse aux auteurs de
l'histoire du théâtre français le soin de recueillir ces particularités, dont plusieurs sont peu curieuses, et toutes fort incertaines, parce qu'il n'en a rien raconté dans sa famille; et je
ne suis pas mieux instruit qu'un autre de ce temps de sa vie,
dont il ne parlait jamais[2].

Le jeune Despréaux, qui n'avait que trois ans plus que lui,
était connu de l'abbé Le Vasseur, qui lui porta l'ode de *la
Renommée*, sur laquelle Despréaux fit des remarques qu'il mit

[1] Il est dit, dans le Nécrologe de Port-Royal, que, « lié avec les savants
« solitaires qui habitaient le désert de Port-Royal, cette solitude lui fit pro-
« duire *la Thébaïde*. » Ces paroles, que les auteurs de l'*Histoire des
Théâtres* rapportent avec surprise, ne prouvent que la simplicité de celui
qui a écrit cet article, et qui, n'ayant jamais, selon les apparences, lu de
tragédies, s'est imaginé, à cause de ce titre, *la Thébaïde*, que celle-ci avait
quelque rapport à une solitude. Il se trompe aussi quand il dit que cette
tragédie fut commencée à Port-Royal. (L. R.)

[2] La Grange-Chancel disait avoir entendu dire à des amis particuliers de
Racine que, pressé par le peu de temps que lui avait donné Molière pour
composer cette pièce, il y avait fait entrer, sans presque aucun changement, deux récits entiers tirés de l'*Antigone* de Rotrou, jouée en 1638.
Ces morceaux disparurent dans l'impression de *la Thébaïde*. Quelques
commentateurs donnent un autre motif à l'insertion de ces morceaux. Ils
disent que Racine n'avait traité le sujet de *la Thébaïde* qu'avec une extrême défiance, et que, tourmenté par la crainte qu'on ne l'accusât d'avoir
voulu lutter contre Rotrou, il prit le parti de lui emprunter un récit qui
passait alors pour un morceau inimitable. On peut voir ce récit dans l'*Antigone* de Rotrou, acte III, scène II.

par écrit. Le poete critiqué trouva les remarques très-judicieuses, et eut une extrême envie de connaître son critique. L'ami commun lui en procura la connaissance, et forma les premiers nœuds de cette union si constante et si étroite, qu'il est comme impossible de faire la vie de l'un sans faire la vie de l'autre. J'ai déjà prévenu que je rapporterais de celle de Boileau les particularités que ses commentateurs n'apprennent point, ou n'apprennent qu'imparfaitement, parce qu'ils n'étaient pas mieux instruits.

Il n'était point né à Paris, comme on l'a toujours écrit, mais à Crône, petit village près Villeneuve-Saint-Georges : son père y avait une maison, où il passait tout le temps des vacances du palais; et ce fut le 1er novembre 1636 que ce onzième enfant y vint au monde. Pour le distinguer de ses frères, on le surnomma *Despréaux*, à cause d'un petit pré qui était au bout du jardin. Quelque temps après, une partie du village fut brûlée; et les registres de l'église ayant été consumés dans cet incendie, lorsque Boileau, dans le temps qu'on recherchait les usurpateurs de la noblesse, en vertu de la déclaration du 4 septembre 1696, fut injustement attaqué, il ne put, faute d'extrait baptistaire, prouver sa naissance que par le registre de son père. Il eut à souffrir dans son enfance l'opération de la taille, qui fut mal faite, et dont il lui resta pour toute sa vie une très-grande incommodité. On lui donna pour logement dans la maison paternelle une guérite au-dessus du grenier, et quelque temps après on l'en fit descendre, parce qu'on trouva moyen de lui construire un petit cabinet dans ce grenier, ce qui lui faisait dire qu'il avait commencé sa fortune par descendre au grenier; et il ajoutait dans sa vieillesse, qu'il n'accepterait pas une nouvelle vie, s'il fallait la commencer par une jeunesse aussi pénible. La simplicité de sa physionomie et de son caractère faisait dire à son père, en le comparant à ses autres enfants : « Pour Colin, ce sera un bon garçon qui ne « dira mal de personne. »

Après ses premières études, il voulut s'appliquer à la jurisprudence; il suivit le barreau, et même plaida une cause dont il se tira fort mal. Comme il était près de la commencer, le

procureur s'approcha de lui pour lui dire : « N'oubliez pas de
« demander que la partie soit interrogée sur faits et articles. —
« Et pourquoi, lui répondit Boileau, la chose n'est-elle pas
« déjà faite? Si tout n'est pas prêt, il ne faut donc pas me
« faire plaider. » Le procureur fit un éclat de rire, et dit à
ses confrères : « Voilà un jeune avocat qui ira loin ; il a de
« grandes dispositions. » Il n'eut pas l'ambition d'aller plus
loin : il quitta le palais, et alla en Sorbonne ; mais il la quitta
bientôt par le même dégoût. Il crut, comme dit M. de Boze
dans son éloge historique, y trouver encore la chicane sous
un autre habit. Prenant le parti de *dormir chez un greffier la
grasse matinée*, il se livra tout entier à son génie, qui l'emportait vers la poésie ; et lorsqu'on lui représenta que s'il s'attachait à la satire, il se ferait des ennemis qui auraient toujours les yeux sur lui, et ne chercheraient qu'à le décrier :
« Eh bien ! répondit-il, je serai honnête homme, et je ne les
« craindrai point. »

Il prit d'abord Juvénal pour son modèle, persuadé que notre langue était plus propre à imiter la force de ce style que
l'élégante simplicité du style d'Horace. Il changea bientôt de
sentiment. Sa première satire fut celle-ci : *Damon, ce grand
auteur*, etc. Il la fit tout entière dans le goût de Juvénal ; et,
pour en imiter le ton de déclamation, il la finissait par la description des embarras de Paris. Il s'aperçut que la pièce était
trop longue, et devenait languissante ; il en retrancha cette
description, dont il fit une satire à part. Son second ouvrage
fut la satire qui est aujourd'hui la septième dans le recueil de
ses œuvres : *Muse, changeons de style*, etc. Après celle-ci il
en adressa une à Molière, et fit son *Discours au roi*. Ensuite il
entreprit la satire du festin et celle sur la noblesse, travaillant
à toutes les deux en même temps, et imitant Juvénal dans l'une
et Horace dans l'autre. Ses ennemis débitèrent que, dans la
satire sur la noblesse, il avait eu dessein de railler M. de Dangeau. Il n'en eut jamais la pensée. Il l'adressait d'abord à
M. de La Rochefoucauld ; mais trouvant que ce nom, qui devait revenir plusieurs fois, n'avait pas de grâce en vers, il prit
le parti d'adresser l'ouvrage à M. de Dangeau, le seul homme

de la cour, avec M. de La Rochefoucauld, qu'il connût alors.

¹ La satire du festin eut pour fondement un repas qu'on lui donna à Château-Thierry, où il était allé se promener avec La Fontaine, qui ne fut pas du repas, pendant lequel le lieutenant général de la ville lâcha ces phrases : « Pour moi, j'aime le beau français... Le Corneille est quelquefois joli. » Ces deux phrases donnèrent au poëte, mécontent peut-être de la chère, l'idée de la description d'un repas également ennuyeux par l'ordonnance et la conversation des convives. Il composa ensuite la satire à M. Le Vayer, et celle qu'il adresse à son esprit. Celle-ci fut très-mal reçue lorsqu'il en fit les premières lectures. Il la lut chez M. de Brancas, en présence de madame Scarron, depuis madame de Maintenon, et de madame de La Sablière. La pièce fut si peu goûtée, qu'il n'eut pas le courage d'en finir la lecture. Pour se consoler de cette disgrâce, il fit la satire sur l'homme, qui eut autant de succès que l'autre en avait eu peu.

Comme il ne voulait pas faire imprimer ses satires, tout le monde le recherchait pour les lui entendre réciter. Un autre talent que celui de faire des vers le faisait encore rechercher : il savait contrefaire ceux qu'il voyait, jusqu'à rendre parfaitement leur démarche, leurs gestes, et leur ton de voix. Il m'a raconté qu'ayant entrepris de contrefaire un homme qui venait d'exécuter une danse fort difficile, il exécuta avec la même justesse la même danse, quoiqu'il n'eût jamais appris à danser. Il amusa un jour le roi en contrefaisant devant lui tous les comédiens. Le roi voulut qu'il contrefît aussi Molière, qui était présent, et demanda ensuite à Molière s'il s'était reconnu. « Nous ne pouvons, répondit Molière, juger de notre ressem-
« blance; mais la mienne est parfaite, s'il m'a aussi bien imité
« qu'il a imité les autres. » Quoique ce talent, qui le faisait rechercher dans les parties de plaisir, lui procurât des connais-

¹ Boileau, qui avait quelques obligations à Brossette, à cause d'une rente à Lyon qu'il lui faisait payer, lui donnait quelques éclaircissements sur ses ouvrages, quand il les lui demandait; mais Brossette, n'ayant pas vécu avec lui familièrement, n'a pas été instruit de tout, et son commentaire, où il y a de bonnes choses, est fort imparfait. (L. R.)

sances agréables pour un jeune homme, il m'a avoué qu'enfin il en eut honte, et qu'ayant fait réflexion que c'était faire un personnage de baladin, il y renonça, et n'alla plus aux repas où on ne l'invitait que pour réciter ses ouvrages, qui le rendirent bientôt très-fameux.

Il se fit un devoir de n'y nommer personne, même dans les traits de railleries qui avaient pour fondement des faits très-connus. Son Alidor, *qui veut rendre à Dieu ce qu'il a pris au monde,* était si connu alors, qu'au lieu de dire la maison de l'Institution, on disait souvent par plaisanterie la maison de la Restitution. Il ne nommait pas d'abord Chapelain : il avait mis *Patelin*; et ce fut la seule chose qui fâcha Chapelain. *Pourquoi,* disait-il, *défigurer mon nom?* Chapelain était fort bon homme, et, content du bien que le satirique disait de ses mœurs, lui pardonnait le mal qu'il disait de ses vers. Gilles Boileau, ami de Chapelain et de Cotin, ne fut pas si doux : il traita avec beaucoup de hauteur son cadet, lui disant qu'il était bien hardi d'oser attaquer ses amis. Cette réprimande ne fit qu'animer davantage Despréaux contre ces deux poètes. Ce Gilles Boileau, de l'Académie Française, avait aussi, comme l'on sait, du talent pour les vers. Tous ses frères avaient de l'esprit. L'abbé Boileau, depuis docteur de Sorbonne, s'est fait connaître par des ouvrages remarquables par les sujets et par le style. M. Pui-Morin, qui fut contrôleur des Menus, était très-aimable dans la société; mais l'amour du plaisir le détourna de toute étude. Ce fut lui qui, étant invité à un grand repas par deux juifs fort riches, alla à midi chercher son frère Despréaux et le pria de l'accompagner, l'assurant que ces messieurs seraient charmés de le connaître. Despréaux, qui avait quelques affaires, lui répondit qu'il n'était pas en humeur de s'aller réjouir. Pui-Morin le pressa avec tant de vivacité, que son frère, perdant patience, lui dit d'un ton de colère : « Je ne « veux pas aller manger chez des coquins qui ont crucifié « Notre-Seigneur. — Ah! mon frère, s'écria Pui-Morin en « frappant du pied contre terre, pourquoi m'en faites-vous « souvenir lorsque le dîner est prêt, et que ces pauvres gens « m'attendent? » Il s'avisa un jour, devant Chapelain, de

parler mal de *la Pucelle* : « C'est bien à vous à en juger, lui
« dit Chapelain, vous qui ne savez pas lire ! » Pui-Morin lui
répondit : « Je ne sais que trop lire depuis que vous faites im-
« primer, » et fut si content de sa réponse, qu'il voulut la
mettre en vers. Mais comme il ne put en venir à bout, il eut
recours à son frère et à mon père, qui tournèrent ainsi cette
réponse en épigramme :

> Froid, sec, dur, rude auteur, digne objet de satire,
> De ne savoir pas lire oses-tu me blâmer?
> Hélas! pour mes péchés, je n'ai su que trop lire
> Depuis que tu fais imprimer.

Mon père représenta que le premier hémistiche du second
vers rimant avec le vers précédent et avec l'avant-dernier vers,
il valait mieux dire *de mon peu de lecture*. Molière décida
qu'il fallait conserver la première façon : « Elle est, lui dit-il,
« la plus naturelle; et il faut sacrifier toute régularité à la
« justesse de l'expression : c'est l'art même qui doit nous ap-
« prendre à nous affranchir des règles de l'art. »

Molière était alors de leur société, dont étaient encore La
Fontaine et Chapelle, et tous faisaient de continuelles réprimandes à Chapelle sur sa passion pour le vin. Boileau, le ren-
contrant un jour dans la rue, lui en voulut parler. Chapelle
lui répondit : « J'ai résolu de m'en corriger; je sens la vérité
« de vos raisons; pour achever de me persuader, entrons ici;
« vous me parlerez plus à votre aise. » Il le fit entrer dans un
cabaret, et demanda une bouteille, qui fut suivie d'une autre.
Boileau, en s'animant dans son discours contre la passion du
vin, buvait avec lui, jusqu'à ce qu'enfin le prédicateur et le
nouveau converti s'enivrèrent.

Je reviens à l'histoire des tragédies de mon père, qui, après
avoir achevé celle d'*Alexandre*, la voulut montrer à Corneille,
pour recevoir les avis du maître du théâtre. M. de Valincour
rapporte ce fait dans sa lettre à M. l'abbé d'Olivet, et m'a assuré qu'il le tenait de mon père même. Corneille, après avoir
entendu la lecture de la pièce, dit à l'auteur qu'il avait un
grand talent pour la poésie, mais qu'il n'en avait point pour
la tragédie; et lui conseilla de s'appliquer à un autre genre.

Ce jugement, très-sincère sans doute, fait voir qu'on peut avoir de grands talents, et être un mauvais juge des talents.

Il y avait alors deux troupes de comédiens : celle de Molière et celle de l'hôtel de Bourgogne [1]. L'*Alexandre* fut joué d'abord par la troupe de Molière; mais l'auteur, mécontent des acteurs, leur retira sa pièce, et la donna aux comédiens de l'hôtel de Bourgogne : il fut cause en même temps que la meilleure actrice de Molière le quitta pour passer sur le théâtre de Bourgogne; ce qui mortifia Molière, et causa entre eux un refroidissement qui dura toujours, quoiqu'ils se rendissent mutuellement justice sur leurs ouvrages. On verra bientôt de quelle manière Molière parla de la comédie des *Plaideurs;* et le lendemain de la première représentation du *Misanthrope,* qui fut très-malheureuse, un homme, qui crut faire plaisir à mon père, courut lui annoncer cette nouvelle en lui disant : « La pièce est « tombée : rien n'est si froid; vous pouvez m'en croire, j'y « étais. — Vous y étiez, reprit mon père, et je n'y étais pas; « et cependant je n'en croirai rien, parce qu'il est impossible « que Molière ait fait une mauvaise pièce. Retournez-y, et exa- « minez-la mieux. »

Alexandre eut beaucoup de partisans et de censeurs, puisque Boileau, qui composa, cette même année 1665, sa troisième satire, y fait dire à son campagnard :

Je ne sais pas pourquoi l'on vante l'*Alexandre.*

La lecture de cette tragédie fit écrire à Saint-Évremond « que « la vieillesse de Corneille ne l'alarmait plus, et qu'il n'avait « plus à craindre de voir finir avec lui la tragédie; » et cet aveu de Saint-Évremond dut consoler le poëte de la critique que le

---

[1] C'est ainsi que cette pièce, dans sa naissance, fut jouée par les deux troupes; mais dans l'*Histoire du Théâtre français*, tome IX, il est dit qu'elle fut jouée le même jour sur les deux théâtres : ce qui n'est pas vraisemblable. (L. R.) L'assertion de Louis Racine est détruite par la gazette en vers de Robinet, qui écrivait jour par jour tout ce qui arrivait de curieux à Paris. Ce gazetier parle du succès de la pièce, et dit expressément que Racine produisit *en même temps* l'*Alexandre* sur *les deux théâtres français.* Ce genre de succès est unique; mais Racine le paya trop cher, puisqu'il lui fit perdre l'affection de Molière.

même écrivain, dont les jugements avaient alors un grand crédit, fit de cette même tragédie. Il est vrai qu'elle avait plusieurs défauts, et que le jeune auteur s'y livrait encore à sa prodigieuse facilité de rimer. Boileau sut la modérer par ses conseils, et s'est toujours vanté de lui avoir appris à rimer difficilement [1].

Ce fut enfin l'année suivante que les satires de Boileau parurent imprimées. On lit dans le *Bolœana* par quelle raison on fut près de révoquer le privilége que le libraire avait obtenu par adresse, et l'indifférence de Boileau sur cet événement. Jamais poëte n'eut tant de répugnance à donner ses ouvrages au public. Il s'y vit forcé, lorsqu'on lui en montra une édition faite furtivement, et remplie de fautes. A cette vue, il consentit à remettre son manuscrit, et ne voulut recevoir aucun profit du libraire. Il donna en 1674, avec la même générosité, ses *Épîtres*, son *Art poétique*, le *Lutrin* et le *Traité du Sublime*. Quoique fort économe de son revenu, il était plein de noblesse dans les sentiments : il m'a assuré que jamais libraire ne lui avait payé un seul de ses ouvrages; ce qui l'avait rendu hardi à railler dans son *Art poétique*, chant IV, les auteurs qui *mettent leur Apollon aux gages d'un libraire*, et qu'il n'avait fait les deux vers qui précèdent,

> Je sais qu'un noble esprit peut sans honte et sans crime
> Tirer de son travail un tribut légitime,

que pour consoler mon père, qui avait retiré quelque profit de l'impression de ses tragédies. Le profit qu'il en tira fut très-

---

[1] « Il me souvient, dit l'abbé Dubos, de ce que dit M. Despréaux à M. Racine concernant la facilité de faire des vers. Ce dernier venait de donner sa tragédie d'*Alexandre*, lorsqu'il se lia d'amitié avec l'auteur de l'*Art poétique*. Racine lui dit, en parlant de son travail, qu'il avait une facilité surprenante à faire ses vers. « Je veux, répondit Despréaux, vous apprendre « à faire des vers avec peine, et vous avez assez de talent pour le savoir « bientôt. » Racine disait que Despréaux lui avait tenu parole. M. Despréaux, dit le commentateur de Boileau, faisait ordinairement le second vers avant le premier; c'est un des plus grands secrets de la poésie, pour donner aux vers beaucoup de sens et de force. Il conseilla à M. Racine de suivre cette méthode. Il disait à ce propos : « Je lui ai appris à rimer dif« ficilement. »

modique; et il donna dans la suite *Esther* et *Athalie* au libraire, de la manière dont Boileau avait donné tous ses ouvrages.

Andromaque, qui parut en 1667, fit connaître que le jeune poëte à qui Boileau avait appris à rimer difficilement avait en peu de temps fait de grands progrès. Mais je suis obligé d'interrompre l'histoire de ses tragédies pour raconter celle de deux ouvrages d'une nature bien différente.

Le public ne les attendait ni d'un jeune homme occupé de tragédies, ni d'un élève de Port-Royal. La vivacité du poëte, qui se crut offensé dans son talent, ce qu'il avait de plus cher, lui fit oublier ce qu'il devait à ses premiers maîtres, et l'engagea à entrer, sans réflexion, dans une querelle qui ne le regardait pas.

Desmarets de Saint-Sorlin, que le mauvais succès de son *Clovis* avait rebuté, las d'être poëte, voulut être prophète, et prétendit avoir la clef de l'Apocalypse. Il annonça une armée de cent quarante-quatre mille victimes, qui rétablirait, sous la conduite du roi, la vraie religion. Par tous les termes mystiques qu'inventait son imagination échauffée, il en avait déjà échauffé plusieurs autres. Il eut l'honneur d'être foudroyé par M. Nicole, qui écrivit contre lui les lettres qu'il intitula *Visionnaires*, parce qu'il les écrivait contre un grand visionnaire, auteur de la comédie des *Visionnaires*. Il fit remarquer, dans la première de ces lettres, que ce prétendu illuminé ne s'était d'abord fait connaître dans le monde que par des romans et des comédies : « qualités, ajouta-t-il, qui ne sont pas fort honorables au juge-
« ment des honnêtes gens, et qui sont horribles, considérées
« suivant les principes de la religion chrétienne. Un faiseur de
« romans et un poëte de théâtre est un empoisonneur public, non
« des corps, mais des âmes. Il se doit regarder comme coupable
« d'une infinité d'homicides spirituels, ou qu'il a causés en ef-
« fet, ou qu'il a pu causer. »

Mon père, à qui sa conscience reprochait des occupations qu'on regardait à Port-Royal comme très-criminelles, se persuada que ces paroles n'avaient été écrites que contre lui, et qu'il était celui qu'on appelait un empoisonneur public. Il se croyait d'autant mieux fondé dans cette persuasion, qu'à cause de sa liaison avec les comédiens il avait été comme exclu de Port-Royal par une lettre de la mère Racine, sa tante, qui est si bien écrite, qu'on ne sera pas fâché de la lire.

GLOIRE A JÉSUS-CHRIST

ET AU TRÈS-SAINT SACREMENT.

« Ayant appris que vous aviez dessein de faire ici un voyage,
« j'avais demandé permission à notre mère de vous voir, parce
« que quelques personnes nous avaient assurées que vous étiez
« dans la pensée de songer sérieusement à vous ; et j'aurais été
« bien aise de l'apprendre par vous-même, afin de vous té-
« moigner la joie que j'aurais, s'il plaisait à Dieu de vous tou-
« cher : mais j'ai appris depuis peu de jours une nouvelle qui
« m'a touchée sensiblement. Je vous écris dans l'amertume de
« mon cœur, et en versant des larmes que je voudrais pouvoir
« répandre en assez grande abondance devant Dieu pour obte-
« nir de lui votre salut, qui est la chose du monde que je sou-
« haite avec le plus d'ardeur. J'ai donc appris avec douleur que
« vous fréquentiez plus que jamais des gens dont le nom est
« abominable à toutes les personnes qui ont tant soit peu de piété,
« et avec raison, puisqu'on leur interdit l'entrée de l'église et
« la communion des fidèles, même à la mort, à moins qu'ils ne
« se reconnaissent. Jugez donc, mon cher neveu, dans quel état
« je puis être, puisque vous n'ignorez pas la tendresse que j'ai
« toujours eue pour vous, et que je n'ai jamais rien désiré, sinon
« que vous fussiez tout à Dieu dans quelque emploi honnête. Je
« vous conjure donc, mon cher neveu, d'avoir pitié de votre
« âme, et de rentrer dans votre cœur pour y considérer sérieuse-
« ment dans quel abîme vous vous êtes jeté. Je souhaite que ce
« qu'on m'a dit ne soit pas vrai ; mais si vous êtes assez malheu-
« reux pour n'avoir pas rompu un commerce qui vous déshonore
« devant Dieu et devant les hommes, vous ne devez pas penser
« à nous venir voir ; car vous savez bien que je ne pourrais pas
« vous parler, vous sachant dans un état si déplorable, et si con-

« traire au christianisme. Cependant je ne cesserai point de prier
« Dieu qu'il vous fasse miséricorde, et à moi en vous la faisant,
« puisque votre salut m'est si cher. »

Voilà une de ces lettres que son neveu, dans sa ferveur pour les théâtres, appelait des excommunications. Il crut donc que M. Nicole, en parlant contre les poëtes, avait eu dessein de l'humilier ; il prit la plume contre lui et contre tout Port-Royal, et il fit une lettre pleine de traits piquants, qui, pour les agréments du style, fut goûtée de tout le monde. « Je ne sais, dit « l'auteur de la continuation de l'*Histoire de l'Académie Française,* si nous avons rien de mieux écrit ni de plus ingénieux « en notre langue. » Les ennemis de Port-Royal encouragèrent le jeune écrivain à continuer, et même, à ce qu'on prétend, lui firent espérer un bénéfice. Tandis que M. Nicole et les autres solitaires de Port-Royal gardaient le silence, il parut deux réponses, dont la première, fort solide, et qui fut d'abord attribuée à M. de Sacy, était de M. du Bois : la seconde, fort inférieure, était de M. Barbier d'Aucour. Mon père connut bien au style qu'elles ne venaient pas de Port-Royal, et il les méprisa. Mais, peu après, ces deux mêmes réponses parurent dans une édition des *Visionnaires,* faite en Hollande, en deux volumes ; et il était écrit dans l'avertissement, à la tête de cette édition, qu'on avait inséré « dans ce recueil les deux réponses faites à un « jeune homme qui, s'étant chargé de l'intérêt commun de tout « le théâtre, avait conté des histoires faites à plaisir, parce que « ces deux réponses feraient plaisir, ayant pour leur bonté par« tagé les juges, dont les uns estimaient plus la première, tandis « que les autres se déclaraient hautement pour la seconde. »
Mon père, moins piqué de ces deux réponses que du soin que messieurs de Port-Royal prenaient de les faire imprimer dans leurs ouvrages avec un pareil avertissement, fit contre eux la seconde lettre, et mit à la tête une préface qui n'a jamais été imprimée, et qu'il assaisonna des mêmes railleries qui règnent dans les deux lettres. Après avoir dit qu'il n'y a point de plaisir à rire avec des gens délicats qui se plaignent qu'on les déchire dès qu'on les nomme, et qui, aussi sensibles que les gens du

monde, ne souffrent volontiers que les mortifications qu'ils s'imposent à eux-mêmes, il s'adressait ainsi à M. Nicole directement : « Je demande à ce vénérable théologien en quoi j'ai
« erré, si c'est dans le droit ou dans le fait. J'ai avancé que la
« comédie était innocente : le Port-Royal dit qu'elle est cri-
« minelle ; mais je ne crois pas qu'on puisse taxer ma proposition
« d'hérésie ; c'est bien assez de la taxer de témérité. Pour le fait,
« ils n'ont nié que celui des capucins ; encore ne l'ont-ils pas nié
« tout entier. Toute la grâce que je lui demande est qu'il ne
« m'oblige pas non plus à croire un fait qu'il avance, lors-
« qu'il dit que le monde fut partagé entre les deux réponses
« qu'on fit à ma lettre, et qu'on disputa longtemps laquelle des
« deux était la plus belle : il n'y eut pas la moindre dispute
« là-dessus, et d'une commune voix elles furent jugées aussi
« froides l'une que l'autre. Mais tout ce qu'on fait pour ces
« messieurs a un caractère de bonté que tout le monde ne
« connaît pas.

« Il est aisé de connaître, ajoutait-il, par le soin qu'ils ont
« pris d'immortaliser ces réponses, qu'ils y avaient plus de
« part qu'ils ne disaient. A la vérité, ce n'est pas leur coutume
« de laisser rien imprimer pour eux qu'ils n'y mettent quelque
« chose du leur. Ils portent aux docteurs leurs approbations
« toutes dressées. Les avis de l'imprimeur sont ordinairement
« des éloges qu'ils se donnent à eux-mêmes ; et l'on scellerait
« à la chancellerie des priviléges fort éloquents, si leurs livres
« s'imprimaient avec privilége. »

Content de cette préface et de sa seconde lettre, il alla montrer ces nouvelles productions à Boileau, qui, toujours amateur de la vérité, quoiqu'il n'eût encore aucune liaison avec Port-Royal, lui représenta que cet ouvrage ferait honneur à son esprit, mais n'en ferait pas à son cœur, parce qu'il attaquait des hommes fort estimés, et le plus doux de tous [1], auquel il avait

---

[1] M. Nicole, qui avait régenté la troisième à Port-Royal, avait été son maître. Tout le monde sait quelle était sa douceur ; il subsistait du profit de ses ouvrages ; et le grand débit des trois volumes de *la Perpétuité* fit dire dans le public qu'il profitait du travail d'autrui, parce qu'on croyait cet ouvrage commun entre lui et M. Arnauld, qui avait seulement mis un

lui-même, comme aux autres, de grandes obligations. « Eh
« bien ! répondit mon père, pénétré de ce reproche, le public ne
« verra jamais cette seconde lettre. » Il retira tous les exemplaires qu'il put trouver de la première ; et elle était devenue
fort rare, lorsqu'elle parut dans des journaux. Brossette, qui la
fit imprimer dans son édition de Boileau, quoiqu'elle n'eût aucun rapport aux ouvrages de cet auteur, joignit en note que le
Port-Royal, « alarmé d'une lettre qui le menaçait d'un écrivain
« aussi redoutable que Pascal, trouva le moyen d'apaiser et de
« regagner le jeune Racine. » Brossette était fort mal instruit. Le
Port-Royal garda toujours le silence, et ne fit aucune démarche
pour la réconciliation. Mon père fit lui seul, dans la suite, toutes
les démarches que je dirai. On n'ignore pas le repentir qu'il a
témoigné ; et un jour il fit une réponse si humble à un de ses
confrères, qui l'attaqua dans l'Académie par une plaisanterie
au sujet de ce démêlé, que personne dans la suite n'osa le railler sur le même sujet. Lorsque Brossette fit imprimer la première lettre, il ne connaissait pas la seconde, qui n'était connue de personne, ni de nous-mêmes. Elle fut trouvée, je ne sais
par quel hasard, dans les papiers de M. l'abbé Dupin ; et ceux
qui en furent les maîtres après sa mort la firent imprimer.

Je reprends l'histoire des pièces de théâtre, et je viens à *Andromaque.* Elle fut représentée en 1667, et fit, au rapport de

---

chapitre de sa façon dans le premier volume, et ne vit pas les autres. M. Nicole souffrit ces discours sans y répondre. Lorsque le P. Bouhours, en écrivant sur la langue française, releva plusieurs expressions des traductions de Port-Royal, M. de Sacy dit qu'il ne se soumettrait point à ces remarques : M. Nicole dit qu'il se corrigerait, et en effet n'employa point dans les *Essais de morale* celles qui lui parurent justement critiquées. Dans les petits troubles qui arrivaient à Port-Royal sur quelques diversités de sentiments, il ne prenait aucun parti, disant qu'il n'était point des guerres civiles. Madame de Longueville, qui, de l'envie de connaître les hommes fameux, passait souvent, comme bien d'autres, à l'ennui de les voir trop longtemps, ne changea jamais à l'égard de M. Nicole, qu'elle trouvait fort poli. Dans les conversations où il était contredit, ce qui arrivait plus d'une fois, elle prenait toujours son parti ; ce qui lui fit dire, quand elle mourut, qu'il avait perdu tout son crédit : « J'ai même, disait-il, perdu mon « abbaye, » parce qu'elle l'appelait toujours M. l'abbé Nicole. (L. R.)

M. Perrault, à peu près le même bruit que *le Cid* avait fait dans les premières représentations. On voit, par l'épître dédicatoire, que l'auteur avait eu auparavant l'honneur de la lire à Madame : il remercie Son Altesse Royale des conseils qu'elle a bien voulu lui donner. Cette pièce coûta la vie à Montfleuri, célèbre acteur : il y représenta le rôle d'Oreste avec tant de force, qu'il s'épuisa entièrement : ce qui fit dire à l'auteur du *Parnasse réformé*, que tout poëte désormais voudra avoir l'honneur de faire crever un comédien.

La tragédie d'*Andromaque* eut trop d'admirateurs pour n'avoir pas d'ennemis : Saint-Évremond ne fut ni du nombre des ennemis, ni du nombre des admirateurs, puisqu'il n'en fit que cet éloge : « Elle a bien l'air des belles choses; il ne s'en « faut presque rien qu'il n'y ait du grand. »

Un comédien, nommé Subligny, se signala par une critique en forme de comédie[1]. Elle ne fut pas inutile à l'auteur critiqué, qui corrigea, dans la seconde édition d'*Andromaque*, quelques négligences de style, et laissa néanmoins subsister certains tours nouveaux, que Subligny mettait au nombre des fautes de style, et qui, ayant été approuvés depuis comme tours heureux, sont devenus familiers à notre langue. Les critiques les plus sérieuses contre cette pièce tombèrent sur le personnage de Pyrrhus, qui parut au grand Condé trop violent et trop emporté, et que d'autres accusèrent d'être un malhonnête homme, parce qu'il manque de parole à Hermione. L'auteur, au lieu de répondre à une critique si peu solide, entreprit de faire dans sa tragédie suivante le portrait d'un parfaitement honnête homme. C'est ce que Boileau donne à penser quand il

---

[1] Subligny n'était pas comédien, il était avocat; ou du moins il en prenait le titre. Sa comédie était intitulée *la Folle Querelle*, ou *la Critique d'Andromaque*. Elle fut jouée au mois de mai 1668, et imprimée la même année. Il annonçait dans la préface avoir trouvé plus de trois cents fautes de sens dans *Andromaque*. *La Folle Querelle* a été réimprimée dans un recueil en deux volumes in-12 de Dissertations sur plusieurs tragédies de Corneille et de Racine, publié par l'abbé Granet. Subligny donna des leçons de versification à la célèbre comtesse de La Suze. On a de lui une traduction des fameuses *Lettres portugaises*, *la Fausse Clélie*, roman médiocre, et plusieurs opuscules pour et contre Racine.

dit à son ami, en lui représentant l'avantage qu'on retire des
critiques :

> Au Cid persécuté Cinna doit sa naissance ;
> Et ta plume peut-être aux censeurs de Pyrrhus
> Doit les plus nobles traits dont tu peignis Burrhus.

La comédie des *Plaideurs* précéda *Britannicus*, et parut
en 1668.

En voici l'origine :

Mon père avait enfin obtenu un bénéfice, puisque le privilége de la première édition d'*Andromaque*, qui est du 28 décembre 1667, est accordé au sieur Racine, prieur de l'Épinay : titre qui ne lui est plus donné dans un autre privilége accordé quelques mois après, parce qu'il n'était déjà plus prieur. Boileau le fut huit ou neuf ans ; mais quand il reconnut qu'il n'avait point de dispositions pour l'état ecclésiastique, il se fit un devoir de remettre le bénéfice entre les mains du collateur ; et pour remplir un autre devoir encore plus difficile, après avoir calculé ce que le prieuré lui avait rapporté pendant le temps qu'il l'avait possédé, il fit distribuer cette somme aux pauvres, et principalement aux pauvres du lieu : rare exemple donné par un poëte accusé d'aimer l'argent.

Son ami eût imité une si belle action, s'il eût eu à restituer des biens d'Église : mais sa vertu ne fut jamais à une pareille épreuve. A peine eut-il obtenu son bénéfice, qu'un régulier vint le lui disputer, prétendant que ce prieuré ne pouvait être possédé que par un régulier : il fallut plaider ; et voilà ce procès « que ni ses juges ni lui n'entendirent, » comme il le dit dans la préface des *Plaideurs*. C'était ainsi que la Providence lui opposait toujours de nouveaux obstacles pour entrer dans l'état ecclésiastique, où il ne voulait entrer que par des vues d'intérêt. Fatigué enfin du procès, las de voir des avocats et de solliciter des juges, il abandonna le bénéfice, et se consola de cette perte par une comédie contre les juges et les avocats.

Il faisait alors de fréquents repas chez un fameux traiteur [1]

---

[1] C'était un cabaret à l'enseigne du *Mouton blanc*. Ce cabaret existe en

où se rassemblaient Boileau, Chapelle, Furetière et quelques autres. D'ingénieuses plaisanteries égayaient ces repas, où les fautes étaient sévèrement punies. Le poëme de *la Pucelle*, de Chapelain, était sur une table, et on réglait le nombre de vers que devait lire un coupable, sur la qualité de sa faute. Elle était fort grave quand il était condamné à en lire vingt vers; et l'arrêt qui condamnait à lire la page entière était l'arrêt de mort. Plusieurs traits de la comédie des *Plaideurs* furent le fruit de ces repas : chacun s'empressait d'en fournir à l'auteur. M. de Brilhac, conseiller au parlement de Paris, lui apprenait les termes de palais. Boileau lui fournit l'idée de la dispute entre Chicaneau et la Comtesse : il avait été témoin de cette scène, qui s'était passée chez son frère le greffier, entre un homme très-connu alors et une comtesse, que l'actrice qui joua ce personnage contrefit jusqu'à paraître sur le théâtre avec les mêmes habillements, comme il est rapporté dans le Commentaire sur la seconde satire de Boileau [1]. Plu-

---

core avec la même enseigne, place Saint-Jean. C'est dans une de ces réunions que furent esquissés les premiers traits de cette plaisanterie de *Chapelain décoiffé par La Serre*, qui courut dans le public sans l'aveu des auteurs.

[1] L'original de cette comtesse, dit un commentateur de Racine, était la comtesse de Crissé, plaideuse de profession, et qui avait dissipé en mauvais procès une fortune considérable. Le parlement, d'après les demandes de la famille, lui fit défense d'intenter à l'avenir aucun procès sans avoir pris d'abord l'avis par écrit de deux avocats qui lui furent nommés par la cour. Cette interdiction de plaider la rendit furieuse, et elle passait ses jours à tourmenter ses juges et ses avocats. Un jour qu'elle avait été porter ses plaintes chez le greffier Jérôme Boileau, frère de Despréaux, elle y rencontra un cousin issu de germain de celui-ci, ancien président à la cour des monnaies, qui, ayant perdu tout son bien par mauvaise conduite, cherchait les occasions de se rendre nécessaire. C'était le même homme qui, dans la satire III de Boileau, se trouve dépeint

Avec sa mine étique,
Son rabat jadis blanc, et sa perruque antique.

Il s'avisa de vouloir donner des conseils à l'obstinée plaideuse, qui les écouta d'abord avec avidité, et les reçut avec quelque soumission; mais un malentendu qui survint entre eux, dans la chaleur de la conversation, fit croire à la comtesse que le donneur d'avis avait voulu l'insulter; elle

sieurs autres traits de cette comédie avaient également rapport à des personnes alors très-connues; et par l'Intimé, qui, dans la cause du chapon, commence, comme Cicéron, *pro Quintio : Quæ res duæ plurimum possunt... gratia et eloquentia*, etc., on désignait un avocat qui s'était servi du même exorde dans la cause d'un pâtissier contre un boulanger [1]. Soit que ces plaisanteries eussent attiré des ennemis à cette pièce, soit que le parterre ne fût pas d'abord sensible au sel attique dont elle est remplie, elle fut mal reçue; et les comédiens, dégoûtés de la seconde représentation, n'osèrent hasarder la troisième. Molière, qui était présent à cette seconde représentation, quoique alors brouillé avec l'auteur, ne se laissa séduire ni par aucun intérêt particulier, ni par le jugement du public : il dit tout haut, en sortant, que cette comédie était excellente, et que ceux qui s'en moquaient méritaient qu'on se moquât d'eux. Un mois après, les comédiens, représentant à la cour une tragédie, osèrent donner à la suite cette malheureuse pièce. Le roi en fut frappé, et ne crut pas déshonorer sa gravité ni son goût par des éclats de rire si grands, que la cour en fut étonnée.

Louis XIV jugea de la pièce comme Molière en avait jugé. Les comédiens, charmés d'un succès qu'ils n'avaient pas espéré, pour l'annoncer plus promptement à l'auteur, revinrent toute la nuit à Paris, et allèrent le réveiller. Trois carrosses, pendant

---

changea aussitôt de ton, et l'accabla d'injures. Boileau, témoin de cette scène, ne laissa pas passer l'occasion de la faire mettre sur le théâtre. Dans le portrait de la femme de Dandin, qui

> Eût dû buvetier emporté les serviettes,
> Plutôt que de rentrer au logis les mains nettes,

on eut en vue la femme du lieutenant criminel Tardieu, si connue par son avarice sordide, sa rapacité scandaleuse, et sa fin tragique, arrivée en 1665. (ANON.)

[1] Voici une autre anecdote qui avait beaucoup amusé le palais. Un avocat, nommé Montauban, connu par la longueur de ses plaidoyers, ayant un jour été interpellé par le premier président de répondre s'il serait long, avait répondu que oûi; sur quoi le président, à ce que raconte Ménage, lui répliqua : « Du moins vous êtes de bonne foi. » Cette anecdote a fourni un trait à la nouvelle pièce.

la nuit, dans une rue où l'on n'était pas accoutumé d'en voir pendant le jour, réveillèrent le voisinage ¹ : on se mit aux fenêtres ; et comme on savait qu'un conseiller des requêtes avait fait un grand bruit contre la comédie des *Plaideurs,* on ne douta point de la punition du poëte qui avait osé railler les juges en plein théâtre. Le lendemain, tout Paris le croyait en prison, tandis qu'il se félicitait de l'approbation que la cour avait donnée à sa pièce, dont le mérite fut enfin reconnu à Paris.

L'année suivante, 1669, il reçut une gratification de douze cents livres, sur un ordre particulier de M. Colbert ².

Britannicus, qui parut en 1669, eut aussi beaucoup de contradictions à essuyer, et l'auteur avoue dans sa préface qu'il craignit quelque temps que sa tragédie n'eût une destinée malheureuse ³. Je ne connais cependant aucune critique im-

---

¹ Racine logeait alors à l'hôtel des Ursins, dans la Cité. Depuis il changea plusieurs fois de logement, comme on le verra dans une note sur sa lettre à Boileau du 21 mai 1692. Nous nous contenterons de remarquer ici qu'il habitait la rue des Maçons-Sorbonne lorsqu'il composa *Athalie,* imprimée en 1691, et la rue des Marais-Saint-Germain, lorsqu'il mourut en 1699. Son dernier appartement a été successivement occupé par mademoiselle Le Couvreur et mademoiselle Clairon.

² En voici la copie : « Maître Charles Le Bègue, conseiller du roi, trésorier général de ses bâtiments, nous vous mandons que des deniers de votre charge de la présente année, même de ceux destinés par Sa Majesté pour les pensions et gratifications des gens de lettres, tant français qu'étrangers, qui excellent en toutes sortes de sciences, vous payiez comptant au sieur Racine la somme de douze cents livres, que nous lui avons ordonnée pour la pension et gratification que Sa Majesté lui a accordée, en considération de son application aux belles-lettres, et des pièces de théâtre qu'il donne au public. Rapportant la présente, et quittance sur ce suffisante, ladite somme de douze cents livres sera passée et allouée en la dépense de vos comptes, par messieurs des comptes à Paris ; lesquels nous prions ainsi le faire sans difficulté. Fait à Paris, le dernier jour de décembre 1668. COL-BERT. LA MOTTE-COQUART. » (L. R.)

³ Il y avait à l'hôtel de Bourgogne un banc où les auteurs avaient coutume de se réunir pour juger les pièces nouvelles, et qu'on appelait *le banc formidable.* Le jour de la première représentation de *Britannicus,* ils se dispersèrent, afin de ne donner aucun soupçon de leur projet. Boursault était du nombre ; il n'aimait pas Racine. Il nous a laissé sur cette représentation

primée dans le temps contre *Britannicus*. Ces sortes de critiques, à la vérité, tombent peu après dans l'oubli; mais il se trouve toujours dans la suite quelque faiseur de recueil qui veut les en tirer. Tout est bon pour ceux qui, moins curieux de la reconnaissance du public que de la rétribution du libraire, n'ont d'autre ambition que celle de faire imprimer un livre nouveau; et dans le recueil des pièces fugitives faites sur les tragédies de nos deux poëtes fameux, qu'en 1740 Gissey imprima en deux volumes, je ne trouve rien sur *Britannicus*.

On sait l'impression que firent sur Louis XIV quelques vers de cette pièce. Lorsque Narcisse rapporte à Néron les discours qu'on tient contre lui, il lui fait entendre qu'on raille son ardeur à briller par des talents qui ne doivent point être les talents d'un empereur :

> Il excelle à conduire un char dans la carrière,
> A disputer des prix indignes de ses mains,
> A se donner lui-même en spectacle aux Romains,
> A venir prodiguer sa voix sur un théâtre....

Ces vers frappèrent le jeune monarque, qui avait quelquefois dansé dans les ballets; et quoiqu'il dansât avec beaucoup de noblesse, il ne voulut plus paraître dans aucun ballet, reconnaissant qu'un roi ne doit point se donner en spectacle. On trouvera ce que je dis ici confirmé par une des lettres de Boileau.

des détails remplis de misérables plaisanteries, mais qui nous apprennent une circonstance qui mérite d'être conservée : c'est que Boileau se distingua dans cette occasion par son zèle à servir son ami, et qu'il prenait un si grand intérêt à la pièce, que les différentes passions qu'exprimaient les acteurs se peignaient tour à tour sur son visage; d'où l'on pourrait conclure qu'il était moins insensible qu'on ne l'a pensé généralement. Boileau sut apprécier *Britannicus*, et à la fin de la pièce il courut vers Racine; et l'embrassant avec transport en présence d'un grand nombre de personnes, il lui dit : « Voilà ce que vous avez fait de mieux. » Boursault rapporte encore que des connaisseurs auprès desquels il s'était trouvé avaient jugé les vers *fort épurés*, mais qu'Agrippine leur avait paru fière sans sujet, Burrhus vertueux sans dessein, Britannicus amoureux sans jugement, Narcisse lâche sans prétexte, Junie constante sans fermeté, et Néron cruel sans malice. Un pareil jugement ne condamne aujourd'hui que Boursault.

Ceux qui ajoutent foi en tout au *Bolœana* croient que Boileau, qui trouvait les vers de *Bajazet* trop négligés, trouvait aussi le dénoûment de *Britannicus* puéril, et reprochait à l'auteur d'avoir fait Britannicus trop petit devant Néron. Il y a grande apparence que M. de Monchenay, mal servi par sa mémoire lorsqu'il composa ce recueil, s'est trompé en cet endroit. Je n'ai jamais entendu dire que Boileau eût fait de pareilles critiques; je sais seulement qu'il engagea mon père à supprimer une scène entière de cette pièce avant que de la donner aux comédiens; et par cette raison cette scène n'est encore connue de personne. Ces deux amis avaient un égal empressement à se communiquer leurs ouvrages avant que de les montrer au public, égale sévérité de critique l'un pour l'autre, et égale docilité. Voici cette scène que Boileau avait conservée, et qu'il nous a remise : elle était la première du troisième acte.

BURRHUS, NARCISSE.

BURRHUS.

Quoi! Narcisse, au palais obsédant l'empereur,
Laisse Britannicus en proie à sa fureur!
Narcisse, qui devrait d'une amitié sincère
Sacrifier au fils tout ce qu'il tient du père;
Qui devrait, en plaignant avec lui son malheur,
Loin des yeux de César détourner sa douleur!
Voulez-vous qu'accablé d'horreur, d'inquiétude,
Pressé du désespoir qui suit la solitude,
Il avance sa perte en voulant l'éloigner,
Et force l'empereur à ne plus l'épargner?
Lorsque de Claudius l'impuissante vieillesse
Laissa de tout l'empire Agrippine maîtresse,
Qu'instruit du successeur que lui gardaient les dieux,
Il vit déjà son nom écrit dans tous les yeux;
Ce prince, à ses bienfaits mesurant votre zèle,
Crut laisser à son fils un gouverneur fidèle,
Et qui, sans s'ébranler, verrait passer un jour
Du côté de Néron la fortune et la cour.
Cependant aujourd'hui, sur la moindre menace
Qui de Britannicus présage la disgrâce,

Narcisse, qui devait le quitter le dernier,
Semble dans le malheur le plonger le premier.
César vous voit partout attendre son passage.

NARCISSE.

Avec tout l'univers je viens lui rendre hommage,
Seigneur : c'est le dessein qui m'amène en ces lieux.

BURRHUS.

Près de Britannicus vous le servirez mieux.
Craignez-vous que César n'accuse votre absence?
Sa grandeur lui répond de votre obéissance.
C'est à Britannicus qu'il faut justifier
Un soin dont ses malheurs se doivent défier.
Vous pouvez sans péril respecter sa misère ;
Néron n'a point juré la perte de son frère ;
Quelque froideur qui semble altérer leurs esprits,
Votre maître n'est point au nombre des proscrits.
Néron même en son cœur, touché de votre zèle,
Vous en tiendrait peut-être un compte plus fidèle
Que de tous ces respects vainement assidus,
Oubliés dans la foule aussitôt que rendus.

NARCISSE.

Ce langage, seigneur, est facile à comprendre :
Avec quelque bonté César daigne m'entendre :
Mes soins trop bien reçus pourraient vous irriter..
A l'avenir, seigneur, je saurai l'éviter.

BURRHUS.

Narcisse, vous réglez mes desseins sur les vôtres :
Ce que vous avez fait, vous l'imputez aux autres
Ainsi lorsque, inutile au reste des humains,
Claude laissait gémir l'empire entre vos mains,
Le reproche éternel de votre conscience
Condamnait devant lui Rome entière au silence
Vous lui laissiez à peine écouter vos flatteurs,
Le reste vous semblait autant d'accusateurs
Qui, prêts à s'élever contre votre conduite,
Allaient de nos malheurs développer la suite :
Et, lui portant les cris du peuple et du sénat.
Lui demander justice au nom de tout l'État.
Toutefois pour César je crains votre présence :
Je crains, puisqu'il vous faut parler sans complaisance,
Tous ceux qui, comme vous, flattant tous ses désirs,
Sont toujours dans son cœur du parti des plaisirs.

Jadis à nos conseils l'empereur plus docile
Affectait pour son frère une bonté facile,
Et, de son rang pour lui modérant la splendeur,
De sa chute à ses yeux cachait la profondeur.
Quel soupçon aujourd'hui, quel désir de vengeance
Rompt du sang des Césars l'heureuse intelligence?
Junie est enlevée, Agrippine frémit;
Jaloux et sans espoir, Britannicus gémit :
Du cœur de l'empereur son épouse bannie,
D'un divorce à toute heure attend l'ignominie.
Elle pleure; et voilà ce que leur a coûté
L'entretien d'un flatteur qui veut être écouté.

NARCISSE.

Seigneur, c'est un peu loin pousser la violence ;
Vous pouvez tout : j'écoute, et garde le silence.
Mes actions un jour pourront vous repartir :
Jusque-là...

BURRHUS.

Puissiez-vous bientôt me démentir!
Plût aux dieux qu'en effet ce reproche vous touche!
Je vous aiderai même à me fermer la bouche.
Sénèque, dont les soins devraient me soulager,
Occupé loin de Rome, ignore ce danger.
Réparons, vous et moi, cette absence funeste :
Du sang de nos Césars réunissons le reste.
Rapprochons-les, Narcisse, au plus tôt, dès ce jour,
Tandis qu'ils ne sont point séparés sans retour.

On ne trouve rien dans cette scène qui ne réponde au reste de la versification ; mais son ami craignit qu'elle ne produisît un mauvais effet sur les spectateurs : « Vous les indisposerez, « lui dit-il, en leur montrant ces deux hommes ensemble. « Pleins d'admiration pour l'un, et d'horreur pour l'autre, « ils souffriront pendant leur entretien. Convient-il au gou- « verneur de l'empereur, à cet homme si respectable par son « rang et sa probité, de s'abaisser à parler à un misérable af- « franchi, le plus scélérat de tous les hommes ? Il le doit trop « mépriser pour avoir avec lui quelque éclaircissement. Et « d'ailleurs quel fruit espère-t-il de ses remontrances? Est-il « assez simple pour croire qu'elles feront naître quelques re- « mords dans le cœur de Narcisse? Lorsqu'il lui fait connaître

« l'intérêt qu'il prend à Britannicus, il découvre son secret à
« un traître ; et, au lieu de servir Britannicus, il en précipite
« la perte. » Ces réflexions parurent justes, et la scène fut supprimée.

Cette pièce fit connaître que l'auteur n'était pas seulement rempli des poëtes grecs, et qu'il savait également imiter les fameux écrivains de l'antiquité. Que de vers heureux, et combien d'expressions énergiques prises dans Tacite! Tout ce que Burrhus dit à Néron quand il se jette à ses pieds, et qu'il tâche de l'attendrir en faveur de Britannicus, est un extrait de ce que Sénèque a écrit de plus beau dans son *Traité sur la Clémence*, adressé à ce même Néron. Ce passage du panégyrique de Trajan par Pline, *Insulas quas modo senatorum, jam delatorum turba compleverat*, etc., a fourni ces deux beaux vers :

> Les déserts, autrefois peuplés de sénateurs,
> Ne sont plus habités que par leurs délateurs.

M. de Fontenelle, dans la *Vie de Corneille*, son oncle, nous dit que *Bérénice* fut un duel. En effet, ce vers de Virgile :

> Infelix puer atque impar congressus Achilli,

fut appliqué alors par quelques personnes au jeune combattant, à qui cependant la victoire demeura. Elle ne fut pas même disputée ; la partie n'était pas égale. Corneille n'était plus le Corneille du *Cid* et des *Horaces* ; il était devenu l'auteur d'*Agésilas*. Une princesse [1], fameuse par son esprit et par son amour pour la poésie, avait engagé les deux rivaux à traiter ce même sujet. Ils lui donnèrent en cette occasion une grande preuve de leur obéissance, et les deux *Bérénices* parurent en même temps, en 1670 [2].

L'abbé de Villars voulut faire briller son esprit aux dépens de l'une et de l'autre pièce ; ses plaisanteries furent trouvées

---

[1] Henriette-Anne d'Angleterre. (L. R.)

[2] C'est par l'entremise du marquis de Dangeau que cette auguste princesse avait déterminé Corneille à traiter le même sujet ; mais elle ne put jouir du plaisir de voir la lutte des deux rivaux ; la cour pleurait encore sa mort prématurée, lorsque les deux pièces furent représentées pour la première fois.

très-fades, et ses critiques parurent outrées à Subligny lui-même, qui, prenant alors la défense du même poète dont il avait critiqué l'*Andromaque*, fit voir que l'écrivain ingénieux du *Peuple élémentaire* n'entendait pas les matières poétiques. Tout sert aux auteurs sages. L'abbé de Villars avait vivement relevé cette exclamation, *Dieux!* échappée à Bérénice. L'auteur, en reconnaissant sa faute, en corrigea deux autres de la même nature, dont son critique ne s'était pas aperçu. Bérénice disait à la fin du premier acte :

> Rome entière, en ce même moment,
> Fait des vœux pour Titus, et, par des sacrifices,
> De son règne naissant consacre les prémices.
> Je prétends quelque part à des souhaits si doux :
> Phénice, allons nous joindre aux vœux qu'on fait pour nous.

Et dans l'acte suivant Bérénice disait à Titus :

> Pourquoi des immortels attester la puissance?

Dans la seconde édition, l'auteur changea ces expressions, qu'il avait mises dans la bouche de Bérénice sans faire attention qu'elle était Juive.

Sa tragédie, quoique honorée du suffrage du grand Condé par l'heureuse application qu'il avait faite de ces deux vers :

> Depuis trois ans entiers chaque jour je la vois,
> Et crois toujours la voir pour la première fois,

fut très-peu respectée sur le théâtre Italien. Il assista à cette parodie bouffonne, et y parut rire comme les autres; mais il avouait à ses amis qu'il n'avait ri qu'extérieurement. La rime indécente qu'Arlequin mettait à la suite de *la reine Bérénice* le chagrinait au point de lui faire oublier le concours du public à sa pièce, les larmes des spectateurs, et les éloges de la cour. C'était dans de pareils moments qu'il se dégoûtait du métier de poëte, et qu'il faisait résolution d'y renoncer : il reconnaissait la faiblesse de l'homme, et la vanité de notre amour-propre, que si peu de chose humilie. Il fut encore frappé d'un mot de Chapelle, qui fit plus d'impression sur lui que toutes les critiques de l'abbé de Villars, qu'il avait su mépriser. Ses meilleurs amis vantaient l'art avec lequel il avait traité un sujet si simple, en ajoutant que le sujet n'avait pas été bien choisi. Il ne l'avait pas choisi ; la princesse que j'ai nommée lui avait fait promettre qu'il le traiterait : et, comme courtisan, il s'était engagé. « Si je m'y étais trouvé, disait Boileau, je « l'aurais bien empêché de donner sa parole. » Chapelle, sans louer ni critiquer, gardait le silence. Mon père enfin le pressa vivement de se déclarer : « Avouez-moi en ami, lui dit-il, « votre sentiment. Que pensez-vous de *Bérénice* ? — Ce que « j'en pense ? répondit Chapelle : Marion pleure, Marion crie, « Marion veut qu'on la marie. » Ce mot, qui fut bientôt répandu, a été depuis attribué mal à propos à d'autres.

La parodie bouffonne faite sur le théâtre Italien, les railleries de Saint-Évremond, et le mot de Chapelle, ne consolaient pas Corneille, qui voyait la *Bérénice*, rivale de la sienne, raillée et suivie, tandis que la sienne était entièrement abandonnée.

Il avait depuis longtemps de véritables inquiétudes, et n'en avait point fait mystère à son ami Saint-Évremond, lorsque, le remerciant des éloges qu'il avait reçus de lui dans sa *Dissertation sur l'Alexandre*, il lui avait écrit : « Vous m'honorez « de votre estime dans un temps où il semble qu'il y ait un « parti fait pour ne m'en laisser aucune. C'est un merveilleux « avantage pour moi, qui ne peux douter que la postérité ne « s'en rapporte à vous. Aussi je vous avoue que je pense avoir « quelques droits de traiter de ridicules ces vains trophées « qu'on établit sur les anciens héros refondus à notre mode. »

Cette critique injuste a ébloui quelques personnes, surtout depuis qu'un écrivain célèbre l'a renouvelée[1]. « Pourquoi, « dit-il, ces héros ne nous font-ils pas rire ? c'est que nous ne « sommes pas savants ; nous ignorons les mœurs des Grecs et « des Romains. Il faudrait, pour en rire, des gens éclairés. La « chose est assez risible ; mais il manque *des rieurs*. » Quand le parterre serait rempli de gens instruits des mœurs grecques et romaines, les rieurs manqueraient encore, puisque ceux qui ont formé leur goût dans les lettres grecques et romaines

---

[1] M. de Fontenelle, dans son *Histoire du Théâtre*.

connaissent encore mieux que les autres le mérite de ces tragédies, qui paraissaient *risibles* à M. de Fontenelle. Le souvenir d'une ancienne épigramme peut-il rester si longtemps sur le cœur?

Corneille était excusable, quand il cherchait quelques prétextes pour se consoler. Il avait des chagrins, et ces chagrins lui avaient fait prendre en mauvaise part une plaisanterie de la comédie des *Plaideurs,* où ce vers du *Cid*,

<blockquote>Ses rides sur son front ont gravé ses exploits,</blockquote>

est appliqué à un vieux sergent. « Ne tient-il donc, disait-il, « qu'à un jeune homme de venir ainsi tourner en ridicule les « vers des gens? » L'offense n'était pas grave, mais il n'était pas de bonne humeur.

Segrais rapporte qu'étant auprès de lui à la représentation de *Bajazet*, qui fut joué en 1672, Corneille lui fit observer que tous les personnages de cette pièce avaient, sous des habits turcs, des sentiments français. « Je ne le dis qu'à vous, ajouta- « t-il : d'autres croiraient que la jalousie me fait parler. » Eh! pourquoi s'imaginer que les Turcs ne savent pas exprimer comme nous les sentiments de la nature? Si Corneille eût voulu jeter les yeux sur tant de lauriers et sur tant d'années dont il était chargé, il n'aurait point compromis une gloire qui ne pouvait plus croître. Tantôt il se flattait que ses rivaux attendaient sa mort avec impatience, ce qui lui faisait dire :

<blockquote>
Si mes quinze lustres
Font encor quelque peine aux modernes illustres,
S'il en est de fâcheux jusqu'à s'en chagriner,
Je n'aurai pas longtemps à les importuner.
</blockquote>

Tantôt, s'imaginant que les pièces qu'on préférait aux siennes ne devaient leurs succès qu'aux brigues, il disait :

<blockquote>
Pour me faire admirer je ne fais point de ligues;
J'ai peu de voix pour moi, mais je les ai sans brigues
Et mon ambition, pour faire plus de bruit,
Ne les va point quêter de réduit en réduit.....
Je ne dois qu'à moi seul toute ma renommée.....
</blockquote>

Son malheur venait de sa tendresse inconcevable pour les

enfants de sa vieillesse, qu'il croyait que tout le monde devait admirer comme il les admirait. Cependant il était obligé d'avoir recours à la troupe des comédiens du Marais, parce que celle de l'hôtel de Bourgogne, occupée des pièces de son rival, refusait les siennes. Les pièces du grand Corneille refusées par les comédiens ! *O vieillesse ennemie !* A quelle humiliation est exposé un poëte qui veut l'être trop longtemps !

Si Corneille avait ses chagrins, son rival avait aussi les siens. Il entendait dire souvent que les beautés de ses tragédies étaient des beautés de mode, qui ne dureraient pas. Madame de Sévigné, comme beaucoup d'autres, se faisait une vertu de rester fidèle à ce qu'elle appelait *ses vieilles admirations*. Voici quelques endroits de ses lettres qui feront connaître les différents discours qu'on tenait alors ; et ces endroits, quoique pleins de jugements précipités, plairont à cause de ce style qu'on admire dans une dame, et qui fait lire tant de lettres qui n'apprennent presque rien. C'est ainsi qu'elle parle de *Bajazet* avant que de l'avoir vu : « Racine a fait une tragédie qui s'ap-
« pelle *Bajazet*, et qui lève la paille. Vraiment elle ne va pas
« en *empirando* comme les autres. M. de Tallard dit qu'elle est
« autant au-dessus des pièces de Corneille, que celles de Cor-
« neille sont au-dessus de celles de Boyer : voilà ce qui s'ap-
« pelle louer. Il ne faut point tenir les vérités captives ; nous
« en jugerons par nos yeux et par nos oreilles.

« Du bruit de Bajazet mon âme importunée

« fait que je veux aller à la comédie ; enfin, nous en juge-
« rons[1]... »

Après avoir vu la pièce, elle l'envoie à sa chère fille, en lui disant : « Voilà *Bajazet* : si je pouvais vous envoyer la Champ-

---

[1] On croit que c'est la mort de Monaldeschi, assassiné à Fontainebleau par les ordres et sous les yeux de Christine, reine de Suède, qui suggéra à Racine l'idée de composer sa tragédie de *Bajazet*. Cette pièce parut en effet cinq ans après l'événement qu'elle semble rappeler. Les compilateurs d'anecdotes disent encore que Racine, dans les quatre fameux vers où il peint *l'imbécile Ibrahim*, avait eu en vue Richard, fils de Cromwell, qu'on s'étonnait alors de voir vivre dans l'obscurité où il resta toute sa vie.

« mêlé, vous trouveriez la pièce bonne; mais sans elle elle perd
« la moitié de son prix. Je suis folle de Corneille!... Vous avez
« jugé très-juste et très-bien de *Bajazet*; et vous aurez vu
« que je suis de votre avis. Je voulais vous envoyer la Champ-
« mêlé pour vous réchauffer la pièce : le personnage de Bajazet
« est glacé; les mœurs des Turcs y sont mal observées : ils ne
« font point tant de façons pour se marier; le dénoûment n'est
« point bien préparé : on n'entre point dans les raisons de
« cette grande tuerie. Il y a pourtant des choses agréables,
« mais rien de parfaitement beau, rien qui enlève, point de
« ces tirades de Corneille qui font frissonner. Ma fille, gardons-
« nous bien de lui comparer Racine; sentons-en toujours la
« différence : les pièces de ce dernier ont des endroits froids et
« faibles, et jamais il n'ira plus loin qu'*Andromaque*. *Bajazet*
« est au-dessous, au sentiment de bien des gens, et au mien,
« si j'ose me citer. Racine fait des comédies pour la Champ-
« mêlé; ce n'est pas pour les siècles à venir : si jamais il n'est
« plus jeune, et qu'il cesse d'être amoureux[1], ce ne sera plus
« la même chose. Vive donc notre vieil ami Corneille! Par-
« donnons-lui de méchants vers en faveur des divines et su-
« blimes beautés qui nous transportent. Ce sont des traits de
« maître qui sont inimitables. Despréaux en dit encore plus
« que moi; et, en un mot, c'est le bon goût : tenez-vous-y[2]. »

Ces prophéties se sont trouvées fausses. L'auteur de *Britannicus* fit voir qu'il pouvait aller encore plus loin, et qu'il tra-

---

[1] Il avait déjà été plus loin qu'*Andromaque*, puisqu'il avait fait *Britannicus*. Pouvait-elle dire que *Britannicus* ne fût que l'ouvrage d'un jeune
amoureux? (L. R.)

[2] Nous avons cru devoir rétablir, d'après le texte des meilleures éditions,
les passages cités des lettres de madame de Sévigné. Ces passages sont altérés
dans les Mémoires de Louis Racine, et l'on n'y trouve point le suivant :
« La pièce de Racine m'a paru belle; nous y avons été. Bajazet est beau :
« j'y trouve quelque embarras sur la fin : mais il y a bien de la passion, et
« de la passion moins folle que celle de Bérénice. Je trouve pourtant, à mon
« petit sens, qu'elle ne surpasse pas *Andromaque*; et pour les belles co-
« médies de Corneille, elles sont autant au-dessus, que votre idée était au-
« dessus de... Appliquez, et ressouvenez-vous de cette folie; et croyez que
« jamais rien n'approchera, je ne dis pas surpassera, je dis que rien n'ap-
« prochera des divins endroits de Corneille. »

vaillait pour l'avenir. Je dirai bientôt pourquoi on lui reprochait de travailler pour la Champmélé, et je détruirai cette accusation. Personne ne croira que Boileau ait jamais pensé comme madame de Sévigné le fait ici penser, puisqu'on est au contraire porté à croire qu'il louait trop son ami. Le P. Tournemine, dans une lettre imprimée[1], avance qu'il ne décria l'*Agésilas* et l'*Attila* « que pour immoler les dernières pièces « de Corneille à Racine, son idole. » Ce n'était pas certainement lui immoler de grandes victimes ; et Boileau ne pensa jamais à élever son idole (pour répéter le terme du P. Tournemine) au-dessus de Corneille : il savait rendre justice à l'un et à l'autre ; il les admirait tous deux, sans décider sur la préférence.

Le parti de Corneille s'affaiblit beaucoup plus l'année suivante, quand *Mithridate* paraissant avec toute sa haine pour Rome, sa dissimulation et sa jalousie cruelle, fit voir que le poëte savait donner aux anciens héros toute leur ressemblance.

Je ne trouve point que cette tragédie ait essuyé d'autres contradictions que d'être confondue, comme les autres, dans la misérable satire intitulée *Apollon vendeur de mithridate* ; ouvrage qui, rempli des jeux de mots les plus insipides, ne fit aucun honneur à Barbier d'Aucour[2].

En cette même année, mon père fut reçu à l'Académie Française, et sa réception ne fut pas remarquable comme l'avait été celle de Corneille, par un remercîment ampoulé. Corneille, dans une pareille occasion, se nomma « un indigne mignon « de la Fortune, » et, ne pouvant exprimer sa joie, l'appela « un épanouissement du cœur, une liquéfaction intérieure, qui « relâche toutes les puissances de l'âme ; » de sorte que Cor-

---

[1] Cette lettre est à la tête des Œuvres posthumes de Corneille, imprimées en 1738. (L. R.)

[2] Voici ce que madame de Coulanges en écrivait à madame de Sévigné un mois après la première représentation : « *Mithridate* est une pièce char- « mante : on y pleure ; on y est dans une continuelle admiration : on la voit « trente fois, on la trouve plus belle à la trentième qu'à la première. » Voltaire a dit que de toutes les tragédies celle qui plaisait le plus à Charles XII, c'était *Mithridate* ; et quand on la lui lisait, il marquait du doigt les endroits qui le frappaient davantage.

neille, qui savait si bien faire parler les autres, se perdit en parlant pour lui-même. Le remerciment de mon père fut fort simple et fort court, et il le prononça d'une voix si basse, que M. Colbert, qui était venu pour l'entendre, n'en entendit rien, et que ses voisins même en entendirent à peine quelques mots. Il n'a jamais paru dans les *Recueils de l'Académie*, et ne s'est point trouvé dans ses papiers après sa mort. L'auteur apparemment n'en fut pas content, quoique, suivant quelques personnes éclairées, il fût né autant orateur que poëte. Ces personnes en jugent par les deux discours académiques dont je parlerai bientôt, et par une harangue au roi, dont elles disent qu'il fut l'auteur : elle fut prononcée par une autre bouche que la sienne, en 1685, et se trouve dans les *Mémoires du Clergé*.

Un de ses confrères dans l'Académie se déclara son rival, en traitant comme lui le sujet d'*Iphigénie*. Les deux tragédies parurent en 1675[1] : celle de Le Clerc n'est plus connue que par l'épigramme faite sur sa chute, et la gloire de l'autre fut célébrée par Boileau :

> Jamais Iphigénie, en Aulide immolée,
> N'a coûté tant de pleurs à la Grèce assemblée, etc.

C'était en 1677 que Boileau parlait ainsi : et comme il avait acquis une grande autorité sur le Parnasse, depuis qu'en 1674 il avait donné son *Art poétique* et ses quatre Épîtres, il était bien capable de rassurer son ami, attaqué par tant de critiques[2].

---

[1] Les auteurs du *Théâtre français* disent en 1674, et se fondent sur une autorité qui peut être douteuse. C'est ce que je ne puis décider. (L. R.) Dans le temps même que Racine s'élevait au plus haut degré de la gloire, par un chef-d'œuvre supérieur à tout ce qui était jusqu'alors sorti de sa plume, Corneille donnait sa dernière tragédie, et terminait par un ouvrage très-médiocre sa carrière théâtrale, qui avait été si brillante. *Suréna* fut joué la même année qu'*Iphigénie*. (G.) La pièce de Racine parut en 1674, et celle de Le Clerc en 1675.

[2] Il est inutile de rappeler ici toutes les critiques dont ce nouveau chef-d'œuvre fut l'objet. On blâma l'auteur de s'être écarté de l'histoire du sacrifice d'Iphigénie, telle qu'elle se trouve dans Dictys de Crète, et telle qu'elle a été suivie par Euripide ; comme si le poète ne pouvait rien inventer dans un pareil sujet, et comme si les faits inventés n'avaient pas produit des

A la fin de l'Épître qu'il lui adresse, il souhaite, pour le bonheur de leurs ouvrages,

> Qu'à Chantilly Condé les lise quelquefois,

parce qu'ils étaient tous deux fort aimés du grand Condé, qui rassemblait souvent à Chantilly les gens de lettres, et se plaisait à s'entretenir avec eux de leurs ouvrages, dont il était bon juge. Lorsque dans ses conversations littéraires il soutenait une bonne cause, il parlait avec beaucoup de grâce et de douceur; mais quand il en soutenait une mauvaise, il ne fallait pas le contredire : sa vivacité devenait si grande, qu'on voyait bien qu'il était dangereux de lui disputer la victoire. Le feu de ses yeux étonna une fois si fort Boileau dans une dispute de cette nature, qu'il céda par prudence, et dit tout bas à son voisin : « Dorénavant je serai toujours de l'avis de M. le Prince, quand « il aura tort [1]. »

J'ignore en quel temps Boileau et son ami travaillèrent ensemble à un opéra, par ordre du roi, à la sollicitation de madame de Montespan. Cette particularité serait fort inconnue, si Boileau, qui aurait bien pu se dispenser de faire imprimer dans la suite son prologue, ne l'avait racontée dans l'avertissement qui le précède. Je ne crois pas qu'on ait jamais vu un seul vers de mon père en ce genre d'ouvrage, qu'il essayait à contre-cœur. Les poëtes n'ont que leur génie à suivre, et ne doivent jamais travailler par ordre. Le public ne leur sait aucun gré de leur obéissance [2].

---

beautés de premier ordre. Enfin, lorsqu'on vit que le public s'obstinait à admirer l'*Iphigénie* de Racine, et que tous les efforts de la cabale n'avaient pu donner plus de cinq représentations à l'*Iphigénie* de Coras et de Le Clerc, on eut recours à la calomnie, dernier refuge des envieux, et l'on accusa Racine d'avoir abusé de son crédit pour tâcher d'empêcher les dernières représentations de cette pièce; et cette ridicule imputation se trouva répétée dix ans après dans un écrit de Pradon, intitulé *Nouvelles Remarques sur tous les ouvrages du sieur D... (Despréaux)*.

[1] L'auteur du *Bolæana* rapporte ce mot d'une manière à faire croire qu'il ne l'a pas compris. Il en a de même défiguré plusieurs autres. (L. R.)

[2] Racine avait déjà fait quelques vers, et les avait lus au roi. Quinault, qui en fut instruit, courut se jeter aux pieds de Sa Majesté, lui déclarant

Un rival aussi peu à craindre que Le Clerc se rendit bien plus redoutable que lui, quand la *Phèdre* parut en 1677. Il en suspendit quelque temps le succès, par la tragédie qu'il avait composée sur le même sujet, et qui fut représentée en même temps. La curiosité de chercher la cause de la première fortune de la *Phèdre* de Pradon, est le seul motif qui puisse la faire lire aujourd'hui. La véritable raison de cette fortune fut le crédit d'une puissante cabale dont les chefs s'assemblaient à l'hôtel de Bouillon. Ils s'avisèrent d'une nouvelle ruse qui leur coûta, disait Boileau, quinze mille livres [1] : ils retinrent les premières loges pour les six premières représentations de l'une et de l'autre pièce, et par conséquent ces loges étaient vides ou remplies quand ils voulaient.

Les six premières représentations furent si favorables à la *Phèdre* de Pradon [2], et si contraires à celle de mon père, qu'il était près de craindre pour elle une véritable chute dont les bons ouvrages sont quelquefois menacés, quoiqu'ils ne tombent jamais. La bonne tragédie rappela enfin les spectateurs, et l'on méprisa le sonnet qui avait ébloui d'abord :

> Dans un fauteuil doré Phèdre mourante et blême, etc.

Ce sonnet avait été fait par madame Deshoulières, qui protégeait Pradon, non par admiration pour lui, mais parce qu'elle était

qu'il mourrait de douleur et de honte, si un autre que lui travaillait aux divertissements de la cour. Sa réclamation fut accueillie, et Racine se trouva ainsi dégagé de la tâche qu'on lui avait imposée. (On peut voir comment l'anecdote est racontée par Boileau, édition de ses Œuvres; *Paris*, Lefèvre, 1824, tome II, page 373.)

[1] En calculant la valeur de cette somme par le poids de l'argent qu'elle contenait, elle équivaut à vingt-huit mille francs de la monnaie d'aujourd'hui.

[2] La pièce de Pradon eut seize représentations. Il eut beaucoup de peine à trouver une actrice qui voulût se charger du rôle de Phèdre, les comédiennes de l'hôtel Guénégaud redoutant un rôle où elles auraient semblé lutter avec la célèbre Champmêlé. La première et la seconde actrice ayant refusé le rôle, il fallut se rejeter sur une troisième, et Pradon ne manqua pas d'accuser Racine de ce malheur. Il s'en plaignit même hautement dans sa préface et dans ses *Nouvelles Remarques sur Boileau* : « Ces messieurs, « dit-il, voyant qu'ils ne pouvaient plus apporter d'obstacle à ma *Phèdre* « du côté de la cour, par des bassesses honteuses, indignes du caractère qu'ils « doivent avoir, empêchèrent les meilleures actrices d'y jouer. »

amie de tous les poëtes qu'elle ne regardait pas comme capables
de lui disputer le grand talent qu'elle croyait avoir pour la
poésie. On ne s'avisa pas de soupçonner madame Deshoulières
du sonnet : on se persuada fort mal à propos que l'auteur était
M. le duc de Nevers, parce qu'il faisait des vers et qu'il était du
parti de l'hôtel de Bouillon. On répondit à ce sonnet par une
parodie sur les mêmes rimes ; et on ne respecta dans cette parodie ni le duc de Nevers, ni sa sœur la duchesse de Mazarin,
retirée en Angleterre. Quand les auteurs de la parodie n'eussent
fait que plaisanter M. le duc de Nevers sur sa passion pour rimer, ils avaient tort, puisqu'ils attaquaient un homme qui n'a-
vait cherché querelle à personne ; mais dans leurs plaisanteries
ils passaient les bornes d'une querelle littéraire, en quoi ils n'é-
taient pas excusables. Je ne rapporte ni leur parodie, ni le sonnet : on trouve ces pièces dans les longs commentateurs de Boileau, et dans plusieurs recueils. On ne douta point d'abord que
cette parodie ne fût l'ouvrage du poëte offensé, et que son ami
Boileau n'y eût part. Le soupçon était naturel. Le duc irrité annonça une vengeance éclatante. Ils désavouèrent la parodie,
dont en effet ils n'étaient point les auteurs ; et M. le duc Henri-
Jules les prit tous deux sous sa protection, en leur offrant
l'hôtel de Condé pour retraite. « Si vous êtes innocents, leur
dit-il, venez-y ; et si vous êtes coupables, venez-y encore. »
La querelle fut apaisée, quand on sut que quelques jeunes
seigneurs très-distingués avaient fait dans un repas la parodie
du sonnet.

La *Phèdre* resta victorieuse de tant d'ennemis ; et Boileau,
pour relever le courage de son ami, lui adressa sa septième Épître sur l'utilité qu'on retire de la jalousie des envieux. L'auteur
de *Phèdre* était flatté du succès de sa tragédie, moins pour lui
que pour l'intérêt du théâtre. Il se félicitait d'y avoir fait goûter
une pièce où la vertu avait été mise dans tout son jour, où la
seule pensée du crime était regardée avec autant d'horreur que le
crime même ; et il espérait par cette pièce réconcilier la tragédie
« avec quantité de personnes célèbres par leur piété et par leur
« doctrine. » L'envie de se rapprocher de ses premiers maîtres
le faisait ainsi parler dans sa préface ; et d'ailleurs il était per-

suadé que l'amour, à moins qu'il ne soit entièrement tragique, ne doit point entrer dans les tragédies.

On se trompe beaucoup quand on croit qu'il remplissait les siennes de cette passion, parce qu'il en était lui-même rempli. Les poëtes se conforment au goût de leur siècle. Un jeune auteur qui cherche à plaire à la cour d'un jeune roi où l'on respire l'amour et la galanterie, fait respirer le même air à ses héros et héroïnes. Cette raison et la nécessité de suivre une route différente de Corneille en marchant dans la même carrière, lui fit traiter ses sujets dans un goût différent; et lorsque la tendresse qui règne dans ses tragédies est attribuée par M. de Valincour à un caractère plein de passion, il parle lui-même suivant ce préjugé naturel, qu'un auteur se peint dans ses ouvrages; mais M. de Valincour ne pouvait ignorer que son ami, quoique né si tendre, n'avait jamais été esclave de l'amour, que peut-être, à cause de la tendresse même de son cœur, il regardait comme plus dangereux encore pour lui que pour un autre. Il en était un habile peintre, parce qu'étant né poëte, il était habile imitateur : il a su peindre parfaitement la fierté et l'ambition dans le personnage d'Agrippine, quoiqu'il fût bien éloigné d'être fier et ambitieux. Madame de Sévigné, dans un endroit de ses lettres que j'ai rapporté, fait entendre qu'il était très-amoureux de la Champmêlé, et que même il faisait ses tragédies conformément au goût de la déclamation de cette actrice. Dans sa Vie imprimée à la tête de la dernière édition de ses OEuvres, on lit qu'il en avait un fils naturel, et que l'infidélité de cette comédienne, qui lui préféra le comte de Tonnerre, fut cause qu'il renonça à cette actrice et aux pièces de théâtre.

Puisque de pareils discours, faussement répandus dans le temps, subsistent encore aujourd'hui à la tête de ses OEuvres, c'est à moi à les détruire; mais, quoique certain de leur fausseté, c'est à regret que je parle de choses dont je voudrais que la mémoire fût effacée. Ce prétendu fils naturel n'a jamais existé [1]; et même, selon toutes les apparences, mon père n'a

---

[1] Ce conte est d'autant plus ridiculement inventé, que la Champmêlé était mariée. (L. R.)

jamais eu pour la Champmêlé cette passion qu'on a conjecturée de ses assiduités auprès d'elle, sur lesquelles je garderais le silence, si je n'étais obligé d'en dire la véritable raison.

Cette femme n'était point née actrice. La nature ne lui avait donné que la beauté, la voix et la mémoire : du reste, elle avait si peu d'esprit, qu'il fallait lui faire entendre les vers qu'elle avait à dire, et lui en donner le ton. Tout le monde sait le talent que mon père avait pour la déclamation, dont il donna le vrai goût aux comédiens capables de le prendre. Ceux qui s'imaginent que la déclamation qu'il avait introduite sur le théâtre était enflée et chantante, sont, je crois, dans l'erreur. Ils en jugent par la Duclos, élève de la Champmêlé, et ne font pas attention que la Champmêlé, quand elle eut perdu son maître, ne fut plus la même, et que, venue sur l'âge, elle poussait de grands éclats de voix, qui donnèrent un faux goût aux comédiens. Lorsque Baron, après vingt ans de retraite, eut la faiblesse de remonter sur le théâtre, il ne jouait plus avec la même vivacité qu'autrefois, au rapport de ceux qui l'avaient vu dans sa jeunesse : c'était le vieux Baron ; cependant il répétait encore tous les mêmes tons que mon père lui avait appris. Comme il avait formé Baron, il avait formé la Champmêlé, mais avec beaucoup plus de peine. Il lui faisait d'abord comprendre les vers qu'elle avait à dire, lui montrait les gestes, et lui dictait les tons, que même il notait. L'écolière, fidèle à ses leçons, quoique actrice par art, sur le théâtre paraissait inspirée par la nature ; et comme par cette raison elle jouait beaucoup mieux dans les pièces de son maître que dans les autres, on disait qu'elles étaient faites pour elle, et on en concluait l'amour de l'auteur pour l'actrice.

Je ne prétends pas soutenir qu'il ait toujours été exempt de faiblesse, quoique je n'en aie entendu raconter aucune ; mais (et ma piété pour lui ne me permet pas d'être infidèle à la vérité) j'ose soutenir qu'il n'a jamais connu par expérience ces troubles et ces transports qu'il a si bien dépeints. Ceux qui veulent croire qu'il était fort amoureux doivent croire aussi que les lettres tendres et les petites pièces galantes n'étaient pas pour lui un travail. Les vers d'amour lui auraient-ils coûté ?

Ces petites pièces, qui passent bientôt de main en main, ne s'anéantissent pas lorsqu'elles sont faites par un auteur connu. Dans le Recueil des pièces fugitives de Corneille, imprimé en 1738, plusieurs petites pièces galantes ont trouvé place, parce qu'elles sont de Corneille, c'est-à-dire du poëte qu'on a surnommé *le Sublime*. Pourquoi n'en trouve-t-on pas de celui qu'on a surnommé *le Tendre*, et pourquoi ses plus anciens amis n'ont-ils jamais dit qu'ils en eussent vu une seule? De tous ceux qui l'ont fréquenté dans le temps qu'il travaillait pour le théâtre, et que j'ai connus depuis, aucun ne m'a nommé une personne qui ait eu sur lui le moindre empire; et je suis certain que, depuis son mariage jusqu'à sa mort, la tendresse conjugale a régné seule dans son cœur, quoiqu'il ait été bien reçu dans une cour aimable qui le trouvait aimable lui-même et par la conversation et par la figure. Il n'était point de ces poëtes qui ont un Apollon refrogné, il avait au contraire une physionomie belle et ouverte : ce qu'il m'est permis de dire, puisque Louis XIV la cita un jour comme une des plus heureuses, en parlant des belles physionomies qu'il voyait à sa cour. A ces grâces extérieures il joignait celles de la conversation, dans laquelle, jamais distrait, jamais poëte, ni auteur, il songeait moins à faire paraître son esprit que l'esprit des personnes qu'il entretenait. Il ne parlait jamais de ses ouvrages, et répondait modestement à ceux qui lui en parlaient. Doux, tendre, insinuant, et possédant le langage du cœur, il n'est pas étonnant qu'on se persuade qu'il l'ait parlé quelquefois. Son caractère l'y portait; mais, suivant la maxime qu'il fait dire à Burrhus, « on n'aime point, si l'on ne « veut aimer, » il ne le voulait point par raison, avant même que la religion vînt à son secours. Il vécut dans la société des femmes comme Boileau, avec une politesse toujours respectueuse, sans être leur fade adulateur : ni l'un ni l'autre n'eurent besoin d'elles pour faire prôner leur mérite et leurs ouvrages.

Une chanson tendre que Boileau a faite ne lui fut point inspirée par l'amour, qu'il n'a jamais connu : il la fit pour montrer qu'un poëte peut chanter *une Iris en l'air*. Dans la dernière édition de ses OEuvres, achevée à Paris depuis deux mois, on lui attribue trois épigrammes qu'il n'a jamais faites, quoiqu'il ne soit pas nécessaire de lui en chercher : il en a assez donné lui-même. J'ai été surtout surpris d'en trouver une qui a pour titre : *A une demoiselle que l'auteur avait dessein d'épouser*. Tous ceux qui l'ont connu un peu familièrement savent qu'il n'a jamais songé au mariage, et n'en ignorent pas la raison. Il avait, comme son ami, les mœurs fort douces; mais son caractère n'était pas tout à fait si liant. Il n'avait pas la même répugnance à se prêter aux conversations qui roulaient sur des matières poétiques; il aimait, au contraire, qu'on parlât vers, et ne haïssait point qu'on lui parlât des siens. On trouvait aisément en lui le poète, et dans mon père on le cherchait.

Après *Phèdre*, il avait encore formé quelques projets de tragédies, dont il n'est resté dans ses papiers aucun vestige, si ce n'est le plan du premier acte d'une *Iphigénie en Tauride*. Quoique ce plan n'ait rien de curieux, je le joindrai à ses lettres, pour faire connaître de quelle manière, quand il entreprenait une tragédie, il disposait chaque acte en prose. Quand il avait ainsi lié toutes les scènes entre elles, il disait : « Ma tragédie est faite, » comptant le reste pour rien.

Il avait encore eu le dessein de traiter le sujet d'Alceste, et M. de Longepierre m'a assuré qu'il lui en avait entendu réciter quelques morceaux; c'est tout ce que j'en sais. Quelques personnes prétendent qu'il voulait aussi traiter le sujet d'OEdipe : ce que je ne puis croire, puisqu'il a dit souvent qu'il avait osé jouter contre Euripide, mais qu'il ne serait jamais assez hardi pour jouter contre Sophocle. L'eût-il osé, surtout dans la pièce qui est le chef-d'œuvre de l'antiquité? Il est vrai que le sujet d'OEdipe, où l'amour ne doit jamais trouver place sans avilir la grandeur du sujet, et même sans choquer la vraisemblance, convenait au dessein qu'il avait de ramener la tragédie des anciens, et de faire voir qu'elle pouvait être parmi nous, comme chez les Grecs, exempte d'amour. Il voulait purifier entièrement notre théâtre; mais ayant fait réflexion qu'il avait un meilleur parti à prendre, il prit le parti d'y renoncer pour toujours, quoiqu'il fût encore dans toute sa force, n'ayant qu'environ trente-huit ans, et quoique Boileau le félicitât de ce qu'il était le seul capable de consoler Paris de la vieillesse de Corneille. Beaucoup plus sensible, comme il l'a avoué lui-même, aux mauvaises critiques qu'essuyaient ses ouvrages qu'aux louanges qu'il en recevait, ces amertumes salutaires que Dieu répandait sur son travail le dégoûtèrent peu à peu du métier de poëte. Par sa retraite, Pradon resta maître du champ de bataille, ce qui fit dire à Boileau :

Et la scène française est en proie à Pradon.

Comme j'ai parlé de l'union qui régna d'abord entre Molière, Chapelle, Boileau et mon père, il semble que la jeunesse de ces poëtes aurait dû me fournir plusieurs traits amusants, pour égayer la première partie de ces Mémoires. Quelque curieux que j'aie été d'en apprendre, je n'ai rien trouvé de certain en ce genre, que ce que Grimaretz rapporte dans la vie de Molière d'un souper fait à Auteuil, où Molière rassemblait quelquefois ses amis dans une petite maison qu'il avait louée. Ce fameux souper, quoique peu croyable, est très-véritable.

Mon père heureusement n'en était pas : le sage Boileau, qui en était, y perdit la raison comme les autres. Le vin ayant jeté tous les convives dans la morale la plus sérieuse, leurs réflexions sur les misères de la vie, et sur cette maxime des anciens, « que le premier bonheur est de ne point naître, et le se- « cond de mourir promptement, » leur firent prendre l'héroïque résolution d'aller sur-le-champ se jeter dans la rivière. Ils y allaient, et elle n'était pas loin. Molière leur représenta qu'une si belle action ne devait pas être ensevelie dans les ténèbres de la nuit, et qu'elle méritait d'être faite en plein jour. Ils s'arrêtèrent, et se dirent en se regardant les uns les autres : « Il « a raison ; » à quoi Chapelle ajouta : « Oui, messieurs, ne « nous noyons que demain matin, et en attendant allons « boire le vin qui nous reste. » Le jour suivant changea leurs idées ; et ils jugèrent à propos de supporter encore les misères de la vie. Boileau a raconté plus d'une fois cette folie de sa jeunesse.

J'ai parlé, dans mes Réflexions sur la Poésie [1], d'un autre souper fait chez Molière, pendant lequel La Fontaine fut accablé des railleries de ses meilleurs amis, du nombre desquels était mon père. Ils ne l'appelaient que *le Bonhomme* : c'était le surnom qu'ils lui donnaient à cause de sa simplicité. La Fontaine essuya leurs railleries avec tant de douceur, que Molière, qui en eut enfin pitié, dit tout bas à son voisin : « Ne nous « moquons pas du Bonhomme ; il vivra peut-être plus que « nous tous. »

La société entre Molière et mon père ne dura pas longtemps. J'en ai dit la raison. Boileau resta uni à Molière, qui venait le voir souvent, et faisait grand cas de ses avis. Dans la suite, Boileau lui conseilla de quitter le théâtre, du moins comme acteur : « Votre santé, lui dit-il, dépérit, parce que « le métier de comédien vous épuise : que n'y renoncez« vous ? — Hélas ! lui répondit Molière en soupirant, c'est le « point d'honneur qui me retient. — Et quel point d'hon« neur ? répondit Boileau. Quoi ! vous barbouiller le visage « d'une moustache de Sganarelle, pour venir sur un théâtre « recevoir des coups de bâton ? Voilà un beau point d'hon« neur pour un philosophe comme vous ! »

Il regarda toujours Molière comme un génie unique : et le roi lui demandant un jour quel était le plus rare des grands écrivains qui avaient honoré la France pendant son règne, il lui nomma Molière. « Je ne le croyais pas, répondit le roi ; « mais vous vous y connaissez mieux que moi. »

Boileau se vanta toute sa vie d'avoir appris à mon père à rimer difficilement : à quoi il ajoutait que des vers aisés n'étaient pas des vers aisément faits. Il ne faisait pas aisément les siens, et il a eu raison de dire : « Si j'écris quatre mots, « j'en effacerai trois. » Un de ses amis le trouvant dans sa chambre fort agité, lui demanda ce qui l'occupait : « Une « rime, répondit-il ; je la cherche depuis trois heures. —

---

[1] Tome II, page 508.

« Voulez-vous, lui dit cet ami, que j'aille vous chercher un
« dictionnaire de rimes? il pourra vous être de quelque
« secours. — Non, non, reprit Boileau ; cherchez-moi plutôt
« le dictionnaire de la raison. »

Il ne s'est jamais vanté, comme il est dit dans le *Bolœana*, d'avoir le premier parlé en vers de notre artillerie ; et son dernier commentateur prend une peine fort inutile, en rappelant plusieurs vers d'anciens poëtes pour prouver le contraire. La gloire d'avoir parlé le premier du fusil et du canon n'est pas grande. Il se vantait d'en avoir le premier parlé poétiquement, et par de nobles périphrases.

Il composa la fable du *Bûcheron,* dans sa plus grande force, et, suivant ses termes, dans son bon temps. Il trouvait cette fable languissante dans La Fontaine. Il voulut essayer s'il ne pourrait pas mieux faire, sans imiter le style de Marot, désapprouvant ceux qui écrivaient dans ce style. « Pourquoi,
« disait-il, emprunter une autre langue que celle de son
« siècle ? »

L'épitaphe, bonne ou mauvaise, qui se trouve parmi ses épigrammes, et sur laquelle ses commentateurs n'ont rien dit parce qu'ils n'ont pu l'entendre, fut faite sur M. de Gourville ; elle commence par ce vers :

Ci-gît, justement regretté, etc.

Quoiqu'il ait été accusé d'aimer l'argent, accusation fondée sur ce qu'il paraissait le dépenser avec peine, il avait les sentiments nobles et désintéressés. La fierté dans les manières était, selon lui, le vice des sots, et la fierté du cœur la vertu des honnêtes gens. J'ai fait connaître la générosité avec laquelle il donna tous ses ouvrages aux libraires, et le scrupule qui lui fit rendre aux pauvres tout le revenu de son bénéfice. Comme il avait eu quelque part à l'opéra de *Bellérophon,* Lulli, soit pour le récompenser, soit pour le réconcilier avec l'Opéra, lui offrit un présent considérable, qu'il refusa. On sait ses libéralités pour Patru et Cassandre, et la manière dont il fit rétablir la pension du grand Corneille, en offrant le sacrifice de la sienne : action très-véritable, que m'a racontée un

témoin encore vivant, et qu'on a eu tort de révoquer en doute [1], puisque Boursault, qui ne devait pas être disposé à le louer, la rapporte dans ses lettres aussi bien que celle qui regarde Cassandre, en ajoutant ces paroles remarquables : « J'ai été en-
« nemi de M. Despréaux; et quand je le serais encore, je ne
« pourrais m'empêcher d'en bien parler... Quoique rien ne soit
« plus beau que ses poésies, je trouve les actions que je viens
« de dire encore plus belles. » La bourse de Boileau, comme il est dit dans son *Éloge historique* par M. de Boze, fut ouverte à beaucoup d'autres gens de lettres, et même à Linière, qui souvent, avec l'argent qu'il venait d'en recevoir, allait boire au premier cabaret, et y faisait une chanson contre son bienfaiteur.

Boileau aimait la société, et était très-exact à tous les rendez-vous : « Je ne me fais jamais attendre, disait-il, parce
« que j'ai remarqué que les défauts d'un homme se présentent
« toujours aux yeux de celui qui l'attend. » Loin d'aimer à choquer ceux à qui il parlait, il tâchait de ne leur rien dire que d'agréable, quand même il ne pensait pas comme eux, quoiqu'il ne fût nullement flatteur. Dans une compagnie où il était, une demoiselle dansa, chanta, et joua du clavecin, pour faire briller tous ses talents. Comme il trouva qu'elle n'excellait ni dans le clavecin, ni dans le chant, ni dans la danse, il lui dit : « On vous a tout appris, mademoiselle, hor-
« mis à plaire; c'est pourtant ce que vous savez le mieux. »

Il mortifia cependant, sans le vouloir, Barbin le libraire, qui s'était fait une maison de campagne très-petite, mais très-ornée, dont il faisait ses délices. Après le dîner, il le mène admirer son jardin, qui était très-peigné, mais fort petit, comme la maison. Boileau, après en avoir fait le tour, appelle son cocher, et lui ordonne de mettre ses chevaux. « Eh! pour-
« quoi donc, lui dit Barbin, voulez-vous vous en retourner
« si promptement? — C'est, répondit Boileau, pour aller à
« Paris prendre l'air. »

---

[1] Dans les Mémoires de Trévoux, et dans la lettre du P. Tournemine imprimée à la tête des Œuvres diverses de Corneille, 1738. (L. R.)

Il pouvait dire de lui-même comme Horace :

Irasci celerem, tamen ut placabilis essem.

Il eut un jour une dispute fort vive avec son frère le chanoine, qui lui donna un démenti d'une manière assez dure. Les amis communs voulurent mettre la paix, et l'exhortèrent à pardonner à son frère : « De tout mon cœur, répondit-il, parce « que je me suis possédé : je ne lui ai dit aucune sottise. S'il « m'en était échappé une, je ne lui pardonnerais de ma vie. »

Il avait l'esprit trop solide, pour être un homme à bons mots ; mais il a fait souvent des réponses pleines de sens. Elles sont presque toutes mal rendues et défigurées dans le *Bolœana*. J'en rapporterai quelques-unes dans la suite de ces Mémoires, quand l'occasion s'en présentera, et je ne rapporterai que celles dont je me croirai bien instruit.

Quoiqu'il ait respecté dans tous les temps de sa vie la sainteté de la religion, il n'en était pas encore assez pénétré, lorsque mon père se détermina à ne plus faire de tragédies profanes, pour croire qu'elle l'obligeât à ce sacrifice. Édifié cependant du motif qui faisait prendre à son ami une si grande résolution, il ne songea jamais à l'en détourner, et resta toujours également uni avec lui, malgré la vie différente qu'il embrassa, et dont je vais rendre compte.

SECONDE PARTIE.

J'arrive enfin à l'heureux moment où les grands sentiments de religion dont mon père avait été rempli dans son enfance, et qui avaient été longtemps comme assoupis dans son cœur, sans s'y éteindre, se réveillèrent tout à coup. Il avoua que les auteurs de pièces de théâtre étaient des empoisonneurs publics; et il reconnut qu'il était peut-être le plus dangereux de ces empoisonneurs. Il résolut non-seulement de ne plus faire de tragédies, et même de ne plus faire de vers; il résolut encore de réparer ceux qu'il avait faits par une rigoureuse pénitence. La vivacité de ses remords lui inspira le dessein de se faire chartreux. Un saint prêtre de sa paroisse, docteur de Sorbonne, qu'il prit pour confesseur, trouva ce parti trop violent. Il représenta à son pénitent qu'un caractère tel que le sien ne soutiendrait pas longtemps la solitude; qu'il ferait plus prudemment de rester dans le monde, et d'en éviter les dangers en se mariant à une personne remplie de piété; que la société d'une épouse sage l'obligerait à rompre avec toutes les pernicieuses sociétés où l'amour du théâtre l'avait entraîné. Il lui fit espérer en même temps que les soins du ménage l'arracheraient malgré lui à la passion qu'il avait le plus à craindre, qui était celle des vers. Nous savons cette particularité, parce que, dans la suite de sa vie, lorsque des inquiétudes domestiques, comme les maladies de ses enfants, l'agitaient, il s'écriait quelquefois : « Pourquoi m'y suis-je exposé? Pourquoi
« m'a-t-on détourné de me faire chartreux ? Je serais bien plus
« tranquille. »

Lorsqu'il eut pris la résolution de se marier, l'amour ni l'intérêt n'eurent aucune part à son choix; il ne consulta que la raison pour une affaire si sérieuse; et l'envie de s'unir à une personne très-vertueuse, que de sages amis lui proposèrent, lui fit épouser, le 1er juin 1677, Catherine de Romanet, fille d'un trésorier de France du bureau des finances d'Amiens.

Suivant l'état du bien énoncé dans le contrat de mariage, il paraît que les pièces de théâtre n'étaient pas alors fort lucratives pour les auteurs, et que le produit, soit des représentations, soit de l'impression des tragédies de mon père, ne lui avait procuré que de quoi vivre, payer ses dettes, acheter quelques meubles, dont le plus considérable était sa bibliothèque, estimée quinze cents livres, et ménager une somme de six mille livres, qu'il employa aux frais de son mariage.

La gratification de six cents livres que le roi lui avait fait payer en 1664, ayant été continuée tous les ans sous le titre de pension d'homme de lettres, fut portée dans la suite à quinze cents livres, et enfin à deux mille livres. M. Colbert le fit, outre cela, favoriser d'une charge de trésorier de France au bureau des finances de Moulins, qui était tombée aux parties casuelles. La demoiselle qu'il épousa lui apporta un revenu pareil au sien. Lorsqu'il eut l'honneur d'accompagner le roi dans ses campagnes, il reçut de temps en temps des gratifications sur la cassette, par les mains du premier valet de chambre. J'ignore si Boileau en recevait de pareilles. Voici celles que reçut mon père suivant ses registres de recette et de dépense, qu'il tint avec une grande exactitude depuis son mariage. Je rapporte cet état pour faire connaître les bontés de Louis XIV. C'est un hommage que doit ma reconnaissance à la mémoire d'un prince si généreux :

Le 12 avril 1678, reçu sur la cassette.	500 louis.
Le 22 octobre 1679.	400
Le 2 juin 1681.	500
Le 28 février 1683.	500
Le 8 avril 1684.	500
Le 10 mai 1685.	500
Le 24 avril 1688.	1000
	3900 louis.

Ces différentes gratifications (les louis valaient alors onze livres) faisaient la somme de quarante-deux mille neuf cents livres. Il fut gratifié d'une charge ordinaire de gentilhomme de Sa Majesté le 12 décembre 1690, à condition de payer dix mille livres à la veuve de celui dont on lui donnait la charge; et il eut enfin, comme historiographe, une pension de quatre mille livres. Voilà sa fortune, qui n'a pu augmenter que par ses épargnes, autant que peut épargner un homme obligé de faire des voyages continuels à la cour et à l'armée, et qui se trouve chargé de sept enfants.

Sa plus grande fortune fut le caractère de la personne qu'il avait épousée. L'auteur d'un roman assez connu [1] a cru faire une peinture admirable de cette union, en disant « qu'on doit « à sa tendresse conjugale tous les beaux sentiments d'amour « répandus dans ses tragédies, parce que, quand il avait de « pareils sentiments à exprimer, il allait passer une heure dans « l'appartement de sa femme, et, tout rempli d'elle, remontait « dans son cabinet pour faire ses vers. » Comme il n'a composé aucune tragédie profane depuis son mariage, le merveilleux de cet endroit du roman est très-romanesque : mais je le puis remplacer par un autre très-véritable, et beaucoup plus merveilleux [2].

---

[1] *Mémoires d'un homme de qualité.* (L. R.)

[2] C'est ici le lieu d'approfondir les motifs de la conversion de Racine, que les philosophes ont dénaturés par l'impossibilité même de les concevoir. Des hommes ivres de vanité et d'ambition pouvaient-ils se figurer que Racine, dans toute la force de l'âge et du talent, fût capable de renoncer à la poésie, à la gloire, de fouler aux pieds ses couronnes, pour se consacrer tout entier à la pratique des vertus chrétiennes? C'est un miracle au-dessus de l'intelligence de ceux pour qui la vertu et la religion ne sont que des chimères inventées pour tromper les sots. Ils ont donc cherché une explication à cette conduite si étrange de Racine, et ils l'ont trouvée dans les passions qui sont leur unique morale : à les entendre, c'est l'orgueil, c'est le dépit, c'est la colère, qui ont arrêté l'auteur de *Phèdre* dans sa brillante carrière; il a voulu punir l'injustice de son siècle; il s'est retiré du théâtre, comme Achille du camp des Grecs, pour se venger de l'affront fait à son chef-d'œuvre. La raison, d'accord avec les faits, ne permet pas de douter qu'il n'ait quitté le théâtre pour se livrer à des soins qui lui paraissaient plus dignes d'un chrétien. Il avait triomphé de la cabale qui avait voulu écraser sa *Phèdre*; le duc de Nevers et madame Deshoulières n'avaient fait que relever l'éclat de sa gloire. Le public lui avait immolé ce même Pradon, dont on avait

Il trouva dans la tendresse conjugale un avantage bien plus solide que celui de faire de bons vers. Sa compagne sut, par son attachement à tous les devoirs de femme et de mère, et

essayé de faire son rival, et qui ne fut que sa victime. Depuis quand un général est-il dégoûté du métier de la guerre, parce que dans une bataille il a éprouvé des obstacles qui ont retardé de quelques instants sa victoire ? Le succès de sa *Phèdre*, qui avait mis à ses pieds tous ses ennemis, ne devait-il pas plutôt l'animer à tenter de nouvelles conquêtes ? Et n'est-ce pas méconnaître absolument le cœur humain et le caractère des poëtes, que de supposer qu'un homme tel que Racine ait pu être abattu et découragé par les efforts de l'envie qu'il venait d'humilier et de terrasser ? N'est-ce pas condamner hautement ces beaux vers de Boileau :

« Le mérite en repos s'endort dans la paresse ;
« Mais par les envieux un génie excité
« Au comble de son art est mille fois monté.
« Plus on veut l'affaiblir, plus il croit et s'élance.
« Au *Cid* persécuté *Cinna* doit sa naissance ;
« Et peut-être ta plume aux censeurs de Pyrrhus
« Doit les plus nobles traits dont tu peignis Burrhus. »

Jamais, dans tout le reste de sa vie, l'auteur de *Phèdre* n'a laissé échapper un regret vers le théâtre : le dépit se calme, la colère s'apaise, les plaies d'un cœur ulcéré se cicatrisent, et alors le naturel revient. Si Racine n'eût écouté qu'un mouvement d'orgueil et de vengeance, il ne fût pas resté pendant vingt ans ferme et inflexible dans son aversion pour tout ce qui pouvait rappeler ses productions dramatiques ; il n'eût pas témoigné constamment la plus profonde indifférence pour les monuments de sa gloire ; il n'eût pas fait sucer à ses enfants, avec le lait, le mépris des romans et des pièces de théâtre. J'ouvre le recueil de ses lettres, qui sont l'expression la plus naturelle de ses vrais sentiments et la plus fidèle histoire de ses dernières années ; je ne rencontre, dans ces épanchements d'un cœur sincère, que des traces frappantes de son éloignement pour le théâtre et pour tout ce qui pouvait y avoir rapport. Concluons que ce fut l'esprit religieux, une profonde et solide piété, et non pas l'orgueil, le dépit et la colère, qui l'arrachèrent à des occupations qu'il n'a cessé de regarder, pendant tout le reste de sa vie, comme criminelles devant Dieu. Les philosophes pourront le traiter de bigot aveuglé par une vaine superstition ; ils diront que la doctrine terrible et désolante du jansénisme avait rétréci ses idées et renversé sa tête ; les gens sages penseront que Racine était conséquent. La vie de la plupart des hommes est en opposition continuelle avec leur religion. Racine avait l'esprit trop juste et trop solide ; il était trop éclairé, trop instruit, pour admettre dans sa conduite cette contradiction grossière. Quand la religion se ranima dans son âme, il sentit qu'il lui était impossible de concilier l'esprit de l'Évangile avec l'esprit de la comédie ; et quand il voulut être chrétien, il cessa d'être poëte de théâtre. (G.)

par son admirable piété, le captiver entièrement, faire la douceur du reste de sa vie, et lui tenir lieu de toutes les sociétés auxquelles il venait de renoncer. Je ferais connaître la confiance avec laquelle il lui communiquait ses pensées les plus secrètes, si j'avais retrouvé les lettres qu'il lui écrivait, et que sans doute, pour lui obéir, elle ne conservait pas. Je sais que les termes tendres répandus dans de pareilles lettres ne prouvent pas toujours que la tendresse soit dans le cœur, et que Cicéron, à qui sa femme, lorsqu'il était en exil, paraissait sa lumière, sa vie, sa passion, sa très-fidèle épouse, *mea lux.... mea vita.... mea desideria.... fidelissima et optima conjux*, répudia quelque temps après sa chère Terentia pour épouser une jeune fille fort riche : mais je parle de deux époux que la religion avait unis, quoiqu'aux yeux du monde ils ne parussent pas faits l'un pour l'autre. L'un n'avait jamais eu de passion plus vive que celle de la poésie; l'autre porta l'indifférence pour la poésie jusqu'à ignorer toute sa vie ce que c'était qu'un vers; et m'ayant entendu parler, il y a quelques années, de rimes masculines et féminines, elle m'en demanda la différence : à quoi je répondis qu'elle avait vécu avec un meilleur maître que moi. Elle ne connut, ni par les représentations, ni par la lecture, les tragédies auxquelles elle devait s'intéresser ; elle en apprit seulement les titres par la conversation. Son indifférence pour la fortune parut un jour inconcevable à Boileau. Je rapporte ce fait, après avoir prévenu que la vie d'un homme de lettres ne fournit pas des faits bien importants. Mon père rapportait de Versailles la bourse de mille louis dont j'ai parlé, et trouva ma mère qui l'attendait dans la maison de Boileau à Auteuil. Il courut à elle, et l'embrassant : « Féli« citez-moi, lui dit-il; voici une bourse de mille louis que le « roi m'a donnée. » Elle lui porta aussitôt des plaintes contre un de ses enfants qui depuis deux jours ne voulait point étudier. « Une autre fois, reprit-il, nous en parlerons : livrons« nous aujourd'hui à notre joie. » Elle lui représenta qu'il devait en arrivant faire des réprimandes à cet enfant, et continuait ses plaintes, lorsque Boileau, qui, dans son étonnement, se promenait à grands pas, perdit patience, et s'écria :

« Quelle insensibilité! Peut-on ne pas songer à une bourse de
« mille louis! »

On peut comprendre qu'un homme, quoique passionné pour
les amusements de l'esprit, préfère à une femme enchantée de
ces mêmes amusements, et éclairée sur ces matières, une compagne uniquement occupée du ménage, ne lisant de livres que
ses livres de piété, ayant d'ailleurs un jugement excellent, et
étant d'un très-bon conseil en toutes occasions. On avouera
cependant que la religion a dû être le lien d'une si parfaite
union entre deux caractères si opposés : la vivacité de l'un lui
faisant prendre tous les événements avec trop de sensibilité,
et la tranquillité de l'autre la faisant paraître presque insensible aux mêmes événements. L'on pourrait faire la même réflexion sur la liaison des deux fidèles amis. A la vérité, leur
manière de penser des ouvrages d'esprit étant la même, ils
avaient le plaisir de s'en entretenir souvent; mais comme ils
avaient tous deux un différent caractère, leur union constante
a dû avoir pour lien la probité, puisque, comme dit Cicéron [1],
il ne peut y avoir de véritable amitié qu'entre les gens de
bien.

Un des premiers soins de mon père, après son mariage, fut
de se réconcilier avec MM. de Port-Royal. Il ne lui fut pas difficile de faire sa paix avec M. Nicole, qui ne savait ce que
c'était que la guerre, et qui le reçut à bras ouverts, lorsqu'il
le vint voir accompagné de M. l'abbé Dupin. Il ne lui était pas
si aisé de se réconcilier avec M. Arnauld, qui avait toujours
sur le cœur les plaisanteries écrites sur la mère Angélique, sa
sœur; plaisanteries fondées, par faute d'examen, sur des faits
qui n'étaient pas exactement vrais. Boileau, chargé de la négociation, avait toujours trouvé M. Arnauld intraitable. Un
jour il s'avisa de lui porter un exemplaire de la tragédie de
Phèdre, de la part de l'auteur. M. Arnauld demeurait alors
dans le faubourg Saint-Jacques. Boileau, en allant le voir,
prend la résolution de lui prouver qu'une tragédie peut être
innocente aux yeux des casuistes les plus sévères; et, ruminant

---

[1] « Hoc sentio nisi in bonis amicitiam esse non posse. » (*De Amicit.*)

sa thèse en chemin : « Cet homme, disait-il, aura-t-il tou-
« jours raison, et ne pourrai-je parvenir à lui faire avoir tort?
« Je suis bien sûr qu'aujourd'hui j'ai raison : s'il n'est pas de
« mon avis, il aura tort. » Plein de cette pensée, il entre chez
M. Arnauld, où il trouve une nombreuse compagnie. Il lui
présente la tragédie, et lui lit en même temps l'endroit de la
préface où l'auteur témoigne tant d'envie de voir la tragédie
réconciliée avec les personnes de piété. Ensuite, déclarant qu'il
abandonnait acteurs, actrices, et théâtre, sans prétendre les
soutenir en aucune façon, il élève sa voix en prédicateur,
pour soutenir que si la tragédie était dangereuse, c'était la
faute des poëtes, qui en cela même allaient directement contre
les règles de leur art; mais que la tragédie de *Phèdre*, conforme à ces règles, n'avait rien que d'utile [1]. L'auditoire,
composé de jeunes théologiens, l'écoutait en souriant, et regardait tout ce qu'il avançait comme les paradoxes d'un poëte
peu instruit de la bonne morale. Cet auditoire fut bien surpris, lorsque M. Arnauld prit ainsi la parole : « Si les choses
« sont comme il le dit, il a raison, et la tragédie est inno-
« cente. » Boileau rapportait qu'il ne s'était jamais senti de sa
vie si content. Il pria M. Arnauld de vouloir bien jeter les yeux
sur la pièce qu'il lui laissait, pour lui en dire son sentiment.
Il revint quelques jours après le demander, et M. Arnauld lui
donna ainsi sa décision : « Il n'y a rien à reprendre au carac-
« tère de Phèdre, puisqu'il nous donne cette grande leçon,

---

[1] On raconte que Racine soutint un jour chez madame de La Fayette qu'avec du talent on pouvait sur la scène faire excuser de grands crimes, et inspirer même pour ceux qui les commettent plus de compassion que d'horreur. Il cita *Phèdre* pour exemple, et assura que l'on pouvait faire plaindre Phèdre coupable plus qu'Hippolyte innocent. Cette tragédie, dit-on, fut la suite d'une espèce de défi qu'on lui porta. Soit que le fait se soit passé de cette manière, soit qu'il travaillât déjà à la pièce lorsqu'il établit cette opinion, il est sûr que ce ne pouvait être que celle d'un homme qui, après avoir réfléchi sur le cœur humain et sur la tragédie, qui en est la peinture, avait conçu que le malheur d'une passion coupable était en raison de son énergie, et que par conséquent elle portait avec elle et son ex- cuse et sa punition. C'était un problème de morale à résoudre, et que sa *Phèdre* décide. (L.)

« que lorsqu'en punition de fautes précédentes, Dieu nous
« abandonne à nous-mêmes et à la perversité de notre cœur,
« il n'est point d'excès où nous ne puissions nous porter, même
« en les détestant. Mais pourquoi a-t-il fait Hippolyte amou-
« reux ? » Cette critique est la seule qu'on puisse faire contre
cette tragédie ; et l'auteur qui se l'était faite à lui-même se
justifiait en disant : « Qu'auraient pensé les petits-maîtres
« d'un Hippolyte ennemi de toutes les femmes ? Quelles mau-
« vaises plaisanteries n'auraient-ils point faites ? » Boileau,
charmé d'avoir si bien conduit sa négociation, demanda à
M. Arnauld la permission de lui amener l'auteur de la tragédie. Ils vinrent chez lui le lendemain ; et, quoiqu'il fût encore
en nombreuse compagnie, le coupable, entrant avec l'humilité et la confusion peintes sur le visage, se jeta à ses pieds :
M. Arnauld se jeta aux siens ; tous deux s'embrassèrent. M. Arnauld lui promit d'oublier le passé, et d'être toujours son ami :
promesse fidèlement exécutée.

En 1674, l'Université projetait une requête qu'elle devait
présenter au parlement, pour demander que la philosophie de
Descartes ne fût point enseignée. On en parlait chez M. le
premier président de Lamoignon, qui dit qu'on ne pourrait
se dispenser de rendre un arrêt conforme à cette requête.
Boileau, présent à cette conversation, imagina l'arrêt burlesque qu'il composa avec mon père, et Bernier, le fameux
voyageur, leur ami commun. M. Dongois, neveu de Boileau,
y mit le style du palais ; et quand l'arrêt fut en état, il le joignit à plusieurs expéditions qu'il devait porter à signer à M. le
président, avec qui il était fort familier. M. de Lamoignon
ne se laissa pas surprendre : à peine eut-il jeté les yeux sur
l'arrêt : « Voilà, dit-il, un tour de Despréaux. » Cet arrêt burlesque eut un succès que n'eût peut-être point eu une pièce
sérieuse ; il sauva l'honneur des magistrats. L'Université ne
songea plus à présenter sa requête.

Quoique Boileau et mon père n'eussent encore aucun titre
qui les appelât à la cour, ils y étaient fort bien reçus tous les
deux. M. Colbert les aimait beaucoup. Étant un jour enfermé
avec eux dans sa maison de Sceaux, on vint lui annoncer

l'arrivée d'un évêque ; il répondit avec colère : « Qu'on lui fasse
« tout voir, excepté moi. »

Les inscriptions mises au bas des tableaux sur les victoires
du roi, peintes par M. Lebrun dans la galerie de Versailles,
étaient pleines d'emphase, parce que M. Charpentier, qui les
avait faites, croyait qu'on devait mettre de l'esprit partout.
Ces pompeuses déclamations déplurent avec raison à M. de
Louvois, qui, par ordre du roi, les fit effacer, pour mettre à
la place les inscriptions simples que Boileau et mon père lui
fournirent. Mon père a donné, dans quelques occasions, des
devises qui, dans leur simplicité, ont été trouvées fort heureuses, comme celle dont le corps était une orangerie, et l'âme,
conjuratos ridet aquilones. Elle fut approuvée, parce qu'elle
avait également rapport à l'orangerie de Versailles, bâtie depuis peu, et à la ligue qui se formait contre la France. Je n'en
rapporte pas quelques autres qu'il donna dans la petite Académie, parce que l'honneur de pareilles choses doit être partagé
entre tous ceux qui composent la même compagnie.

C'était lui-même qui avait donné l'idée de rassembler cette
compagnie. Il fut par là comme le fondateur de l'Académie des
Médailles, qu'on nomma d'abord *la petite Académie*, et qui,
devenue beaucoup plus nombreuse, prit sous une autre forme
le nom d'*Académie des Belles-Lettres*. Elle ne fut composée
dans son origine que d'un très-petit nombre de personnes,
qu'on choisit pour exécuter le projet d'une histoire en médailles des principaux événements du règne de Louis XIV.
On devait, au bas de chaque médaille gravée, mettre en peu
de mots le récit de l'événement qui avait donné lieu à la médaille ; mais on trouva que des récits fort courts n'apprendraient les choses qu'imparfaitement, et qu'une histoire suivie du règne entier serait beaucoup plus utile. Ce projet fut
agité et résolu chez madame de Montespan. C'était elle qui
l'avait imaginé ; « et quoique la flatterie en fût l'objet, comme
« l'écrivait depuis madame la comtesse de Caylus, on convien-
« dra que ce projet n'était pas celui d'une femme commune,
« ni d'une maîtresse ordinaire. » Lorsqu'on eut pris ce parti,
madame de Maintenon proposa au roi de charger du soin d'é-

crire cette histoire, Boileau et mon père. Le roi, qui les en jugea capables, les nomma ses historiographes en 1677.

Mon père, toujours attentif à son salut, regarda le choix de Sa Majesté comme une grâce de Dieu, qui lui procurait cette importante occupation pour le détacher entièrement de la poésie. Boileau lui-même parut aussi s'en détacher. Il est certain qu'il passa douze ou treize ans sans donner d'autres ouvrages en vers que les deux derniers chants du *Lutrin*, parce qu'il voulut finir l'action de ce poëme.

Les deux poëtes, résolus de ne plus l'être, ne songèrent qu'à devenir historiens; et, pour s'en rendre capables, ils passèrent d'abord beaucoup de temps à se mettre au fait et de l'histoire générale de France, et de l'histoire particulière du règne qu'ils avaient à écrire. Mon père, pour se mettre ses devoirs devant les yeux, fit une espèce d'extrait du *Traité de Lucien* sur la manière d'écrire l'histoire. Il remarqua dans cet excellent Traité des traits qui avaient rapport à la circonstance dans laquelle il se trouvait, et il les rassembla dans l'écrit qui se trouvera à la suite de ses lettres. Il fit ensuite des extraits de Mézeray et de Vittorio Siri, et se mit à lire les mémoires, lettres, instructions et autres pièces de cette nature, dont le roi avait ordonné qu'on lui donnât la communication.

Dans la campagne de cette année 1677, les villes que le roi assiégea tombèrent quand il parut; et lorsque, de retour de ses rapides conquêtes, il vit à Versailles ses deux historiens, il leur demanda pourquoi ils n'avaient pas eu la curiosité de voir un siége : « Le voyage, leur dit-il, n'était pas long. — « Il est vrai, reprit mon père, mais nos tailleurs furent trop « lents. Nous leur avions commandé des habits de campagne : « lorsqu'ils nous les apportèrent, les villes que Votre Majesté « assiégeait étaient prises. » Cette réponse fut bien reçue du roi, qui leur dit de prendre leurs mesures de bonne heure, parce que dorénavant ils le suivraient dans toutes ses campagnes, pour être témoins des choses qu'ils devaient écrire.

La faible santé de Boileau ne lui permit que de faire une campagne, qui fut celle de Gand, l'année suivante. Mon père, qui les fit toutes, avait soin de rendre compte à son associé dans l'emploi d'écrire l'histoire, de tout ce qui se passait à l'armée ; et une partie de ces lettres se trouvera à la suite de ces Mémoires. Ce fut dans leur première campagne que Boileau apprenant que le roi s'était si fort exposé, qu'un boulet de canon avait passé à sept pas de Sa Majesté, alla à lui, et lui dit : « Je vous prie, sire, en qualité de votre historien, de « ne pas me faire finir sitôt mon histoire¹. »

Lorsqu'ils partirent en 1678, on vit pour la première fois deux poëtes suivre une armée pour être témoins de siéges et de combats : ce qui donna lieu à des plaisanteries dont on amusait le roi. On prétendait les surprendre en plusieurs occasions dans l'ignorance des choses militaires, et même des choses les plus communes. Leurs meilleurs amis étaient ceux qui leur tendaient des piéges. S'ils n'y tombaient pas, on faisait accroire qu'ils y étaient tombés. Tout ce qu'on dit de leur simplicité n'est peut-être pas exactement vrai. Je rapporterai cependant ce que j'ai entendu dire à d'anciens seigneurs de la cour.

La veille de leur départ pour la première campagne, M. de Cavoye s'avisa, dit-on, de demander à mon père s'il avait eu l'attention de faire ferrer ses chevaux à forfait. Mon père, qui n'entend rien à cette question, lui en demande l'explication. « Croyez-vous donc, lui dit M. de Cavoye, que quand une ar-« mée est en marche, elle trouve partout des maréchaux ? « Avant de partir on fait un forfait avec un maréchal de Paris, « qui vous garantit que les fers qu'il met aux pieds de votre « cheval y resteront six mois. » Mon père répond (ou plutôt on lui fait répondre) : « C'est ce que j'ignorais ; Boileau ne « m'en a rien dit ; mais je n'en suis pas étonné, il ne songe à « rien. » Il va trouver Boileau pour lui reprocher sa négligence. Boileau avoue son ignorance, et lui dit qu'il faut promptement s'informer du maréchal le plus fameux pour ces sortes de forfaits. Ils n'eurent pas le temps de le chercher. Dès le

---

¹ Boileau se trouvait à l'armée dans la campagne suivante. Un jour, après une bataille, le roi lui demanda s'il s'était tenu loin du canon : « Sire, j'en « étais à cent pas. — N'aviez-vous pas peur ? — Oui, sire ; je tremblais beau-« coup pour Votre Majesté, et encore plus pour moi. »

soir même, M. de Cavoye raconta au roi le succès de sa plaisanterie. Un fait pareil, quand il serait véritable, ne ferait aucun tort à leur réputation.

Puisque les plus petits faits, quand on parle de certains hommes, intéressent toujours, j'en rapporterai encore un de la même nature. Un jour, après une marche fort longue, Boileau, très-fatigué, se jeta sur un lit en arrivant, sans vouloir souper. M. de Cavoye, qui le sut, alla le voir après le souper du roi, et lui dit, avec un air consterné, qu'il avait à lui apprendre une fâcheuse nouvelle : « Le roi, ajouta-t-il, n'est « point content de vous; il a remarqué aujourd'hui une chose « qui vous fait un grand tort. — Eh quoi donc? s'écria Boileau « tout alarmé. — Je ne puis, continua M. de Cavoye, me ré- « soudre à vous la dire; je ne saurais affliger mes amis. » Enfin, après l'avoir laissé quelque temps dans l'agitation, il lui dit : « Puisqu'il faut vous l'avouer, le roi a remarqué que vous étiez « tout de travers à cheval. — Si ce n'est que cela, répondit « Boileau, laissez-moi dormir. »

Quoique mon père fût son confrere dans l'honorable emploi d'écrire l'histoire du roi, et dans la petite Académie, il ne l'avait point encore pour confrère dans l'Académie Française : et comme il souhaitait de le voir dans cette compagnie, il l'avait sans doute en vue lorsqu'il fit valoir l'empressement de l'Académie à chercher des sujets, dans le discours qu'il prononça, le 30 octobre de cette même année 1678, à la réception de M. l'abbé Colbert, depuis archevêque de Rouen. « Oui, monsieur, lui disait-il, l'Académie vous a choisi; car « nous voulons bien qu'on le sache, ce n'est point la brigue, « ce ne sont point les sollicitations qui ouvrent les portes de « l'Académie; elle va elle-même au-devant du mérite, elle « lui épargne l'embarras de se venir offrir, elle cherche les « sujets qui lui sont propres, etc. »

J'ignore si l'Académie était alors dans l'usage, comme le disait son directeur, de choisir et de chercher elle-même ses sujets. Je sais seulement que tous les académiciens ne songeaient pas à chercher Boileau; et il y en avait plusieurs qu'il ne songeait pas non plus à solliciter. Le roi lui demanda un jour pendant son souper s'il était de l'Académie ; Boileau répondit, avec un air fort modeste, qu'il n'était pas digne d'en être. « Je veux que vous en soyez, » répondit le roi. Quelque temps après une place vaqua, et La Fontaine, qui la voulait solliciter, alla lui demander s'il serait son concurrent. Boileau l'assura que non, et ne fit aucune démarche. Il eut cependant quelques voix ; mais la pluralité fut pour La Fontaine : et lorsque, suivant l'usage, on alla demander au roi son agrément pour cette nomination, le roi répondit seulement : « Je verrai. » De manière que La Fontaine, quoique nommé, ne fut point reçu, et resta très-longtemps, ainsi que l'Académie, dans l'incertitude. Enfin, une nouvelle place vaqua, et l'Académie aussitôt nomma Boileau. Le roi, lorsqu'on lui demanda son agrément, l'accorda en ajoutant : « Maintenant vous pouvez « recevoir La Fontaine. » Boileau fut reçu le 3 juillet 1684. L'assemblée fut nombreuse le jour de sa réception. On était curieux d'entendre son discours. Il était obligé de louer et de s'humilier. Il recevait une grâce inespérée, et il n'était pas homme à faire un remercîment à genoux. Il se tira habilement de ce pas difficile. Il loua sans flatterie, il s'humilia noblement ; et en disant que l'entrée de l'Académie lui devait être fermée *par tant de raisons,* il fit songer à *tant d'académiciens* dont les noms étaient dans ses satires.

A la fin de cette même année, Corneille mourut ; et mon père, qui, le lendemain de cette mort, entrait dans les fonctions de directeur, prétendait que c'était à lui à faire faire, pour l'académicien qui venait de mourir, un service suivant la coutume. Mais Corneille était mort pendant la nuit ; et l'académicien qui était encore directeur la veille prétendit que, comme il n'était sorti de place que le lendemain matin, il était encore dans ses fonctions au moment de la mort de Corneille, et que par conséquent c'était à lui à faire faire le service. Cette dispute n'avait pour motif qu'une généreuse émulation : tous deux voulaient avoir l'honneur de rendre les devoirs funèbres à un mort si illustre. Cette contestation glorieuse pour les deux parties fut décidée par l'Académie en faveur de l'ancien directeur : ce qui donna lieu à ce mot fameux que Ben-

serade dit à mon père : « Nul autre que vous ne pouvait
« prétendre à enterrer Corneille ; cependant vous n'avez pu y
« parvenir. »

La place de Corneille à l'Académie fut remplie par Thomas
Corneille son frère, qui fut reçu avec M. Bergeret. Mon père,
qui présidait à cette réception en qualité de directeur, répondit à leurs remercîments par un discours qui fut très-applaudi ; et il le prononça avec tant de grâce, qu'il répara entièrement le discours de sa réception. La matière de celui-ci
lui avait plu davantage. L'admiration sincère qu'il avait pour
Corneille le lui avait inspiré. Bayle, en rapportant que Sophocle, lorsqu'il apprit la mort d'Euripide, parut sur le théâtre
en habit de deuil, et ordonna à ses acteurs d'ôter leurs couronnes, ajoute : « Ce que fit alors Sophocle était une preuve
« très-équivoque de son regret, parce que deux grands hommes
« qui aspirent à la même gloire, qui veulent s'exclure l'un
« l'autre du premier rang, s'entr'estiment intérieurement plus
« qu'ils ne voudraient, mais ne s'entr'aiment pas. L'un d'eux
« vient-il à mourir, le survivant courra lui jeter de l'eau bénite,
« et en fera l'éloge de bon cœur : il est délivré des épines de
« la concurrence. » Par cette même raison, Corneille avait
fait dire à Cornélie, sur la douleur de César à la mort de
Pompée :

> O soupirs ! ô regrets ! oh, qu'il est doux de plaindre
> Le sort d'un ennemi quand il n'est plus à craindre !

Quiconque eût pensé la même chose en cette occasion, eût
été très-injuste. Les deux rivaux depuis longtemps ne combattaient plus ; et tous deux retirés de la carrière n'avaient
plus rien à se disputer : c'était au public à décider. Il n'a
point encore décidé ; on s'est toujours contenté de les comparer
entre eux. Le parallèle a souvent été fait, et presque toujours
avec plus d'antithèse que de justesse. M. de Fontenelle, qui,
malgré la douceur de son caractère, témoigne dans la *Vie de
Corneille* un peu de passion contre le rival de Corneille, règle
ainsi les places (je parle de cette Vie imprimée dans la dernière
édition de ses OEuvres : celle qui se trouve dans l'*Histoire de
l'Académie Française* ne contient pas les mêmes paroles) :

« Corneille a la première place, Racine la seconde. On fera à
« son gré l'intervalle entre ces deux places, un peu plus ou
« moins grand. C'est là ce qui se trouve en ne comparant que
« les ouvrages de part et d'autre. Mais, si on compare ces deux
« hommes, l'inégalité est plus grande. Il peut être incertain
« que Racine eût été, si Corneille n'eût pas été avant lui : il
« est certain que Corneille a été par lui-même. » M. de Fontenelle, qui a toujours été applaudi quand il a écrit sur les
matières qui font l'objet des travaux de l'Académie des Sciences,
a souvent rendu sur le Parnasse des décisions qui ont eu peu
de partisans : ce qui me fait espérer que celle-ci sera du
nombre.

Pour revenir au discours prononcé à la réception de Thomas
Corneille, je ferai remarquer qu'il n'est pas étonnant que mon
père, qui n'avait pas été heureux dans le discours sur sa
propre réception, l'ait été dans celui-ci, qui lui fournissait
pour sujet l'éloge de Corneille. Il le faisait dans l'effusion de
son cœur, parce qu'il était intérieurement persuadé que Corneille valait beaucoup mieux que lui : et en cela seulement
il pensait comme M. de Fontenelle. Quelque crainte qu'il
eût de parler de vers à mon frère, quand il le vit en âge de
pouvoir discerner le bon du mauvais, il lui fit apprendre par
cœur des endroits de *Cinna*; et lorsqu'il lui entendait réciter
ce beau vers :

    Et, monté sur le faîte, il aspire à descendre,

« Remarquez bien cette expression, lui disait-il avec enthou-
« siasme. On dit aspirer à monter; mais il faut connaître le
« cœur humain aussi bien que Corneille l'a connu, pour
« avoir su dire de l'ambitieux, qu'il aspire à descendre. » On
ne croira point qu'il ait affecté la modestie lorsqu'il parlait
ainsi en particulier à son fils : il lui disait ce qu'il pensait.

Tout l'endroit de son discours dans l'Académie, qui contenait l'éloge de Corneille, fut extrêmement goûté; et comme
il avait réussi parce qu'il louait ce qu'il admirait, il réussit
également dans l'éloge de Louis XIV, lorsque s'adressant à
M. Bergeret, premier commis du secrétaire d'État des affaires

étrangères, il fit voir combien les négociations étaient faciles sous un roi dont les ministres n'avaient tout au plus que « l'embarras de faire entendre avec dignité aux cours étran-« gères ce qu'il leur dictait avec sagesse. » Là, il dépeignit le roi, la veille du jour qu'il partit pour se mettre à la tête de ses armées, écrivant dans son cabinet six lignes, pour les envoyer à son ambassadeur : et les puissances étrangères « ne pouvant « s'écarter d'un seul pas du cercle étroit qui leur était tracé « par ces six lignes : » paroles qui représentaient toutes ces puissances sous l'image du roi Antiochus, étonné, quoiqu'à la tête de ses armées, du cercle que l'ambassadeur romain traça autour de lui, et obligé de rendre sa réponse avant que d'en sortir.

Louis XIV, informé du succès de ce discours, voulut l'entendre. L'auteur eut l'honneur de lui en faire la lecture; après laquelle le roi lui dit : « Je suis très-content[1] : je vous loue-« rais davantage, si vous m'aviez moins loué. » Ce mot fut bientôt répandu partout, et attira à mon père une lettre que je vais rapporter, parce que ayant été écrite par un homme qui était alors dans la disgrâce, et qui écrivait à un ami dans toute la sincérité de son cœur et la confiance du secret, elle fait voir de quelle manière pensaient de Louis XIV ceux mêmes qui croyaient avoir quelque sujet de s'en plaindre :

« J'ai à vous remercier, monsieur, du discours qui m'a été
« envoyé de votre part. Rien n'est assurément si éloquent; et le
« héros que vous y louez est d'autant plus digne de vos louanges,
« qu'il y a trouvé de l'excès. Il est bien difficile qu'il n'y en
« ait toujours un peu : les plus grands hommes sont hommes, et
« se sentent toujours par quelque endroit de l'infirmité humaine.
« Je vous dirais bien des choses sur cela, si j'avais le plaisir de
« vous voir; mais il faudrait avoir dissipé un nuage que j'ose
« dire être une tache dans ce soleil. Ce ne serait pas une chose
« difficile, si ceux qui le pourraient faire avaient assez de gé-
« nérosité pour l'entreprendre. Je vous assure que les pensées

[1] Il a dit une autre fois le même mot à Boileau, si ce que Brossette rapporte dans son commentaire est exact. (L. R.)

« que j'ai sur cela ne sont point intéressées, et que ce qui peut
« me regarder me touche fort peu. Si j'ai quelque peine, c'est
« d'être privé de la consolation de voir mes amis. Un tête-à-tête
« avec vous et avec votre compagnon me ferait bien du plaisir ;
« mais je n'achèterais pas ce plaisir par la moindre lâcheté.
« Vous savez ce que cela veut dire : ainsi je demeure en paix,
« et j'attends avec patience que Dieu fasse connaître à ce prince
« si accompli qu'il n'a point dans son royaume de sujet plus
« fidèle, plus passionné pour sa véritable gloire, et, si j'ose le
« dire, qui l'aime d'un amour plus pur et plus dégagé de tout
« intérêt. Je pourrais ajouter que je suis naturellement si sin-
« cère, que si je ne sentais dans mon cœur la vérité de ce que
« je dis, rien au monde ne serait capable de me le faire dire.
« C'est pourquoi aussi je ne pourrais me résoudre à faire un pas
« pour avoir la liberté de voir mes amis, à moins que ce fût à
« mon prince seul que j'en fusse redevable [1].

« Je suis, etc. »

Boileau, nouvel académicien, fut longtemps assez exact aux assemblées, dans lesquelles il avait souvent des contradictions à essuyer. Il parle, dans une lettre écrite à mon père, de ses disputes avec M. Charpentier. Dans ces disputes littéraires, il ne trouvait pas ordinairement le grand nombre pour lui, parce qu'il était environné de confrères peu disposés à être de son avis. Un jour cependant il fut victorieux ; et quand il racontait cette victoire, il ajoutait en élevant la voix : « Tout le monde
« fut de mon avis : ce qui m'étonna ; car j'avais raison, et c'é-
« tait moi. »

Lorsqu'il fut question de recevoir à l'Académie M. le marquis de Saint-Aulaire, il s'y opposa vivement, et répondit à ceux qui lui représentaient qu'il fallait avoir des égards pour un homme de cette condition : « Je ne lui dispute pas ses titres de

---

[1] On conserve à la bibliothèque du Roi un manuscrit de cette lettre, où les quatorze dernières lignes de celle-ci ne se trouvent pas. Mais c'est sans doute une copie défectueuse, car Racine le fils a dû copier celle-ci sur la lettre originale. Geoffroy a cité dans son édition la lettre manuscrite de la bibliothèque, comme inédite. Il ne se souvenait pas que Racine le fils l'avait donnée tout entière dans la Vie de son père.

« noblesse, mais je lui dispute ses titres du Parnasse. » Un des académiciens ayant répliqué que M. de Saint-Aulaire avait aussi ses titres du Parnasse, puisqu'il avait fait de fort jolis vers : « Eh bien, monsieur, lui dit Boileau, puisque vous esti-
« mez ses vers, faites-moi l'honneur de mépriser les miens. »

En 1685, M. le marquis de Seignelay devant donner dans sa maison de Sceaux une fête au roi, demanda des vers à mon père, qui, malgré la résolution qu'il avait prise de n'en plus faire, n'en put refuser, dans une pareille occasion, à un ministre auquel il était fort attaché, fils de son bienfaiteur. J'ai plus d'une fois entendu dire à M. le chancelier, que l'antiquité (et qui la connait mieux que lui?) ne nous offrait rien, dans un pareil genre, de si parfait que cette *Idylle sur la paix*. Il admire comment le poëte, en faisant parler des bergers, a su réunir aux sentiments tendres et aux peintures riantes, les grandes et terribles images, dans un style toujours naturel, et sans sortir du ton de l'idylle. Puisqu'il m'est permis de rapporter historiquement les sentiments des autres, et que je rapporte ceux d'un grand juge, j'ajouterai que je l'ai entendu, à ce sujet, faire remarquer l'heureuse disposition du même auteur à écrire dans tous les genres différents. Est-il orateur, est-il historien : il excelle. Est-il poète : s'il fait une comédie, il sait y faire rire et le parterre et ceux qui n'aiment que la fine plaisanterie : dans ses tragédies, il change de style suivant les sujets. La versification d'*Andromaque* n'est pas celle de *Britannicus*: celle de *Phèdre* n'est pas celle d'*Athalie*. Compose-t-il des chœurs et des cantiques : il a le lyrique le plus sublime. Fait-il des épigrammes : il les assaisonne du meilleur sel. Entreprend-il une idylle : il l'invente dans un goût nouveau. Quelques personnes prétendent que Lulli, chargé de la mettre en musique, trouva dans la force des vers un travail que les vers de Quinault ne lui avaient pas fait connaitre. Il est pourtant certain que Lulli est aussi grand musicien dans cette idylle que dans ses opéras, et a parfaitement rendu le poëte : j'avouerai seulement qu'à ces deux vers,

> Retrancher de nos ans
> Pour ajouter à ses années,

la chute, à cause de la prononciation de la dernière syllabe, ne satisfait pas l'oreille, et que ce n'est pas la faute du musicien, mais celle du poëte, qui n'avait pas pour le musicien cette même attention qu'avait Quinault.

Lorsque M. le comte de Toulouse fut sorti de l'enfance, madame de Montespan consulta mon père sur le choix de celui à qui l'on confierait l'éducation du jeune prince. Elle demandait un homme d'un mérite distingué, et d'un nom connu. Mon père voulant en cette occasion obliger M. du Trousset, qu'il estimait beaucoup, dit à madame de Montespan : « Je vous propose sans « crainte un homme dont le nom n'est pas connu; mais il mé- « rite de l'être : ses ouvrages, qu'il n'a point donnés au public « sous son nom, en ont été bien reçus. » Ces ouvrages étaient la *Critique de la Princesse de Clèves*, la *Vie du duc de Guise*, et quelques petites pièces de vers fort ingénieuses. M. du Trousset, connu depuis sous le nom de Valincour, fut agréé. On lui confia l'éducation du prince. Il fut dans la suite secrétaire général de la marine, et, par l'estime qu'il acquit à la cour, justifia le choix de madame de Montespan, et le témoignage de celui qui le lui avait fait connaître.

Je n'ai jamais pu lire, sans une surprise extrême, ce qu'il dit dans sa lettre à M. l'abbé d'Olivet, en parlant de l'histoire du roi [1] : « Despréaux et Racine, après avoir longtemps essayé ce « travail, sentirent qu'il était tout à fait opposé à leur génie. » M. de Valincour, associé pour ce travail à Boileau, après la mort de mon père, et chargé seul de la continuation de cette histoire après la mort de Boileau, suivant toute apparence n'a jamais rien composé sur cette matière. Il pouvait avoir, aussi bien que ses prédécesseurs, le style historique; mais pourquoi a-t-il voulu faire entendre que, regardant ce travail comme opposé à leur génie, ils ne s'en occupaient pas, lui qui a su mieux qu'un autre combien ils s'en étaient occupés, et qui a été dépositaire, après leur mort, de ce qu'ils en avaient écrit? Le fatal incendie qui consuma, en 1726, la maison qu'il avait à Saint-Cloud, fut si prompt, qu'on ne put sauver les papiers les plus importants

---

[1] *Histoire de l'Académie Française*, tome II.

de l'amirauté, et que les morceaux de l'histoire du roi périrent avec plusieurs autres papiers précieux à la littérature. Le recueil des Lettres de Boileau et de mon père fera connaître l'application continuelle qu'ils donnaient à l'histoire dont ils étaient chargés. Quand ils avaient écrit quelque morceau intéressant, ils allaient le lire au roi [1].

Ces lectures se faisaient chez madame de Montespan. Tous deux avaient leur entrée chez elle, aux heures que le roi y venait jouer, et madame de Maintenon était ordinairement présente à la lecture. Elle avait, au rapport de Boileau, plus de goût pour mon père que pour lui ; et madame de Montespan avait au contraire plus de goût pour Boileau que pour mon père ; mais ils faisaient toujours ensemble leur cour, sans aucune jalousie entre eux. Lorsque le roi arrivait chez madame de Montespan, ils lui lisaient quelque chose de son histoire, ensuite le jeu commençait ; et lorsqu'il échappait à madame de Montespan, pendant le jeu, des paroles un peu aigres, ils remarquèrent, quoique fort peu clairvoyants, que le roi, sans lui répondre, regardait en souriant madame de Maintenon, qui était assise vis-à-vis lui sur un tabouret, et qui enfin disparut tout à coup de ces assemblées. Ils la rencontrèrent dans la galerie, et lui demandèrent pourquoi elle ne venait plus écouter leur lecture. Elle leur répondit fort froidement : « Je ne suis « plus admise à ces mystères. » Comme ils lui trouvaient beau-

---

[1] On doit beaucoup regretter la perte des morceaux historiques que Racine avait composés ; et c'est un malheur beaucoup plus grand encore pour notre littérature que, borné aux actions de Louis XIV, il n'ait pas fait une histoire générale de la France. Lui seul était capable d'égaler les anciens dans ce genre, et de donner à la nation un Tite-Live, après lui avoir donné un Euripide. Son jugement exquis, son imagination brillante, son goût délicat, cette élégance, cette grâce, cette harmonie, qu'on remarque dans sa prose, la profondeur et l'énergique précision qu'on admire dans les imitations de Tacite dont il enrichit sa tragédie de *Britannicus*, promettaient un historien tel que nous n'en aurons peut-être jamais. Ce qui peut encore augmenter les regrets, c'est que le *Mercure* de 1677 nous apprend que c'était l'attente générale du public, et que, lorsqu'il ne fut plus possible de douter que Racine renonçait au théâtre, on cherchait à se consoler par l'espoir de trouver un historien en perdant un poëte. (G.)

coup d'esprit, ils en furent mortifiés et étonnés. Leur étonnement fut bien plus grand, lorsque le roi, obligé de garder le lit, les fit appeler, avec ordre d'apporter ce qu'ils avaient écrit de nouveau sur son histoire, et qu'ils virent, en entrant, madame de Maintenon assise dans un fauteuil près du chevet du roi, s'entretenant familièrement avec Sa Majesté. Ils allaient commencer leur lecture, lorsque madame de Montespan, qui n'était point attendue, entra, et après quelques compliments au roi, en fit de si longs à madame de Maintenon, que, pour les interrompre, le roi lui dit de s'asseoir, « n'étant pas juste, ajouta-t-il, qu'on lise « sans vous un ouvrage que vous avez vous-même commandé. » Son premier mouvement fut de prendre une bougie pour éclairer le lecteur : elle fit ensuite réflexion qu'il était plus convenable de s'asseoir, et de faire tous ses efforts pour paraître attentive à la lecture. Depuis ce jour, le crédit de madame de Maintenon alla en augmentant d'une manière si visible, que les deux historiens lui firent leur cour autant qu'ils la savaient faire.

Mon père, dont elle goûtait la conversation, était beaucoup mieux reçu que son ami, qu'il menait toujours avec lui. Ils s'entretenaient un jour avec elle de la poésie, et Boileau, déclamant contre le goût de la poésie burlesque, qui avait régné autrefois, dit dans sa colère : « Heureusement ce misérable goût est « passé, et on ne lit plus Scarron, même dans les provinces. » Son ami chercha promptement un autre sujet de conversation, et lui dit, quand il fut seul avec lui : « Pourquoi parlez-vous « devant elle de Scarron ? Ignorez-vous l'intérêt qu'elle y prend ? « — Hélas ! non, reprit-il ; mais c'est toujours la première « chose que j'oublie quand je la vois. »

Malgré la remontrance de son ami, il eut encore la même distraction au lever du roi. On y parlait de la mort du comédien Poisson. « C'est une perte, dit le roi ; il était bon comédien... — « Oui, reprit Boileau, pour faire un D. Japhet : il ne brillait « que dans ces misérables pièces de Scarron. » Mon père lui fit signe de se taire, et lui dit en particulier : « Je ne puis donc pa« raître avec vous à la cour, si vous êtes toujours si impru« dent. — J'en suis honteux, lui répondit Boileau : mais quel « est l'homme à qui il n'échappe une sottise ? »

Incapable de trahir jamais sa pensée, il n'avait pas toujours assez de présence d'esprit pour la taire. Il avouait que la franchise était une vertu souvent dangereuse; mais il se consolait de ses imprudences par la conformité de caractère qu'il prétendait avoir avec M. Arnauld, dont, pour se justifier, il racontait le fait suivant, qui peut trouver place dans un ouvrage où je rassemble plusieurs traits de simplicité d'hommes connus. M. Arnauld, obligé de se cacher, trouva une retraite à l'hôtel de Longueville, à condition qu'il n'y paraîtrait qu'avec un habit séculier, une grande perruque sur la tête, et l'épée au côté. Il y fut attaqué de la fièvre; et madame de Longueville, ayant fait venir le médecin Brayer, lui recommanda d'avoir grand soin d'un gentilhomme qu'elle protégeait particulièrement, et à qui elle avait donné depuis peu une chambre dans son hôtel. Brayer monte chez le malade, qui, après l'avoir entretenu de sa fièvre, lui demande des nouvelles. « On « parle, lui dit Brayer, d'un livre nouveau de Port-Royal, « qu'on attribue à M. Arnauld ou à M. de Sacy; mais je ne le « crois pas de M. de Sacy : il n'écrit pas si bien. » A ce mot, M. Arnauld, oubliant son habit gris et sa perruque, lui répond vivement : « Que voulez-vous dire? Mon neveu écrit « mieux que moi. » Brayer envisage son malade, se met à rire, descend chez madame de Longueville, et lui dit : « La « maladie de votre gentilhomme n'est pas considérable; je « vous conseille cependant de faire en sorte qu'il ne voie per« sonne. Il ne faut pas le laisser parler. » Madame de Longueville, étonnée des réponses indiscrètes qui échappaient souvent à M. Arnauld et à M. Nicole, disait qu'elle aimerait mieux confier son secret à un libertin.

Boileau ne savait ni dissimuler ni flatter. Il eut cependant par hasard quelques saillies assez heureuses. Lorsque le roi lui demanda son âge, il répondit : « Je suis venu au monde un an avant « Votre Majesté, pour annoncer les merveilles de son règne. »

Dans le temps que l'affectation de substituer le mot de *gros* à celui de *grand* régnait à Paris comme en quelques provinces, où l'on dit un gros chagrin pour un grand chagrin, le roi lui demanda ce qu'il pensait de cet usage : « Je le condamne, ré-

« pondit-il, parce qu'il y a bien de la différence entre Louis le
« Gros et Louis le Grand. »

Malgré quelques réponses de cette nature, il n'avait pas la réputation d'être courtisan ; et mon père passait pour plus habile que lui dans cette science, quoiqu'il n'y fût pas regardé non plus comme bien expert par les fins courtisans, et par le roi même, qui dit, en le voyant un jour à la promenade avec M. de Cavoye : « Voilà deux hommes que je vois souvent en- « semble ; j'en devine la raison : Cavoye avec Racine se croit « bel-esprit ; Racine avec Cavoye se croit courtisan. » Si l'on entend par courtisan un homme qui ne cherche qu'à mériter l'estime de son maître, il l'était ; si l'on entend un homme qui, pour arriver à ses vues, est savant dans l'art de la dissimulation et de la flatterie, il ne l'était point, et le roi n'en avait pas pour lui moins d'estime.

Il lui en donna des preuves en l'attirant souvent à sa cour, où il voulut bien lui accorder un appartement dans le château, et même les entrées. Il aimait à l'entendre lire, et lui trouvait un talent singulier pour faire sentir la beauté des ouvrages qu'il lisait. Dans une indisposition qu'il eut, il lui demanda de lui chercher quelque livre propre à l'amuser : mon père proposa une des Vies de Plutarque. « C'est du gaulois, » répondit le roi. Mon père répliqua qu'il tâcherait, en lisant, de changer les tours de phrase trop anciens, et de substituer les mots en usage aux mots vieillis depuis Amyot. Le roi consentit à cette lecture ; et celui qui eut l'honneur de la faire devant lui sut si bien changer, en lisant, tout ce qui pouvait, à cause du vieux langage, choquer l'oreille de son auditeur, que le roi écouta avec plaisir, et parut goûter toutes les beautés de Plutarque : mais l'honneur que recevait ce lecteur sans titre fit murmurer contre lui les lecteurs en charge.

Quelque agrément qu'il pût trouver à la cour, il y mena toujours une vie retirée, partageant son temps entre peu d'amis et ses livres. Sa plus grande satisfaction était de revenir passer quelques jours dans sa famille ; et lorsqu'il se retrouvait à sa table avec sa femme et ses enfants, il disait qu'il faisait meilleure chère qu'aux tables des grands.

Il revenait un jour de Versailles pour goûter ce plaisir, lorsqu'un écuyer de M. le Duc vint lui dire qu'on l'attendait à dîner à l'hôtel de Condé. « Je n'aurai point l'honneur d'y aller, lui
« répondit-il ; il y a plus de huit jours que je n'ai vu ma femme
« et mes enfants, qui se font une fête de manger aujourd'hui
« avec moi une très-belle carpe; je ne puis me dispenser de
« dîner avec eux. » L'écuyer lui représenta qu'une compagnie nombreuse, invitée au repas de M. le Duc, se faisait aussi une fête de l'avoir, et que le prince serait mortifié s'il ne venait pas. Une personne de la cour qui m'a raconté la chose, m'a assuré que mon père fit apporter la carpe, qui était d'environ un écu, et que, la montrant à l'écuyer, il lui dit : « Jugez
« vous-même si je puis me dispenser de dîner avec ces pau-
« vres enfants, qui ont voulu me régaler aujourd'hui, et n'au-
« raient plus de plaisir s'ils mangeaient ce plat sans moi. Je
« vous prie de faire valoir cette raison à Son Altesse Sérénis-
« sime. » L'écuyer la rapporta fidèlement, et l'éloge qu'il fit de la carpe devint l'éloge de la bonté du père, qui se croyait obligé de la manger en famille. Quand un homme a mérité qu'on admire son caractère dans ces petites choses, il est permis de les rapporter, en disant de lui ce que dit Tacite de son beau-père : *Bonum virum facile crederes, magnum libenter.*

Ce caractère n'est pas celui d'un homme ardent à saisir toutes les occasions de faire sa cour. Il ne les cherchait jamais, et souvent sa piété l'empêchait de profiter de celles qui se présentaient. On lui dit qu'il ferait plaisir au roi d'aller donner quelques leçons de déclamation à une princesse qui est aujourd'hui dans un rang très-élevé. Il y alla; et quand il vit qu'il s'agissait de faire répéter quelques endroits d'*Andromaque*, qu'on avait fait apprendre par cœur à la jeune princesse, il se retira, et demanda en grâce qu'on n'exigeât point de lui de pareilles leçons.

M. de Fontenelle nous apprend que Corneille, agité de quelques inquiétudes au sujet de ses pièces dramatiques, eut besoin d'être rassuré par des casuistes, qui lui firent toujours grâce en faveur de la pureté qu'il avait établie sur le théâtre. Mon père, qui fut son casuiste à lui-même, ne se fit aucune grâce; et comme il ne rougissait point d'avouer ses remords, il ne laissa ignorer à personne qu'il eût voulu pouvoir anéantir ses tragédies profanes, dont on ne lui parlait point à la cour, parce qu'on savait qu'il n'aimait point à en entendre parler.

On peut reprocher aux éditeurs la négligence des dernières éditions de ses Œuvres[1]. Il n'est point étonnant néanmoins qu'elles n'aient point été exactes depuis sa mort, puisqu'elles ne l'étaient pas de son vivant. Il ne présida qu'aux premières; et dans la suite ce fut Boileau qui, sans lui en parler, examina les épreuves. Le libraire obtint enfin de l'auteur même d'en revoir un exemplaire, et il ne put s'empêcher d'y faire plusieurs corrections : mais avant que de mourir, il fit brûler cet exemplaire, comme je l'ai dit ailleurs[2]; et mon frère, qui fut le ministre de ce sacrifice, n'eut pas la liberté d'examiner de quelle nature étaient les corrections; il vit seulement qu'elles étaient plus nombreuses dans le premier volume que dans le second.

Toute sa crainte était d'avoir un fils qui eût envie de faire des tragédies. « Je ne vous dissimulerai point, disait-il à mon « frère, que dans la chaleur de la composition on ne soit quel- « quefois content de soi; mais, et vous pouvez m'en croire, « lorsqu'on jette le lendemain les yeux sur son ouvrage, on « est tout étonné de ne plus rien trouver de bon dans ce qu'on « admirait la veille; et quand on vient considérer, quelque « bien qu'on ait fait, qu'on aurait pu mieux faire, et combien « on est éloigné de la perfection, on est souvent découragé. « Outre cela, quoique les applaudissements que j'ai reçus « m'aient beaucoup flatté, la moindre critique, quelque mau- « vaise qu'elle ait été, m'a toujours causé plus de chagrin que « toutes les louanges ne m'ont fait de plaisir. »

Il comptait au nombre des choses chagrinantes les louanges

---

[1] C'est celui de nos poëtes qui a été imprimé avec le moins de soin. Non-seulement la dernière édition contient une Vie faite par un homme peu instruit, et des lettres pitoyables sur ses tragédies, mais on a remis dans le texte des vers que l'auteur avait changés. (L. R.)

[2] *Réflexions sur la Poésie*, t. II, page 227. (L. R.)

des ignorants ; et lorsqu'il se mettait en bonne humeur, il rapportait le compliment d'un vieux magistrat qui, n'ayant jamais été à la comédie, s'y laissa entraîner par une compagnie, à cause de l'assurance qu'elle lui donna qu'il verrait jouer l'*Andromaque* de Racine. Il fut très-attentif au spectacle, qui finissait par *les Plaideurs*. En sortant il trouva l'auteur, et lui dit : « Je suis, monsieur, très-content de votre *Andromaque* ;
« c'est une jolie pièce : je suis seulement étonné qu'elle finisse
« si gaiement. J'avais d'abord eu quelque envie de pleurer,
« mais la vue des petits chiens m'a fait rire. » Le bonhomme s'était imaginé que tout ce qu'il avait vu représenter sur le théâtre était *Andromaque*.

Boileau racontait aussi qu'un de ses parents à qui il avait fait présent de ses Œuvres, lui dit, après les avoir lues : « Pour-
« quoi, mon cousin, tout n'est-il pas de vous dans vos ouvra-
« ges? J'y ai trouvé deux lettres à M. de Vivonne, dont l'une
« est de Balzac, et l'autre de Voiture. »

Un homme qui vivait à la cour, et qui depuis a été dans une grande place, lui demanda par quelle raison il avait fait un traité sur le *Sublimé*. Il n'avait fait qu'ouvrir le volume de ses Œuvres, dont Boileau lui avait fait présent ; et ayant lu sublimé pour sublime, il ne pouvait comprendre qu'un poëte eût écrit sur un tel sujet.

Boileau, allant toucher sa pension au trésor royal, remit son ordonnance à un commis, qui, y lisant ces paroles : « La
« pension que nous avons accordée à Boileau à cause de la sa-
« tisfaction que ses ouvrages nous ont donnée, » lui demanda de quelle espèce étaient ses ouvrages : « De maçonnerie, lui
« répondit-il ; je suis un architecte. »

Les poëtes qui s'imaginent être connus et admirés de tout le monde, trouvent souvent des occasions qui les humilient. Ils doivent s'attendre encore que leurs ouvrages essuieront les discours les plus bizarres, et seront exposés tantôt aux critiques injustes des envieux, tantôt aux louanges stupides des ignorants, et tantôt aux fausses décisions de ceux qui se croient des juges. Un poëte, après avoir excité la terreur dans ses tragédies, peut s'entendre comparer à *une petite colombe gémis-*

sante[1], comme je l'ai dit autre part; et tous ces discours, quoique méprisables, révoltent toujours l'amour-propre d'un auteur qui croit que tout le monde lui doit rendre justice.

Mon père, pour dégoûter encore mon frère de vers, et dans la crainte qu'il n'attribuât à ses tragédies les caresses dont quelques grands seigneurs l'accablaient, lui disait : « Ne croyez
« pas que ce soient mes vers qui m'attirent toutes ces caresses.
« Corneille fait des vers cent fois plus beaux que les miens, et
« cependant personne ne le regarde. On ne l'aime que dans la
« bouche de ses acteurs; au lieu que, sans fatiguer les gens
« du monde du récit de mes ouvrages, dont je ne leur parle
« jamais, je me contente de leur tenir des propos amusants, et
« de les entretenir de choses qui leur plaisent. Mon talent avec
« eux n'est pas de leur faire sentir que j'ai de l'esprit, mais de
« leur apprendre qu'ils en ont. Ainsi, quand vous voyez M. le
« Duc passer souvent des heures entières avec moi, vous se-
« riez étonné, si vous étiez présent, de voir que souvent il en
« sort sans que j'aie dit quatre paroles : mais peu à peu je le
« mets en humeur de causer, et il sort de chez moi encore plus
« satisfait de lui que de moi. »

Le premier précepte qu'il lui donna quand il le fit entrer dans le monde, fut celui-ci : « Ne prenez jamais feu sur le
« mal que vous entendrez dire de moi. On ne peut plaire à
« tout le monde, et je ne suis pas exempt de fautes plus qu'un
« autre. Quand vous trouverez des personnes qui ne vous pa-
« raîtront pas estimer mes tragédies, et qui même les atta-
« queront par des critiques injustes, pour toute réponse con-
« tentez-vous de les assurer que j'ai fait tout ce que j'ai pu
« pour plaire au public, et que j'aurais voulu pouvoir mieux
« faire. »

Il avait eu dans sa jeunesse une passion démesurée pour la gloire. La religion l'avait entièrement changé. Il reprochait souvent à Boileau l'amour qu'il conservait toujours pour ses vers, jusqu'à vouloir donner au public les moindres épigrammes faites dans sa jeunesse, et vider, comme il le disait, son

---

[1] *Penna columbulus. Réflexions sur la Poésie*, t. II, p. 460. (L. R.)

portefeuille entre les mains d'un libraire. Loin d'être si libéral du sien, il ne nous l'a même pas laissé.

Il eût pu exceller dans l'épigramme. Je ne rapporterai point ici celles qu'il a faites. On connaît les meilleures, savoir : celles sur l'*Aspar*, sur l'*Iphigénie* de Le Clerc, et sur la *Judith* de Boyer. Cette dernière est regardée comme une épigramme parfaite. M. de Valincour remarque qu'il avait l'esprit porté à la raillerie, et même à une raillerie amère; ce qui était cause qu'il disait quelquefois des choses un peu piquantes, sans avoir intention de fâcher les personnes à qui il les disait. Lorsque, après la capitulation du château de Namur, le prince de Barbançon, qui en était gouverneur, en sortait, il lui dit : « Voilà « un mauvais temps pour déménager; » ce qu'il ne lui disait qu'à cause des pluies continuelles. Le prince, qui crut qu'il le voulait railler, répondit avec douceur : « Quand on déménage « comme je fais, le plus mauvais temps est trop beau; » et cette réponse plut fort au roi.

Il est vrai, comme il est rapporté dans le *Bolœana*, que mon père dit à quelqu'un qui s'étonnait de ce que la *Judith* de Boyer n'était point sifflée : « Les sifflets sont à Versailles aux « sermons de l'abbé Boileau. » Il estimait infiniment l'abbé Boileau, et ne fit cette réponse que pour faire remarquer certaine bizarrerie d'un goût passager, qui est cause qu'un bon prédicateur n'est pas goûté, tandis qu'un mauvais poëte est applaudi.

La piété, qui avait éteint en lui la passion des vers, sut aussi modérer son penchant à la raillerie; et il n'avait plus depuis longtemps qu'une plaisanterie agréable avec ses amis, comme lorsqu'il cria à M. de Valincour, qui entrait dans la galerie de Versailles : « Eh! monsieur, où est le feu? » parce que M. de Valincour, avec un air empressé, marchait toujours à grands pas, ou plutôt courait comme un homme qui va annoncer que le feu est quelque part.

Boileau avait contribué à faire sentir à mon père le danger de la raillerie, même entre amis. S'il recevait de lui des conseils, il lui en donnait à son tour : c'est le caractère de la véritable amitié, comme dit Cicéron : *Moneri et monere pro-*

prium est veræ amicitiæ. Dans une dispute qu'ils eurent sur quelque point de littérature, Boileau, accablé de ses railleries, lui dit d'un grand sang-froid, quand la dispute fut finie : « Avez-vous eu envie de me fâcher? — Dieu m'en garde! « répond son ami. — Eh bien! répond Boileau, vous avez « donc tort, car vous m'avez fâché. »

Dans une autre dispute de même nature, Boileau, pressé par de bonnes raisons, mais dites avec chaleur et raillerie, perdit patience, et s'écria : « Eh bien! oui, j'ai tort; mais j'aime « mieux avoir tort que d'avoir orgueilleusement raison. »

Il ne pouvait assez admirer comment son ami, que la vivacité de son esprit et de son tempérament portait à plusieurs passions dangereuses dans la société, pour soi-même et pour les autres, avait toujours pu en modérer la violence : ce qu'il attribuait aux sentiments de religion qu'il avait eus gravés dans le cœur dès l'enfance, et qui le retinrent contre ses penchants dans les temps même les plus impétueux de sa jeunesse. Sur quoi il disait : « La raison conduit ordinairement les « autres à la foi; c'est la foi qui a conduit M. Racine à la « raison [1]. »

Boileau avait reçu de la nature un caractère plus propre à la tranquillité et au bonheur. Exempt de toutes passions, il n'eut jamais à combattre contre lui-même. Il n'était point satirique dans sa conversation; ce qui faisait dire à madame de Sévigné qu'il n'était cruel qu'en vers. Sans être ce qu'on appelle dévot, il fut exact, dans tous les temps de sa vie, à remplir les principaux devoirs de la religion. Se trouvant, à Pâques, dans la terre d'un ami, il alla à confesse au curé, qui ne le connaissait pas, et qui était un homme fort simple. Avant que d'entendre sa confession, il lui demanda quelles étaient ses occupations ordinaires : « De faire des vers, répondit Boi« leau. — Tant pis, dit le curé. Et quels vers? — Des satires, « ajouta le pénitent. — Encore pis, répondit le confesseur. Et « contre qui? — Contre ceux, dit Boileau, qui font mal des « vers; contre les vices du temps, contre les ouvrages per-

---

[1] Ce mot n'est pas exactement rapporté dans le *Bolæana.* (L. R.)

« nicieux, contre les romans, contre les opéras. — Ah! dit
« le curé, il n'y a donc pas de mal, et je n'ai plus rien à vous
« dire. »

On peut bien assurer que ces deux poëtes n'ont jamais rougi de l'Évangile. Mon père, chef de famille, se croyait obligé à une plus grande régularité. Il n'allait jamais aux spectacles, et ne parlait devant ses enfants ni de comédie, ni de tragédie profane. A la prière qu'il faisait tous les soirs au milieu d'eux et de ses domestiques, quand il était à Paris, il ajoutait la lecture de l'évangile du jour, que souvent il expliquait lui-même par une courte exhortation proportionnée à la portée de ses auditeurs, et prononcée avec cette âme qu'il donnait à tout ce qu'il disait.

Pour occuper de lectures pieuses M. de Seignelay, malade, il allait lui lire les Psaumes. Cette lecture le mettait dans une espèce d'enthousiasme, dans lequel il faisait sur-le-champ une paraphrase du psaume. J'ai entendu dire à M. l'abbé Renaudot, qui était un des auditeurs, que cette paraphrase leur faisait sentir toute la beauté du psaume, et les enlevait.

Un autre exemple de cet enthousiasme qui le saisissait dans la lecture des choses qu'il admirait, est rapporté par M. de Valincour. Il était avec lui à Auteuil, chez Boileau, avec M. Nicole et quelques autres amis distingués. On vint à parler de Sophocle, dont il était si grand admirateur, qu'il n'avait jamais osé prendre un de ses sujets de tragédie. Plein de cette pensée, il prend un Sophocle grec, et lit la tragédie d'*Œdipe*, en la traduisant sur-le-champ. Il s'émut à tel point, dit M. de Valincour [1], que tous les auditeurs éprouvèrent les sentiments de terreur et de pitié dont cette pièce est pleine. « J'ai vu, ajoute-t-il, nos meilleures pièces représentées par
« nos meilleurs acteurs : rien n'a jamais approché du trouble
« où me jeta ce récit; et, au moment que j'écris, je m'imagine
« voir encore Racine le livre à la main, et nous tous consternés autour de lui. » Voilà sans doute ce qui a fait croire qu'il avait dessein de composer un *Œdipe*.

---

[1] Lettre à M. l'abbé d'Olivet, *Histoire de l'Académie Française*.

Un morceau d'éloquence qui le mettait dans l'enthousiasme, était la prière à Dieu qui termine le livre contre M. Mallet. Il aimait à la lire; et lorsqu'il se trouvait avec des personnes disposées à l'entendre, il les attendrissait, suivant ce que m'a raconté M. Rollin, qui avait été présent à une de ces lectures.

Dans l'écrit intitulé *le Nouvel Absalon*, etc., qui fut imprimé par ordre de Louis XIV, il reconnaissait l'éloquence de Démosthènes contre Philippe; et l'on sait quelle admiration il avait pour Démosthènes. « Ce bourreau fera tant qu'il lui « donnera de l'esprit, » dit-il un jour, en entendant M. de Toureil, qui proposait différentes manières d'en traduire une phrase. Boileau avait la même admiration pour Démosthènes. « Toutes les fois, disait-il, que je relis l'*Oraison pour la Cou-* « *ronne*, je me repens d'avoir écrit. »

M. de Valincour rapporte encore que quand mon père avait un ouvrage à composer, il allait se promener; qu'alors, se livrant à son enthousiasme, il récitait ses vers à haute voix ; et que, travaillant ainsi à la tragédie de *Mithridate* dans les Tuileries, où il se croyait seul, il fut fort surpris de se voir entouré d'un grand nombre d'ouvriers qui, occupés au jardin, avaient quitté leur ouvrage pour venir à lui. Il ne se crut pas un Orphée, dont les chants attiraient ces ouvriers pour les entendre, puisque au contraire, au rapport de Valincour, ils l'entouraient, craignant que ce ne fût un homme au désespoir, prêt à se jeter dans le bassin. M. de Valincour eût pu ajouter qu'au milieu même de cet enthousiasme, sitôt qu'il était abordé par quelqu'un, il revenait à lui, n'avait plus rien de poëte, et était tout entier à ce qu'on lui disait.

Segrais, qui admirait avec raison Corneille, mais qui n'avait pas raison de le louer aux dépens de Boileau et de mon père, avance, dans ses Mémoires, que cette maxime de La Rochefoucauld : « C'est une grande pauvreté de n'avoir qu'une sorte « d'esprit, » fut écrite à leur occasion; « parce que, dit Se- « grais, tout leur entretien roule sur la poésie : ôtez-les de là, « ils ne savent plus rien. » Ce reproche injuste, à l'égard de Boileau même, l'est encore plus à l'égard de mon père. Un homme qui n'eût été que poëte, et qui n'eût parlé que vers, n'eût pas longtemps réussi à la cour. Il évitait toujours, comme je l'ai déjà dit, de parler de ses ouvrages ; et lorsque quelques auteurs venaient pour lui montrer les leurs, il les renvoyait à Boileau, en leur disant que pour lui il ne se mêlait plus de vers. Quand il en parlait, c'était avec modestie, et lorsqu'il se trouvait avec ce petit nombre de gens de lettres dont, ainsi que Boileau, il cultivait la société. Ceux qu'il voyait le plus souvent étaient les PP. Bourdaloue, Bouhours, et Rapin ; MM. Nicole, Valincour, La Bruyère, La Fontaine, et Bernier. Ils perdirent ce dernier en 1688. Sa mort eut pour cause une plaisanterie qu'il essuya de la part de M. le président de Harlay, étant à sa table. Ce philosophe, que ses voyages et les principes de Gassendi avaient mis au-dessus de beaucoup d'opinions communes, n'eut pas la fermeté de soutenir une raillerie assez froide. Comme il était d'un commerce fort doux, sa mort fut très-sensible à Boileau et à mon père.

Leurs amis étaient communs comme leurs sentiments. Tous deux respectaient autant qu'ils le devaient le révérend P. Bourdaloue. Les grands hommes s'estiment mutuellement, et quoique leurs talents soient différents. Boileau a publié combien l'estime du P. Bourdaloue était honorable pour lui, quand il a dit :

> Ma franchise surtout gagna sa bienveillance :
> Enfin, après Arnauld, ce fut l'illustre en France
> Que j'admirai le plus, et qui m'aima le mieux.

En parlant de sa franchise, il en donne un exemple dans ces vers mêmes. Il eut, au rapport de madame de Sévigné, à un dîner chez M. de Lamoignon, une dispute fort vive avec le compagnon du P. Bourdaloue, en présence de ce père, de deux évêques, et de Corbinelli. Voici l'histoire de cette dispute, écrite par madame de Sévigné :

« [1] On parla des ouvrages des anciens et des modernes. Des-
« préaux soutint les anciens, à la réserve d'un seul moderne,
« qui surpasse, à son goût, et les vieux et les nouveaux. Le

---

[1] Lettre du 15 janvier 1690. (L. R.)

« compagnon du P. Bourdaloue, qui faisait l'entendu, lui de-
« manda quel était donc ce livre si distingué dans son esprit :
« il ne voulut pas le nommer. Corbinelli lui dit : « Monsieur, je
« vous conjure de me le dire, afin que je le lise toute la nuit. »
« Despréaux lui répondit en riant : « Ah ! monsieur, vous l'avez
« lu plus d'une fois, j'en suis assuré. » Le jésuite reprend, et
« presse Despréaux de nommer cet auteur si merveilleux, avec
« un air dédaigneux, un *cotal riso amaro*. Despréaux lui dit :
« Mon père, ne me pressez point. » Le père continue. Enfin
« Despréaux le prend par le bras, et le serrant bien fort, il lui
« dit : « Mon père, vous le voulez : eh bien ! c'est Pascal, mor-
« bleu ! — Pascal ! dit le père tout étonné ; Pascal est beau
« autant que le faux le peut être. — Le faux ! dit Despréaux,
« le faux ! Sachez qu'il est aussi vrai qu'il est inimitable : on
« vient de le traduire en trois langues. » Le père répond : « Il
« n'en est pas plus vrai pour cela. » Despréaux entame une
« autre dispute : le père s'échauffe de son côté ; et après quel-
« ques discours fort vifs de part et d'autre, Despréaux prend
« Corbinelli par le bras, s'enfuit au bout de la chambre : puis
« revenant et courant comme un forcené, il ne voulut jamais
« se rapprocher du père, et alla rejoindre la compagnie. » Ici
finit l'histoire, le rideau tombe. J'ignore si madame de Sévigné n'a point orné son récit ; mais je sais que le P. Bouhours,
s'entretenant avec Boileau sur la difficulté de bien écrire en
français, lui nommait ceux de nos écrivains qu'il regardait
comme ses modèles, pour la pureté de la langue. Boileau reje-
tait tous ceux qu'il nommait, comme mauvais modèles. « Quel
« est donc, selon vous, lui dit le P. Bouhours, l'écrivain par-
« fait ? Que lirons-nous ? — Mon père, reprit Boileau, lisons
« les *Lettres provinciales*, et, croyez-moi, ne lisons pas d'au-
« tre livre. » Le même père, en se plaignant à lui de quelques critiques imprimées contre sa traduction du *Nouveau
Testament*, lui disait : « Je sais d'où elles partent ; je connais
« mes ennemis, je saurai me venger d'eux. — Gardez-vous-en
« bien, reprit Boileau ; ce serait alors qu'ils auraient raison de
« dire que vous n'avez pas entendu votre original, qui ne
« prêche que le pardon des ennemis. »

Mon père avait plus d'attention que Boileau à ne rien dire aux personnes à qui il parlait, qui fût contraire à leur manière de penser. D'ailleurs il était moins souvent que lui dans le monde. Lorsqu'il pouvait s'échapper de Versailles, il venait s'enfermer dans son cabinet, où il employait son temps à travailler à l'histoire du roi, qu'il ne perdait jamais de vue, ou à lire l'Écriture sainte, qui lui inspirait des réflexions pieuses, qu'il mettait quelquefois par écrit. Il lisait avec admiration les ouvrages de M. Bossuet, et n'avait pas, à beaucoup près, le même respect pour ceux de M. Huet. Il n'approuvait pas l'usage que ce savant écrivain voulait faire, en faveur de la religion, de son érudition profane. Il appliquait au livre de *la Démonstration évangélique* ce vers de Térence :

Te cum tua
Monstratione magnus perdat Jupiter.

Il désapprouvait surtout le livre du même auteur, intitulé *Quæstiones Alethanæ*, dont il a fait un extrait.

Quoiqu'il se fût fait depuis plusieurs années un devoir de religion de ne plus penser à la poésie, il s'y vit cependant rappelé par un devoir de religion auquel il ne s'attendait pas. Madame de Maintenon, attentive à tout ce qui pouvait procurer aux jeunes demoiselles de Saint-Cyr une éducation convenable à leur naissance, se plaignit du danger qu'on trouvait à leur apprendre à chanter et à réciter des vers, à cause de la nature de nos meilleurs vers et de nos plus beaux airs. Elle communiqua sa peine à mon père, et lui demanda s'il ne serait pas possible de réconcilier la poésie et la musique avec la piété. Le projet l'édifia et l'alarma. Il souhaita que tout autre que lui fût chargé de l'exécution. Ce n'était point le reproche de sa conscience qu'il craignait dans ce travail; il craignait pour sa gloire. Il avait une réputation acquise, et il pouvait la perdre, puisqu'il avait perdu l'habitude de faire des vers, et qu'il n'était plus dans la vigueur de l'âge. Que diraient ses ennemis, et que se dirait-il à lui-même, si, après avoir brillé sur le théâtre profane, il allait échouer sur un théâtre consacré à la piété? Je vais rapporter ce qu'une plume meilleure que la mienne a écrit sur ses craintes, sur l'origine de la tragédie d'*Esther,* et sur celle d'*Athalie.*

Une aimable élève de Saint-Cyr, quoique sortie depuis peu de cette maison, et mariée à M. le comte de Caylus, exécuta le prologue de la Piété, fait pour elle, et plusieurs fois le rôle d'Esther. Par les charmes de sa personne et de sa déclamation, elle contribua au succès de cette pièce, dont elle a parlé dans le recueil qu'elle fit un an avant sa mort, et qu'elle intitula *Mes Souvenirs,* parce qu'elle y rassembla ce que lui rappela la mémoire de plusieurs événements arrivés de son temps à la cour. C'est de ces *Souvenirs,* recueil si estimé des personnes qui en ont connaissance, qu'est tiré le morceau suivant, et un autre que je donnerai encore[1] :

« Madame de Brinon, première supérieure de Saint-Cyr, ai-
« mait les vers et la comédie; et au défaut des pièces de Cor-
« neille et de Racine, qu'elle n'osait faire jouer, elle en compo-
« sait de détestables, à la vérité; mais c'est cependant à elle et
« à son goût pour le théâtre que l'on doit les deux belles pièces
« que Racine a faites pour Saint-Cyr. Madame de Brinon avait
« de l'esprit, et une facilité incroyable d'écrire et de parler; car
« elle faisait aussi des espèces de sermons fort éloquents : et tous
« les dimanches, après la messe, elle expliquait l'Évangile
« comme aurait pu faire M. Le Tourneux.

« Mais je reviens à l'origine de la tragédie de Saint-Cyr. Ma-
« dame de Maintenon voulut voir une des pièces de madame de
« Brinon. Elle la trouva telle qu'elle était, c'est-à-dire si mau-
« vaise, qu'elle la pria de n'en plus faire jouer de semblables, et
« de prendre plutôt quelque belle pièce de Corneille ou de Ra-
« cine, choisissant seulement celles où il y aurait le moins d'a-
« mour. Ces petites filles représentèrent *Cinna* assez passable-
« ment pour des enfants qui n'avaient été formées au théâtre que
« par une vieille religieuse. Elles jouèrent aussi *Andromaque* :
« et, soit que les actrices en fussent mieux choisies, ou
« qu'elles commençassent à prendre des airs de la cour, dont
« elles ne laissaient pas de voir de temps en temps ce qu'il y

[1] Le style de madame la comtesse de Caylus rend ces deux morceaux précieux : je les dois à M. le comte de Caylus, son fils, dont le zèle officieux est connu de tout le monde. (L. R.)

« avait de meilleur, cette pièce ne fut que trop bien représentée
« au gré de madame de Maintenon, et elle lui fit appréhender
« que cet amusement ne leur insinuât des sentiments opposés à
« ceux qu'elle voulait leur inspirer. Cependant, comme elle
« était persuadée que ces sortes d'amusements sont bons à la
« jeunesse; qu'ils donnent de la grâce, apprennent à mieux
« prononcer, et cultivent la mémoire (car elle n'oubliait rien de
« tout ce qui pouvait contribuer à l'éducation de ces demoiselles,
« dont elle se croyait avec raison particulièrement chargée),
« elle écrivit à M. Racine, après la représentation d'*Andro-*
« *maque* : « Nos petites filles viennent de jouer votre *Andro-*
« *maque*, et l'ont si bien jouée, qu'elles ne la joueront de leur
« vie, ni aucune autre de vos pièces. » Elle le pria, dans
« cette même lettre, de lui faire, dans ses moments de loisir,
« quelque espèce de poëme, moral ou historique, dont l'amour
« fût entièrement banni, et dans lequel il ne crût pas que sa
« réputation fût intéressée, parce que la pièce resterait ensevelie
« à Saint-Cyr; ajoutant qu'il lui importait peu que cet ouvrage
« fût contre les règles, pourvu qu'il contribuât aux vues qu'elle
« avait de divertir les demoiselles de Saint-Cyr en les instrui-
« sant. Cette lettre jeta Racine dans une grande agitation. Il
« voulait plaire à madame de Maintenon; le refus était impos-
« sible à un courtisan, et la commission délicate pour un homme
« qui comme lui avait une grande réputation à soutenir, et qui,
« s'il avait renoncé à travailler pour les comédiens, ne voulait
« pas du moins détruire l'opinion que ses ouvrages avaient don-
« née de lui. Despréaux, qu'il alla consulter, décida brusque-
« ment pour la négative. Ce n'était pas le compte de Racine.
« Enfin, après un peu de réflexion, il trouva dans le sujet d'*Es-*
« *ther* tout ce qu'il fallait pour plaire à la cour. Despréaux lui-
« même en fut enchanté, et l'exhorta à travailler avec autant de
« zèle qu'il en avait eu pour l'en détourner.

« Racine ne fut pas longtemps sans porter à madame de
« Maintenon, non-seulement le plan de sa pièce (car il avait
« accoutumé de les faire en prose, scène pour scène, avant que
« d'en faire les vers), il porta le premier acte tout fait. Madame
« de Maintenon en fut charmée, et sa modestie ne put l'empê-

« cher de trouver dans le caractère d'Esther, et dans quelques
« circonstances de ce sujet, des choses flatteuses pour elle. La
« Vasthy avait ses applications, Aman des traits de ressem-
« blance; et, indépendamment de ces idées, l'histoire d'Esther
« convenait parfaitement à Saint-Cyr. Les chœurs, que Racine,
« à l'imitation des Grecs, avait toujours en vue de remettre sur
« la scène, se trouvaient placés naturellement dans *Esther*; et
« il était ravi d'avoir eu cette occasion de les faire connaître et
« d'en donner le goût. Enfin, je crois que, si l'on fait attention
« au lieu, au temps et aux circonstances, on trouvera que Ra-
« cine n'a pas moins marqué d'esprit en cette occasion[1] que dans
« d'autres ouvrages plus beaux en eux-mêmes.

« *Esther* fut représentée un an après la résolution que ma-
« dame de Maintenon avait prise de ne plus laisser jouer de
« pièces profanes à Saint-Cyr. Elle eut un si grand succès, que
« le souvenir n'en est pas encore effacé.

« Jusque-là il n'avait point été question de moi, et on n'i-
« maginait pas que je dusse y représenter un rôle[2]; mais, me
« trouvant présente aux récits que M. Racine venait faire à
« madame de Maintenon de chaque scène, à mesure qu'il les
« composait, j'en retenais des vers; et comme j'en récitai un
« jour à M. Racine, il en fut si content, qu'il demanda en
« grâce à madame de Maintenon de m'ordonner de faire un per-
« sonnage : ce qu'elle fit. Mais je ne voulus point de ceux qu'on
« avait déjà destinés : ce qui l'obligea de faire pour moi le pro-
« logue de sa pièce. Cependant ayant appris, à force de les en-
« tendre, tous les autres rôles, je les jouai successivement, à
« mesure qu'une des actrices se trouvait incommodée : car on
« représenta *Esther* tout l'hiver; et cette pièce, qui devait être
« renfermée dans Saint-Cyr, fut vue plusieurs fois du roi et de
« toute la cour, toujours avec le même applaudissement. »

---

[1] Voilà parler en personne éclairée. Les ennemis de l'auteur ne parlèrent pas de même. Ils disaient qu'il s'entendait mieux à parler d'amour que de Dieu. Ainsi ses premières craintes avaient été bien fondées, puisque *Esther*, malgré son succès, fut très-critiquée. (L. R.)

[2] Elle était mariée depuis deux ans, quoique à peine dans sa seizième année, lorsqu'elle joua Esther.

Esther fut représentée en 1689. Les demoiselles avaient été formées à la déclamation par l'auteur même, qui en fit d'excellentes actrices [1]. Pour cette raison, il était tous les jours, par ordre de madame de Maintenon, dans la maison de Saint-Cyr; et la mémoire qu'il y a laissée lui fait tant d'honneur, qu'il m'est permis d'en parler. J'ose dire qu'elle y est chérie et respectée, à cause de l'admiration qu'eurent toutes ces dames pour la douceur et la simplicité de ses mœurs. J'eus l'honneur d'entretenir, il y a deux mois, quelques-unes de celles qui le virent alors; elles m'en parlèrent avec une espèce d'enthousiasme, et toutes me dirent d'une commune voix : « Vous êtes fils d'un « homme qui avait un grand génie et une grande simplicité. » Elles ont eu la bonté de chercher parmi les lettres de madame de Maintenon celles où il était fait mention de lui, et m'en ont communiqué quatre, que je joins au recueil des lettres.

Des applications particulières contribuèrent encore au succès de la tragédie d'*Esther* : *Ces jeunes et tendres fleurs, transplantées*, étaient représentées par les demoiselles de Saint-Cyr. La Vasthy, comme dit madame de Caylus, avait quelque ressemblance. Cette Esther, qui *a puisé ses jours* dans la race proscrite par Aman, avait aussi sa ressemblance; quelques paroles échappées à un ministre avaient, dit-on, donné lieu à ces vers

Il sait qu'il me doit tout, etc.

On prétendait aussi expliquer ces *ténèbres jetées sur les yeux les plus saints*, dont il est parlé dans le prologue; en sorte que

---

[1] Le rôle d'Esther fut donné à mademoiselle de Veillanne, la plus remarquable de toutes par sa figure et ses grâces. Mademoiselle de Glapion, depuis supérieure de la maison de Saint-Cyr, fut chargée de celui de Mardochée; mademoiselle d'Abancourt, de celui d'Aman; et mademoiselle de Lalie, qui, quelques années après, fit profession à Saint-Cyr, représentait Assuérus. Ce dernier rôle fut ensuite rempli par madame de Caylus. Racine avait distingué mademoiselle de Glapion parmi les jeunes demoiselles de Saint-Cyr; il écrivait à madame de Maintenon : « J'ai trouvé un Mardochée dont la « voix va droit au cœur. » Il disait d'elle, en la voyant en scène avec madame de Caylus, qui avait un très-joli visage : « Quelle actrice ! si je pou- « vais mettre ce visage-là sur ses épaules ! »

l'auteur avait suivi l'exemple des anciens, dont les tragédies ont souvent rapport aux événements de leur temps [1].

[1] Le choix du sujet même offrait les allusions les plus fortes. Au moment où l'on persécutait les protestants, le poëte osait faire entendre les vraies maximes de l'Évangile. Il prenait la défense des opprimés en présence du monarque oppresseur; et dans un temps où le grand Arnauld était accusé d'une coupable témérité, pour avoir avancé que le roi pouvait être trompé, il ne craignait pas de dire à ce roi, devant toute sa cour :

« On peut des plus grands rois surprendre la justice. »

Lorsque le fatal édit qui révoquait celui de Nantes remplissait la France de désolation, Racine osait faire entendre ce vers à Louis XIV :

« Et le roi trop crédule a signé cet édit. »

Enfin, il peignit Louvois, en sa présence, des traits les plus odieux ; et, pour qu'on ne pût le méconnaître, il mit dans la bouche d'Aman les propres mots échappés au ministre, dans le délire de son orgueil. Quel noble et vertueux emploi de la faveur et du talent, que de les consacrer au triomphe de la justice et de la vérité! Quoiqu'il faille se défier des applications que le public se plaît à faire, sans que l'auteur en ait quelquefois eu l'idée, il est difficile de croire que Racine n'ait pas eu en vue la plupart de celles auxquelles *Esther* a donné lieu. On voit qu'elles ont été bientôt saisies, et que toutes les personnes qui ont pu s'expliquer librement n'ont pas manqué d'en parler. Madame de Caylus les a indiquées dans le morceau que nous avons cité d'elle, et madame de La Fayette ne les met point en doute. « Madame de Maintenon, dit-elle, était flattée de l'invention et de « l'exécution. La comédie représentait en quelque sorte la chute de ma- « dame de Montespan et l'élévation de madame de Maintenon. Toute la « différence fut qu'Esther était un peu plus jeune et moins précieuse en « fait de piété. L'application qu'on lui faisait du caractère d'Esther, et « celle de Vasthy à madame de Montespan, fit qu'elle ne fut pas fâchée « de rendre public un divertissement qui n'avait été fait que pour la com- « munauté et pour quelques-unes de ses amies particulières. » Enfin ces allusions, qui n'échappèrent à personne, donnèrent lieu aux quatre couplets suivants [*], qui coururent beaucoup alors, et qu'on trouve dans les recueils manuscrits du temps :

        Racine, cet homme excellent,
        Dans l'antiquité si savant,
        Des Grecs imitant les ouvrages,
        Nous peint sous des noms empruntés
        Les plus illustres personnages
        Qu'Apollon ait jamais chantés.

        Sous le nom d'Aman le cruel
        Louvois est peint au naturel :

[*] Ils sont sur l'air *des Rochelois*, alors fort en vogue.

Madame de Sévigné parle dans ses lettres des applaudissements que reçut cette tragédie : « Le roi et toute la cour sont,
« dit-elle[1], charmés d'*Esther*. M. le Prince y a pleuré ; ma-
« dame de Maintenon et huit jésuites, dont était le P. Gaillard,
« ont honoré de leur présence la dernière représentation. Enfin,
« c'est un chef-d'œuvre de Racine. » Elle dit encore dans un
autre endroit[2] : « Racine s'est surpassé ; il aime Dieu comme il
« aimait ses maîtresses[3] ; il est pour les choses saintes comme il
« était pour les profanes. La sainte Écriture est suivie exacte-

> Et de Vasthy la décadence
> Nous retrace un tableau vivant
> De ce qu'a vu la cour de France
> A la chute de Montespan.
>
> La persécution des Juifs
> De nos huguenots fugitifs
> Est une vive ressemblance ;
> Et l'Esther qui règne aujourd'hui
> Descend des rois dont la puissance
> Fut leur asile et leur appui *.
>
> Pourquoi donc, comme Assuérus,
> Notre roi, comblé de vertus,
> N'a-t-il pas calmé sa colère ?
> Je vais vous le dire en deux mots :
> Les Juifs n'eurent jamais affaire
> Aux jésuites et aux bigots.

Cette chanson était du jeune baron de Breteuil, qui fut depuis introducteur des ambassadeurs, et père de la célèbre marquise du Châtelet ; mais la calomnie, qui s'attachait à madame de Maintenon, répandit ce cinquième couplet :

> Comme la Juive d'autrefois,
> Cette Esther qui tient à nos rois
> Éprouva d'affreuses misères ;
> Mais, plus dure que l'autre Esther,
> Pour chasser la foi de ses pères,
> Elle prend la flamme et le fer.

[1] Lettre 512.
[2] Lettre 516.
[3] Lorsque madame de Sévigné parle de *maîtresses*, elle n'eût pu en nommer une autre que la Champmêlé, et elle parle suivant le préjugé dont j'ai fait voir plus haut la cause et la fausseté. (L. R.)

* On la faisait descendre de l'illustre maison d'Albret, qui a donné des rois à la Navarre.
(ANONYME.)

« ment. Tout est beau, tout est grand, tout est écrit avec di-
« gnité¹. »

Les grandes leçons que contient cette tragédie pour les rois que leurs ministres trompent souvent, pour les ministres qu'aveugle leur fortune, et pour les innocents qui, prêts à périr, voient le ciel prendre leur défense; les applaudissements réitérés de la cour, et surtout ceux du roi, qui honora plusieurs fois cette pièce de sa présence, devaient fermer la bouche aux critiques. Cependant elle fut vivement attaquée. Plusieurs même de ceux qui avaient répété si souvent dans leurs épîtres dédicatoires, ou dans leurs discours académiques, que le roi était au-dessus des autres hommes autant par la justesse de son esprit que par la grandeur de son rang, ne regardèrent pas, dans cette occasion, sa décision comme une loi pour eux². Je juge

¹ « On y porta, dit madame de La Fayette, un degré de chaleur qui ne
« se comprend pas, car il n'y eut ni petit ni grand qui n'y voulût aller; et
« ce qui devait être regardé comme une comédie de couvent devint l'af-
« faire la plus sérieuse de la cour. Les ministres, pour faire leur cour en
« allant à cette comédie, quittaient leurs affaires les plus pressées. A la
« première représentation, où fut le roi, il n'y mena que les principaux of-
« ficiers qui le suivent à la chasse. La seconde fut consacrée aux personnes
« pieuses, telles que le père La Chaise, et douze ou quinze jésuites, aux-
« quels se joignit madame de Miramion, et beaucoup d'autres dévots et
« dévotes; ensuite elle se répandit aux courtisans. Le roi crut que ce diver-
« tissement serait du goût du roi d'Angleterre; il l'y mena, et la reine aussi.
« Il est impossible de ne point donner de louanges à la maison de Saint-Cyr
« et à l'établissement; aussi ils ne s'y épargnèrent pas, et y mêlèrent celles
« de la comédie. » Nous ajoutons que la maréchale d'Estrées, qui n'avait pas loué *Esther*, fut obligée de se justifier de son silence comme d'un crime. Le carême de 1689 interrompit les représentations d'*Esther*; elles furent reprises le 5 janvier de l'année suivante; et dans le cours de ce mois il y en eut cinq, qui furent aussi brillantes que les premières.

² La pièce fut imprimée en 1689, et essuya quelques critiques. « Vous
« avez vu *Esther*, écrivait madame de Sévigné à sa fille. L'impression a
« produit son effet ordinaire : vous savez que M. de La Feuillade dit que
« c'est une requête civile contre l'approbation publique; vous en jugerez.
« Pour moi, je ne réponds que de l'agrément du spectacle, qui ne peut être
« contesté. » Parmi les contes dont La Beaumelle a rempli ses *Mémoires de madame de Maintenon*, on peut remarquer celui qu'il fait au sujet des critiques d'*Esther*, et de la peine qu'elles causèrent à l'auteur. « Pourquoi,
« disait Racine, pourquoi m'y suis-je exposé! Pourquoi m'a-t-on détourné

de la manière dont cette tragédie fut critiquée par une apologie qui en fut faite dans ce temps, et que j'ai trouvée par hasard.

L'auteur de cette apologie manuscrite, après avoir avoué que le jugement du public n'est pas favorable à la pièce, et qu'il est même déjà un peu tard pour en appeler, entreprend de montrer qu'elle a été jugée sans examen, et que tout son mérite n'est pas connu. Après l'avoir relevée par la grandeur du sujet, par les caractères et la régularité de la conduite, il s'arrête à faire observer, ce que les connaisseurs y remarquèrent d'abord, cette manière admirable et nouvelle de faire parler d'amour, en conservant à un sujet saint toute sa sainteté, et en conservant à Assuérus toute la majesté d'un roi de Perse. L'amour s'accorde difficilement avec la fierté, encore plus difficilement avec la sagesse; cependant ce roi idolâtre parle d'amour de manière que rien n'est si pur ni si chaste, parce que devant Esther il est comme amoureux de la vertu même [1].

L'auteur de cette pièce fit, cette même année [2], pour la maison de Saint-Cyr, quatre cantiques tirés de l'Écriture sainte, qui auraient été plus utiles aux demoiselles de cette maison, si

« de me faire chartreux! Je serais bien plus tranquille. » Mille louis le consolèrent, ajoute La Beaumelle. Il est à observer, dit un des commentateurs de Racine, que les mille louis que Racine reçut de la cassette du roi, dernière gratification qu'il ait touchée, lui ont été payés le 24 avril 1688, un an avant la représentation d'*Esther*. Quant à ce mot : *Que ne me suis-je fait chartreux !* il est vrai qu'il était échappé à Racine; mais dans quel moment? C'était au milieu des angoisses d'un cœur paternel, lorsqu'il avait sous les yeux un de ses enfants en danger de la vie. C'est ce mot touchant, ce cri d'une douleur respectable, qui est indignement travesti en une basse et puérile saillie d'amour-propre.

[1] Le 8 mai 1721, cette pièce parut sur le théâtre. Baron et mademoiselle Duclos remplirent les rôles d'Assuérus et d'Esther. Les chœurs avaient été supprimés. Elle eut huit représentations dans ce mois, mais qui obtinrent si peu de succès, que Louis Racine dit dans ses Remarques : « Les représen-
« tations d'*Esther* firent donc bien peu de bruit, puisque je n'en entendis
« point parler alors, et qu'elles m'étaient encore aujourd'hui inconnues. »

[2] Louis Racine se trompe : *Esther* fut représentée à Saint-Cyr en 1689, et ces quatre cantiques ne furent composés qu'en 1694. (Voyez le *Mercure galant* de 1694.)

la musique avait répondu aux paroles : mais le musicien à qui ils furent donnés, et qui avait déjà mis en chant les chœurs d'*Esther*, n'avait pas le talent de Lulli[1].

Le roi fit exécuter plusieurs fois ces cantiques devant lui ; et la première fois qu'il entendit chanter ces paroles :

> Mon Dieu, quelle guerre cruelle!
> Je trouve deux hommes en moi :
> L'un veut que, plein d'amour pour toi,
> Mon cœur te soit toujours fidèle ;
> L'autre, à tes volontés rebelle,
> Me révolte contre ta loi,

il se tourna vers madame de Maintenon, en lui disant : « Madame, voilà deux hommes que je connais bien. »

La lettre suivante fut écrite, au sujet de ces cantiques, par un homme très-connu alors par son esprit et sa piété[2] :

« Que ces cantiques sont beaux! qu'ils sont admirables, « tendres, naturels, pleins d'onction! Ils élèvent l'âme, et la « portent où l'auteur l'a voulu porter, jusqu'au ciel, jusqu'à « Dieu. J'augure un grand bien de ces cantiques autorisés par « l'approbation du monarque, et de son goût, qui sera le goût « de tout le monde. Je regarde l'auteur comme l'apôtre des « Muses et le prédicateur du Parnasse, dont il semble n'avoir « appris le langage que pour leur prêcher en leur langue l'É-« vangile, et leur annoncer le Dieu inconnu. Je prie Dieu qu'il « bénisse sa mission, et qu'il daigne le remplir de plus en plus « des vérités qu'il fait passer si agréablement dans les esprits « des gens du monde. »

Le même homme écrivit encore une lettre fort belle lorsqu'il apprit qu'une de mes sœurs se faisait religieuse, et l'heureuse application qu'il y fait de quelques vers de ces cantiques m'engage à la rapporter ici.

---

[1] Ce musicien s'appelait Moreau.
[2] Fénelon.

« Du 14 février 1697 [1].

« Je prends, en vérité, beaucoup de part à la douleur et à
« la joie de l'illustre ami. Car il y a en cette occasion obliga-
« tion d'unir ce que saint Paul sépare, *flere cum flentibus,*
« *gaudere cum gaudentibus.* La nature s'afflige, et la foi se
« réjouit dans le même cœur. Mais je m'assure que la foi l'em-
« portera bientôt, et que sa joie, se répandant sur la nature,
« en noiera tous les sentiments humains. Il est impossible
« qu'une telle séparation n'ait fait d'abord une grande plaie dans
« un cœur paternel : mais le remède est dans la plaie ; et cette
« affliction est la source de consolations infinies pour l'avenir,
« et dès à présent. Je ne doute point qu'il ne conçoive combien
« il a d'obligation à la bonté de Dieu, d'avoir daigné choisir
« dans son petit troupeau une victime qui lui sera consacrée et
« immolée toute sa vie en un holocauste d'amour et d'adora-
« tion, et de l'avoir cachée dans le secret de sa face, pour y
« mettre à couvert de la corruption du siècle toutes les bonnes
« qualités qui ne lui ont été données que pour Dieu. Au bout
« du compte, il s'en doit prendre un peu à lui-même. La bonne
« éducation qu'il lui a donnée et les sentiments de religion
« qu'il lui a inspirés l'ont conduite à l'autel du sacrifice. Elle a
« cru ce qu'il lui a dit, que ces deux hommes qui sont en nous,

« L'un, tout esprit et tout céleste,
« Veut qu'au ciel sans cesse attaché,
« Et des biens éternels touché,
« On compte pour rien tout le reste.

« Elle l'a de bonne foi compté pour rien sur sa parole, et plus
« encore sur celle de Dieu, et s'est résolue d'être sans cesse
« attachée au ciel et aux biens éternels. Il n'y a donc qu'à
« louer et à bénir Dieu, et à profiter de cet exemple de déta-
« chement des choses du monde que Dieu nous met à tous de-
« vant les yeux dans cette généreuse retraite.

« Je vous prie d'assurer cet heureux père que j'ai offert sa

[1] Il y a encore erreur dans la date de cette lettre ; car aucune des sœurs de Racine ne se fit religieuse cette année. La véritable date est du 17 novembre 1698.

« victime à l'autel, et que je suis, avec beaucoup de respect
« tout à lui. »

Ce père si tendre fut présent au sacrifice de sa fille, et pleurait encore quand il en écrivit le récit dans une lettre qu'on trouvera la dernière de toutes ses lettres. Il n'est pas étonnant qu'une victime qui était de son troupeau lui ait coûté beaucoup de larmes, puisqu'il n'assistait jamais à une pareille cérémonie sans pleurer, quoique la victime lui fût indifférente : c'est ce qu'on apprendra par une des lettres de madame de Maintenon, qui écrivait à Saint-Cyr pour demander le jour de la profession d'une jeune personne, où elle voulait assister. « Racine, qui « veut pleurer, dit-elle, viendra à la profession de la sœur La« lie. » La tendresse de son caractère paraissait en toute occasion. Dans une représentation d'*Esther* devant le roi, la jeune actrice qui faisait le rôle d'Élise manqua de mémoire : « Ah ! mademoiselle, s'écria-t-il, quel tort vous faites à ma pièce ! » La demoiselle, consternée de la réprimande, se mit à pleurer. Aussitôt il courut à elle, prit son mouchoir, essuya ses pleurs et en répandit lui-même. Je ne crains point d'écrire de si petites choses, parce que cette facilité à verser des larmes fait connaître la bonté d'un caractère, suivant cette maxime des anciens : Ἄνατοι δ' ἀριδάκρυες ἄνδρες.

Les applaudissements que sa tragédie avait reçus ne l'empêchaient pas de reconnaître qu'elle n'était pas dans toute la grandeur du poëme dramatique. L'unité de lieu n'y était pas observée, et elle n'était qu'en trois actes : c'est mal à propos que dans quelques éditions on l'a partagée en cinq. Il avait trouvé l'art d'y lier, comme les anciens, les chœurs avec l'action ; mais il terminait l'action par un chœur : chose inconnue aux anciens, et contraire à la nature du poëme dramatique, qui ne doit pas finir par des chants.

Il entreprit de traiter un autre sujet de l'Écriture sainte, et de faire une tragédie plus parfaite. Madame de Sévigné doutait qu'il y pût réussir, et disait dans une de ses lettres : « Il « aura de la peine à faire mieux qu'*Esther* ; il n'y a plus d'his« toire comme celle-là. C'était un hasard, et un assortiment

« de toutes choses ; car Judith, Booz, et Ruth, ne sauraient
« rien faire de beau. Racine a pourtant bien de l'esprit ; il faut
« espérer. » Elle n'avait point tort de penser ainsi. Elle ne
s'attendait pas que, dans un chapitre du quatrième livre des
Rois, il dût trouver le plus grand sujet qu'un poëte eût encore
traité, et en faire une tragédie qui, sans amour, sans épisodes,
sans confidents, intéresserait toujours, dans laquelle le trouble
irait croissant de scène en scène jusqu'au dernier moment, et
qui serait dans toute l'exactitude des règles.

Le mérite cependant de cette tragédie fut longtemps ignoré.
Elle n'eut point le secours des représentations, qui font pour
un temps la fortune des pièces médiocres. On avait fait un
scrupule à madame de Maintenon des représentations d'*Esther*, en lui disant que ces spectacles, où de jeunes demoiselles,
parées magnifiquement, paraissaient devant toute la cour,
étaient dangereux pour les spectateurs et pour les actrices
mêmes. On ne songeait point à faire exécuter *Athalie* sur le
théâtre des comédiens ; l'auteur y avait mis ordre, en faisant
insérer dans le priviége [1] d'*Esther* la défense aux comédiens
de représenter une tragédie faite pour Saint-Cyr. De pareils
sujets ne conviennent point à de pareils acteurs : il fallait,
comme dit madame de Sévigné, lettre 533, « des personnes
« innocentes pour chanter les malheurs de Sion ; la Champmêlé
« nous eût fait mal au cœur. »

Madame la comtesse de Caylus a pensé de même ; et on lira
avec plaisir ce qu'elle écrit sur *Athalie*, dans ses *Souvenirs*,
recueil dont j'ai parlé :

---

[1] Le priviége, daté du 3 février 1689, est accordé aux dames de Saint-Cyr, et non pas à l'auteur ; et il y est dit : « Ayant vu nous-même plusieurs
« représentations dudit ouvrage, dont nous avons été satisfait, nous avons
« donné par ces présentes aux dames de Saint-Cyr, avec défense à tous
« acteurs et autres montant sur les théâtres publics, d'y représenter ni
« chanter ledit ouvrage, etc. » (L. R.) — Dans quelques éditions, on a fixé
la première représentation d'*Esther* au 3 février 1689, date du priviége.
Mais comment Louis XIV aurait-il pu dire, le jour même de cette première
représentation : « Ayant vu nous-même plusieurs représentations dudit ou-
« vrage, dont nous avons été satisfait ? » Il faut donc s'en rapporter à ceux
qui placent cette première représentation au 20 janvier.

« Le grand succès d'*Esther* mit Racine en goût : il voulut
« composer une autre pièce ; et le sujet d'Athalie (c'est-à-dire
« de la mort de cette reine, et la reconnaissance de Joas) lui
« parut le plus beau de tous ceux qu'il pouvait tirer de l'Écri-
« ture sainte. Il y travailla sans perdre de temps ; et l'hiver
« suivant, cette nouvelle pièce se trouva en état d'être repré-
« sentée : mais madame de Maintenon reçut de tous côtés tant
« d'avis et tant de représentations des dévots, qui agissaient en
« cela de bonne foi, et de la part des poëtes jaloux de Racine,
« qui, non contents de faire parler les gens de bien, écrivirent
« plusieurs lettres anonymes, qu'ils empêchèrent enfin *Atha-*
« *lie* d'être représentée sur le théâtre de Saint-Cyr. On disait
« à madame de Maintenon qu'il était honteux à elle de faire
« monter sur un théâtre des demoiselles rassemblées de toutes
« les parties du royaume pour recevoir une éducation chré-
« tienne, et que c'était mal répondre à l'idée que l'établisse-
« ment de Saint-Cyr avait fait concevoir. J'avais part aussi à
« ces discours, et on trouvait encore qu'il était indécent à elle
« de me faire voir à toute la cour sur un théâtre.

« Le lieu, le sujet des pièces, et la manière dont les spec-
« tateurs s'étaient introduits à Saint-Cyr, devaient justifier ma-
« dame de Maintenon, et elle aurait pu ne pas s'embarrasser
« de discours qui n'étaient fondés que sur l'envie et la mali-
« gnité ; mais elle pensa différemment, et arrêta ces spectacles
« dans le temps que tout était prêt pour jouer *Athalie.* Elle
« fit seulement venir à Versailles, une fois ou deux, les actrices
« pour jouer dans sa chambre devant le roi, avec leurs habits
« ordinaires. Cette pièce est si belle, que l'action n'en parut
« pas refroidie ; il me semble même qu'elle produisit alors
« plus d'effet qu'elle n'en a produit sur le théâtre de Paris.
« Oui, je crois que M. Racine aurait été fâché de la voir aussi
« défigurée qu'elle m'a paru l'être par une Josabeth fardée,
« par une Athalie outrée[1], et par un grand-prêtre plus capable
« d'imiter les capucinades du petit P. Honoré que la majesté

---

[1] Elle parle de la Duclos, de la Démare et de Beaubourg. Le vieux Baron fit après lui le rôle du grand-prêtre bien différemment. (L. R.)

« d'un prophète divin. Il faut ajouter encore que les chœurs,
« qui manquaient aux représentations faites à Paris, ajoutaient
« une grande beauté à la pièce, et que les spectateurs, mêlés
« et confondus avec les acteurs, refroidissent infiniment l'ac-
« tion; mais, malgré ces défauts et ces inconvénients, elle a été
« admirée, et le sera toujours.

« On fit après, à l'envi de M. Racine, plusieurs pièces pour
« Saint-Cyr; mais elles y sont ensevelies. La *Judith,* pièce que
« M. l'abbé Testu fit faire par Boyer, à laquelle il travailla
« lui-même, fut jouée ensuite sur le théâtre de Paris avec le
« succès marqué dans l'épigramme :

« A sa Judith Boyer, par aventure, etc. »

Athalie fut exécutée deux fois devant Louis XIV et devant
madame de Maintenon, dans une chambre sans théâtre, par
les demoiselles de Saint-Cyr, vêtues de ces habits modestes et
uniformes qu'elles portent dans la maison. De pareilles représentations étaient bien différentes de celles d'*Esther,* qui se
faisaient avec une grande dépense pour les habits, les décora-
tions et la musique.

Madame de Caylus fait peut-être une prédiction véritable,
lorsqu'elle dit qu'*Athalie* sera toujours admirée[1]; mais elle
ne le fut pas d'abord du public : et lorsqu'elle parut imprimée en 1691, elle fut très-peu recherchée. On avait entendu
dire qu'elle avait été faite pour Saint-Cyr, et qu'un enfant y
faisait un principal personnage : on se persuada que c'était
une pièce qui n'était que pour des enfants, et les gens du

---

[1] Quand le célèbre Le Kain vint, à l'âge de dix-huit ans, chez Voltaire, faire devant lui l'essai de ce talent trop tôt perdu pour le théâtre dont il a été la gloire, il voulut d'abord lui réciter le rôle de Gustave. « Non, non, « dit le poëte, je n'aime pas les mauvais vers. » Le jeune homme lui offrit alors de répéter la première scène d'*Athalie* entre Joad et Abner. Voltaire l'écoute, et l'ouvrage lui faisant oublier l'acteur, il s'écrie avec transport : « Quel style! quelle poésie! et toute la pièce est écrite de même! Ah! mon-« sieur, quel homme que Racine! » C'est Le Kain qui rapporte, dans des Mémoires manuscrits, ce fait, dont il fut d'autant plus frappé, que dans ce moment il aurait bien voulu que Voltaire s'occupât un peu plus de lui, et un peu moins de Racine. (L.)

monde furent peu empressés de la lire. Ceux qui la lurent parurent froids d'abord ; et M. Arnauld, en la trouvant fort belle, la mettait au-dessous d'*Esther.* Un docteur de Sorbonne peut aisément se tromper en jugeant des tragédies ; mais la manière dont il avait parlé de *Phèdre* faisait voir qu'en ces matières même il n'avait pas coutume de se tromper. Voici la lettre qu'il écrivit à ce sujet :

« J'ai reçu *Athalie,* et l'ai lue aussitôt deux ou trois fois
« avec une grande satisfaction. Si j'avais plus de loisir, je vous
« marquerais plus au long ce qui me la fait admirer. Le sujet
« y est traité avec un art merveilleux, les caractères bien sou-
« tenus, les vers nobles et naturels. Ce qu'on y fait dire aux
« gens de bien inspire du respect pour la religion et pour la
« vertu ; et ce qu'on fait dire aux méchants n'empêche point
« qu'on n'ait horreur de leur malice ; en quoi je trouve que
« beaucoup de poëtes sont blâmables, mettant tout leur esprit
« à faire parler leurs personnages d'une manière qui peut
« rendre leur cause si bonne, qu'on est plus porté à approuver
« ou à excuser les plus méchantes actions qu'à en avoir de la
« haine. Mais comme il est bien difficile que deux enfants du
« même père soient si également parfaits qu'il n'ait pas plus
« d'inclination pour l'un que pour l'autre, je voudrais bien
« savoir laquelle de ces deux pièces il aime davantage. Pour
« moi, je vous dirai franchement que les charmes de la cadette
« n'ont pu m'empêcher de donner la préférence à l'aînée. J'en
« ai beaucoup de raisons, dont la principale est que j'y trouve
« beaucoup plus de choses très-édifiantes, et très-capables d'ins-
« pirer de la piété. »

Un pareil jugement, quelque flatteur qu'il soit, ne satisfait point un auteur, toujours plus content, suivant la coutume, de son dernier ouvrage que des autres, surtout lorsqu'il en a de si justes raisons. Étonné de voir que sa pièce, loin de faire dans le public l'éclat qu'il s'en était promis, restait presque dans l'obscurité, il s'imagina qu'il avait manqué son sujet ; et il l'avouait sincèrement à Boileau, qui lui soutenait au contraire qu'*Athalie* était son chef-d'œuvre : « Je m'y connais, « lui disait-il, et le public y reviendra. » Sur ces espérances, l'auteur se rassurait : il a cependant été toujours convaincu que, s'il avait fait quelque chose de parfait, c'était *Phèdre* ; et sa prédilection pour cette pièce était fondée sur des raisons très-fortes. Car, quoique l'action d'*Athalie* soit bien plus grande, le caractère de Phèdre est, comme celui d'OEdipe, un de ces sujets rares qui ne sont pas l'ouvrage des poetes, et qu'il faut que la fable ou l'histoire leur fournissent.

Tout le monde sait que la principale qualité qu'Aristote, ou plutôt que la tragédie demande dans son héros, est qu'il ne soit ni tout à fait vicieux ni tout à fait vertueux, parce qu'un scélérat, quelque malheur qui lui arrive, ne fait jamais pitié, et qu'un homme tout à fait exempt de faiblesse, et qui ne s'est attiré son malheur par aucune faute, cause plus de chagrin que de pitié ; au lieu que le malheureux qui mérite de l'être, et qui en même temps mérite d'être plaint, intéresse toujours ; et c'est ce qui se trouve admirablement dans Phèdre, qui, dévorée par une infâme passion, est toute la première à se prendre en horreur. Je ne sais même si par là son caractère n'est pas beaucoup plus tragique que celui d'OEdipe, qui dans le fond n'est qu'un homme fort ordinaire, à qui le hasard a fait commettre de grands crimes, sans qu'il en ait eu l'intention, et chez qui l'on ne peut voir cette *douleur vertueuse* qui fait la beauté du caractère de Phèdre. Mais on peut dire aussi que ce caractère est le seul qui soit dans cette tragédie : au lieu que dans *Athalie*, où se trouvent à la fois plusieurs grands caractères, l'action est plus grande, plus intéressante, et conduite avec plus d'art ; en sorte qu'on pourrait, à mon avis, concilier les deux sentiments, en disant que le personnage de Phèdre est le plus parfait des personnages tragiques, et qu'*Athalie* est la plus parfaite des tragédies.

On en reconnut enfin le mérite ; mais la prédiction de Boileau n'eut son accomplissement que fort tard, et longtemps après la mort de l'auteur[1]. Les vrais connaisseurs vantèrent

---

[1] Racine, dit un commentateur, était mort depuis deux ans quand le public commença à ouvrir les yeux sur le mérite d'*Athalie*. On explique cette révolution d'opinion par une anecdote singulière, que Voltaire et La Harpe

le mérite de cette pièce. M. le duc d'Orléans, régent du royaume, voulut connaître quel effet elle produirait sur le théâtre; et, malgré la clause insérée dans le privilége, ordonna aux comédiens de l'exécuter. Le succès fut étonnant; et les premières représentations faites à la cour donnèrent un nouveau prix à cette pièce, parce que le roi, étant à peu près de l'âge

ont adoptée, mais qui n'est garantie par aucune autorité; la voici : Dans une campagne près de Paris, où étaient réunies plusieurs personnes de distinction, la compagnie s'amusait un soir à ces petits jeux de société où l'on établit des pénitences. Un jeune homme ayant failli, quelqu'un proposa de lui imposer pour punition d'aller lire dans un cabinet un acte entier d'*Athalie*. On applaudit à cette idée, et le coupable fut obligé de se soumettre à une peine qui lui semblait fort dure. Au bout de quelque temps, la compagnie fut très-surprise de ne le pas voir reparaître. Nouvelle matière à plaisanterie : on prétendit qu'il n'avait pu résister au froid et à l'ennui de la pièce, et que, pour le moins, il était tombé dans un profond assoupissement. On entre dans le cabinet, et on trouve le jeune homme tellement attaché à sa lecture, qu'il avait oublié tout le reste. Il avait lu la pièce entière, et il la recommençait. Il en parla avec tant d'enthousiasme, qu'il persuada à la société d'en entendre elle-même la lecture, et il n'eut pas de peine à faire partager à tous le plaisir et l'admiration qu'il avait éprouvés. Le bruit de cette aventure se répandit, et tout le monde se mit à lire *Athalie*. A cette époque, dans l'hiver de 1702, madame de Maintenon, qui avait toujours apprécié *Athalie*, conçut le projet de la faire représenter une troisième fois devant Louis XIV, par les seigneurs et les dames de la cour. Peu s'en fallut que les contrariétés qu'elle éprouvait dans la distribution des rôles n'empêchassent l'exécution. Elle écrivait au comte d'Ayen : « Voilà donc *Athalie* encore tombée; le malheur poursuit tout « ce que je protége et que j'aime. Madame la duchesse de Bourgogne m'a « dit qu'elle ne réussirait pas; que c'était une pièce fort froide; que Racine « s'en était repenti; que j'étais la seule qui l'estimait, et mille autres « choses qui m'ont fait pénétrer, par la connaissance que j'ai de cette cour- « là, que son personnage lui déplaît. Elle veut jouer Josabeth, qu'elle ne « jouera pas comme la comtesse d'Ayen. Jouons-la, puisque nous y « sommes engagés; mais en vérité il n'est point agréable de se mêler des « plaisirs des grands. » Elle eut alors trois brillantes représentations; les chœurs furent exécutés par les demoiselles de la musique du roi. La duchesse de Bourgogne, comme elle le désirait, joua Josabeth; le duc d'Orléans, depuis régent, remplit le rôle d'Abner; la présidente Chailly fut admirable dans Athalie; le comte d'Espare, second fils de M. le comte de Guiche, fit Joas, et le comte de Champenon, Zacharie; le comte et la comtesse d'Ayen eurent aussi un rôle. Baron, retiré du théâtre depuis dix ans, fut chargé de celui de Joad, et n'avait jamais joué avec plus de dignité.

de Joas, on ne pouvait, sans s'attendrir sur lui, entendre quelques vers comme ceux-ci :

> Voilà donc votre roi, votre unique espérance.
> J'ai pris soin jusqu'ici de vous le conserver....
> Du fidèle David c'est le précieux reste....
> Songez qu'en cet enfant tout Israël réside....

Voilà quel fut le sort de cette fameuse tragédie, qui, du côté de l'intérêt, n'ayant rien produit à l'auteur ni à sa famille, a été si utile depuis aux libraires et aux comédiens; et du côté de la gloire, en a acquis une si éloignée du temps de l'auteur, qu'il n'a jamais pu la prévoir. Il était heureusement détaché depuis longtemps de l'amour de la gloire humaine : il en devait connaître mieux qu'un autre la vanité. *Bérénice*, dans sa naissance, fit plus de bruit qu'*Athalie*.

S'il ne fut pas récompensé de ses deux tragédies saintes par les éloges du public, il en fut récompensé par la satisfaction que Louis XIV témoigna en avoir reçue; et il en eut pour preuve, au mois de décembre 1690, l'agrément d'une charge de gentilhomme ordinaire de Sa Majesté[1]. Il eut encore l'avantage de contenter madame de Maintenon, la seule protection qu'il ait cultivée. Enfin, il acquit l'estime des dames de Saint-Cyr, qui, dans le voyage dont j'ai parlé plus haut, m'en parlèrent avec tant de zèle, que leurs discours m'ont plus appris à l'admirer, que ses ouvrages ne me l'avaient encore fait admirer. Une des lettres de madame de Maintenon, que je donne à la suite de ces Mémoires, apprend qu'il revit avec Boileau les constitutions de cette maison, pour corriger les fautes de style.

Dégoûté plus que jamais de la poésie par le malheureux succès d'*Athalie*, et résolu de ne plus s'occuper de vers, il fit la campagne de Namur, où il suivit de près toutes les opérations du siége. Ses lettres, écrites à Boileau du camp devant Namur, font bien connaître qu'il ne songeait plus qu'à être historien.

Boileau était alors occupé de la poésie, et il y était retourné

---

[1] A condition de payer à madame Torff, veuve de celui dont on lui donnait la charge, dix mille livres, qui lui furent payées le 23 du même mois.

à peu près dans le même temps que son ami. Des raisons l'y avaient rappelé. Perrault, après avoir lu à l'Académie son poëme du *Siècle de Louis le Grand*, fit imprimer les *Parallèles des anciens et des modernes*. Les amateurs du bon goût furent indignés de voir les anciens traités avec tant de mépris par un homme qui les connaissait si peu. On animait Boileau à lui répondre. « S'il ne lui répond pas, dit M. le prince de « Conti à mon père, vous pouvez l'assurer que j'irai à l'Aca- « démie écrire sur son fauteuil : *Tu dors, Brutus!* » Il se réveilla, et composa son ode sur la prise de Namur, pour donner une idée de l'enthousiasme de Pindare, maltraité par M. Perrault. Il acheva la satire contre les femmes, ouvrage projeté et abandonné plusieurs années auparavant : il donna contre M. Perrault les *Réflexions sur Longin*, et composa ensuite sa onzième satire et ses trois dernières épîtres.

En se réveillant, il réveilla ses ennemis. L'ode sur Namur ne produisit pas l'effet qu'il avait en vue, qui était de faire admirer Pindare. La satire contre les femmes, qu'on imprima séparément, fut si prodigieusement vendue et critiquée, que, tandis que le libraire était content, l'auteur se désespérait. « Rassurez-vous, lui disait mon père : vous avez attaqué un « corps très-nombreux, et qui n'est que langues ; l'orage pas- « sera. » Il fut long, quoique Boileau, en attaquant les femmes, eût mis pour lui madame de Maintenon, par ces vers :

J'en sais une, chérie et du monde et de Dieu, etc.

M. Arnauld, qui, à l'occasion de cette satire, écrivit en 1694 à M. Perrault la lettre que Boileau appela son apologie, ne fut pas son apologiste en tout, puisque, après avoir lu les *Réflexions sur Longin*, il écrivit la lettre suivante, qui n'a jamais été imprimée, à ce que je crois, et qui mérite d'être connue :

« Je n'eus pas plutôt reçu les *Œuvres diverses*, que je me « mis à lire ce qu'il y a de nouveau. J'en ai été merveilleuse- « ment satisfait, et je doute que le bon Homère ait jamais eu « un plus exact et plus judicieux apologiste. C'est tout le re- « merciment que je vous supplie de faire de ma part à l'au-

« teur, et d'y ajouter seulement que j'estime trop notre amitié
« pour la mettre au nombre de ces amitiés vulgaires qui ont
« besoin de compliments pour s'entretenir. Je passe encore
« plus'loin, et j'ose m'assurer qu'il ne trouvera pas mauvais
« que je lui remarque ce que j'ai trouvé dans ses Réflexions
« critiques que je souhaiterais qui n'y fût pas, et ce qui n'au-
« rait pas dû y être, s'il avait fait plus d'attention à cette belle
« règle qu'il a donnée dans sa neuvième épître :

> « Rien n'est beau que le vrai : le vrai seul est aimable;
> « Il doit régner partout, et même dans la fable.
> « De toute fiction l'adroite fausseté
> « Ne tend qu'à faire aux yeux briller la vérité.

« Ce que je souhaiterais qui ne fût pas dans les *Réflexions* est
« ce que j'y ai trouvé de M. Perrault le médecin. On dit,
« sur la foi d'un célèbre architecte, que la façade du Louvre
« n'est pas de lui, mais du sieur Le Vau ; et que ni l'Arc de
« triomphe, ni l'Observatoire, ne sont pas l'ouvrage d'un mé-
« decin de la Faculté. Cela ne me paraît avoir aucune vraisem-
« blance, bien loin d'être vrai. Comment donc pourra-t-il
« plaire, s'il n'y a que la vérité qui plaise? Je ne crois pas de
« plus qu'il soit permis d'ôter à un homme de mérite, sur un
« ouï-dire, l'honneur d'avoir fait ces ouvrages. Les règles qu'on
« a établies dans le premier chapitre du dernier livre contre
« M. Malet, ne pourraient pas servir à autoriser cet endroit
« des *Réflexions*. Je souhaiterais aussi qu'il fût disposé à dé-
« clarer que ce qu'il a dit du médecin de Florence n'est qu'une
« exagération poétique, que les poëtes ont accoutumé d'em-
« ployer contre tous les médecins, qu'ils savent bien qu'on ne
« prendra pas pour leur vrai sentiment; et qu'après tout,
« il reconnaît que M. Perrault le médecin a passé parmi ses
« confrères pour un médecin habile. »

Boileau avait sans doute vu cette lettre quand il écrivit
son remercîment à M. Arnauld, à la fin duquel il lui dit :
« Puisque vous prenez un si grand intérêt à la mémoire
« de feu M. Perrault le médecin, à la première édition de
« mon livre, il y aura dans la préface un article exprès en

« faveur de ce médecin, qui sûrement n'a point fait la façade
« du Louvre, ni l'Observatoire, ni l'Arc de triomphe, comme
« on le prouvera démonstrativement, mais qui au fond était
« un homme de beaucoup de mérite, grand physicien, et, ce
« que j'estime encore plus que tout cela, qui avait l'honneur
« d'être votre ami. »

M. Arnauld mourut peu après avoir écrit la lettre que je viens de donner, et son cœur fut apporté à Port-Royal à la fin de 1694. Mon père crut qu'à cette cérémonie, où quelques parents invités ne vinrent pas, il pouvait d'autant moins se dispenser d'assister, que la mère Racine y présidait en qualité d'abbesse. Il y alla donc, et composa deux petites pièces de vers : l'une qui commence ainsi :

> Sublime en ses écrits, etc.,

et qui se trouve dans la dernière édition de ses œuvres ; l'autre, qui, dans le *Nécrologe* de Port-Royal, est attribuée par erreur à M. l'abbé Regnier, et dont voici les deux premiers vers :

> Haï des uns, chéri des autres,
> Estimé de tout l'univers, etc.

Tout le monde sait les beaux vers que fit Santeuil sur ce cœur rapporté à Port-Royal :

> Ad sanctas rediit sedes, ejectus et exul, etc.,

et l'épitaphe faite depuis par Boileau :

> Au pied de cet autel de structure grossière, etc.

Un de nos savants, à l'imitation des anciens, qui, dans les inscriptions sur leurs tombeaux, demandaient que leurs corps ne fussent point chargés d'une terre trop pesante, demanda, par une épigramme, que ses os ne fussent point chargés de mauvais vers :

> Sint modo carminibus non onerata malis

Ce malheur n'arriva pas à M. Arnauld, célébré après sa mort par Santeuil, Boileau, et mon père.

De ces trois poëtes, Santeuil fut le seul qui, effrayé de ce qu'il avait fait, rendit ses craintes si publiques, qu'elles donnèrent lieu à la pièce en vers latins intitulée *Santolius pœnitens*. Cette pièce, composée par M. Rollin, fut bientôt traduite en vers français; et les vers de cette traduction, étant bien faits, furent attribués à mon père. M. Boivin le jeune, qui en était l'auteur, fut charmé de cette méprise, et adressa à mon père une petite pièce de vers fort ingénieuse, par laquelle il le priait de laisser quelque temps le public dans l'erreur.

Mon père, bien éloigné des frayeurs de Santeuil, fut chargé de lire au roi les trois dernières épîtres de Boileau, qui avait coutume de lire lui-même tous ses ouvrages à Sa Majesté, mais qui ne venait plus à la cour à cause de ses infirmités. Mon père fut charmé de faire valoir les vers de son ami; et lorsqu'en les lisant il vint à celui-ci :

> Arnauld, le grand Arnauld, fit mon apologie,

il fit sentir, par le ton qu'il prit, qu'il le lisait avec satisfaction.

Louis XIV ne parut jamais désapprouver en lui cet attachement que la reconnaissance lui inspirait pour ses anciens maîtres, et pour la maison dans laquelle il avait été élevé. Il y allait souvent; et tous les ans, le jour de la fête du Saint-Sacrement, il y menait sa famille pour assister à la procession. L'humilité avec laquelle il pratiquait tous les exercices de la religion, jusqu'à être exact aux plus petites choses, faisait voir qu'il en connaissait la grandeur.

Il n'était pas homme à se mêler de questions de doctrine; mais quand il s'agissait de rendre aux religieuses de Port-Royal quelque service dans leurs affaires temporelles, il était prêt; et ce bon cœur qu'il avait pour tous ses amis l'emportait chez le P. de La Chaise, dont il fut toujours très-bien reçu. Quoiqu'il ne fût plus permis à ce monastère de recevoir des pensionnaires, il obtint une permission particulière pour y mettre pour quelque temps deux de mes sœurs.

J'ai déjà dit qu'il était lié avec le P. Bouhours; et ce père donna une preuve de son zèle pour lui lorsqu'il fut vivement attaqué, au collége de Louis le Grand, dans un discours public prononcé par un jeune régent [1]. Ce fut particulièrement

---

[1] Ce régent du collége des jésuites avait mis en question, dans une ha-

contre ses tragédies que cet orateur, dont il est inutile de rapporter le nom, déclama d'une manière si passionnée, que le P. Bouhours, en l'absence de mon père, qui était à Versailles, alla trouver Boileau, et l'assura que non-seulement il désapprouvait ce régent, mais qu'il avait porté ses plaintes au père recteur, demandant qu'on fît satisfaction à mon père. Boileau, édifié de la vivacité du P. Bouhours, en rendit compte à mon père, et en eut cette réponse, que je copie avec une grande satisfaction, parce qu'on y voit le chrétien ne pas faire attention aux offenses que reçoit le poëte.

« A Versailles, le 4 avril 1696.

« Je suis très-obligé au P. Bouhours de toutes les honnêtetés
« qu'il vous a prié de me faire de sa part, et de la part de sa
« compagnie. Je n'avais point encore entendu parler de la ha-
« rangue de leur régent : et comme ma conscience ne me re-
« prochait rien à l'égard des jésuites, je vous avoue que j'ai
« été un peu surpris que l'on m'eût déclaré la guerre chez
« eux. Vraisemblablement ce bon régent est du nombre de
« ceux qui m'ont très-faussement attribué la traduction du
« *Santolius pœnitens* ; et il s'est cru engagé d'honneur à me
« rendre injure pour injure. Si j'étais capable de lui vouloir
« quelque mal, et de me réjouir de la forte réprimande que
« le P. Bouhours dit qu'on lui a faite, ce serait sans doute
« pour m'avoir soupçonné d'être l'auteur d'un pareil ouvrage :
« car pour mes tragédies, je les abandonne volontiers à sa cri-
« tique. Il y a longtemps que Dieu m'a fait la grâce d'être
« assez peu sensible au bien et au mal qu'on en peut dire, et de
« ne me mettre en peine que du compte que j'aurai à lui en
« rendre quelque jour.

« Ainsi, monsieur, vous pouvez assurer le P. Bouhours et
« tous les jésuites de votre connaissance que, bien loin d'être
« fâché contre le régent qui a tant déclamé contre mes pièces
« de théâtre, peu s'en faut que je ne le remercie, et d'avoir

rangue latine prononcée en public, si Racine était poëte, s'il était chrétien : *An christianus ? an poeta ?* et s'était prononcé pour la négative.

« prêché une si bonne morale dans leur collége, et d'avoir
« donné lieu à sa compagnie de marquer tant de chaleur pour
« mes intérêts; et qu'enfin, quand l'offense qu'il m'a voulu
« faire serait plus grande, je l'oublierais avec la même facilité,
« en considération de tant d'autres pères dont j'honore le mé-
« rite, et surtout en considération du R. P. de La Chaise, qui
« me témoigne tous les jours mille bontés, et à qui je sacri-
« fierais bien d'autres injures. Je suis, etc. »

La liaison des faits m'a empêché de parler de la perte que Boileau et mon père firent, l'année précédente, de leur ami commun La Fontaine. Leurs sages instructions avaient beaucoup contribué à faire peu à peu naître en lui les grands sentiments de pénitence dont il fut pénétré les deux dernières années de sa vie. J'ai rapporté ailleurs [1] de quelle manière la femme qui le gardait malade reçut ces deux amis, qui allaient le voir dans le dessein de lui parler de Dieu. Autant il était aimable par la douceur du caractère, autant il l'était peu par les agréments de la société. Il n'y mettait jamais rien du sien, et mes sœurs, qui dans leur jeunesse l'ont souvent vu à table chez mon père, n'ont conservé de lui d'autre idée que celle d'un homme fort malpropre et fort ennuyeux. Il ne parlait

---

[1] Dans ses *Réflexions sur la Poésie*. Voici l'anecdote telle qu'elle y est rapportée. Il était bien éloigné de l'esprit d'impiété; mais, quoique dans sa jeunesse il eût été quelque temps de l'Oratoire, il était tombé pour la religion dans la même indolence que pour tout le reste. Il eut, longtemps avant sa mort, une grande maladie, pendant laquelle Boileau et mon père allèrent le voir. La femme qui le gardait leur dit de ne point entrer, parce que son malade dormait. « Nous venions, lui répondirent-ils, pour l'exhor-
« ter à songer à sa conscience; il a de grandes fautes à se reprocher. » La garde, qui ne connaissait ni ceux à qui elle parlait, ni son malade, répondit : « Lui, messieurs! il est simple comme un enfant. S'il a fait des fautes,
« c'est donc par bêtise plutôt que par malice. » Il fit, en effet, venir un confesseur, qui l'exhorta à des prières ou à des aumônes. « Pour des aumônes,
« dit La Fontaine, je n'en puis faire, je n'ai rien; mais on fait une nou-
« velle édition de mes Contes, et le libraire m'en doit donner cent exem-
« plaires. Je vous les donne, vous les ferez vendre pour les pauvres. »
D. Jérôme, le célèbre prédicateur, qui m'a raconté ce fait, m'a assuré que le confesseur, presque aussi simple que son pénitent, était venu le consulter pour savoir s'il pouvait recevoir cette aumône.

point, ou voulait toujours parler de Platon, dont il avait fait une étude particulière dans la traduction latine. Il cherchait à connaître les anciens par la conversation, et mettait à profit celle de mon père, qui lui faisait lire quelquefois des morceaux d'Homère dans la traduction latine. Il n'était pas nécessaire de lui en faire sentir les beautés, il les saisissait : tout ce qui était beau le frappait. Mon père le mena un jour à Ténèbres ; et, s'apercevant que l'office lui paraissait long, il lui donna, pour l'occuper, un volume de la Bible, qui contenait les Petits Prophètes. Il tombe sur la prière des Juifs, dans Baruch ; et, ne pouvant se lasser de l'admirer, il disait à mon père : « C'était « un beau génie que Baruch : qui était-il ? » Le lendemain, et plusieurs jours suivants, lorsqu'il rencontrait dans la rue quelque personne de sa connaissance, après les compliments ordinaires il élevait sa voix pour dire : « Avez-vous lu Baruch ? « C'était un beau génie. »

Après avoir mangé son bien, il conserva toujours son caractère de désintéressement. Il entrait à l'Académie, et la barre étant tirée au bas des noms, il ne devait pas, suivant l'usage, avoir part aux jetons de cette séance. Les académiciens, qui l'aimaient tous, dirent, d'un commun accord, qu'il fallait, en sa faveur, faire une exception à la règle : « Non, messieurs, « leur dit-il, cela ne serait pas juste. Je suis venu trop tard, « c'est ma faute. » Ce qui fut d'autant mieux remarqué, qu'un moment auparavant un académicien extrêmement riche, et qui, logé au Louvre, n'avait que la peine de descendre de son appartement pour venir à l'Académie, en avait entr'ouvert la porte, et ayant vu qu'il arrivait trop tard, avait refermé la porte, et était remonté chez lui. Une autre fois, La Fontaine alla de trop bonne heure à l'Académie par une raison différente. Étant à table chez M. Le Verrier, il s'ennuie de la conversation, et se lève. On lui demande où il va ; il répond : « A l'Académie. » On lui représente qu'il n'est encore que deux heures : « Je le sais bien, dit-il ; aussi je prendrai le « plus long. »

Si je voulais rapporter plusieurs traits de son inconcevable simplicité, je m'écarterais dans une digression qui ne serait pas ennuyeuse, mais qui deviendrait trop longue. Je n'en rapporterai que deux.

Le fait de M. Poignan, que M. l'abbé d'Olivet raconte dans son *Histoire de l'Académie Française*, est très-véritable. Ce M. Poignan, ancien capitaine de dragons, était de La Ferté-Milon, et, ami de mon père dès l'enfance, le fit son héritier en partant pour sa première campagne. Il lui laissait, par son testament, un petit bien qu'il avait à La Ferté-Milon. Il mourut après avoir mangé ce bien, et mon père paya les frais de sa maladie et de son enterrement, par reconnaissance pour le testament. Voici comme j'ai entendu raconter l'affaire singulière qu'eut avec lui La Fontaine. Quelqu'un s'avise de lui demander pourquoi il souffre que M. Poignan aille chez lui tous les jours : « Eh! « pourquoi, dit La Fontaine, n'y viendrait-il pas? C'est mon « meilleur ami. — Ce n'est pas, répond-on, ce que dit le pu- « blic : on prétend qu'il ne va chez toi que pour madame de La « Fontaine. — Le public a tort, reprend-il; mais que faut-il « que je fasse à cela? » On lui fait entendre qu'il faut demander satisfaction, l'épée à la main, à celui qui nous déshonore : « Eh « bien! dit La Fontaine, je la demanderai. » Il va le lendemain, à quatre heures du matin, chez M. Poignan, et le trouve au lit : « Lève-toi, dit-il, et sortons ensemble. » Son ami lui demande en quoi il a besoin de lui, et quelle affaire pressée l'a rendu si matineux : « Je t'en instruirai, répond La Fontaine, « quand nous serons sortis. » Poignan se lève, s'habille, sort avec lui et le suit jusqu'aux Chartreux, en lui demandant toujours où il le mène : « Tu vas le savoir, » répondit La Fontaine, qui lui dit enfin, quand ils furent derrière les Chartreux : « Mon « ami, il faut nous battre. » Poignan surpris lui demande en quoi il l'a offensé, et lui représente que la partie n'est pas égale : « Je « suis un homme de guerre, lui dit-il; et toi tu n'as jamais tiré « l'épée. — N'importe, dit La Fontaine, le public veut que je « me batte avec toi. » Poignan, après avoir résisté inutilement, tire son épée par complaisance, se rend aisément le maître de celle de La Fontaine, et lui demande de quoi il s'agit : « Le pu- « blic prétend, lui dit La Fontaine, que ce n'est pas pour moi que « tu viens tous les jours chez moi, mais pour ma femme. — Eh!

« mon ami, répond Poignan, je ne t'aurais pas soupçonné d'une
« pareille inquiétude, et je proteste que je ne mettrai plus les
« pieds chez toi. — Au contraire, reprend La Fontaine en lui
« serrant la main ; j'ai fait ce que le public voulait : maintenant
« je veux que tu viennes chez moi tous les jours, sans quoi je me
« battrai encore avec toi. »

Lorsque madame de La Fontaine, ennuyée de vivre avec son mari, se fut retirée à Château-Thierry, Boileau et mon père dirent à La Fontaine que cette séparation ne lui faisait pas honneur, et l'engagèrent à faire un voyage à Château-Thierry, pour s'aller réconcilier avec sa femme. Il part dans la voiture publique, arrive chez lui, et la demande. Le domestique, qui ne le connaissait pas, répond que madame est au salut. La Fontaine va ensuite chez un ami, qui lui donne à souper et à coucher, et le régale pendant deux jours. La voiture publique retourne à Paris ; il s'y met, et ne songe plus à sa femme. Quand ses amis de Paris le revoient, ils lui demandent s'il est réconcilié avec elle : « J'ai été pour la voir, leur dit-il, mais je ne l'ai point « trouvée ; elle était au salut[1]. »

Mon père, de retour de l'armée, allait souvent se délasser de ses fatigues dans le Tibur de son cher Horace. Boileau, né sans fortune, comme il nous l'apprend dans ses vers, et comme

---

[1] Cizeron-Rival, dans son curieux volume de *Mélanges*, rapporte une autre anecdote qui mérite de trouver place ici : « Racine, dit-il, s'entre-
« tenant un jour avec La Fontaine sur la puissance absolue des rois, La
« Fontaine, qui aimait l'indépendance et la liberté, ne pouvait s'accommo-
« der de l'idée que M. Racine lui voulait donner de cette puissance absolue
« et indéfinie. M. Racine s'appuyait sur l'Ecriture, qui parle du choix que le
« peuple juif voulut faire d'un roi en la personne de Saül, et de l'autorité
« que ce roi avait sur son peuple. « Mais, répliqua La Fontaine, si les rois
« sont maîtres de nos biens, de nos vies et de tout, il faut qu'ils aient
« droit de nous regarder comme des fourmis à leur égard, et je me rends
« si vous me faites voir que cela soit autorisé par l'Ecriture. — Eh quoi !
« dit M. Racine, vous ne savez donc pas ce passage de l'Écriture : *Tan-
« quam formicæ deambulabitis coram rege vestro?* » Ce passage était
« de son invention, car il n'est point dans l'Écriture ; mais il le fit pour se
« moquer de La Fontaine, qui le crut bonnement. » (*Mélanges* de Cizeron-Rival, page 111.)

son frère l'avocat le dit dans cette épigramme sur un père qui laisse à ses enfants

> Beaucoup d'honneur, peu d'héritage,
> Dont son fils l'avocat enrage,

Boileau, par les bienfaits du roi, ménagés avec beaucoup d'économie, était devenu un poëte opulent. Il fit, pour environ 8,000 livres, l'acquisition d'une maison de campagne à Auteuil; et ce lieu de retraite, dont il fut enchanté, le jeta les premières années dans la dépense. Il l'embellit, fit son plaisir d'y rassembler quelquefois ses amis, et y tint table. On juge aisément que ce qui faisait rechercher ses repas, c'était moins la chère, quoiqu'elle y fût bonne, que les entretiens. Ils roulaient toujours sur des matières agréables. Les conviés étaient charmés d'entendre les décisions de Boileau, qui n'étaient pas infaillibles quand il parlait de la peinture et de la musique, quoiqu'il prétendît s'y connaître. Il n'avait ni pour la peinture des yeux savants, ni pour l'harmonie de la musique les mêmes oreilles que pour l'harmonie des vers; au lieu qu'il avait un jugement exquis pour juger des ouvrages d'esprit : non qu'il ne fût capable, comme un autre, de se tromper; mais il se trompait moins souvent qu'un autre. Il fut parmi nous comme le créateur du bon goût; ce fut lui, avec Molière, qui fit tomber tous les bureaux du faux bel esprit. La protection de l'hôtel de Rambouillet fut inutile à l'abbé Cotin, qui ne se releva jamais du dernier coup que Molière lui avait porté.

On n'osait louer devant Boileau les ouvrages de Saint-Évremond, qui alors séduisaient encore plusieurs admirateurs : de pareils ouvrages, selon lui, ne devaient pas vivre longtemps. Il ne parlait qu'avec éloge de ceux de La Bruyère, quoiqu'il le trouvât quelquefois obscur, et disait qu'il s'était épargné le plus difficile d'un ouvrage en s'épargnant les transitions. Il assurait que Chapelle avait acquis à bon marché sa réputation, et qu'excepté son *Petit Voyage*, qui était excellent, le reste de ses ouvrages était médiocre.

La *Pompe funèbre de Voiture*, par Sarrasin, lui paraissait le modèle d'un ingénieux badinage. Il prétendait que la *Conspi-*

ration de Valstein, par le même auteur, était un pur ouvrage d'imagination ; que Sarrasin, qui n'avait eu aucun mémoire, n'avait voulu qu'imiter Salluste dans son *Histoire de la Conjuration de Catilina*, à qui personne n'avait moins ressemblé que Valstein, qui était fort honnête homme, et qui, après avoir servi fidèlement l'empereur, périt par les artifices de quelques ennemis, qui firent croire à l'empereur, dont ils gouvernaient l'esprit, que Valstein avait voulu se faire roi de Bohême ; ce qu'on n'a jamais pu prouver.

Boileau ne faisait nul cas des Césars de Julien, non qu'il ne trouvât de l'esprit dans cette satire, mais il n'y trouvait point de plaisanterie ; et la fine plaisanterie était, selon lui, l'âme de ces sortes d'ouvrages. Par la même raison, il condamnait des Dialogues de morts où le sérieux lui paraissait régner : « Lu-
« cien, disait-il, plaisante toujours. »

Il détestait la basse plaisanterie. J'ai déjà assez fait connaître son animosité contre Scarron. « Votre père, me dit-il un jour,
« avait la faiblesse de lire quelquefois le *Virgile travesti*, et de
« rire ; mais il se cachait bien de moi. »

Il était ami de M. Dacier, ce qui ne l'empêchait pas d'en critiquer les traductions : « Il fuit les Grâces, disait-il, et les
« Grâces le fuient. » Et mon père, en parlant des ouvrages que M. et madame Dacier donnaient au public comme ouvrages communs, faits par eux deux, disait « que, dans leurs produc-
« tions d'esprit, madame Dacier était le père. »

Rien ne montre mieux le cas que les auteurs faisaient du suffrage de Boileau que la deux cent dix-septième lettre de Bayle, dans laquelle il écrivit à un ami : « Vous m'apprenez que mon
« Dictionnaire n'a point déplu à M. Despréaux ; c'est un bien
« si grand, c'est une gloire si relevée, que je n'avais garde de
« l'espérer. Il y a longtemps que j'applique à ce grand homme
« un éloge plus étendu que celui que Phèdre donne à Ésope :
« *Naris emunctæ, natura nunquam cui potuit verba dare*. Il me
« semble aussi que l'industrie la plus artificieuse des auteurs ne
« peut le tromper : à plus forte raison ai-je dû voir que je ne
« surprendrai pas son suffrage, en compilant bonnement et à
« l'allemande, et sans me gêner beaucoup sur le choix, une

« grande quantité de choses. Mon Dictionnaire me paraît, à son
« égard, un vrai voyage de caravane, où l'on fait vingt ou trente
« lieues sans trouver un arbre fruitier ou une fontaine. » Personne n'a mieux jugé de ce Dictionnaire que Bayle lui-même.

Boileau lisait parfaitement ses vers, et était attentif, en les lisant, à la contenance de ses auditeurs, pour apprendre dans leurs yeux les endroits qui les frappaient davantage. Il eut un jour dans M. le premier président de Harlay un auditeur immobile, qui, après la lecture de la pièce, dit froidement : *Voilà de beaux vers.* La critique la plus vive l'eût moins irrité que cet éloge. Il s'en vengea en mettant dans sa onzième satire ce portrait, qu'il commençait toujours, quand il le lisait, par cet hémistiche :

En vain ce faux Caton, etc.

Mon père ayant obtenu pour mon frère aîné la survivance de la charge de gentilhomme ordinaire de Sa Majesté, le produisit à la cour, et eut dessein de l'attacher à la connaissance des affaires étrangères, sous la protection de M. de Torcy. Mon frère fut chargé de porter à M. de Bonrepaux, ambassadeur de France en Hollande, les dépêches de la cour, et recommandé particulièrement par M. de Torcy à cet ambassadeur. Après son départ, la maison fut comme celle de Tobie après le départ du fils. Ce n'étaient qu'inquiétudes sur la santé du voyageur et sur sa conduite. Ces alarmes paternelles remplissent les lettres que je donne dans le troisième recueil. Toutes ces lettres, ainsi que celles de Boileau, font mieux connaître ces deux hommes que tout autre portrait, parce qu'elles sont écrites à la hâte, de même que celles de Cicéron font connaître quel était son cœur ; au lieu que les lettres de Pline, travaillées avec soin, et recueillies par lui-même, ne nous peuvent faire juger que de son esprit.

Tandis que mon père espérait, par les protections qu'il avait à la cour, y faire avancer son fils aîné, et lui abréger les premières peines de la carrière, il était près de finir la sienne. Boileau a conduit fort loin une santé toujours infirme : son ami, plus jeune et beaucoup plus robuste, a beaucoup moins vécu. Au reste, sa vie a suffi pour sa gloire, comme dit Tacite[1] de celle de son beau-père, puisqu'il était rempli des véritables biens, qui sont ceux de la vertu.

Il y a grande apparence que sa trop grande sensibilité abrégea ses jours. La connaissance qu'il avait des hommes et le long usage de la cour ne lui avaient point appris à déguiser ses sentiments. Il est des hommes dont le cœur veut toujours être libre comme leur génie. Peut-être ne connaissait-il pas assez la timide circonspection et la défiance :

> Mais cette défiance
> Fut toujours d'un grand cœur la dernière science.

Il était d'ailleurs naturellement mélancolique, et s'entretenait plus longtemps des sujets capables de le chagriner que des sujets propres à le réjouir. Il avait ce caractère que se donne Cicéron dans une de ses lettres, plus porté à craindre les événements malheureux qu'à espérer d'heureux succès : *Semper magis adversos rerum exitus metuens, quam sperans secundos.* L'événement que je vais rapporter le frappa trop vivement, et lui fit voir comme présent un malheur qui était fort éloigné. Les marques d'attention de la part du roi, dont il fut honoré pendant sa dernière maladie, durent bien le convaincre qu'il avait toujours le bonheur de plaire à ce prince. Il s'était cependant persuadé que tout était changé pour lui, et n'eut pour le croire d'autre sujet que ce qu'on va lire.

Madame de Maintenon, qui avait pour lui une estime particulière, ne pouvait le voir trop souvent, et se plaisait à l'entendre parler de différentes matières, parce qu'il était propre à parler de tout. Elle l'entretenait un jour de la misère du peuple : il répondit qu'elle était une suite ordinaire des longues guerres; mais qu'elle pourrait être soulagée par ceux qui étaient dans les premières places, si on avait soin de la leur faire connaître. Il s'anima sur cette réflexion ; et, comme dans les sujets qui l'animaient il entrait dans cet enthousiasme dont j'ai parlé, qui lui inspirait une éloquence agréable, il charma

---

[1] « Quantum ad gloriam, longissimum ævum peregit, quippe et vera bona
« quæ in virtutibus sita sunt, impleverat. »

madame de Maintenon, qui lui dit que puisqu'il faisait des observations si justes sur-le-champ, il devait les méditer encore, et les lui donner par écrit, bien assuré que l'écrit ne sortirait pas de ses mains. Il accepta malheureusement la proposition, non par une complaisance de courtisan, mais parce qu'il conçut l'espérance d'être utile au public. Il remit à madame de Maintenon un Mémoire aussi solidement raisonné que bien écrit. Elle le lisait, lorsque le roi entrant chez elle le prit, et, après en avoir parcouru quelques lignes, lui demanda avec vivacité quel en était l'auteur. Elle répondit qu'elle avait promis le secret. Elle fit une résistance inutile : le roi expliqua sa volonté en termes si précis, qu'il fallut obéir. L'auteur fut nommé.

Le roi, en louant son zèle, parut désapprouver qu'un homme de lettres se mêlât de choses qui ne le regardaient pas. Il ajouta même, non sans quelque air de mécontentement : « Parce qu'il sait faire parfaitement des vers, croit-il tout sa« voir? et parce qu'il est grand poëte, veut-il être ministre? » Si le roi eût pu prévoir l'impression que firent ces paroles, il ne les eût point dites. On n'ignore pas combien il était bon pour tous ceux qui l'environnaient : il n'eut jamais intention de chagriner personne; mais il ne pouvait soupçonner que ces paroles tomberaient sur un cœur si sensible.

Madame de Maintenon, qui fit instruire l'auteur du Mémoire de ce qui s'était passé, lui fit dire en même temps de ne la pas venir voir jusqu'à nouvel ordre. Cette nouvelle le frappa vivement. Il craignit d'avoir déplu à un prince dont il avait reçu tant de marques de bonté. Il ne s'occupa plus que d'idées tristes; et quelque temps après il fut attaqué d'une fièvre assez violente, que les médecins firent passer à force de quinquina. Il se croyait guéri lorsqu'il lui perça, à la région du foie, une espèce d'abcès qui jetait de temps en temps quelque matière : les médecins lui dirent que ce n'était rien. Il y fit moins d'attention, et retourna à Versailles; qui ne lui parut plus le même séjour, parce qu'il n'avait plus la liberté d'y voir madame de Maintenon.

Dans ce même temps, les charges de secrétaire du roi furent taxées ; et comme il s'était incommodé pour achever le payement de la sienne, il se trouvait fort embarrassé d'en payer encore la taxe. Il espéra que le roi l'en dispenserait; et il avait lieu de l'espérer, parce que, lorsqu'en 1685 il eut contribué à une somme de cent mille livres que le bureau des finances de Moulins avait payée, en conséquence de la déclaration du 28 avril 1684, il avait obtenu du roi une ordonnance sur le trésor royal, pour y aller reprendre sa part, qui montait environ à quatre mille livres. Pour obtenir la même grâce, il fit un placet; et, n'osant le présenter lui-même, il eut recours à des amis puissants, qui voulurent bien le présenter. *Cela ne se peut*, répondit d'abord le roi, qui ajouta un moment après : « S'il se trouve dans la suite quelque occasion de le dédom-« mager, j'en serai fort aise. » Ces dernières paroles devaient le consoler entièrement. Il ne fit attention qu'aux premières ; et, ne doutant plus que l'esprit du roi ne fût changé à son égard, il n'en pouvait trouver la raison. Le Mémoire que l'amour du bien public lui avait inspiré, et qu'il avait écrit par obéissance, et confié sous la promesse du secret, ne lui paraissait pas un crime. Ce n'est point à moi à examiner s'il se trompait ou non; je ne suis qu'historien. Trop souvent occupé de son malheur, il cherchait toujours en lui-même quel était son crime, et ne pouvant soupçonner le véritable, il s'en fit un dans son imagination. Il s'imagina qu'on avait rendu suspecte sa liaison avec Port-Royal. Pour justifier une liaison si naturelle avec une maison où il avait été élevé, et où il avait une tante, il écrivit à madame de Maintenon la lettre suivante, que je ne rapporte pas entière, parce qu'elle est un peu longue :

« A Marly, le 4 mars 1698.

« Madame,

« J'avais pris le parti de vous écrire au sujet de la taxe qui
« a si fort dérangé mes petites affaires. Mais, n'étant pas con-
« tent de ma lettre, j'avais dressé un Mémoire, que M. le ma-
« réchal de..... s'offrit généreusement de vous remettre entre

« les mains.... Voilà tout naturellement comme je me suis
« conduit dans cette affaire; mais j'apprends que j'en ai une
« autre bien plus terrible sur les bras....

« Je vous avoue que lorsque je faisais tant chanter dans
« *Esther : Rois, chassez la calomnie*, je ne m'attendais pas
« que je serais moi-même un jour attaqué par la calomnie....
« Ayez la bonté de vous souvenir, madame, combien de fois
« vous avez dit que la meilleure qualité que vous trouviez en
« moi c'était une soumission d'enfant pour tout ce que l'Église
« croit et ordonne, même dans les plus petites choses. J'ai
« fait par votre ordre plus de trois mille vers sur des sujets de
« piété. J'y ai parlé assurément de l'abondance de mon cœur,
« et j'y ai mis tous les sentiments dont j'étais rempli. Vous est-
« il jamais revenu qu'on ait trouvé un seul endroit qui appro-
« chât de l'erreur?...

« Pour la cabale, qui est-ce qui n'en peut point être accusé,
« si on en accuse un homme aussi dévoué au roi que je le suis,
« un homme qui passe sa vie à penser au roi, à s'informer des
« grandes actions du roi, et à inspirer aux autres les senti-
« ments d'amour et d'admiration qu'il a pour le roi? J'ose
« dire que les grands seigneurs m'ont bien plus recherché que
« je ne les recherchais moi-même; mais, dans quelque com-
« pagnie que je me sois trouvé, Dieu m'a fait la grâce de ne
« rougir jamais ni du roi ni de l'Évangile. Il y a des témoins
« encore vivants qui pourraient vous dire avec quel zèle on
« m'a vu souvent combattre de petits chagrins qui naissent
« quelquefois dans l'esprit des gens que le roi a le plus com-
« blés de ses grâces. Hé quoi! madame, avec quelle conscience
« pourrai-je déposer à la postérité que ce grand prince n'ad-
« mettait point les faux rapports contre les personnes qui lui
« étaient le plus inconnues, s'il faut que je fasse moi-même
« une si grande expérience du contraire? Mais je sais ce qui
« a pu donner lieu à cette accusation. J'ai une tante qui est
« supérieure de Port-Royal, et à laquelle je crois avoir des
« obligations infinies. C'est elle qui m'apprit à connaître Dieu
« dans mon enfance, et c'est elle aussi dont Dieu s'est servi
« pour me retirer de l'égarement et des misères où j'ai été en-

« gagé pendant quinze années..... Elle m'a demandé, dans
« quelque occasion, mes services. Pouvais-je, sans être le der-
« nier des hommes, lui refuser mes petits secours ? Mais à
« qui est-ce, madame, que je m'adressai pour la secourir ?
« j'allai trouver le P. de La Chaise, qui parut très-content de
« ma franchise, et m'assura, en m'embrassant, qu'il serait
« toute sa vie mon serviteur et mon ami...

« Du reste, je puis vous protester devant Dieu que je ne
« connais ni ne fréquente aucun homme qui soit suspect de la
« moindre nouveauté. Je passe ma vie le plus retiré que je puis
« dans ma famille, et ne suis, pour ainsi dire, dans le monde
« que lorsque je suis à Marly. Je vous assure, madame, que
« l'état où je me trouve est très-digne de la compassion que je
« vous ai toujours vue pour les malheureux. Je suis privé
« de l'honneur de vous voir. Je n'ose presque plus compter sur
« votre protection, qui est pourtant la seule que j'aie tâché
« de mériter. Je cherchais du moins ma consolation dans mon
« travail : mais jugez quelle amertume doit jeter sur ce travail
« la pensée que ce même grand prince, dont je suis continuelle-
« ment occupé, me regarde peut-être comme un homme plus
« digne de sa colère que de ses bontés !

« Je suis avec un profond respect. »

Cette lettre, quoique bien écrite, ne fut point approuvée de
tous ses amis. Quelques-uns lui représentèrent qu'il y annonçait des frayeurs qu'il ne devait point avoir, et qu'il se justifiait lorsqu'il n'était pas même soupçonné. Et de quoi soupçonner, en effet, un homme qui marche par des voies si unies ?

Il avait, à la vérité, essuyé quelques railleries faites inno-
cemment. Comme il était bon, et empressé à rendre service,
les paysans des environs de Port-Royal qui l'y voyaient venir,
et entendaient dire qu'il demeurait à Versailles, allaient, à
cause du voisinage, l'y chercher pour lui recommander leurs
affaires. Ces bonnes gens le croyaient un homme très-puissant
à la cour, et allaient implorer sa protection, les uns pour quelques procès, les autres pour quelque diminution de tailles.
S'ils n'en étaient pas toujours secourus, ils en étaient toujours
bien reçus. Ces fréquentes visites lui attirèrent quelques plai-

santeries : madame de Maintenon en faisait elle-même; on le verra par un endroit de ses lettres que je rapporte. On y verra aussi ce qu'elle y dit de sa mort toute chrétienne, et combien elle en fut édifiée. Elle le plaisantait parce qu'elle connaissait sa droiture, et qu'elle a toujours dit de lui que dans la religion il était un enfant.

Boileau, par cette même raison, le plaisantait aussi. Ni l'un ni l'autre, comme je l'ai déjà remarqué, n'étaient fins courtisans; et tous deux, en fréquentant la cour, pouvaient se dire l'un à l'autre :

> Quel séjour étranger, et pour vous et pour moi !

Boileau, qui y portait sa franchise étonnante, ne retenait rien de ce qu'il pensait. Le roi lui disait un jour : « Quel est « un prédicateur qu'on nomme Le Tourneux? On dit que « tout le monde y court : est-il si habile ? — Sire, reprit Boileau, « Votre Majesté sait qu'on court toujours à la nouveauté : c'est « un prédicateur qui prêche l'Évangile. » Le roi lui demanda son sentiment. Il répondit : « Quand il monte en chaire, il fait « si peur par sa laideur, qu'on voudrait l'en voir sortir; et « quand il a commencé à parler, on craint qu'il n'en sorte. » On disait devant lui, à la cour, que le roi faisait chercher M. Arnauld pour le faire arrêter : « Le roi, dit-il, est trop « heureux pour le trouver. » Une autre fois, on lui disait que le roi allait traiter fort durement les religieuses de Port-Royal; il répondit : « Et comment fera-t-il pour les traiter plus dure- « ment qu'elles ne se traitent elles-mêmes ? »

« Vous avez, lui disait un jour mon père, un privilége que « je n'ai point : vous dites des choses que je ne dis jamais. « Vous avez plus d'une fois loué dans vos vers des personnes « dont les miens ne disent rien. Tout le monde devine aisé- « ment votre rime à l'Ostracisme. C'est vous qu'on doit ac- « cuser, et cependant c'est moi qu'on accuse. Quelle en peut « être la raison ? — Elle est toute naturelle, répondit Boileau : « vous allez à la messe tous les jours, et moi je n'y vais que « les fêtes et les dimanches. » C'était ainsi que ses meilleurs amis le plaisantaient sur ses inquiétudes mal fondées, qui augmentèrent cependant par le chagrin de ne plus voir madame de Maintenon, à laquelle il était sincèrement attaché.

Elle avait aussi une grande envie de lui parler; mais, comme il ne lui était plus permis de le recevoir chez elle, l'ayant aperçu un jour dans le jardin de Versailles, elle s'écarta dans une allée, pour qu'il pût l'y joindre. Sitôt qu'il fut près d'elle, elle lui dit : « Que craignez-vous? C'est moi qui suis
« cause de votre malheur; il est de mon intérêt et de mon
« honneur de réparer ce que j'ai fait. Votre fortune devient
« la mienne. Laissez passer ce nuage : je ramènerai le beau
« temps. — Non, non, madame, lui répondit-il, vous ne le
« ramènerez jamais pour moi. — Et pourquoi, reprit-elle,
« avez-vous une pareille pensée? Doutez-vous de mon cœur,
« ou de mon crédit? » Il lui répondit : « Je sais, madame,
« quel est votre crédit, et je sais quelles bontés vous avez
« pour moi; mais j'ai une tante qui m'aime d'une façon bien
« différente. Cette sainte fille demande tous les jours à Dieu
« pour moi des disgrâces, des humiliations, des sujets de pé-
« nitence; et elle aura plus de crédit que vous. » Dans le moment qu'il parlait, on entendit le bruit d'une calèche : « C'est
« le roi qui se promène, s'écria madame de Maintenon; ca-
« chez-vous. » Il se sauva dans un bosquet.

Il fit trop de réflexions sur le changement de son état à la cour : et, quoique pénétré de joie, comme chrétien, de ce que Dieu lui envoyait des humiliations, l'homme est homme, et, dans un cœur trop sensible, le chagrin a bientôt porté son coup mortel. Sa santé s'altéra tous les jours, et il s'aperçut que le petit abcès qu'il avait près du foie était refermé[1] : il craignit des suites fâcheuses, et aurait pris sur-le-champ le parti de se retirer pour toujours de la cour, sans la considération de sa famille, qui, n'étant pas riche, avait un très-grand besoin de lui. Dans le bas âge où j'étais, j'en avais plus besoin qu'un autre.

---

[1] « Il s'écria, dit M. de Valincour, qu'il était un homme mort, descendit dans sa chambre, et se mit au lit. » Il eut raison de s'effrayer; mais, quand on n'a encore ni fièvre ni aucun mal, on ne se met point au lit, on n'y reste pas. Tout cet endroit de la lettre de M. de Valincour montre qu'il était fort distrait quand il l'écrivit. (L. R.)

Il projetait de s'occuper dans sa retraite de mon éducation : et quel précepteur j'aurais eu! Mais il pensait en même temps qu'il me deviendrait inutile dans la suite, s'il cessait de cultiver les protecteurs qu'il avait à la cour : c'était cette seule raison qui depuis un an l'y faisait rester. Il y retourna encore plusieurs fois, et il avait toujours l'honneur d'approcher de Sa Majesté. Mais on verra, dans ses dernières lettres, le peu d'empressement qu'il avait de se montrer à la cour, parce qu'il n'y paraissait plus avec cet air de contentement qu'il avait toujours eu. Il ne savait pas l'affecter; et, pour déguiser son visage, il n'avait point cet art qu'il avait lui-même recommandé aux courtisans, dans *Esther* :

> Quiconque ne sait pas dévorer un affront,
> Ni de fausses couleurs se déguiser le front,
> Loin de l'aspect des rois, qu'il s'écarte, qu'il fuie :
> Il est des contre-temps qu'il faut qu'un sage essuie.

Il n'avait plus d'autre plaisir que celui de mener une vie retirée dans son ménage, et de s'y dissiper avec ses enfants.

Enfin, un matin, étant à travailler dans son cabinet, il se sentit accablé d'un grand mal de tête; et, voyant qu'il ferait mieux de se coucher que de continuer à lire, il descendit dans sa chambre. J'y étais, et je me souviens qu'il nous dit, pour ne nous point effrayer : « Mes enfants, je crois que j'ai un peu de « fièvre; mais ce n'est rien, je vais pour quelque temps me « mettre au lit. » Il s'y mit, et n'en sortit plus : sa maladie fut longue. On n'en soupçonna pas la cause, quoiqu'il se plaignît toujours d'une douleur au côté droit, et qu'il eût souvent dans sa chambre les médecins de la cour, qui le venaient voir par amitié. Il fut honoré aussi des visites de plusieurs grands seigneurs, qui l'assuraient que le roi leur demandait souvent de ses nouvelles. Ils ne disaient rien que de vrai. Louis XIV eut même la bonté de lui faire connaître l'intérêt qu'il prenait à sa santé; et je ne fais ici que copier M. Perrault dans ses *Hommes illustres* : « Sa Majesté envoya très-souvent savoir « de ses nouvelles pendant sa maladie, et témoigna du déplai- « sir de sa mort, qui fut regrettée de toute la cour et de toute « la ville. »

Ses douleurs commençant à devenir très-aiguës, il les reçut de la main de Dieu avec autant de douceur que de soumission : et l'on ne doit point croire ce que le père Niceron a copié d'après M. de Valincour¹, et ce que je contredis, parce que je m'en suis exactement informé². Il n'est point vrai qu'il ait jamais demandé s'il n'était pas permis de faire cesser sa maladie et sa vie par quelques remèdes. J'ai toujours trouvé dans M. de Valincour un ami fort vif pour moi, et je lui ai eu dans ma jeunesse plusieurs obligations. Il a des droits sur mon cœur; mais la vérité en a davantage : je suis obligé, en pareille occasion, de dire qu'il s'est trompé. Tous ceux qui venaient consoler le malade étaient d'autant plus édifiés de sa patience, qu'ils connaissaient la vivacité de son caractère. Tourmenté pendant trois semaines d'une cruelle sécheresse de langue et de gosier, il se contentait de dire : « J'offre à Dieu « cette peine : puisse-t-elle expier le plaisir que j'ai trouvé « souvent aux tables des grands! » Un prêtre de Saint-André-des-Arcs³, son confesseur depuis longtemps, le soutenait par

---

¹ Un malade plein de religion, et aussi éclairé, ne demande point si la chose est permise; il peut dire seulement que si elle était permise, la douleur l'y forcerait : c'est peut-être ce que M. de Valincour a voulu dire. (L. R.)

² Louis Racine, préparant une édition des œuvres de son père, en 1742, consulta son frère aîné, J.-B. Racine, sur le fait rapporté par M. de Valincour et le père Niceron. Son frère lui répondit en ces termes * : « Il n'y a « pas un mot de vrai dans ce que vous me mandez de l'exclamation de mon « père sur la douleur. Jamais homme n'a craint davantage ni même souf- « fert plus impatiemment la douleur, mais jamais homme ne l'a reçue de « la main de Dieu avec plus de soumission; si bien que, quelques jours « avant sa mort, sur ce que je lui disais que tous les médecins espéraient « de le tirer d'affaire, il m'adressa ces belles paroles : « Ils diront ce qu'ils « voudront; laissons-les dire : mais vous, mon fils, voulez-vous me tromper, « et vous entendez-vous avec eux? Dieu est le maître; mais je puis vous « assurer que s'il me donnait le choix ou de la vie ou de la mort, je ne sais « ce que je choisirais; les frais en sont faits. » Ce furent ses propres paroles. « Jugez si c'est là le langage d'un homme qui succombe à la douleur. »

³ Madame de Maintenon citait l'exemple de Racine à madame de La Maisonfort, qui ne voulait se confesser qu'à un homme d'esprit. « Le plus

* Nous croyons devoir rétablir ici la réponse entière, telle qu'elle est dans le manuscrit original.

ses exhortations ; et M. l'abbé Boileau, chanoine de Saint-Honoré, y venait joindre les siennes.

J'étais souvent dans la chambre d'un malade si cher; et ma mémoire me rappelle les fréquentes lectures de piété qu'il me faisait faire auprès de son lit, dans les livres à ma portée. Il pria M. Rollin de veiller sur mon éducation, quand je serais en âge de profiter de ses leçons; et M. Rollin a eu dans la suite cette bonté.

Lorsqu'il fut persuadé que sa maladie finirait par la mort, il chargea mon frère d'écrire une lettre à M. de Cavoye pour le prier de solliciter le payement de ce qui lui était dû de sa pension, afin de laisser quelque argent comptant à sa famille. Mon frère fit la lettre, et vint la lui lire : « Pourquoi, lui dit-il, « ne demandez-vous pas aussi le payement de la pension de « Boileau? Il ne faut point nous séparer. Recommencez votre « lettre; et faites connaître à Boileau que j'ai été son ami « jusqu'à la mort. » Lorsqu'il lui fit son dernier adieu, il se leva sur son lit, autant que pouvait lui permettre le peu de forces qu'il avait, et lui dit, en l'embrassant : « Je regarde « comme un bonheur pour moi de mourir avant vous. »

On s'était enfin aperçu que cette maladie était causée par un abcès au foie; et quoiqu'il ne fût plus temps d'y apporter remède, on résolut de lui faire l'opération. Il s'y prépara avec une grande fermeté, et en même temps il se prépara à la mort. Mon frère s'étant approché pour lui dire qu'il espérait que l'opération lui rendrait la vie : « Et vous aussi, mon fils, « lui répondit-il, voulez-vous faire comme les médecins, et « m'amuser? Dieu est le maître de me rendre la vie; mais les « frais de la mort sont faits. »

« simple, lui dit-elle, est le meilleur pour vous, et vous devez vous y sou-
« mettre en enfant. Comment surmonterez-vous les croix que Dieu vous
« enverra dans le cours de votre vie, si un accent normand ou picard vous
« arrête, et si vous vous dégoûtez d'un homme, parce qu'il n'est pas aussi
« sublime que Racine? Il vous aurait édifiée, le pauvre homme, si vous
« aviez vu son humilité dans sa maladie, et son repentir sur cette recherche
« de l'esprit. Il ne demanda point, dans ce temps-là, un directeur à la
« mode : il ne vit qu'un bon prêtre de sa paroisse. »

Il en avait eu toute sa vie d'extrêmes frayeurs, que la religion dissipa entièrement dans sa dernière maladie : il s'occupa toujours de son dernier moment, qu'il vit arriver avec une tranquillité qui surprit et édifia tous ceux qui savaient combien il l'avait appréhendé.

L'opération fut faite trop tard; et, trois jours après, il mourut, le 21 avril 1699, âgé de cinquante-neuf ans, après avoir reçu ses sacrements avec de grands sentiments de piété, et avoir recommandé à ses enfants beaucoup d'union entre eux et de respect pour leur mère.

Il avait depuis longtemps écrit ses dernières dispositions dans cette lettre, datée du 28 octobre 1685 :

« Comme je suis incertain de l'heure à laquelle il plaira à « Dieu de m'appeler, et que je puis mourir sans avoir le « temps de déclarer mes dernières intentions, j'ai cru que je « ferais bien de prier ici ma femme de plusieurs petites choses, « auxquelles j'espère qu'elle ne voudra pas manquer.

« Premièrement, de continuer à une bonne vieille nourrice « que j'ai à La Ferté-Milon, jusqu'à sa mort, quatre francs ou « cent sous par mois, que je lui donne depuis quelque temps « pour lui aider à vivre.

« 2° Je donne une somme de 500 livres aux pauvres de la « paroisse de Saint-André [1].

« 3° Pareille somme à ma sœur Rivière, pour distribuer à « de pauvres parents que j'ai à La Ferté-Milon.

« 4° De donner 300 livres aux pauvres de la paroisse de « Griviller.

« Ces sommes prises sur ce que je pourrai laisser de bien.

« Je la prie de remettre entre les mains de M. Despréaux tout « ce qu'elle me trouvera de papiers concernant l'histoire du roi.

« Fait dans mon cabinet, ce 29 octobre 1685 [2].

« RACINE. »

---

[1] Le mot *Saint-André* est effacé. Racine a mis en renvoi : *Saint-Severin, ce* 12 novembre 1686. Depuis, il a effacé *Saint-Severin*, et mis au-dessus *Saint-Sulpice*. Ce sont les trois paroisses dans l'arrondissement desquelles il a successivement demeuré. (G.)

[2] Nous avons cru devoir rétablir ici dans son entier cette pièce touchante,

Avec cette lettre on trouva un testament que je rapporte, quoique déjà inséré dans son éloge par M. Perrault :

« AU NOM DU PÈRE ET DU FILS ET DU SAINT-ESPRIT.

« Je désire qu'après ma mort mon corps soit porté à Port-
« Royal-des-Champs, et qu'il y soit inhumé dans le cimetière,
« au pied de la fosse de M. Hamon. Je supplie très-humblement
« la mère abbesse et les religieuses de vouloir bien m'accorder
« cet honneur, quoique je m'en reconnaisse très-indigne, et par
« les scandales de ma vie passée, et par le peu d'usage que j'ai
« fait de l'excellente éducation que j'ai reçue autrefois dans cette
« maison, et des grands exemples de piété et de pénitence que
« j'y ai vus, et dont je n'ai été qu'un stérile admirateur. Mais
« plus j'ai offensé Dieu, plus j'ai besoin des prières d'une si
« sainte communauté pour attirer sa miséricorde sur moi. Je
« prie aussi la mère abbesse et les religieuses de vouloir accepter
« une somme de huit cents livres. Fait à Paris, dans mon ca-
« binet, le 10 octobre 1698.

« Signé RACINE. »

Comme M. Hamon avait pris soin de ses études après la mort de M. Le Maistre, et avait été comme son précepteur, il avait conservé un grand respect pour sa mémoire. Ce fut par cette raison, et parce que d'ailleurs il voulait être dans le cimetière du dehors, qu'il demanda d'être enterré à ses pieds.

En exécution de ce testament, son corps, qui fut d'abord porté à Saint-Sulpice, sa paroisse, et mis en dépôt pendant la nuit dans le chœur de cette église, fut transporté le jour suivant à Port-Royal, où les deux prêtres de Saint-Sulpice qui l'accompagnèrent le présentèrent avec les cérémonies et les compliments ordinaires. Quelques personnes de la cour s'entretenant du lieu où il avait voulu être enterré : « C'est ce qu'il n'eût point « fait de son vivant, » dit un seigneur connu par des réflexions de cette nature [1].

---

dont Racine le fils ne rapporte que les premières lignes. Le manuscrit original est à la Bibliothèque royale.

[1] Cette épigramme, assez obscure, signifie probablement que Racine était

Louis XIV parut sensible à la nouvelle de sa mort; et, ayant appris qu'il laissait, à une famille composée de sept enfants, plus de gloire que de richesses, il eut la bonté d'accorder une pension de deux mille livres, qui serait partagée entre la veuve et les enfants jusqu'au dernier survivant.

Ma mère, après avoir été faire les remercîments de cette grâce, résolue à vivre en veuve vraiment veuve, ne fut point obligée, pour exécuter le précepte de saint Paul, de rien changer à sa façon de vivre; elle fut encore pendant trente-trois ans uniquement occupée du soin de ses enfants et des pauvres, vit avec sa tranquillité ordinaire périr en partie, dans les temps du Système[1], le peu de bien qu'elle avait tâché, pour l'amour de nous, d'augmenter par ses épargnes; et la mort, qui, sans s'être annoncée par aucune infirmité, vint à elle tout à coup, le 15 novembre 1732, la trouva prête dès longtemps.

La mère Sainte-Thècle Racine ne survécut que peu de mois à son cher neveu. Elle mourut âgée de soixante-quatorze ans, dont, pendant l'espace de plus de vingt-six, soit comme prieure, soit comme abbesse, elle avait gouverné le monastère, où elle était entrée à l'âge de neuf ans, ayant quitté le monde avant que de le connaître.

Quelques jours après la mort de mon père, Boileau, qui depuis longtemps ne paraissait plus à la cour, y retourna pour recevoir les ordres de Sa Majesté par rapport à son histoire, dont il se trouvait seul chargé; et comme il lui parlait de l'intrépidité chrétienne avec laquelle mon père avait vu la mort s'approcher : « Je « le sais, répondit le roi, et j'en ai été étonné; il la craignait « beaucoup, et je me souviens qu'au siége de Gand, vous étiez « le plus brave des deux. » Lui ayant fait ensuite regarder sa montre, qu'il tenait par hasard: « Souvenez-vous, ajouta-t-il, « que j'ai toujours une heure par semaine à vous donner quand « vous voudrez venir. » Ce fut pourtant la dernière fois que Boileau parut devant un prince qui recevait si favorablement

---

trop bon courtisan pour donner de son vivant cette preuve d'attachement à une maison suspecte au roi, et regardée comme le boulevard du jansénisme. (G.) — Le mot rapporté par Louis Racine est du comte de Roucy.

[1] Le système de Law.

les grands poëtes. Il ne retourna jamais à la cour ; et lorsque ses amis l'exhortaient à s'y montrer du moins de temps en temps : « Qu'irai-je y faire ? leur disait-il ; je ne sais plus louer. »

J'ai parlé jusqu'à présent de tous les ouvrages de mon père, excepté de celui que Boileau, suivant le Supplément de Moréri, regardait comme le plus parfait morceau d'histoire que nous eussions dans notre langue, et que M. l'abbé d'Olivet, dans l'*Histoire de l'Académie Française*, juge lui devoir donner, parmi ceux de nos auteurs qui ont le mieux écrit en prose, le même rang qu'il tient parmi nos poëtes. J'espère qu'il aurait ce rang, si les grands morceaux qu'il avait composés sur l'histoire du roi subsistaient encore ; mais pour revenir à cette histoire particulière, dont il n'a jamais parlé dans sa famille, voici ce que nous en avons appris par Boileau.

Les religieuses de Port-Royal ayant été obligées de présenter un Mémoire à M. l'archevêque de Paris, au sujet du partage de leurs biens avec la maison de Port-Royal de Paris, mon père, toujours disposé à leur rendre service dans leurs affaires temporelles (comme je l'ai dit), fit pour elles ce Mémoire ; et quoiqu'il ne contînt qu'une explication en peu de mots de leur recette et de leur dépense, les premières copies de ce Mémoire, écrites de sa main, m'ont fait juger, par les ratures dont elles sont remplies, que ces sortes d'écrits, où il faut éviter tout ornement d'esprit, en se bornant à un style précis et pur, lui coûtaient plus de peine que d'autres. C'est dans ce même style qu'il a composé en prose l'épitaphe de mademoiselle de Vertus, dont la longue pénitence l'avait pénétré d'admiration. Monsieur l'archevêque de Paris ayant apparemment goûté le style de ce Mémoire, et voyant quelquefois mon père à la cour, lui dit que puisqu'il avait été élevé à Port-Royal, personne ne pouvait mieux que lui le mettre au fait d'une maison dont il entendait parler de plusieurs manières très-différentes, et qu'il lui demandait un Mémoire historique, qui l'instruisît de ce qui s'y était passé.

Tous ceux qui ont eu quelque liaison avec mon père ont toujours reconnu la même simplicité dans ses mœurs que dans sa foi, et ont en même temps admiré le zèle avec lequel il se portait à servir ses amis. Lorsque M. de Cavoye, tombé dans une espèce de disgrâce, vint lui confier ce qui avait indisposé contre lui Sa Majesté, il lui conseilla de se justifier par une lettre qu'il offrit de faire lui-même ; et nous fûmes témoins de l'agitation dans laquelle il passa les deux jours qu'il employa à composer cette lettre, dans laquelle il mit tout l'art que son esprit put lui fournir pour faire paraître innocent un seigneur malheureux. Avec ce même zèle il écrivit l'*Histoire de Port-Royal*, dans l'espérance de rendre favorable à ces religieuses les sentiments de leur archevêque, et sans intention, selon les apparences, de la rendre publique. Il remit cette histoire, la veille de sa mort, à un ami. J'ai eu plus d'une fois la curiosité d'en demander des nouvelles aux personnes capables de m'en donner : leurs réponses m'avaient fait croire qu'elle ne subsistait plus, et je croyais l'ouvrage anéanti, lorsque j'appris, en 1742, qu'on en avait imprimé la première partie. J'ai cherché inutilement de quelles ténèbres sortait cette première partie, et par quelles mains elle en avait été tirée quarante ans après la mort de l'auteur. Les personnes curieuses de savoir s'il a achevé cette histoire, c'est-à-dire s'il l'a conduite, comme on le prétend, jusqu'à la paix de Clément IX, n'en trouveront aucun éclaircissement dans la famille [1].

Pour finir ces Mémoires communs à deux hommes étroitement unis depuis l'âge de dix-sept ou dix-huit ans, il me reste à écrire quelques particularités de la vie de Boileau. Les onze années qu'il survécut furent onze années d'infirmités et de retraite. Il les passa tantôt à Paris, tantôt à Auteuil, où il ne recevait plus les visites que d'un très-petit nombre d'amis. Il voulait bien y recevoir quelquefois la mienne, et s'amusait même à jouer avec moi aux quilles : il excellait à ce jeu, et je l'ai vu souvent abattre toutes les neuf d'un seul coup de boule : « Il faut avouer, disait-il à ce sujet, que j'ai deux grands talents, « aussi utiles l'un que l'autre à la société et à un État : l'un de « bien jouer aux quilles, l'autre de bien faire des vers. » La

---

[1] Voyez la préface de l'*Histoire de Port-Royal*. Le commentateur y a prouvé que Racine est l'auteur de la seconde partie de cette histoire, qu'on a mal à propos attribuée à Boileau.

bonté qu'il avait de se prêter à ma conversation flattait infiniment mon amour-propre, qui fut cependant fort humilié dans une de ces visites, que je lui rendis malgré moi.

J'étais en philosophie au collége de Beauvais, et j'avais fait une pièce de douze vers français, pour déplorer la destinée d'un chien qui avait servi de victime aux leçons d'anatomie qu'on nous donnait. Ma mère, qui avait souvent entendu parler du danger de la passion des vers, et qui la craignait pour moi, après avoir porté cette pièce à Boileau, et lui avoir représenté ce qu'il devait à la mémoire de son ami, m'ordonna de l'aller voir. J'obéis; j'allai chez lui en tremblant, et j'entrai comme un criminel. Il prit un air sévère; et après m'avoir dit que la pièce qu'on lui avait montrée était trop peu de chose pour lui faire connaître si j'avais quelque génie : « Il faut, « ajouta-t-il, que vous soyez bien hardi pour oser faire des « vers avec le nom que vous portez. Ce n'est pas que je regarde « comme impossible que vous deveniez un jour capable d'en « faire de bons; mais je me méfie de tout ce qui est sans « exemple : et depuis que le monde est monde, on n'a point « vu de grand poëte fils d'un grand poëte. Le cadet de Cor-« neille n'était point tout à fait sans génie; il ne sera jamais « cependant que le très-petit Corneille. Prenez bien garde « qu'il ne vous en arrive autant! Pourrez-vous d'ailleurs vous « dispenser de vous attacher à quelque occupation lucrative, « et croyez-vous que celle des lettres en soit une? Vous êtes le « fils d'un homme qui a été le plus grand poëte de son siècle, « et d'un siècle où le prince et les ministres allaient au-devant « du mérite pour le récompenser : vous devez savoir mieux « qu'un autre à quelle fortune conduisent les vers. » La sincérité qui a régné dans cet ouvrage m'a fait rappeler ce sermon, dont j'ai fort mal profité.

L'auteur du *Bolœana* n'était pas lié assez particulièrement avec lui pour bien faire le recueil qu'il a voulu faire. Il avait donné au public quelques satires dont Boileau n'avait pas parlé avec admiration, ce qui avait jeté beaucoup de froideur entre eux deux. « Il me vient voir rarement, disait Boileau, parce « que quand il est avec moi, il est toujours embarrassé de

« son mérite et du mien. » Le P. Malebranche s'entretenait avec lui de sa dispute avec M. Arnauld sur les idées, et prétendait que M. Arnauld ne l'avait jamais entendu : « Eh! qui « donc, mon père, reprit Boileau, voulez-vous qui vous en-« tende? »

Lorsqu'il avait donné au public un nouvel ouvrage, et qu'on venait lui dire que les critiques en parlaient fort mal : « Tant « mieux ! répondait-il ; les mauvais ouvrages sont ceux dont « on ne parle pas. » La manière dont on critique encore aujourd'hui les siens fait assez voir qu'on en parle toujours.

Ce grand poëte, qui, de son vivant, triompha de l'envie sur un amas prodigieux d'éditions qui se renouvelaient tous les ans, certain du contentement du public, s'est presque vu dans sa postérité. Il est pourtant le seul de nos poëtes qui par sa mort n'ait pas fait taire l'envie, dont il triomphe encore par les éditions de ses ouvrages, qui se renouvellent sans cesse parmi nous ou dans les pays étrangers. Jamais poëte n'a été plus imprimé, traduit, commenté et critiqué ; et il y a apparence qu'il vivra toujours, parce que, comme il réunit le vrai de la pensée à la justesse de l'expression, ses vers restent aisément dans la mémoire ; en sorte que ceux mêmes qui ne l'admirent pas, le savent par cœur.

L'écrivain qui a fait de lui l'éloge qui se trouve dans le Supplément au Nécrologe de Port-Royal, « le loue d'avoir « asservi aux lois de la pudeur la plus scrupuleuse un genre « de poésie qui jusques à lui n'avait emprunté presque tous « ses agréments que des charmes dangereux que la licence et « le libertinage offrent aux cœurs corrompus. Il est dit encore « dans cet éloge que l'équité, la droiture et la bonne foi pré-« sidèrent à toutes ses actions ; et on en donne pour exemple « la restitution des revenus du bénéfice dont j'ai parlé au « commencement de ces Mémoires : restitution qu'il fit sans « consulter personne. Ne prenant avis que de la crainte de « Dieu, qui fut toujours présent à son cœur, il se démit du « bénéfice entre les mains de M. de Buzanval, qui en était le « collateur, ne voulant pas même charger sa conscience du « choix de son successeur. »

Boursault, dans ses lettres, rapporte sa conversation sur les bénéfices avec un abbé qui en avait plusieurs, et qui lui disait : « Cela est bien bon pour vivre. — Je n'en doute point, lui « répondit Boileau ; mais pour mourir, monsieur l'abbé, pour « mourir ! »

Interrogé dans sa vieillesse s'il n'avait point changé d'avis sur le Tasse, il assura que, loin de se repentir de ce qu'il en avait dit, il n'en avait point assez dit, et en donna les raisons que rapporte M. l'abbé d'Olivet dans l'*Histoire de l'Académie Française*.

La réponse d'Antoine, son jardinier d'Auteuil, au P. Bouhours, fut telle que Brossette la rapporte dans son Commentaire. Antoine condamnait le second mot de l'Épître qui lui était adressée, prétendant qu'un jardinier n'était pas un valet. C'était le seul mot qu'il trouvait à critiquer dans les ouvrages de son maître.

Quoique Boileau aimât toujours sa maison d'Auteuil et n'eût aucun besoin d'argent, M. Le Verrier lui persuada de la lui vendre, en l'assurant qu'il y serait toujours également le maître, et lui faisant promettre qu'il s'y conserverait une chambre qu'il viendrait souvent occuper. Quinze jours après la vente, il y retourne, entre dans le jardin, et n'y trouvant plus un berceau sous lequel il avait coutume d'aller rêver, appelle Antoine, et lui demande ce qu'est devenu son berceau. Antoine lui répond qu'il a été détruit par ordre de M. Le Verrier. Boileau, après avoir rêvé un moment, remonte dans son carrosse, en disant : « Puisque je ne suis plus le maître ici, qu'est-ce « que j'y viens faire ? » Il n'y revint plus.

On sait que, dans ses dernières années, il s'occupa de sa satire sur l'Équivoque, pour laquelle il eut cette tendresse que les auteurs ont ordinairement pour les productions de leur vieillesse. Il la lisait à ses amis, mais il ne voulait plus que leurs applaudissements : ce n'était plus ce poëte qui autrefois demandait des critiques, et qui disait aux autres :

Écoutez tout le monde, assidu consultant.

Il redevint même amoureux de plusieurs vers qu'il avait retranchés de ses ouvrages par le conseil de mon père : il les y fit rentrer lorsqu'il donna sa dernière édition.

Il la revit avec soin, et dit à un ami qui le trouva attaché à ce travail : « Il est bien honteux de m'occuper encore de « rimes et de toutes ces niaiseries du Parnasse, quand je ne « devrais songer qu'au compte que je suis près d'aller rendre « à Dieu. » On a toujours vu en lui le poëte et le chrétien.

M. le duc d'Orléans l'invita à dîner : c'était un jour maigre, et on n'avait servi que du gras sur la table. On s'aperçut qu'il ne touchait qu'à son pain : « Il faut bien, lui dit le prince, « que vous mangiez gras comme les autres ; on a oublié le « maigre. » Boileau lui répondit : « Vous n'avez qu'à frapper « du pied, Monseigneur, et les poissons sortiront de terre. » Cette allusion au mot de Pompée fit plaisir à la compagnie, et sa constance à ne point vouloir toucher au gras lui fit honneur.

Il se félicitait avec raison de la pureté de ses ouvrages : « C'est une grande consolation, disait-il, pour un poëte qui va « mourir, de n'avoir jamais offensé les mœurs. » A quoi on pourrait ajouter : De n'avoir jamais offensé personne.

M. Le Noir, chanoine de Notre-Dame, son confesseur ordinaire, l'assista à la mort, à laquelle il se prépara en très-sincère chrétien : il conserva en même temps, jusqu'au dernier moment, le caractère de poëte. M. Le Verrier crut l'amuser par la lecture d'une tragédie qui, dans sa nouveauté, faisait beaucoup de bruit. Après la lecture du premier acte, il dit à M. Le Verrier : « Eh! mon ami, ne mourrai-je pas assez « promptement? Les Pradon dont nous nous sommes moqués « dans notre jeunesse étaient des soleils auprès de ceux-ci. » Comme la tragédie qui l'irritait se soutient encore aujourd'hui avec honneur, on doit attribuer sa mauvaise humeur contre elle à l'état où il se trouvait : il mourut deux jours après.

Lorsqu'on lui demandait ce qu'il pensait de son état, il répondait par ce vers de Malherbe :

> Je suis vaincu du temps, je cède à ses outrages.

Un moment avant sa mort, il vit entrer M. Coutard, et lui dit en lui serrant la main : « Bonjour et adieu ; l'adieu sera bien « long. » Il mourut d'une hydropisie de poitrine, le 13 mars 1711, et laissa par son testament presque tout son bien aux pauvres.

La compagnie qui suivit son convoi, et dans laquelle j'étais, fut fort nombreuse, ce qui étonna une femme du peuple, à qui j'entendis dire : « Il avait bien des amis : on assure cependant « qu'il disait du mal de tout le monde. »

Il fut enterré dans la chapelle basse de la Sainte-Chapelle [1], immédiatement au-dessous de la place qui, dans la chapelle haute, est devenue fameuse par le Lutrin qu'il a chanté.

Cette même année nous obtînmes, après la destruction de Port-Royal, la permission de faire exhumer le corps de mon père, qui fut apporté à Paris le 2 décembre 1711, dans l'église de Saint-Étienne du Mont, notre paroisse alors, et placé derrière le maître-autel, en face de la chapelle de la Vierge, auprès de la tombe de M. Pascal. L'épitaphe latine que Boileau avait faite, et qui avait été placée dans le cimetière de Port-Royal, ne subsistant plus[2], je la vais rapporter avec la traduction française faite par le même Boileau : la traduction que ses commentateurs ont mise dans ses Œuvres n'est point la véritable ; ce qu'on reconnaîtra aisément par la différence du style.

D. O. M.

Hic jacet vir nobilis Joannes RACINE, Franciæ thesauris præfectus, regi a secretis atque a cubiculo, nec non unus e quadraginta Gallicanæ Academiæ viris, qui, postquam profana tragœdiarum argumenta diu cum ingenti hominum admiratione tractasset, musas tandem suas uni Deo consecravit omnemque ingenii vim in eo laudando contulit, qui solus laude dignus est. Cum eum vitæ negotiorumque rationes multis nominibus aulæ tenerent addictum, tamen in frequenti hominum com-

[1] Et non pas Saint-Jean le Rond, sa paroisse, comme il est dit dans le Supplément au Nécrologe de Port-Royal. (L. R.)

[2] La pierre sur laquelle était gravée l'épitaphe, et que l'on croyait perdue, a été retrouvée dans l'église de Magny-Lessart, et transportée à Paris, à Saint-Étienne du Mont, le 21 avril 1818. Elle est placée vis-à-vis celle de Pascal, dans la chapelle de la Vierge, au fond de l'église.

mercio omnia pietatis ac religionis officia coluit. A christiano rege Ludovico Magno selectus una cum familiari ipsius amico fuerat, qui res eo regnante præclare ac mirabiliter gestas præscriberet. Huic intentus operi, repente in gravem æque ac diuturnum morbum implicitus est, tandemque ab hac sede miseriarum in melius domicilium translatus anno ætatis suæ LIX. Qui mortem longo adhuc intervallo remotam valde horruerat, ejusdem præsentis aspectum placida fronte sustinuit; obiitque spe multo magis, et pia in Deum fiducia expletus, quam fractus metu. Ea jactura omnes illius amicos, quorum nonnulli inter regni primores eminebant, acerbissimo dolore perculit. Manavit etiam ad ipsum regem tanti viri desiderium. Fecit modestia ejus singularis, et præcipua in hanc Portus-Regii domum benevolentia, ut in ea sepeliri voluerit, ideoque testamento cavit, ut corpus suum, juxta piorum hominum qui hic sunt corpora, humaretur. Tu vero quicumque es, quem in hanc domum pietas adducit, tuæ ipse mortalitatis ad hunc aspectum recordare, et clarissimam tanti viri memoriam precibus potius quam elogiis prosequere.

D. O. M.

Ici repose le corps de messire Jean RACINE, trésorier de France, secrétaire du roi, gentilhomme ordinaire de sa chambre, et l'un des quarante de l'Académie Française, qui, après avoir longtemps charmé la France par ses excellentes poésies profanes, consacra ses muses à Dieu, et les employa uniquement à louer le seul objet digne de louange. Les raisons indispensables qui l'attachaient à la cour l'empêchèrent de quitter le monde; mais elles ne l'empêchèrent pas de s'acquitter, au milieu du monde, de tous les devoirs de la piété et de la religion. Il fut choisi avec un de ses amis par le roi Louis le Grand, pour rassembler en un corps d'histoire les merveilles de son règne; et il était occupé à ce grand ouvrage, lorsque tout à coup il fut attaqué d'une longue et cruelle maladie, qui à la fin l'enleva de ce séjour de misères, en sa cinquante-neuvième année. Bien qu'il eût extrêmement redouté la mort lorsqu'elle était encore loin de lui, il la vit de près sans s'en étonner, et mourut beaucoup plus rempli d'espérance que de crainte, dans une entière résignation à la volonté de Dieu. Sa perte toucha sensiblement ses amis, entre lesquels il pouvait compter les premières personnes du royaume, et il fut regretté du roi même. Son humilité et l'affection particulière qu'il eut toujours pour cette maison de Port-Royal-des-Champs, lui firent souhaiter d'être enterré sans aucune pompe dans ce cimetière avec les humbles serviteurs de Dieu qui y reposent, et auprès desquels il a été mis, selon qu'il l'avait ordonné par son testament. O toi, qui que tu sois, que la piété attire en ce saint lieu, plains dans un si excellent homme la triste destinée de tous les mortels; et, quelque grande idée que puisse te donner de lui sa réputation, souviens-toi que ce sont des prières, et non pas de vains éloges, qu'il te demande!

FIN DES MÉMOIRES.

LA THÉBAÏDE,

ou

LES FRÈRES ENNEMIS,

TRAGÉDIE.

1664.

A MONSEIGNEUR

LE DUC

DE SAINT-AIGNAN[1],

PAIR DE FRANCE.

MONSEIGNEUR,

Je vous présente un ouvrage qui n'a peut-être rien de considérable que l'honneur de vous avoir plu. Mais véritablement cet honneur est quelque chose de si grand pour moi, que, quand ma pièce ne m'aurait produit que cet avantage, je pourrais dire que son succès aurait passé mes espérances. Et que pouvais-je espérer de plus glorieux que l'approbation d'une personne qui sait donner aux choses un juste prix, et qui est lui-même l'admiration de tout le monde? Aussi, MONSEIGNEUR, si *la Thébaïde* a reçu quelques applaudissements, c'est sans doute qu'on n'a pas osé démentir le jugement que vous avez

---

[1] François de Beauvilliers, duc de Saint-Aignan, l'un des quarante de l'Académie française, et membre de celle des Ricovrati de Padoue, était un seigneur distingué par son esprit autant que par sa valeur. Il jouissait d'une grande faveur auprès de Louis XIV, et c'est à lui que s'adressait Bussy de Rabutin, dans sa disgrâce, pour présenter au roi ses placets. Le duc de Saint-Aignan avait un goût particulier pour les lettres; il protégeait les poëtes, il l'était un peu lui-même; mais, en faisant usage de sa fortune pour les récompenser comme grand seigneur, il n'abusait point de son autorité pour les asservir, et pour exiger leur hommage en poëte rival et jaloux. Il est très-remarquable que, dans l'épître où, suivant l'usage alors généralement adopté, Racine prodigue des louanges outrées, il n'est nullement question du talent poétique du duc de Saint-Aignan; et ce silence me paraît plus honorable pour ce seigneur que tous les éloges pompeux qu'on lui adresse. (G.)

donné en sa faveur; et il semble que vous lui ayez communiqué ce don de plaire qui accompagne toutes vos actions. J'espère qu'étant dépouillée des ornements du théâtre, vous ne laisserez pas de la regarder encore favorablement. Si cela est, quelques ennemis qu'elle puisse avoir, je n'appréhende rien pour elle, puisqu'elle sera assurée d'un protecteur que le nombre des ennemis n'a pas accoutumé d'ébranler. On sait, Monseigneur, que, si vous avez une parfaite connaissance des belles choses, vous n'entreprenez pas les grandes avec un courage moins élevé, et que vous avez réuni en vous ces deux excellentes qualités qui ont fait séparément tant de grands hommes. Mais je dois craindre que mes louanges ne vous soient aussi importunes que les vôtres m'ont été avantageuses : aussi bien, je ne vous dirais que des choses qui sont connues de tout le monde, et que vous seul voulez ignorer. Il suffit que vous me permettiez de vous dire, avec un profond respect, que je suis,

Monseigneur,

Votre très-humble et très-obéissant serviteur,

RACINE.

PRÉFACE

Le lecteur me permettra de lui demander un peu plus d'indulgence pour cette pièce que pour les autres qui la suivent; j'étais fort jeune quand je la fis. Quelques vers que j'avais faits alors tombèrent par hasard entre les mains de quelques personnes d'esprit; elles m'excitèrent à faire une tragédie, et me proposèrent le sujet de la Thébaïde. Ce sujet avait été autrefois traité par Rotrou, sous le nom d'Antigone; mais il faisait mourir les deux frères dès le commencement de son troisième acte. Le reste était en quelque sorte le commencement d'une autre tragédie, où l'on entrait dans des intérêts tout nouveaux; et il avait réuni en une seule pièce deux actions différentes, dont l'une sert de matière aux Phéniciennes d'Euripide, et l'autre à l'Antigone de Sophocle. Je compris que cette duplicité d'action avait pu nuire à sa pièce, qui d'ailleurs était remplie de quantité de beaux endroits. Je dressai à peu près mon plan [1] sur les Phéniciennes d'Euripide; car, pour la Thébaïde qui est dans Sénèque, je suis un peu de l'opinion d'Heinsius, et je tiens, comme lui, que non-seulement ce n'est point une tragédie de Sénèque, mais que c'est plutôt l'ouvrage d'un déclamateur, qui ne savait ce que c'était que tragédie.

La catastrophe de ma pièce est peut-être un peu trop sanglante; en effet, il n'y paraît [2] presque pas un acteur qui ne

---

[1] Racine se trompait lui-même; car il a suivi Rotrou beaucoup plus qu'Euripide. (G.)

[2] Louis Racine observe que son père écrivait et imprimait ainsi CONNAÎTRE et PARAÎTRE; et les éditions de 1687 et 1702 en font foi. Vol-

meure à la fin ; mais aussi c'est la Thébaïde, c'est-à-dire le sujet le plus tragique de l'antiquité.

L'amour, qui a d'ordinaire tant de part dans les tragédies, n'en a presque point ici; et je doute que je lui en donnasse davantage[1] si c'était à recommencer; car il faudrait, ou que l'un des deux frères fût amoureux, ou tous les deux ensemble. Et quelle apparence de leur donner d'autres intérêts que ceux de cette fameuse haine qui les occupait tout entiers? Ou bien il faut jeter l'amour sur un des seconds personnages, comme j'ai fait; et alors cette passion, qui devient comme étrangère au sujet, ne peut produire que de médiocres effets. En un mot, je suis persuadé que les tendresses ou les jalousies des amants ne sauraient trouver que fort peu de place parmi les incestes, les parricides, et toutes les autres horreurs qui composent l'histoire d'Œdipe et de sa malheureuse famille.

---

taire n'était donc pas le premier auteur de cette innovation dans l'orthographe, qui a tant blessé le pédantisme grammatical, et qui est si conforme à la raison. Ou Voltaire a ignoré cette autorité, dont il pouvait se prévaloir, ou il a préféré l'honneur et le danger de passer pour novateur. (L.)

[1] Racine ne lui en a que trop donné; c'est bien assez des amours d'Antigone, d'Hémon, de Créon; c'est même beaucoup trop Racine avait dès lors de bons principes, qu'il n'observait pas; ou plutôt il était subjugué par le préjugé de son temps, et par la manie des comédiens, qui voulaient partout de l'amour. (G.)

PERSONNAGES.

ÉTÉOCLE, roi de Thèbes.
POLYNICE, frère d'Étéocle.
JOCASTE[1], mère de ces deux princes et d'Antigone.
ANTIGONE, sœur d'Étéocle et de Polynice.
CRÉON, oncle des princes et de la princesse.
HÉMON, fils de Créon, amant d'Antigone.
OLYMPE, confidente de Jocaste.
ATTALE, confident de Créon.
UN SOLDAT de l'armée de Polynice[2].
GARDES.

Noms des acteurs qui ont joué d'original dans
la *Thébaïde*.

ÉTÉOCLE.	MOLIÈRE.
POLYNICE.	LA GRANGE.
CRÉON.	LA THORILLIÈRE.
HÉMON.	HABERT.
JOCASTE.	Madeleine BÉJARD.
ANTIGONE.	Mademoiselle DE BRIE.

La scène est à Thèbes, dans une salle du palais.

---

[1] Dans les premières éditions on lit Iocaste. Racine a depuis changé cette orthographe ; mais il l'a laissée subsister dans le seul vers de la pièce où Jocaste soit nommée, à la fin de la dernière scène. (L. R.)

[2] Plusieurs éditions de cette pièce indiquent ici *un page*. Mais ce page ne se retrouve plus dans la dernière édition que l'auteur a donnée de ses œuvres, chez Barbin, en 1697. Au reste, ce personnage ne paraissait qu'à la première scène pour recevoir un ordre de Jocaste, et il sortait sans prononcer un mot.

LA THÉBAÏDE,

OU

LES FRÈRES ENNEMIS.

ACTE PREMIER.

SCÈNE I.

JOCASTE, OLYMPE.

JOCASTE.

Ils sont sortis, Olympe[1] ? Ah, mortelles douleurs !
Qu'un moment de repos me va coûter de pleurs !
Mes yeux depuis six mois étaient ouverts aux larmes[2],
Et le sommeil les ferme en de telles alarmes !
Puisse plutôt la mort les fermer pour jamais,
Et m'empêcher de voir le plus noir des forfaits[3] !

---

[1] De qui parle Jocaste ? Il ne peut être question que d'Étéocle, Polynice n'ayant eu encore aucun accès dans la ville. On souhaiterait en outre que Jocaste se fît connaître au spectateur, et qu'elle indiquât le lieu de la scène, loi que Racine, dans la suite, et les autres tragiques célèbres ont eu grand soin d'observer. Au reste, ce début est plein de chaleur. (L. B.)

[2] *Ouvrir les yeux aux larmes.* Expression heureuse dont Racine a enrichi la langue. Les vers suivants offrent plusieurs négligences de style : *Je les ai vus déjà, j'ai vu déjà le fer, j'ai vu, le fer en main, j'ai quitté,* etc. ; et cela dans quatre vers.

[3] VARIANTE. Il devait bien plutôt les fermer pour jamais,
Que de favoriser le plus noir des forfaits !

Mais en sont-ils aux mains?
OLYMPE.
Du haut de la muraille
Je les ai vus déjà tous rangés en bataille ;
J'ai vu déjà le fer briller de toutes parts ;
Et pour vous avertir j'ai quitté les remparts.
J'ai vu, le fer en main, Étéocle lui-même ;
Il marche des premiers ; et, d'une ardeur extrême,
Il montre aux plus hardis à braver le danger.
JOCASTE.
N'en doutons plus, Olympe, ils se vont égorger.
Que l'on coure avertir et hâter la princesse[1] ;
Je l'attends. Juste ciel ! soutenez ma faiblesse.
Il faut courir, Olympe, après ces inhumains[2] ;
Il les faut séparer, ou mourir par leurs mains.
Nous voici donc, hélas! à ce jour détestable[3]
Dont la seule frayeur me rendait misérable.
Ni prières ni pleurs ne m'ont de rien servi :
Et le courroux du sort voulait être assouvi.
O toi, soleil, ô toi qui rends le jour au monde[4],
Que ne l'as-tu laissé dans une nuit profonde !
A de si noirs forfaits prêtes-tu tes rayons,
Et peux-tu sans horreur voir ce que nous voyons?
Mais ces monstres, hélas! ne t'épouvantent guères :

---

[1] On dit *se hâter ;* mais *hâter quelqu'un* n'est pas d'un usage élégant, quoique l'Académie l'autorise ; *hâter* s'applique mieux aux choses. Je crois qu'il faudrait permettre aux poëtes de l'appliquer aussi aux personnes. Dans les premières éditions on lisait :

> Que l'on aille au plus vite avertir la princesse. (G.)

[2] VAR. Il faut, il faut courir après ces inhumains.

[3] Racine avait d'abord mis : *Nous voici donc, Olympe.* Olympe se trouvait trois fois en six vers. (G.) Un vers plus haut, *inhumains* pour fratricides est faible ; on sent que le mot n'est là que pour la rime.

[4] VAR. Qui que tu sois, ô toi qui rends le jour au monde.

La race de Laïus les a rendus vulgaires[1] ;
Tu peux voir sans frayeur les crimes de mes fils,
Après ceux que le père et la mère ont commis.
Tu ne t'étonnes pas si mes fils sont perfides[2],
S'ils sont tous deux méchants, et s'ils sont parricides :
Tu sais qu'ils sont sortis d'un sang incestueux,
Et tu t'étonnerais s'ils étaient vertueux[3].

SCÈNE II.

JOCASTE, ANTIGONE, OLYMPE.

JOCASTE.

Ma fille, avez-vous su l'excès de nos misères?

ANTIGONE.

Oui, madame, on m'a dit la fureur de mes frères.

---

[1] VAR. Le seul sang de Laïus les a rendus vulgaires.

Louis Racine dit que *vulgaires* pour *communs* est une mauvaise expression. Je crois que c'est tout le contraire; que *communs* serait plat, et que *vulgaires* est élégant, par la place où il est, et comme épithète de *monstres*. Des *monstres communs* semblent répugner à la pensée et à l'oreille; mais des *monstres rendus vulgaires*, *devenus vulgaires*, cela s'entend très-bien. (L.)

[2] *Tu ne t'étonnes pas si...* et, trois vers plus loin, *tu t'étonnerais si :* négligence.

[3] Cette imitation de l'Hippolyte de Sénèque n'est rien moins qu'heureuse. Une apostrophe de douze vers au soleil est beaucoup trop longue. Des figures de cette espèce ne peuvent convenir à la tragédie qu'autant qu'elles sont vives, rapides, et comme échappées au sentiment. Telles sont les apostrophes du même genre dans les rôles de Clytemnestre et de Phèdre. De plus, la versification est ici le plus souvent faible et défectueuse. Les quatre derniers vers sont d'une tournure lâche, et manquent de nombre. *S'ils sont... et s'ils sont. Tu sais qu'ils sont.* Le dernier vers seul est beau. (L.) — Racine a retranché les quatre vers suivants :

> Ce sang, en leur donnant la lumière céleste,
> Leur donna pour le crime une pente funeste ;
> Et leurs cœurs, infectés de ce fatal poison,
> S'ouvrirent à la haine avant qu'à la raison.

JOCASTE.

Allons, chère Antigone, et courons de ce pas [1]
Arrêter, s'il se peut, leurs parricides bras.
Allons leur faire voir ce qu'ils ont de plus tendre [2] ;
Voyons si contre nous ils pourront se défendre,
Ou s'ils oseront bien, dans leur noire fureur,
Répandre notre sang pour attaquer le leur [3].

ANTIGONE.

Madame, c'en est fait, voici le roi lui-même.

SCÈNE III.

JOCASTE, ÉTÉOCLE, ANTIGONE, OLYMPE.

JOCASTE.

Olympe, soutiens-moi ; ma douleur est extrême.

ÉTÉOCLE.

Madame, qu'avez-vous? et quel trouble...

JOCASTE.

Ah! mon fils!
Quelles traces de sang vois-je sur vos habits [4] ?
Est-ce du sang d'un frère? ou n'est-ce point du vôtre [5] ?

---

[1] On lit dans la première édition : *Allons tous de ce pas*, etc.

[2] Expression impropre. *Ce qu'ils ont de plus tendre* ne peut signifier *ce qu'ils ont de plus cher*. (G.)

[3] *Le leur* termine sèchement un vers. Racine a cependant employé d'une manière heureuse cette chute dans Iphigénie :

> . . . . Courons où la valeur
> Nous promet un destin aussi grand que le leur.
>   *Iphig.*, acte I, sc. II.

Répandre un sang pour attaquer un autre sang est un tour bien plus répréhensible. (G.)

[4] VAR.
ÉTÉOCLE.
Madame, qu'avez-vous? et quel mal si caché...
JOCASTE.
Ah, mon fils! de quel sang êtes-vous là *taché?*

[5] VAR. Est-ce de votre frère, ou n'est-ce point du vôtre?

ÉTÉOCLE.

Non, madame, ce n'est ni de l'un ni de l'autre[1].
Dans son camp jusqu'ici Polynice arrêté,
Pour combattre, à mes yeux ne s'est point présenté.
D'Argiens seulement une troupe hardie
M'a voulu de nos murs disputer la sortie :
J'ai fait mordre la poudre à ces audacieux,
Et leur sang est celui qui paraît à vos yeux.

JOCASTE.

Mais que prétendiez-vous? et quelle ardeur soudaine
Vous a fait tout à coup descendre dans la plaine[2]?

ÉTÉOCLE.

Madame, il était temps que j'en usasse ainsi,
Et je perdais ma gloire à demeurer ici[3].
Le peuple, à qui la faim se faisait déjà craindre,
De mon peu de vigueur commençait à se plaindre,
Me reprochant déjà qu'il m'avait couronné,
Et que j'occupais mal le rang qu'il m'a donné.

---

[1] *Ni de l'un ni de l'autre* n'est ni élégant ni harmonieux. Les quatre vers qui suivent sont bien tournés; ils sont fort différents de ceux qui se trouvaient dans les premières éditions :

> Polynice à mes jeux ne s'est point présenté
> Et l'on s'est peu battu d'un et d'autre côté ;
> Seulement quelques Grecs, *d'un insolent courage*,
> M'ayant osé d'abord disputer le passage,
> J'ai fait mordre la poudre, etc. (G.)

[2] VAR.   Mais pourquoi donc sortir avecque votre armée?
            Quel est ce mouvement qui m'a tant alarmée?

[3] Racine a retranché les huit vers suivants :

> Je n'ai que trop langui derrière une muraille;
> Je brûlais de me voir en un champ de bataille.
> Lorsque l'on peut paraître au milieu des hasards,
> Un grand cœur est honteux de garder les remparts.
> J'étais las d'endurer que le fier Polynice
> Me reprochât tout haut cet indigne *exercice*,
> Et criât aux Thébains, *afin de les gagner*,
> Que je laissais aux fers ceux qui me font régner.
> Le peuple, etc.

Il le faut satisfaire ; et, quoi qu'il en arrive,
Thèbes dès aujourd'hui ne sera plus captive :
Je veux, en n'y laissant aucun de mes soldats,
Qu'elle soit seulement juge de nos combats.
J'ai des forces assez pour tenir la campagne ;
Et si quelque bonheur nos armes accompagne,
L'insolent Polynice et ses fiers alliés
Laisseront Thèbes libre, ou mourront à mes pieds [1].

JOCASTE.

Vous pourriez d'un tel sang, ô ciel ! souiller vos armes [2] ?
La couronne pour vous a-t-elle tant de charmes ?
Si par un parricide il la fallait gagner.
Ah, mon fils ! à ce prix voudriez-vous régner ?
Mais il ne tient qu'à vous, si l'honneur vous anime,
De nous donner la paix sans le secours d'un crime,
Et, de votre courroux triomphant aujourd'hui,
Contenter votre frère, et régner avec lui [3].

---

[1] VAR.   L'insolent Polynice et ses Grecs orgueilleux
Laisseront Thèbes libre, ou mourront à mes yeux.

[2] Dans les premières éditions, la réponse de Jocaste commençait par ces vers, retranchés depuis :

Vous préserve le ciel d'une telle victoire !
Thèbes ne veut point voir une action si noire.
Laissez là son salut, et n'y songez jamais ;
La guerre vaut bien mieux que cette affreuse paix.
Dure-t-elle à jamais cette cruelle guerre,
Dont le flambeau fatal désole cette terre !
Prolongez nos malheurs, *augmentez-les toujours*,
Plutôt qu'un si grand crime en arrête le cours.
Vous-même d'un tel sang souilleriez-vous vos armes ?
La couronne, etc.

[3] La construction est vicieuse, et la langue exige *de contenter*. Cette faute était bien facile à corriger de cette manière :

De contenter un frère en régnant avec lui.

Racine l'avait évitée, ce me semble, moins heureusement dans les premières éditions, en écrivant :

Vous pouvez vous montrer généreux *tout à fait*,
Contenter votre frère, et régner *en effet*. (G.)

ÉTÉOCLE.

Appelez-vous régner partager ma couronne,
Et céder lâchement ce que mon droit me donne[1]?

JOCASTE.

Vous le savez, mon fils, la justice et le sang[2]
Lui donnent, comme à vous, sa part à ce haut rang :
OEdipe, en achevant sa triste destinée,
Ordonna que chacun régnerait son année
Et, n'ayant qu'un État à mettre sous vos lois,
Voulut que tour à tour vous fussiez tous deux rois[3].
A ces conditions vous daignâtes souscrire[4].
Le sort vous appela le premier à l'empire,
Vous montâtes au trône; il n'en fut point jaloux,
Et vous ne voulez pas qu'il y monte après vous?

ÉTÉOCLE.

Non, madame, à l'empire il ne doit plus prétendre[5];

---

[1] VAR.   Appelez-vous régner lui céder ma couronne,
            Quand le sang et le peuple à la fois me la *donne?*

[2] VAR.   Vous savez bien, mon fils, que le choix et le sang, etc.

[3] VAR.   Il voulut que tous deux vous en fussiez les rois.

[4] *Daignâtes* n'est pas le mot propre; une mère ne dit point à son fils qu'il a *daigné* souscrire aux ordres de son père. Racine avait d'abord mis :

   A ces conditions *vous voulûtes* souscrire.

Mais il sacrifia le mot propre à la rencontre d'une consonnance désagréable. (L. B.) Le commentateur n'a pas fait attention que Jocaste, après la mort de son mari, parle à son fils majeur et à son roi. A la mort du *père*, le fils devenait *père de famille*. Voyez dans l'Odyssée avec quelle tendresse, mais aussi avec quelle autorité Télémaque parle à sa mère. Pénélope elle-même se soumet, et c'est avec un certain orgueil maternel qu'elle reconnaît que son fils est *devenu grand*. *Daignâtes* est donc bon.

[5] Racine a fait ici des changements et des retranchements considérables. Dans les premières éditions, Étéocle répondait :

   Il est vrai, je promis ce que voulut mon père :
   Pour un trône est-il rien qu'on refuse de faire?
   On promet tout, madame, afin d'y parvenir;
   Mais on ne songe après qu'à s'y bien maintenir.

Thèbes à cet arrêt n'a point voulu se rendre ;
Et, lorsque sur le trône il s'est voulu placer,
C'est elle, et non pas moi, qui l'en a su chasser [1].
Thèbes doit-elle moins redouter sa puissance,
Après avoir six mois senti sa violence ?
Voudrait-elle obéir à ce prince inhumain,
Qui vient d'armer contre elle et le fer et la faim ?
Prendrait-elle pour roi l'esclave de Mycène,
Qui pour tous les Thébains n'a plus que de la haine,
Qui s'est au roi d'Argos indignement soumis,
Et que l'hymen attache à nos fiers ennemis ?
Lorsque le roi d'Argos l'a choisi pour son gendre,
Il espérait par lui de voir Thèbes en cendre.
L'amour eut peu de part à cet hymen honteux,
Et la seule fureur en alluma les feux.
Thèbes m'a couronné pour éviter ses chaînes ;
Elle s'attend par moi de voir finir ses peines :
Il la faut accuser si je manque de foi ;
Et je suis son captif, je ne suis pas son roi.

> J'étais alors sujet et dans l'obéissance ;
> Et je tiens aujourd'hui la suprême puissance.
> Ce que je fis alors ne m'est plus une loi ;
> Le devoir d'un sujet n'est pas celui d'un roi :
> D'abord que sur sa tête il reçoit la couronne,
> Un roi *sort à l'instant de sa propre personne* ;
> L'intérêt du public doit devenir le sien ;
> Il doit tout à l'État, et ne se doit plus rien.
> JOCASTE.
> Au moins doit-il, mon fils, quelque chose à sa gloire,
> Dont le soin ne doit pas sortir de sa mémoire :
> Et quand ce nouveau rang l'affranchirait des lois,
> Au moins doit-il tenir sa parole à des rois.
> ÉTÉOCLE.
> Polynice à ce titre aurait tort de prétendre :
> Thèbes sous son pouvoir n'a point voulu se rendre ;
> Et lorsque, etc.

Cette supposition donne trop d'avantage à Étéocle, elle n'est point théâtrale ; mais, dans le second acte, elle fournit à Polynice de belles tirades. (G.)

ACTE I, SCÈNE III.

JOCASTE.

Dites, dites plutôt, cœur ingrat et farouche,
Qu'auprès du diadème il n'est rien qui vous touche [1].
Mais je me trompe encor : ce rang ne vous plaît pas,
Et le crime tout seul a pour vous des appas.
Hé bien ! puisqu'à ce point vous en êtes avide,
Je vous offre à commettre un double parricide :
Versez le sang d'un frère ; et, si c'est peu du sien,
Je vous invite encore à répandre le mien.
Vous n'aurez plus alors d'ennemis à soumettre,
D'obstacle à surmonter, ni de crime à commettre ;
Et, n'ayant plus au trône un fâcheux concurrent,
De tous les criminels vous serez le plus grand [2].

ÉTÉOCLE.

Hé bien, madame, hé bien, il vous faut satisfaire :
Il faut sortir du trône et couronner mon frère [3] ;
Il faut, pour seconder votre injuste projet
De son roi que j'étais, devenir son sujet ;

---

[1] Cette expression *auprès de*, pour *en comparaison de*, a été justement blâmée par les commentateurs. *Auprès de* ne peut exprimer que la proximité locale ; le mot propre était *au prix de* ; et il a été employé heureusement par Boileau dans sa sixième satire et sa quatrième épître.

[2] *Le plus grand* signifie-t-il le plus coupable ou le plus illustre ? Ce qui est encore plus vicieux que cette ambiguïté du style, c'est la vaine subtilité de Jocaste, et l'éloquence sophistique qui défigure surtout la fin de ce couplet. Racine semble avoir voulu, dans plusieurs endroits du rôle de Jocaste, imiter la Sabine de Corneille ; et le plus souvent il n'en rappelle que les défauts. Par exemple, Jocaste invite sérieusement son fils à la tuer. Sabine de même, entre son mari et son frère, dit :

> Qu'un de vous deux me tue, et que l'autre me venge.
> HOR., acte II, sc. VI.

Ce n'est pas ainsi que parle la nature. (G.)

[3] Corneille s'est servi de cette expression *sortir du trône*. Boileau en a fait usage. Malgré ces deux autorités, elle a été blâmée par quelques critiques, et avec raison ; car on s'assied dans un fauteuil et on s'assied sur un trône. De cette différence naît la faute. Cependant Voltaire regarde le vers où elle se trouve dans Corneille comme très-beau et très-fort.

Et, pour vous élever au comble de la joie,
Il faut à sa fureur que je me livre en proie ;
Il faut par mon trépas...

JOCASTE.

Ah ciel ! quelle rigueur !
Que vous pénétrez mal dans le fond de mon cœur !
Je ne demande pas que vous quittiez l'empire :
Régnez toujours, mon fils, c'est ce que je désire.
Mais si tant de malheurs vous touchent de pitié,
Si pour moi votre cœur garde quelque amitié,
Et si vous prenez soin de votre gloire même,
Associez un frère à cet honneur suprême :
Ce n'est qu'un vain éclat qu'il recevra de vous ;
Votre règne en sera plus puissant et plus doux.
Les peuples, admirant cette vertu sublime,
Voudront toujours pour prince un roi si magnanime ;
Et cet illustre effort, loin d'affaiblir vos droits,
Vous rendra le plus juste et le plus grand des rois ;
Ou, s'il faut que mes vœux vous trouvent inflexible,
Si la paix à ce prix vous paraît impossible,
Et si le diadème a pour vous tant d'attraits [1],
Au moins consolez-vous de quelque heure de paix [2].
Accordez cette grâce aux larmes d'une mère [3],
Et cependant, mon fils, j'irai voir votre frère :

[1] VAR. Et que le diadème ait pour vous tant d'attraits.

[2] Il s'agit ici d'un moyen employé pour consoler, et non de la douleur dont on console. L'emploi de la préposition *par* était donc indispensable pour la clarté du sens. Il fallait au moins *consolez-moi par quelque heure de paix*, ou mieux *par quelques heures de paix*. Au reste, suivant l'observation de Geoffroy, il est triste qu'une si longue scène et de si grands discours aboutissent à demander une *heure de paix* et *la permission de sortir* pour aller voir Polynice. Deux vers plus bas, on lit :

La pitié dans son âme aura peut-être lieu.

Cette locution n'a pas été adoptée ; on ne dit pas *avoir lieu* pour *avoir accès*.

[3] VAR. Accordez quelque trêve à ma douleur amère.

ACTE I, SCÈNE III.

La pitié dans son âme aura peut-être lieu,
Ou du moins pour jamais j'irai lui dire adieu.
Dès ce même moment permettez que je sorte :
J'irai jusqu'à sa tente, et j'irai sans escorte ;
Par mes justes soupirs j'espère l'émouvoir [1].

ÉTÉOCLE.

Madame, sans sortir, vous le pouvez revoir [2] ;
Et si cette entrevue a pour vous tant de charmes,
Il ne tiendra qu'à lui de suspendre nos armes.
Vous pouvez dès cette heure accomplir vos souhaits,
Et le faire venir jusque dans ce palais.
J'irai plus loin encore : et, pour faire connaître [3]
Qu'il a tort en effet de me nommer un traître,
Et que je ne suis pas un tyran odieux,
Que l'on fasse parler et le peuple et les dieux.
Si le peuple y consent, je lui cède ma place ;
Mais qu'il se rende enfin, si le peuple le chasse [4].
Je ne force personne ; et j'engage ma foi
De laisser aux Thébains à se choisir un roi.

[1] VAR. Dans cette occasion rien ne peut l'émouvoir.
[2] VAR. Madame, sans sortir, vous le pouvez bien voir.
[3] VAR. Je *ferai* plus encore : et, pour *faire* connaître, etc.
[4] Ces deux vers étaient ainsi arrangés dans les premières éditions :

    Si le peuple le veut, je lui cède ma place ;
    Mais qu'il se rende *aussi*, *si* le peuple le chasse.

Toutes ces petites corrections sont précieuses et instructives ; on aime à voir les premiers efforts d'un grand écrivain pour corriger son style, qui devait bientôt devenir d'une perfection si désespérante.

SCÈNE IV.

JOCASTE, ÉTÉOCLE, ANTIGONE, CRÉON, OLYMPE.

CRÉON, au roi.

Seigneur, votre sortie a mis tout en alarmes [1] :
Thèbes, qui croit vous perdre, est déjà toute en larmes ;
L'épouvante et l'horreur règnent de toutes parts,
Et le peuple effrayé tremble sur ses remparts.

ÉTÉOCLE.

Cette vaine frayeur sera bientôt calmée.
Madame, je m'en vais retrouver mon armée ;
Cependant vous pouvez accomplir vos souhaits,
Faire entrer Polynice, et lui parler de paix.
Créon, la reine ici commande en mon absence ;
Disposez tout le monde à son obéissance ;
Laissez, pour recevoir et pour donner ses lois,
Votre fils Ménécée, et j'en ai fait le choix.
Comme il a de l'honneur autant que de courage [2],
Ce choix aux ennemis ôtera tout ombrage,
Et sa vertu suffit pour les rendre assurés [3].

---

[1] L'arrivée de Créon n'a pas un motif plus raisonnable que les alarmes de Thèbes : les Thébains, qui avaient vu sortir Étéocle, l'avaient aussi vu rentrer, et par conséquent devaient être sans alarmes. (G.) — On peut également blâmer les rimes *tout en alarmes* et *toute en larmes*. (L.)

[2] On lisait dans les premières éditions : *autant que du courage*, ce qui était plus correct. La signification du mot *honneur* étant fixée par un article, il était nécessaire de fixer de la même manière la signification du mot *courage*. Dans le vers précédent, l'article *le* est de trop ; il fallait dire : *J'en ai fait choix*, et supprimer *et*. Cette conjonction ne pouvant réunir que deux modes de temps semblables, on ne saurait dire : *Laissez* et *J'ai fait*.

[3] *Rendre assurés* est impropre : le verbe *rendre* ne se construit pas avec un participe, mais avec un adjectif. (G.)

(à Créon.)
Commandez-lui, madame. Et vous, vous me suivrez.

CRÉON.
Quoi, seigneur...

ÉTÉOCLE.
Oui, Créon, la chose est résolue.

CRÉON.
Et vous quittez ainsi la puissance absolue?

ÉTÉOCLE.
Que je la quitte ou non, ne vous tourmentez pas[1];
Faites ce que j'ordonne, et venez sur mes pas[2].

SCÈNE V.

JOCASTE, ANTIGONE, CRÉON, OLYMPE.

CRÉON.
Qu'avez-vous fait, madame? et par quelle conduite
Forcez-vous un vainqueur à prendre ainsi la fuite?
Ce conseil va tout perdre.

JOCASTE.
Il va tout conserver;
Et par ce seul conseil Thèbes se peut sauver.

CRÉON.
Eh quoi, madame, eh quoi! dans l'état où nous sommes[3],
Lorsqu'avec un renfort de plus de six mille hommes,

---

[1] *Ne vous tourmentez pas* est familier : la nuance qui sépare le tragique du comique n'était pas encore marquée bien distinctement. (G.)

[2] D'après un ordre aussi formel, Créon devrait quitter la scène et suivre Étéocle. Il reste cependant; et ce n'est qu'après une longue conversation qu'il se souvient que le roi lui a commandé de *venir sur ses pas*. (L. R.)

[3] *Eh quoi! eh quoi!* répétition d'un mauvais effet. *Dans l'état où nous sommes*, cette locution toute familière revient souvent, même dans les bonnes pièces de Racine.

La fortune promet toute chose aux Thébains,
Le roi se laisse ôter la victoire des mains!

JOCASTE.

La victoire, Créon, n'est pas toujours si belle;
La honte et les remords vont souvent après elle.
Quand deux frères armés vont s'égorger entre eux,
Ne les pas séparer, c'est les perdre tous deux.
Peut-on faire au vainqueur une injure plus noire,
Que lui laisser gagner une telle victoire?

CRÉON.

Leur courroux est trop grand...

JOCASTE.

Il peut être adouci.

CRÉON.

Tous deux veulent régner.

JOCASTE.

Ils régneront aussi.

CRÉON.

On ne partage point la grandeur souveraine;
Et ce n'est pas un bien qu'on quitte et qu'on reprenne.

JOCASTE.

L'intérêt de l'État leur servira de loi.

CRÉON.

L'intérêt de l'État est de n'avoir qu'un roi,
Qui, d'un ordre constant gouvernant ses provinces,
Accoutume à ses lois et le peuple et les princes.
Ce règne interrompu de deux rois différents,
En lui donnant deux rois, lui donne deux tyrans.
Par un ordre, souvent l'un à l'autre contraire [1],
Un frère détruirait ce qu'aurait fait un frère :

---

[1] *Par un ordre souvent l'un à l'autre contraire* n'est pas une phrase française. *Contraire* se rapporte nécessairement à *ordre*; et qu'est-ce qu'*un ordre contraire l'un à l'autre*, quand ces mots *l'un à l'autre* supposent nécessairement deux objets corrélatifs? Il est clair que l'auteur

Vous les verriez toujours former quelque attentat,
Et changer tous les ans la face de l'État.
Ce terme limité, que l'on veut leur prescrire,
Accroît leur violence en bornant leur empire.
Tous deux feront gémir les peuples tour à tour :
Pareils à ces torrents qui ne durent qu'un jour,
Plus leur cours est borné, plus ils font de ravage,
Et d'horribles dégâts signalent leur passage [1].

JOCASTE.

On les verrait plutôt, par de nobles projets,
Se disputer tous deux l'amour de leurs sujets.
Mais avouez, Créon, que toute votre peine
C'est de voir que la paix rend votre attente vaine [2];

était encore loin alors de savoir plier sa versification aux tournures difficiles. Il avait mis d'abord :

> Vous les verriez toujours, l'un à l'autre *contraire*,
> Détruire aveuglément ce qu'aurait fait un frère ;
> L'un sur l'autre toujours former quelque attentat.

Ce qui valait beaucoup mieux pour la construction, qui est du moins claire et correcte, si ce n'est que la rime avait ôté l's de *contraire*, qui doit être au pluriel. On ne dit pas non plus *former un attentat*. *Dégâts* n'est pas du style noble. *Plus ils font de ravage* est prosaïque. Le meilleur vers de cette tirade,

> On ne partage point la grandeur souveraine,

a été pris tout entier par Voltaire, qui s'en est servi dans *Rome sauvée*. (L.)

[1] VAR. Et par de grands dégâts signalent leur passage.

Cette tirade est dans le goût de Corneille, que Racine s'efforçait alors d'imiter ; elle est pleine de sens et de vigueur. La comparaison qui la termine, quoique très-belle, est ici un ornement ambitieux, peu convenable au style tragique. (G.)

[2] C'est, en effet, toute la politique de Créon dans la pièce. Comment Jocaste découvre-t-elle cette politique, tandis qu'Étéocle en est la dupe? Le P. Brumoy ne le conçoit pas ; rien n'est cependant plus facile à expliquer : Étéocle est aveuglé par sa haine contre son frère ; Jocaste est éclairée par son amour pour ses fils. Celui qui flatte notre passion peut nous tromper ; mais nous devinons aisément celui qui la contrarie. (G.)

Qu'elle assure à mes fils le trône où vous tendez,
Et va rompre le piége où vous les attendez[1].
Comme, après leur trépas, le droit de la naissance[2]
Fait tomber en vos mains la suprême puissance,
Le sang qui vous unit aux deux princes mes fils
Vous fait trouver en eux vos plus grands ennemis;
Et votre ambition, qui tend à leur fortune,
Vous donne pour tous deux une haine commune.
Vous inspirez au roi vos conseils dangereux,
Et vous en servez un pour les perdre tous deux.

CRÉON.

Je ne me repais point de pareilles chimères :
Mes respects pour le roi sont ardents et sincères :
Et mon ambition est de le maintenir
Au trône où vous croyez que je veux parvenir.
Le soin de sa grandeur est le seul qui m'anime;
Je hais ses ennemis, et c'est là tout mon crime :
Je ne m'en cache point. Mais, à ce que je voi,
Chacun n'est pas ici criminel comme moi [3].

JOCASTE.

Je suis mère, Créon ; et si j'aime son frère,
La personne du roi ne m'en est pas moins chère [4].
De lâches courtisans peuvent bien le haïr;
Mais une mère enfin ne peut pas se trahir.

ANTIGONE.

Vos intérêts ici sont conformes aux nôtres,
Les ennemis du roi ne sont pas tous les vôtres;

---

[1] VAR. Et qu'en vous éloignant du trône où vous tendez,
Elle *rend* pour jamais vos desseins *avortés*.

[2] VAR. Comme, après mes enfants, le droit de la naissance, etc.

[3] Cette froide ironie ne peut regarder qu'Antigone. Créon lui reproche sa passion pour Hémon : le spectateur, qui n'en est point prévenu, ne comprend rien à ces mots. (L. B.)

[4] VAR. Tant que pour ennemi le roi n'aura qu'un frère,
Sa personne, Créon, me sera toujours chère.

ACTE I, SCÈNE V.

Créon, vous êtes père, et, dans ces ennemis,
Peut-être songez-vous que vous avez un fils.
On sait de quelle ardeur Hémon sert Polynice.

CRÉON.
Oui, je le sais, madame, et je lui fais justice ;
Je le dois, en effet, distinguer du commun,
Mais c'est pour le haïr encor plus que pas un :
Et je souhaiterais, dans ma juste colère,
Que chacun le haït comme le hait son père [1].

ANTIGONE.
Après tout ce qu'a fait la valeur de son bras,
Tout le monde, en ce point, ne vous ressemble pas.

CRÉON.
Je le vois bien, madame, et c'est ce qui m'afflige :
Mais je sais bien à quoi sa révolte m'oblige ;
Et tous ces beaux exploits qui le font admirer,
C'est ce qui me le fait justement abhorrer [2].
La honte suit toujours le parti des rebelles :
Leurs grandes actions sont les plus criminelles,
Ils signalent leur crime en signalant leur bras,
Et la gloire n'est point où les rois ne sont pas.

ANTIGONE.
Écoutez un peu mieux la voix de la nature.

---

[1] Si le projet de Créon est d'armer les deux frères l'un contre l'autre pour se placer sur le trône, l'attachement qu'Hémon témoigne pour Polynice ne doit point porter Créon à haïr son fils, puisque cet attachement est favorable à ses vues. Mais nous croyons que ce n'est qu'un prétexte : la véritable cause de sa haine est l'inclination secrète qu'il soupçonne entre Antigone et Hémon, dont il est le rival. Le spectateur, qui n'est point instruit de toutes ces intrigues, n'entend rien à cette dissimulation. *La Thébaïde* est un tissu de contradictions, dont les plus frappantes sont dans la conduite et dans le caractère de Créon. (L. B.)

[2] *Tous ces beaux exploits... C'est ce qui me le fait...* Cette phrase n'est pas correcte. Le verbe devait être au pluriel pour s'accorder avec son sujet. Racine aurait dû dire : *Et tous ces beaux exploits sont ce qui me le fait*.

CRÉON.
Plus l'offenseur m'est cher, plus je ressens l'injure.
ANTIGONE.
Mais un père à ce point doit-il être emporté?
Vous avez trop de haine.
CRÉON.
          Et vous, trop de bonté.
C'est trop parler, madame, en faveur d'un rebelle.
ANTIGONE.
L'innocence vaut bien que l'on parle pour elle.
CRÉON.
Je sais ce qui le rend innocent à vos yeux.
ANTIGONE.
Et je sais quel sujet vous le rend odieux.
CRÉON.
L'amour a d'autres yeux que le commun des hommes.
JOCASTE.
Vous abusez, Créon, de l'état où nous sommes;
Tout vous semble permis; mais craignez mon courroux;
Vos libertés enfin retomberaient sur vous.
ANTIGONE.
L'intérêt du public agit peu sur son âme,
Et l'amour du pays nous cache une autre flamme [1].
Je la sais; mais, Créon, j'en abhorre le cours [2],
Et vous ferez bien mieux de la cacher toujours.

[1] L'amour de Créon pour Antigone n'est peut-être pas assez indiqué ici. Toutefois, si les acteurs sont bons, les spectateurs devineront l'intrigue, comme Antigone elle-même la devine. Il suffit de lire avec attention le dialogue qui précède, pour entrer dans la confidence de Créon.

[2] Luneau de Boisjermain a mis dans son édition *je le sais*, quoique toutes les éditions portent *je la sais* (La Harpe a suivi Luneau de Boisjermain). *Je la sais* n'est pas élégant, et l'on ne dit pas bien *savoir une flamme*; mais toute la suite ne laisse aucun lieu de douter que Racine n'ait écrit ainsi. (G.) — *J'en abhorre le cours* est une expression vicieuse : on ne dit pas *le cours d'une flamme*. (L.)

CRÉON.

Je le ferai, madame ; et je veux par avance
Vous épargner encor jusques à ma présence.
Aussi bien mes respects redoublent vos mépris [1];
Et je vais faire place à ce bienheureux fils.
Le roi m'appelle ailleurs, il faut que j'obéisse [2].
Adieu. Faites venir Hémon et Polynice.

JOCASTE.

N'en doute pas, méchant, ils vont venir tous deux ;
Tous deux ils préviendront tes desseins malheureux.

SCÈNE VI.

JOCASTE, ANTIGONE, OLYMPE.

ANTIGONE.

Le perfide ! A quel point son insolence monte !

JOCASTE.

Ses superbes discours tourneront à sa honte.
Bientôt, si nos désirs sont exaucés des cieux,
La paix nous vengera de cet ambitieux.
Mais il faut se hâter, chaque heure nous est chère :
Appelons promptement Hémon et votre frère [3];
Je suis, pour ce dessein, prête à leur accorder
Toutes les sûretés qu'ils pourront demander.
Et toi, si mes malheurs ont lassé ta justice,
Ciel, dispose à la paix le cœur de Polynice,
Seconde mes soupirs, donne force à mes pleurs,
Et comme il faut enfin fais parler mes douleurs [4].

---

[1] Au lieu de *mes respects*, Racine avait mis d'abord *mes devoirs*.

[2] VAR. Vous savez que le roi m'appelle à son service.

[3] VAR. Appelons, au plus vite, Hémon et votre frère.

[4] *Donner force à des pleurs* manque d'élégance. Il fallait *donne du pou-*

ANTIGONE, seule [1].

Et si tu prends pitié d'une flamme innocente,
O ciel, en ramenant Hémon à son amante,
Ramène-le fidèle; et permets, en ce jour,
Qu'en retrouvant l'amant je retrouve l'amour [2] !

voir ou *de l'empire. Faire parler comme il faut des douleurs. Comme il faut* est une expression prosaïque qui affaiblit une expression heureuse : *faire parler des douleurs.* Louis Racine a fait de vains efforts pour justifier ces deux locutions.

[1] Dans les premières éditions, on lit :

ANTIGONE, *demeurant un peu après sa mère.*

[2] Ce premier acte laisse l'espoir d'une entrevue, et en cela il est conforme aux règles de l'art; mais d'ailleurs il est languissant, prolixe, faible de style; les amours et la politique de Créon ne sont point assez expliqués; et enfin l'acte finit par un madrigal. (G.)

ACTE SECOND.

SCÈNE I.

ANTIGONE, HÉMON.

HÉMON.
Quoi! vous me refusez votre aimable présence [1],
Après un an entier de supplice et d'absence?
Ne m'avez-vous, madame, appelé près de vous,
Que pour m'ôter sitôt un bien qui m'est si doux?
ANTIGONE.
Et voulez-vous sitôt que j'abandonne un frère?
Ne dois-je pas au temple accompagner ma mère?
Et dois-je préférer, au gré de vos souhaits,
Le soin de votre amour à celui de la paix?
HÉMON.
Madame, à mon bonheur c'est chercher trop d'obstacles;
Ils iront bien, sans nous, consulter les oracles.
Permettez que mon cœur, en voyant vos beaux yeux,
De l'état de son sort interroge ses dieux [2].
Puis-je leur demander, sans être téméraire,
S'ils ont toujours pour moi leur douceur ordinaire?
Souffrent-ils sans courroux mon ardente amitié?
Et du mal qu'ils ont fait ont-ils quelque pitié?

---

[1] VAR. Hé quoi! vous me plaignez votre aimable présence, etc.

[2] Nous ne dirons rien de cette galanterie et de ce style : le vice de l'un et de l'autre est jugé depuis longtemps. Mais il faut observer que l'on dit *interroger sur quelque chose*, et non pas *de quelque chose*. (L.) — Encore le mot *état*; et qu'est-ce que *l'état de son sort*?

Durant le triste cours d'une absence cruelle,
Avez-vous souhaité que je fusse fidèle?
Songiez-vous que la mort menaçait, loin de vous,
Un amant qui ne doit mourir qu'à vos genoux?
Ah! d'un si bel objet quand une âme est blessée,
Quand un cœur jusqu'à vous élève sa pensée,
Qu'il est doux d'adorer tant de divins appas!
Mais aussi que l'on souffre en ne les voyant pas!
Un moment, loin de vous, me durait une année;
J'aurais fini cent fois ma triste destinée,
Si je n'eusse songé, jusques à mon retour,
Que mon éloignement vous prouvait mon amour;
Et que le souvenir de mon obéissance
Pourrait en ma faveur parler en mon absence;
Et que pensant à moi vous penseriez aussi
Qu'il faut aimer beaucoup pour obéir ainsi.

ANTIGONE.

Oui, je l'avais bien cru qu'une âme si fidèle[1]
Trouverait dans l'absence une peine cruelle;
Et, si mes sentiments se doivent découvrir,
Je souhaitais, Hémon, qu'elle vous fît souffrir,
Et qu'étant loin de moi, quelque ombre d'amertume
Vous fît trouver les jours plus longs que de coutume.
Mais ne vous plaignez pas: mon cœur chargé d'ennui
Ne vous souhaitait rien qu'il n'éprouvât en lui,
Surtout depuis le temps que dure cette guerre,
Et que de gens armés vous couvrez cette terre.
O dieux! à quels tourments mon cœur s'est vu soumis,
Voyant des deux côtés ses plus tendres amis[2]!

---

[1] VAR. Oui, je prévoyais bien qu'une âme si fidèle, etc.

[2] On lit dans les premières éditions les huit vers suivants, que Racine a retranchés :

>   Lorsqu'on se sent pressé d'une main inconnue,
>   On la craint sans réserve, on hait sans retenue.

Mille objets de douleur déchiraient mes entrailles ;
J'en voyais et dehors et dedans nos murailles[1] ;
Chaque assaut à mon cœur livrait mille combats ;
Et mille fois le jour je souffrais le trépas.

HÉMON.

Mais enfin qu'ai-je fait, en ce malheur extrême,
Que ne m'ait ordonné ma princesse elle-même ?
J'ai suivi Polynice, et vous l'avez voulu ;
Vous me l'avez prescrit par un ordre absolu.
Je lui vouai dès lors une amitié sincère ;
Je quittai mon pays, j'abandonnai mon père ;
Sur moi, par ce départ, j'attirai son courroux ;
Et, pour tout dire enfin, je m'éloignai de vous.

ANTIGONE.

Je m'en souviens, Hémon, et je vous fais justice :
C'est moi que vous serviez en servant Polynice ;
Il m'était cher alors comme il l'est aujourd'hui,
Et je prenais pour moi ce qu'on faisait pour lui[2].

> Dans tous ses mouvements le cœur n'est pas contraint,
> Et se sent soulagé de haïr ce qu'il craint ;
> Mais, voyant attaquer mon pays et mon frère,
> La main qui l'attaquait ne m'était pas moins chère ;
> Mon cœur, qui ne voyait que mes frères et vous,
> Ne haïssait personne, et je vous craignais tous.
> Mille objets, etc.

[1] Voltaire, dans ses commentaires sur Corneille, a fait remarquer pourquoi il fallait dire : *Je voyais des objets de douleur dans ou hors nos murailles*, et non *dedans et dehors*. *Dedans* et *dehors* ne se mettent que seuls ; on dit : *nos murailles ont toujours subsisté, quoiqu'il y eût souvent bien des ennemis* dedans, *et que nos troupes eussent été mises* dehors. *Dedans, dehors,* sont des adverbes, et non des prépositions. (L. B.) — On ne sait que dire de cette tirade : *ombre d'amertume, trouver des jours longs,* plus *longs que de coutume,* et enfin *un assaut qui livre un combat à un cœur ;* tout cela est plus que négligé.

[2] Il y a dans ce couplet d'Antigone une douceur, un naturel, une grâce innocente, un certain charme où l'on reconnaît Racine ; il n'y manque qu'un peu plus de couleur poétique. La prédilection d'Antigone pour Polynice serait plus théâtrale si elle était motivée ; mais Polynice

Nous nous aimions tous deux dès la plus tendre enfance,
Et j'avais sur son cœur une entière puissance ;
Je trouvais à lui plaire une extrême douceur,
Et les chagrins du frère étaient ceux de la sœur[1].
Ah! si j'avais encor sur lui le même empire,
Il aimerait la paix, pour qui mon cœur soupire[2];
Notre commun malheur en serait adouci :
Je le verrais, Hémon; vous me verriez aussi!

HÉMON.

De cette affreuse guerre il abhorre l'image.
Je l'ai vu soupirer de douleur et de rage,
Lorsque, pour remonter au trône paternel,
On le força de prendre un chemin si cruel.
Espérons que le ciel, touché de nos misères,
Achèvera bientôt de réunir les frères :
Puisse-t-il rétablir l'amitié dans leur cœur,
Et conserver l'amour dans celui de la sœur!

---

n'est pas moins féroce que son frère : on ne voit pas pourquoi Antigone a plus d'inclination pour lui. (G.) — Cette prédilection est assez motivée par les vers qui suivent. Antigone aime Polynice parce qu'il fut le compagnon chéri de son enfance ; elle l'aime surtout parce qu'il est malheureux.

[1] Racine a fait après ce vers une coupure considérable. Antigone disait dans les premières éditions :

> Je le chéris toujours, encore qu'il m'oublie.
> HÉMON.
> Non, non, son amitié ne s'est point affaiblie :
> Il vous chérit encor ; mais ses yeux ont appris
> Que mon amour pour vous est bien d'un autre prix.
> Quoique son amitié surpasse l'ordinaire,
> Il voit combien l'amant l'emporte sur le frère,
> Et qu'auprès de l'amour dont je ressens l'ardeur
> La plus forte amitié n'est au plus que tiédeur.
> ANTIGONE.
> Mais enfin, si sur lui j'avais le moindre empire,
> Il aimerait la paix, etc.

[2] Il faudrait *pour laquelle*; *qui* avec une préposition ne se dit que des personnes.

ANTIGONE.

Hélas! ne doutez point que ce dernier ouvrage
Ne lui soit plus aisé que de calmer leur rage.
Je les connais tous deux, et je répondrais bien
Que leur cœur, cher Hémon, est plus dur que le mien.
Mais les dieux quelquefois font de plus grands miracles.

SCÈNE II.

ANTIGONE, HÉMON, OLYMPE.

ANTIGONE.

Hé bien? apprendrons-nous ce qu'ont dit les oracles?
Que faut-il faire?

OLYMPE.

Hélas!

ANTIGONE.

Quoi? qu'en a-t-on appris?
Est-ce la guerre, Olympe?

OLYMPE.

Ah! c'est encore pis!

HÉMON.

Quel est donc ce grand mal que leur courroux annonce.

OLYMPE.

Prince, pour en juger, écoutez leur réponse :
« Thébains, pour n'avoir plus de guerres,
« Il faut, par un ordre fatal,
« Que le dernier du sang royal
« Par son trépas ensanglante vos terres. »

ANTIGONE.

O dieux, que vous a fait ce sang infortuné?
Et pourquoi tout entier l'avez-vous condamné?
N'êtes-vous pas contents de la mort de mon père?
Tout notre sang doit-il sentir votre colère[1]?

---

[1] VAR. Tout notre sang doit-il subir votre colère?

HÉMON.

Madame, cet arrêt ne vous regarde pas ;
Votre vertu vous met à couvert du trépas :
Les dieux savent trop bien connaître l'innocence.

ANTIGONE.

Et ce n'est pas pour moi que je crains leur vengeance [1].
Mon innocence, Hémon, serait un faible appui ;
Fille d'OEdipe, il faut que je meure pour lui [2].
Je l'attends, cette mort, et je l'attends sans plainte ;
Et, s'il faut avouer le sujet de ma crainte [3],
C'est pour vous que je crains ; oui, cher Hémon, pour vous.
De ce sang malheureux vous sortez comme nous ;
Et je ne vois que trop que le courroux céleste
Vous rendra, comme à nous, cet honneur bien funeste,
Et fera regretter aux princes des Thébains
De n'être pas sortis du dernier des humains.

HÉMON.

Peut-on se repentir d'un si grand avantage ?
Un si noble trépas flatte trop mon courage ;
Et du sang de ses rois il est beau d'être issu,
Dût-on rendre ce sang sitôt qu'on l'a reçu.

---

[1] La conjonction *et* commence cette réponse d'Antigone d'une manière bizarre ; cependant elle se trouve dans toutes les éditions. (G.) — Racine a employé *et* dans le sens du mot *aussi*. C'est un latinisme ; *aussi n'est-ce pas pour moi que je crains leur vengeance ; c'est pour vous que je crains*. Ce latinisme n'est pas heureux ; aussi a-t-il eu si peu de succès, qu'il n'a été compris ni des commentateurs ni des imprimeurs.

[2] L'expression n'est pas juste : Antigone ne meurt point pour OEdipe, qui est mort, mais à cause du crime d'OEdipe. (L. R.)

[3] VAR. Je l'attends, cette mort, et je l'attends sans plaintes ;
    Et, s'il faut avouer le sujet de mes craintes.

Pourquoi Antigone applique-t-elle la réponse de l'oracle à Hémon ? Il eût mieux valu qu'il s'en fît lui-même l'application ; ce qui aurait fait naître une dispute généreuse, et donné à la scène un peu plus de chaleur. (L. B.)

ANTIGONE.

Hé quoi! si parmi nous on a fait quelque offense [1],
Le ciel doit-il sur vous en prendre la vengeance?
Et n'est-ce pas assez du père et des enfants,
Sans qu'il aille plus loin chercher des innocents?
C'est à nous à payer pour les crimes des nôtres :
Punissez-nous, grands dieux; mais épargnez les autres!
Mon père, cher Hémon, vous va perdre aujourd'hui;
Et je vous perds peut-être encore plus que lui [2].
Le ciel punit sur vous et sur votre famille
Et les crimes du père et l'amour de la fille;
Et ce funeste amour vous nuit encore plus [3]
Que les crimes d'OEdipe et le sang de Laïus.

HÉMON.

Quoi! mon amour, madame? Et qu'a-t-il de funeste?
Est-ce un crime qu'aimer une beauté céleste?
Et puisque sans colère il est reçu de vous,
En quoi peut-il du ciel mériter le courroux?
Vous seule en mes soupirs êtes intéressée,
C'est à vous à juger s'ils vous ont offensée :

---

[1] Le mot *offense* est faible, le mot *crime* eût donné plus d'énergie à la pensée d'Antigone. La Harpe fait observer qu'on ne dit point *faire quelque offense* sans dire à qui; mais il se trompe; ce mot peut s'employer d'une manière absolue, et l'on en trouve un exemple dans l'ode de J.-B. Rousseau : *Paraissez, roi des rois*, et dans le Dictionnaire de l'Académie.

[2] Le sens de cette phrase est obscur, et la pensée en est recherchée. Racine voulait dire sans doute : *Mon père sera cause de votre perte, et moi j'en serai encore plus cause que lui.* L'emploi du mot *perdre* fait une amphibologie.

[3] Pourquoi Antigone dit-elle à Hémon que les dieux le punissent d'être amoureux d'elle? C'est pour amener la réponse héroïque et galante d'Hémon, qui s'embarrasse peu de la colère des dieux, pourvu qu'Antigone soit favorable à son amour. Antigone paraît un peu trop résignée à la perte de son amant. (G.)

Tels que seront pour eux vos arrêts tout-puissants[1],
Ils seront criminels, ou seront innocents[2].
Que le ciel à son gré de ma perte dispose[3],
J'en chérirai toujours et l'une et l'autre cause,
Glorieux de mourir pour le sang de mes rois,
Et plus heureux encor de mourir sous vos lois[4].

[1] Indépendamment de la recherche de la pensée, il y a ici embarras dans le style : *tels que seront pour eux* est un tour pénible, obscur, incorrect : *des soupirs qui seront criminels ou innocents, tels que seront pour eux les arrêts tout-puissants*, forment une phrase presque barbare. (G.)

[2] Racine, après ce vers, avait placé ceux-ci, qu'on ne trouve que dans les premières éditions :

> Aussi, quand jusqu'à vous j'osai porter ma flamme,
> Vos yeux seuls imprimaient la terreur dans mon âme ;
> Et je craignais bien plus d'offenser vos appas,
> Que le courroux des dieux que je n'offensais pas.
>
> ANTIGONE.
> Autant que votre amour votre erreur est extrême :
> Et vous les offensiez beaucoup plus que moi-même.
> Quelque rigueur pour vous qui parût en mes yeux,
> Hélas ! ils approuvaient ce qui fâchait les dieux.
> Oui, ces dieux ennemis de toute ma famille,
> Aussi bien que le père en détestaient la fille,
> Vous aimâtes, Hémon, l'objet de leur courroux,
> Et leur haine pour moi s'étendit jusqu'à vous.
> C'est là de vos malheurs le funeste principe ;
> Fuyez, Hémon, fuyez de la fille d'Œdipe.
> Tâchez de n'aimer plus, pour plaire aux immortels,
> Et la fille et la sœur de tant de criminels.
> Le crime en sa famille....
>
> HÉMON.
> Ah ! madame, leur crime
> Ne fait que relever votre vertu sublime,
> Puisque, par un effort dont les dieux sont jaloux,
> Vous brillez d'un éclat qui ne vient que de vous.
> Que le ciel, etc.

[3] On dit bien disposer du sort, de la vie, de la fortune, du temps de quelqu'un, mais non pas *disposer de sa perte*. (G.)

[4] Les quatre vers suivants ont été retranchés par Racine :

> Plût aux dieux seulement que votre amant fidèle
> Pût avoir de leur haine une cause nouvelle,

Aussi bien que ferais-je en ce commun naufrage?
Pourrais-je me résoudre à vivre davantage?
En vain les dieux voudraient différer mon trépas,
Mon désespoir ferait ce qu'ils ne feraient pas.
Mais peut-être, après tout, notre frayeur est vaine[1];
Attendons... Mais voici Polynice et la reine.

SCÈNE III.

JOCASTE, POLYNICE, ANTIGONE, HÉMON.

POLYNICE.

Madame, au nom des dieux, cessez de m'arrêter[2] :
Je vois bien que la paix ne peut s'exécuter[3].
J'espérais que du ciel la justice infinie
Voudrait se déclarer contre la tyrannie,
Et que, lassé de voir répandre tant de sang[4],

> Et que, pour vous aimer, méritant leur courroux,
> Il pût mourir encor pour être aimé de vous!
> Aussi bien, etc.

[1] VAR. Mais peut-être, en ce point, notre frayeur est vaine.

[2] On sent ici que Racine n'a supposé Polynice haï des Thébains que pour avoir occasion de lui faire débiter de belles tirades, pleines d'orgueil et d'audace, dans le goût de Corneille. Racine n'a pas songé qu'une pareille supposition détruisait tout intérêt. L'entrée de Polynice n'a rien de théâtral. (G.)

[3] Louis Racine veut justifier cette expression par l'ellipse qu'il suppose, *le traité de paix ne peut s'exécuter*. Il se trompe; car il s'agit de conclure un traité de paix, et non pas de l'*exécuter*, ce qui est très-différent. De plus, en supposant même qu'il s'agit du traité de paix à *exécuter*, *exécuter la paix* ne vaudrait pas mieux, attendu que l'ellipse n'est admissible que quand elle présente un sens unique et nécessaire. Or *exécuter la paix*, s'il était français, pourrait signifier bien d'autres choses qu'*exécuter un traité*. (L.)

[4] En changeant un mot de place, Racine corrigea ce vers, qu'il avait d'abord arrangé de cette manière :

> Et que, lassé de voir tant répandre de sang.

C'est une minutie; mais rien n'est à dédaigner de ce qui concerne le style, et le style de Racine. (G.)

Il rendrait à chacun son légitime rang ;
Mais puisque ouvertement il tient pour l'injustice,
Et que des criminels il se rend le complice,
Dois-je encore espérer qu'un peuple révolté,
Quand le ciel est injuste, écoute l'équité?
Dois-je prendre pour juge une troupe insolente,
D'un fier usurpateur ministre violente[1],
Qui sert mon ennemi par un lâche intérêt,
Et qu'il anime encor, tout éloigné qu'il est?
La raison n'agit point sur une populace.
De ce peuple déjà j'ai ressenti l'audace;
Et, loin de me reprendre après m'avoir chassé,
Il croit voir un tyran dans un prince offensé.
Comme sur lui l'honneur n'eut jamais de puissance,
Il croit que tout le monde aspire à la vengeance :
De ses inimitiés rien n'arrête le cours;
Quand il hait une fois, il veut haïr toujours.

JOCASTE.

Mais s'il est vrai, mon fils, que ce peuple vous craigne,
Et que tous les Thébains redoutent votre règne,
Pourquoi par tant de sang cherchez-vous à régner
Sur ce peuple endurci que rien ne peut gagner?

POLYNICE.

Est-ce au peuple, madame, à se choisir un maître?
Sitôt qu'il hait un roi, doit-on cesser de l'être[2]?

---

[1] Geoffroy observe avec raison que *ministre* est du genre masculin : c'est un de ces adjectifs qui ont usurpé dans notre langue la force et les fonctions du substantif. Cependant La Harpe pensait qu'en poésie *ministre* pouvait avoir un féminin; il cite l'exemple du mot *enfant*, qui prend également les deux genres, quoiqu'il conserve la désinence masculine.

[2] Ce vers est embarrassé et incorrect. *Doit-on cesser* est dans un sens général, et signifie : tous les rois doivent-ils cesser de l'être? *Sitôt qu'il hait* est dans un sens particulier : ainsi Polynice semble demander si

Sa haine ou son amour, sont-ce les premiers droits
Qui font monter au trône ou descendre les rois¹?
Que le peuple à son gré nous craigne ou nous chérisse,
Le sang nous met au trône, et non pas son caprice;
Ce que le sang lui donne, il le doit accepter;
Et s'il n'aime son prince, il le doit respecter.

JOCASTE.

Vous serez un tyran haï de vos provinces.

POLYNICE.

Ce nom ne convient pas aux légitimes princes;
De ce titre odieux mes droits me sont garants² :
La haine des sujets ne fait pas les tyrans.
Appelez de ce nom Étéocle lui-même.

JOCASTE.

Il est aimé de tous³.

POLYNICE.

C'est un tyran qu'on aime,

tous les rois doivent descendre du trône sitôt que le peuple en hait un : question absurde. Racine a voulu dire :

Un roi, dès qu'on le hait, doit-il cesser de l'être?

Ce n'est pas un vers que j'ose substituer à celui de Racine; c'est une manière dont je me sers pour exprimer sa pensée. Du reste, le couplet de Polynice est plein de vigueur, et entièrement de l'école de Corneille. Racine pouvait tout imiter heureusement avec la souplesse de son génie; mais la nature ne l'avait pas fait pour prendre ce ton-là. (G.)

¹ Louis Racine observe qu'il faudrait *ou en descendre*. Cependant la précision du vers empêche que l'omission du pronom indéfini *en* ne soit très-sensible.

² *Me sont garants*, pour *me garantissent*, est un contre-sens. Être garant *d'une chose* ou *garantir de quelque chose* signifient deux choses opposées. Être garant d'une chose, c'est l'assurer; en garantir, c'est en mettre à l'abri. Ce dernier sens est celui de Racine.

³ Racine ne fait presque ici que traduire en vers plus élégants la pensée de Rotrou, chez qui Jocaste dit :

Mais quoi! son règne plaît, le vôtre est redouté!

Qui par cent lâchetés tâche à se maintenir
Au rang où par la force il a su parvenir ;
Et son orgueil le rend, par un effet contraire,
Esclave de son peuple et tyran de son frère.
Pour commander tout seul il veut bien obéir,
Et se fait mépriser pour me faire haïr.
Ce n'est pas sans sujet qu'on me préfère un traître :
Le peuple aime un esclave, et craint d'avoir un maître.
Mais je croirais trahir la majesté des rois,
Si je faisais le peuple arbitre de mes droits[1].

JOCASTE.

Ainsi donc la discorde a pour vous tant de charmes?
Vous lassez-vous déjà d'avoir posé les armes?
Ne cesserons-nous point, après tant de malheurs,
Vous, de verser du sang; moi, de verser des pleurs[2]?
N'accorderez-vous rien aux larmes d'une mère?
Ma fille, s'il se peut, retenez votre frère :
Le cruel pour vous seule avait de l'amitié.

ANTIGONE.

Ah! si pour vous son âme est sourde à la pitié,
Que pourrais-je espérer d'une amitié passée,
Qu'un long éloignement n'a que trop effacée?

Polynice répond :

> Il a gagné les cœurs, et *moi*, *moins* populaire,
> Je tiens indifférent d'être craint ou de plaire.

Jocaste, dans cette scène, montre de la partialité pour Étéocle, et ne s'exprime pas toujours en véritable mère, surtout dans ce vers. (G.)

[1] Ce morceau est véritablement beau : il est d'une égale force de pensée et d'expression. Pas une faute, pas un mot de trop. Ce couplet tragique est absolument dans le goût de Corneille, quand il écrit bien; et en aucun temps Racine ne l'aurait mieux fait. (L.)

[2] On est surpris que Racine ait payé un tribut si fort au mauvais goût et à la mode. Ces antithèses de *sang* et de *pleurs* sont d'un rhéteur, et non pas d'une mère. (G.)

A peine en sa mémoire ai-je encor quelque rang[1] ;
Il n'aime, il ne se plaît qu'à répandre du sang[2].
Ne cherchez plus en lui ce prince magnanime,
Ce prince qui montrait tant d'horreur pour le crime,
Dont l'âme généreuse avait tant de douceur,
Qui respectait sa mère et chérissait sa sœur :
La nature pour lui n'est plus qu'une chimère ;
Il méconnaît sa sœur, il méprise sa mère ;
Et l'ingrat, en l'état où son orgueil l'a mis,
Nous croit des étrangers, ou bien des ennemis[3].

POLYNICE.

N'imputez point ce crime à mon âme affligée ;
Dites plutôt, ma sœur, que vous êtes changée ;
Dites que de mon rang l'injuste usurpateur[4]
M'a su ravir encor l'amitié de ma sœur[5].
Je vous connais toujours, et suis toujours le même.

ANTIGONE.

Est-ce m'aimer, cruel, autant que je vous aime,
Que d'être inexorable à mes tristes soupirs,
Et m'exposer encore à tant de déplaisirs ?

---

[1] On a un rang dans le cœur de quelqu'un, et on a place dans sa mémoire. (L.)

[2] VAR. Et son cœur n'aime plus qu'à répandre du sang.

[3] Racine a supprimé ces quatre vers :
> Il revient ; mais, hélas ! c'est pour notre supplice.
> Je ne vois point mon frère en voyant Polynice :
> En vain il se présente à mes yeux éperdus :
> Je ne le connais point ; il ne me connaît plus.

[4] VAR. Dites que de mon rang le lâche usurpateur.

[5] Après ce vers, on lit, dans l'édition de 1664 :
> De votre changement ce traître est le complice.
> Parce qu'il me déteste, il faut qu'on me haïsse
> Aussi, sans imiter votre exemple aujourd'hui,
> Votre haine ne fait que m'aigrir contre lui.
> Je vous connais, etc.

POLYNICE.

Mais vous-même, ma sœur, est-ce aimer votre frère,
Que de lui faire ici cette injuste prière[1],
Et me vouloir ravir le sceptre de la main ?
Dieux ! qu'est-ce qu'Étéocle a de plus inhumain[2] ?
C'est trop favoriser un tyran qui m'outrage.

ANTIGONE.

Non, non, vos intérêts me touchent davantage.
Ne croyez pas mes pleurs perfides à ce point ;
Avec vos ennemis ils ne conspirent point.
Cette paix que je veux me serait un supplice,
S'il en devait coûter le sceptre à Polynice ;
Et l'unique faveur, mon frère, où je prétends,
C'est qu'il me soit permis de vous voir plus longtemps.
Seulement quelques jours souffrez que l'on vous voie ;
Et donnez-nous le temps de chercher quelque voie
Qui puisse vous remettre au rang de vos aïeux,
Sans que vous répandiez un sang si précieux.
Pouvez-vous refuser cette grâce légère
Aux larmes d'une sœur, aux soupirs d'une mère ?

JOCASTE.

Mais quelle crainte encor vous peut inquiéter ?
Pourquoi si promptement voulez-vous nous quitter ?
Quoi ! ce jour tout entier n'est-il pas de la trêve[3] ?
Dès qu'elle a commencé, faut-il qu'elle s'achève ?

---

[1] On lit dans plusieurs éditions :
   Que de lui faire *enfin* cette injuste prière.

Nous avons cru devoir suivre l'édition de 1697, dont le sens est préférable. La rigueur grammaticale exigerait que la particule *de* fût répétée au vers suivant. La même faute se trouve deux vers plus haut. C'est encore un latinisme. En latin, une préposition gouverne plusieurs verbes et même plusieurs noms de suite.

[2] VAR. Dieux ! qu'est-ce qu'Étéocle a de moins inhumain ?

VAR. Ce jour-ci tout entier n'est-il pas de la trêve ?

Vous voyez qu'Étéocle a mis les armes bas ;
Il veut que je vous voie, et vous ne voulez pas [1].

ANTIGONE.

Oui, mon frère, il n'est pas comme vous inflexible.
Aux larmes de sa mère il a paru sensible;
Nos pleurs ont désarmé sa colère aujourd'hui
Vous l'appelez cruel, vous l'êtes plus que lui [2].

HÉMON.

Seigneur, rien ne vous presse; et vous pouvez sans peine
Laisser agir encor la princesse et la reine :
Accordez tout ce jour à leur pressant désir;
Voyons si leur dessein ne pourra réussir.
Ne donnez pas la joie au prince votre frère
De dire que, sans vous, la paix se pouvait faire.
Vous aurez satisfait une mère, une sœur,
Et vous aurez surtout satisfait votre honneur.
Mais que veut ce soldat? son âme est toute émue [3]!

---

[1] La langue exige absolument *et vous ne le voulez pas*. Louis Racine observe que la vivacité de la poésie rend cette faute excusable; mais c'est précisément la poésie et le style soutenu qui interdisent cette ellipse, comme étant du langage familier : *Tous les jours je dis à cet enfant d'étudier, et il ne veut pas.* Les phrases de ce genre sont permises dans la conversation, et c'est parce qu'elles y reviennent à tout moment que le style noble les exclut. (L.)

[2] VAR. Vous l'appelez tyran, vous l'êtes plus que lui.

[3] Il est évident que Racine avait écrit *toute*. La distinction de *tout*, employé comme adjectif ou comme adverbe, n'avait pas encore été faite par l'Académie. Cette remarque est également applicable au second vers de la quatrième scène du premier acte, au quarante-unième vers du grand couplet d'Antigone, acte III, scène III, et enfin au dernier vers de la scène IV de l'acte V. (G.)

SCÈNE IV.

JOCASTE, POLYNICE, ANTIGONE, HÉMON,
UN SOLDAT.

LE SOLDAT, à Polynice.

Seigneur, on est aux mains, et la trêve est rompue :
Créon et les Thébains, par ordre de leur roi [1],
Attaquent votre armée, et violent leur foi.
Le brave Hippomédon s'efforce, en votre absence,
De soutenir leur choc de toute sa puissance.
Par son ordre, seigneur, je vous viens avertir.

POLYNICE.

Ah, les traîtres! Allons, Hémon, il faut sortir.
(à la reine.)
Madame, vous voyez comme il tient sa parole :
Mais il veut le combat, il m'attaque; et j'y vole [2].

JOCASTE.

Polynice! mon fils!... Mais il ne m'entend plus :
Aussi bien que mes pleurs, mes cris sont superflus.
Chère Antigone, allez, courez à ce barbare :
Du moins, allez prier Hémon qu'il les sépare.
La force m'abandonne, et je n'y puis courir [3];
Tout ce que je puis faire, hélas! c'est de mourir.

---

[1] VAR. Et les Thébains conduits par Créon et leur roi.

[2] L'annonce de ce combat termine l'acte heureusement. C'est une règle générale du théâtre de donner toujours au spectateur, à la fin de chaque acte, quelque motif de crainte ou d'espérance pour l'acte suivant. (G.)

[3] VAR. Le courage me manque, et je n'y puis courir.

ACTE TROISIÈME.

SCÈNE I.

JOCASTE, OLYMPE.

JOCASTE.

Olympe, va-t'en voir ce funeste spectacle [1] ;
Va voir si leur fureur n'a point trouvé d'obstacle,
Si rien n'a pu toucher l'un ou l'autre parti.
On dit qu'à ce dessein Ménécée est sorti.

OLYMPE.

Je ne sais quel dessein animait son courage,
Une héroïque ardeur brillait sur son visage ;
Mais vous devez, madame, espérer jusqu'au bout.

JOCASTE.

Va tout voir, chère Olympe, et me viens dire tout ;
Éclaircis promptement ma triste inquiétude.

OLYMPE.

Mais vous dois-je laisser en cette solitude ?

JOCASTE.

Va : je veux être seule en l'état où je suis,
Si toutefois on peut l'être avec tant d'ennuis [2] !

---

[1] *Olympe, va-t'en voir*, etc. Cette locution familière ne peut trouver place dans le style noble. Quelques vers plus bas, le poëte a exprimé la même pensée, mais il ne l'a pas rendue plus heureusement :

Va tout voir, chère Olympe, et me viens dire tout.

On peut également blâmer *éclaircir une inquiétude*, métaphore qui manque de justesse. On dit *éclaircir un doute*, et *calmer une inquiétude*.

[2] VAR. Si pourtant on peut l'être avecque tant d'ennuis !

Les deux manières sont également défectueuses ; il semble même que

SCÈNE II.

JOCASTE.

Dureront-ils toujours ces ennuis si funestes?
N'épuiseront-ils point les vengeances célestes?
Me feront-ils souffrir tant de cruels trépas[1],
Sans jamais au tombeau précipiter mes pas?
O ciel, que tes rigueurs seraient peu redoutables,
Si la foudre d'abord accablait les coupables!
Et que tes châtiments paraissent infinis,
Quand tu laisses la vie à ceux que tu punis!
Tu ne l'ignores pas, depuis le jour infâme
Où de mon propre fils je me trouvai la femme[2],
Le moindre des tourments que mon cœur a soufferts
Égale tous les maux que l'on souffre aux enfers.
Et toutefois, ô dieux, un crime involontaire
Devait-il attirer toute votre colère?
Le connaissais-je, hélas! ce fils infortuné?
Vous-même dans mes bras vous l'avez amené[3].

---

la première était moins mauvaise; elle n'avait que le défaut de faire *avecque* de trois syllabes, ce que l'usage autorisait encore à cette époque. (G.) — Dans la seconde manière, que Racine préféra, le vers manque de césure, faute déjà très-rare à l'époque des *Frères ennemis* (L.)

[1] *Trépas* est toujours du singulier. Racine ne l'a employé que cette seule fois au pluriel.

[2] *Jour infâme* est une expression impropre, parce qu'il n'y eut que du malheur et nulle infamie dans le mariage de Jocaste. (G.) — *Je me trouvai la femme* est un tour faible pour rendre une idée qu'il fallait toujours écarter. Le défaut de ce sujet est de n'offrir que des objets qui choquent nos mœurs : de tous côtés l'inceste, une mère épouse de son fils, des fils qui sont les frères de leur père ; en un mot, des aventures aussi dégoûtantes que terribles. Dans *Œdipe*, la pièce finit quand le crime est connu. *Les Frères ennemis*, au contraire, sont la suite de cette abomination : on n'y est occupé que de cette horrible famille. Il est presque impossible que de tels personnages nous intéressent.

[3] VAR. Lorsque *dedans mes bras vous l'avez amené?*

C'est vous dont la rigueur m'ouvrit ce précipice.
Voilà de ces grands dieux la suprême justice !
Jusques au bord du crime ils conduisent nos pas[1],
Ils nous le font commettre, et ne l'excusent pas !
Prennent-ils donc plaisir à faire des coupables,
Afin d'en faire, après, d'illustres misérables ?
Et ne peuvent-ils point, quand ils sont en courroux,
Chercher des criminels à qui le crime est doux[2] ?

SCÈNE III.

JOCASTE, ANTIGONE.

JOCASTE.

Hé bien ! en est-ce fait ? L'un ou l'autre perfide
Vient-il d'exécuter son noble parricide[3] ?
Parlez, parlez, ma fille.

ANTIGONE.

                Ah, madame ! en effet
L'oracle est accompli, le ciel est satisfait.

---

[1] On ne dit point *sur le bord du crime.* Deux vers plus bas, *afin d'en faire après* blesse également le goût et l'oreille. *Après* est une préposition, et non pas un adverbe, si ce n'est dans quelques phrases du style familier. (L.)

[2] Louis Racine a vanté ce monologue comme digne de l'auteur de Phèdre : ce n'est cependant qu'une déclamation contre la fatalité, bien inférieure à celle qu'on trouve sur le même sujet dans la cinquième scène du troisième acte de l'*OEdipe* de Corneille. (G.) — Le vers,

    Chercher *des* criminels à qui le crime est doux,

n'est pas une phrase correcte ; il faut à qui le crime *soit* doux, ou chercher *les* criminels, etc.

[3] Après ce vers, on trouve ceux-ci, dans l'édition de 1664 :

    D'un triomphe si beau vient-il de s'honorer ?
    Qui des deux dois-je plaindre, et qui dois-je abhorrer ?
    Ou n'ont-ils point tous deux, en mourant sur la place
    Confirmé, par leur sang, la céleste menace ?
    Parlez, parlez, etc.

JOCASTE.

Quoi ! mes deux fils sont morts ?

ANTIGONE.

Un autre sang, madame,
Rend la paix à l'État et le calme à votre âme ;
Un sang digne des rois dont il est découlé[1],
Un héros pour l'État s'est lui-même immolé [2].
Je courais pour fléchir Hémon et Polynice[3] ;
Ils étaient déjà loin, avant que je sortisse :
Ils ne m'entendaient plus ; et mes cris douloureux[4]
Vainement par leur nom les rappelaient tous deux.
Ils ont tous deux volé vers le champ de bataille ;
Et moi, je suis montée au haut de la muraille,
D'où le peuple étonné regardait, comme moi,
L'approche d'un combat qui le glaçait d'effroi.
A cet instant fatal, le dernier de nos princes,
L'honneur de notre sang, l'espoir de nos provinces,
Ménécée, en un mot, digne frère d'Hémon,
Et trop indigne aussi d'être fils de Créon[5],

---

[1] Le verbe *découler*, suivant la remarque de La Harpe, n'a point de participe, quoiqu'il soit formé du verbe *couler*, qui en a un. On ne peut donc pas dire qu'un sang est *découlé* des rois. Les deux vers qui précèdent présentent également une métaphore qui manque de justesse. Il est difficile de se figurer comment *un sang peut rendre le calme à une âme.*

[2] VAR. Pour l'État et pour nous s'est lui-même immolé.

[3] VAR. Je sortais pour fléchir Hémon et Polynice.

[4] VAR. Je leur criais d'attendre et d'arrêter leurs pas :
Mais, loin de s'arrêter, ils ne m'entendaient pas.
Ils ont couru tous deux vers le champ de bataille.

[5] Contre l'usage ordinaire, le mot *indigne* est ici pris en bonne part. C'est un latinisme. Racine a employé plusieurs fois ce mot dans le même sens ; il lui a même donné très-heureusement les deux acceptions dans *Bajazet*, lorsque Acomat dit d'Ibrahim :

Indigne également de vivre et de mourir.

De l'amour du pays montrant son âme atteinte,
Au milieu des deux camps s'est avancé sans crainte ;
Et se faisant ouïr des Grecs et des Thébains :
« Arrêtez, a-t-il dit, arrêtez, inhumains! »
Ces mots impérieux n'ont point trouvé d'obstacle[1] :
Les soldats, étonnés de ce nouveau spectacle,
De leur noire fureur ont suspendu le cours ;
Et ce prince aussitôt poursuivant son discours :
« Apprenez, a-t-il dit, l'arrêt des destinées,
« Par qui vous allez voir vos misères bornées.
« Je suis le dernier sang de vos rois descendu[2],
« Qui par l'ordre des dieux doit être répandu.
« Recevez donc ce sang que ma main va répandre ;
« Et recevez la paix, où vous n'osiez prétendre. »
Il se tait, et se frappe en achevant ces mots[3] ;
Et les Thébains, voyant expirer ce héros,
Comme si leur salut devenait leur supplice,
Regardent en tremblant ce noble sacrifice.
J'ai vu le triste Hémon abandonner son rang,
Pour venir embrasser ce frère tout en sang.
Créon, à son exemple, a jeté bas les armes,
Et vers ce fils mourant est venu tout en larmes ;
Et l'un et l'autre camp, les voyant retirés,
Ont quitté le combat, et se sont séparés.

[1] La phrase n'est pas heureuse : quel obstacle des mots peuvent-ils trouver? Cinq vers plus bas, il faudrait *par lequel* vous allez voir vos misères *terminées*. Le mot *bornées* marque une limite, mais il n'exprime pas qu'une *chose a cessé d'être*.

[2] Le mot *sang*, pris au figuré dans le premier vers et au propre dans le troisième, présente une image peu exacte. C'est comme s'il y avait : *Je suis le dernier fils des rois qui doit être répandu*. Cette faute, si commune dans les poëtes médiocres, ne se retrouve dans aucun des chefs-d'œuvre de Racine.

[3] Le sacrifice de Ménécée est inutile ; il ne contribue en rien à la marche de l'action, et n'excite aucun intérêt. Racine a emprunté cet épisode à Euripide. (G.)

En moi, le cœur tremblant, et l'âme toute émue,
D'un si funeste objet j'ai détourné la vue,
De ce prince admirant l'héroïque fureur.

JOCASTE.

Comme vous je l'admire, et j'en frémis d'horreur.
Est-il possible, ô dieux, qu'après ce grand miracle
Le repos des Thébains trouve encor quelque obstacle?
Cet illustre trépas ne peut-il vous calmer,
Puisque même mes fils s'en laissent désarmer?
La refuserez-vous, cette noble victime?
Si la vertu vous touche autant que fait le crime,
Si vous donnez les prix comme vous punissez[1],
Quels crimes par ce sang ne seront effacés?

ANTIGONE.

Oui, oui, cette vertu sera récompensée;
Les dieux sont trop payés du sang de Ménécée[2];

---

[1] Il fallait dire :
    Si vous récompensez comme vous punissez.

Le poëte a voulu éviter la rime de l'hémistiche; mais l'expression *donner les prix* nuit à la précision du vers. (L. R.)

[2] Ce vers signifie : *les dieux ont reçu le prix du sang de Ménécée et au delà*, et Racine voulait dire : *ce que nous devions aux dieux a été trop payé par le sang de Ménécée*. Dans la première phrase, le sang est la chose payée; dans la seconde, le sang est le prix de la chose, ce qui est bien différent. Pour exprimer sa pensée, Racine aurait donc dû dire : *Les dieux sont trop payés par le sang de Ménécée*. Voici les observations de La Harpe à ce sujet : « Ce qui a induit Racine en erreur, c'est
« qu'en effet le verbe *payer*, quand il s'agit des choses, peut être
« suivi de la préposition *de* dans les deux sens, soit pour exprimer la
« chose que l'on paye, soit pour exprimer la chose avec laquelle on
« paye. *Je l'ai payé de ses bienfaits*, pour dire *je lui ai payé la valeur de
« ses bienfaits*. *Il m'a payé d'ingratitude*, pour dire *il m'a payé avec
« l'ingratitude*. *Il a été payé de ses services*, pour dire *il a reçu le prix
« de ses services*. *Il a été payé de mon argent*, pour dire *il a été payé
« avec mon argent*. Mais quand ce verbe est suivi de la particule *du*,
« alors il signifie toujours *recevoir la valeur du*, etc. *Être payé du temps
« qu'on a employé; être payé du zèle qu'on a montré*. Il n'y a d'excep-

Et le sang d'un héros, auprès des immortels,
Vaut seul plus que celui de mille criminels[1].

JOCASTE.

Connaissez mieux du ciel la vengeance fatale[2] :
Toujours à ma douleur il met quelque intervalle ;
Mais, hélas! quand sa main semble me secourir,
C'est alors qu'il s'apprête à me faire périr.
Il a mis, cette nuit, quelque fin à mes larmes[3]
Afin qu'à mon réveil je visse tout en armes.
S'il me flatte aussitôt de quelque espoir de paix,
Un oracle cruel me l'ôte pour jamais.
Il m'amène mon fils ; il veut que je le voie ;
Mais, hélas! combien cher me vend-il cette joie[4] !
Ce fils est insensible, et ne m'écoute pas ;
Et soudain il me l'ôte, et l'engage aux combats.
Ainsi, toujours cruel et toujours en colère
Il feint de s'apaiser, et devient plus sévère
Il n'interrompt ses coups que pour les redoubler,
Et retire son bras pour me mieux accabler.

« tion que pour les mots qui expriment les valeurs en numéraire ou en
« nature, et alors *du* est le synonyme de *sur*, comme dans ces phrases :
« *j'ai été payé du trésor public ; je le payerai du produit de mes terres,
« de cette vente, de mes bois*, etc. ; ce qui signifie *sur le trésor, sur le
« produit*, etc. »

[1] Après ces vers, Racine a supprimé les quatre suivants :

<blockquote>
Ce sont eux dont la main suspend la barbarie
De deux camps animés d'une égale furie ;
Et si de tant de sang ils n'étaient point lassés,
A leur bouillante rage ils les auraient laissés.
</blockquote>

[2] Les détails de cette vengeance dans lesquels entre Jocaste sont trop subtils ; ses observations sont froides, et tout le couplet est à peu près inutile. Racine imite ici mal à propos la manière de Corneille, qui fait raisonner ses personnages dans la passion. (G.)

[3] VAR. Il a mis, cette nuit, quelque trêve à mes larmes.

[4] VAR. Mais combien chèrement me vend-il cette joie!

ANTIGONE.

Madame, espérons tout de ce dernier miracle.

JOCASTE.

La haine de mes fils est un trop grand obstacle[1].
Polynice endurci n'écoute que ses droits;
Du peuple et de Créon l'autre écoute la voix,
Oui, du lâche Créon! Cette âme intéressée
Nous ravit tout le fruit du sang de Ménécée[2];
En vain pour nous sauver ce grand prince se perd,
Le père nous nuit plus que le fils ne nous sert.
De deux jeunes héros cet infidèle père...

ANTIGONE.

Ah! le voici, madame, avec le roi mon frère.

SCÈNE IV.

JOCASTE, ÉTÉOCLE, ANTIGONE, CRÉON.

JOCASTE.

Mon fils, c'est donc ainsi que l'on garde sa foi?

ÉTÉOCLE.

Madame, ce combat n'est point venu de moi,
Mais de quelques soldats, tant d'Argos que des nôtres[3],
Qui, s'étant querellés les uns avec les autres,
Ont insensiblement tout le corps ébranlé,
Et fait un grand combat d'un simple démêlé.
La bataille sans doute allait être cruelle,
Et son événement vidait notre querelle,

---

[1] VAR. En vain tous les mortels s'épuiseraient le flanc,
Ils se veulent baigner dedans leur propre sang.
Tous deux voulant régner, il faut que l'un périsse :
L'un a pour lui le peuple, et l'autre la justice.

[2] VAR. Nous ôte tout le fruit du sang de Ménécée;

[3] VAR. Mais de quelques soldats, tant des Grecs que des nôtres.

Quand du fils de Créon l'héroïque trépas [1]
De tous les combattants a retenu le bras [2].
Ce prince, le dernier de la race royale,
S'est appliqué des dieux la réponse fatale ;
Et lui-même à la mort il s'est précipité,
De l'amour du pays noblement transporté.

JOCASTE.

Ah! si le seul amour qu'il eut pour sa patrie
Le rendit insensible aux douceurs de la vie,
Mon fils, ce même amour ne peut-il seulement
De votre ambition vaincre l'emportement?
Un exemple si beau vous invite à le suivre.
Il ne faudra cesser de régner ni de vivre :
Vous pouvez, en cédant un peu de votre rang,
Faire plus qu'il n'a fait en versant tout son sang ;
Il ne faut que cesser de haïr votre frère ;
Vous ferez beaucoup plus que sa mort n'a su faire.
O dieux! aimer un frère, est-ce un plus grand effort
Que de haïr la vie et courir à la mort?
Et doit-il être enfin plus facile en un autre
De répandre son sang, qu'en vous d'aimer le vôtre?

ÉTÉOCLE.

Son illustre vertu me charme comme vous ;
Et d'un si beau trépas je suis même jaloux.
Et toutefois, madame, il faut que je vous die [3]
Qu'un trône est plus pénible à quitter que la vie :
La gloire bien souvent nous porte à la haïr ;
Mais peu de souverains font gloire d'obéir.
Les dieux voulaient son sang ; et ce prince, sans crime,

[1] VAR. Quand du fils de Créon le funeste trépas.

[2] VAR. Des Thébains et des Grecs a retenu le bras.

[3] *Die* pour *dise*, expression reçue du temps de Racine, et que Molière a peut-être contribué à faire bannir de la langue. Le même mot se retrouve encore dans *Bajazet*.

Ne pouvait à l'État refuser sa victime;
Mais ce même pays, qui demandait son sang,
Demande que je règne, et m'attache à mon rang.
Jusqu'à ce qu'il m'en ôte, il faut que j'y demeure :
Il n'a qu'à prononcer, j'obéirai sur l'heure;
Et Thèbes me verra, pour apaiser son sort,
Et descendre du trône, et courir à la mort.

CRÉON.

Ah! Ménécée est mort, le ciel n'en veut point d'autre :
Laissez couler son sang, sans y mêler le vôtre[1];
Et, puisqu'il l'a versé pour nous donner la paix,
Accordez-la, seigneur, à nos justes souhaits.

ÉTÉOCLE.

Hé quoi! même Créon pour la paix se déclare?

CRÉON.

Pour avoir trop aimé cette guerre barbare,
Vous voyez les malheurs où le ciel m'a plongé :
Mon fils est mort, seigneur.

ÉTÉOCLE.

        Il faut qu'il soit vengé.

CRÉON.

Sur qui me vengerais-je en ce malheur extrême?

ÉTÉOCLE.

Vos ennemis, Créon, sont ceux de Thèbes même;
Vengez-la, vengez-vous.

CRÉON.

        Ah! dans ses ennemis
Je trouve votre frère, et je trouve mon fils[2]!

---

[1] Var. Faites servir son sang, sans y joindre le vôtre.

[2] Il manquait à Créon, pour se rendre tout à fait odieux, d'être hypocrite en pure perte : on sait qu'il n'aime pas son fils Hémon, qui est son rival, et qu'il déteste Polynice, qui s'oppose à ses vues ambitieuses. Il y a une dissimulation, une profondeur de scélératesse qui est théâtrale; mais l'hypocrisie de Créon est froide. (G.)

Dois-je verser mon sang, ou répandre le vôtre?
Et dois-je perdre un fils, pour en venger un autre?
Seigneur, mon sang m'est cher, le vôtre m'est sacré;
Serai-je sacrilége, ou bien dénaturé?
Souillerai-je ma main d'un sang que je révère?
Serai-je parricide, afin d'être bon père?
Un si cruel secours ne me peut soulager,
Et ce serait me perdre au lieu de me venger.
Tout le soulagement où ma douleur aspire,
C'est qu'au moins mes malheurs servent à votre empire.
Je me consolerai, si ce fils que je plains
Assure par sa mort le repos des Thébains.
Le ciel promet la paix au sang de Ménécée;
Achevez-la, seigneur, mon fils l'a commencée;
Accordez-lui ce prix qu'il en a prétendu;
Et que son sang en vain ne soit pas répandu.

JOCASTE.

Non, puisqu'à nos malheurs vous devenez sensible,
Au sang de Ménécée il n'est rien d'impossible.
Que Thèbes se rassure après ce grand effort :
Puisqu'il change votre âme, il changera son sort.
La paix dès ce moment n'est plus désespérée :
Puisque Créon la veut, je la tiens assurée.
Bientôt ces cœurs de fer se verront adoucis :
Le vainqueur de Créon peut bien vaincre mes fils[1].

(à Étéocle.)

Qu'un si grand changement vous désarme et vous touche;
Quittez, mon fils, quittez cette haine farouche;
Soulagez une mère, et consolez Créon;
Rendez-moi Polynice, et lui rendez Hémon.

ÉTÉOCLE.

Mais enfin c'est vouloir que je m'impose un maître.

---

[1] Quel est ce vainqueur de Créon? c'est sans doute Ménécée. Mais ce sens ne se présente pas d'abord à l'esprit. (L. B.)

Vous ne l'ignorez pas, Polynice veut l'être,
Il demande surtout le pouvoir souverain,
Et ne veut revenir que le sceptre à la main[1].

SCÈNE V.

JOCASTE, ÉTÉOCLE, ANTIGONE, CRÉON, ATTALE.

ATTALE, à Étéocle.

Polynice, seigneur, demande une entrevue ;
C'est ce que d'un héraut nous apprend la venue.
Il vous offre, seigneur, ou de venir ici,
Ou d'attendre en son camp.

CRÉON.

Peut-être qu'adouci
Il songe à terminer une guerre si lente[2],
Et son ambition n'est plus si violente.
Par ce dernier combat il apprend aujourd'hui
Que vous êtes au moins aussi puissant que lui.
Les Grecs mêmes sont las de servir sa colère ;
Et j'ai su, depuis peu, que le roi son beau-père,
Préférant à la guerre un solide repos,
Se réserve Mycène, et le fait roi d'Argos.
Tout courageux qu'il est, sans doute il ne souhaite
Que de faire en effet une honnête retraite.
Puisqu'il s'offre à vous voir, croyez qu'il veut la paix.
Ce jour la doit conclure, ou la rompre à jamais[3].

---

[1] VAR. Et ne reviendra pas que le sceptre à la main.

[2] VAR. On ne dit pas pourquoi ; mais il s'engage aussi
De vous attendre au camp, ou de venir ici.
CRÉON.
Sans doute qu'il est las d'une guerre si lente, etc.

[3] L'exactitude grammaticale demanderait que la phrase fût construite de l'une de ces deux manières : *Ce jour la doit conclure ou rompre à jamais ; ce jour doit la conclure, ou la rompre à jamais.* (L.) — Deux vers plus haut, *faire une honnête retraite* est du style familier de la comédie. (G.)

Tâchez dans ce dessein de l'affermir vous-même;
Et lui promettez tout, hormis le diadème¹.
ÉTÉOCLE.
Hormis le diadème il ne demande rien.
JOCASTE.
Mais voyez-le du moins.
CRÉON.
Oui, puisqu'il le veut bien :
Vous ferez plus tout seul que nous ne saurions faire;
Et le sang reprendra son empire ordinaire.
ÉTÉOCLE.
Allons donc le chercher².
JOCASTE.
Mon fils, au nom des dieux,
Attendez-le plutôt, voyez-le dans ces lieux³.
ÉTÉOCLE.
Hé bien! madame, hé bien! qu'il vienne, et qu'on lui donne
Toutes les sûretés qu'il faut pour sa personne⁴!
Allons.
ANTIGONE.
Ah! si ce jour rend la paix aux Thébains,
Elle sera, Créon, l'ouvrage de vos mains.

---

¹ Ce vers fait assez connaître que Créon n'exhorte Étéocle à la paix que pour irriter dans son âme le désir de la guerre. On s'étonne mal à propos que Jocaste et Antigone soient dupes de la dissimulation de ce fourbe : il faudrait s'étonner, au contraire, que deux princesses vertueuses fussent capables de pénétrer les replis d'un cœur si corrompu. (G.)

² Étéocle soupçonne le dessein de Polynice : la haine est aussi clairvoyante que l'amour; et, dans l'impatience d'en venir aux mains avec son frère, il veut l'aller chercher. Jocaste devine sa pensée, et veut être présente à l'entrevue. Cette scène ranime l'action, qui commençait à languir. (G.)

³ VAR. Attendez-le plutôt, et voyez-le en ces lieux.

⁴ Jocaste obtient que ses deux fils aient une entrevue. Ce moyen de réconciliation est employé ici pour la seconde fois.

SCÈNE VI.

CRÉON, ATTALE.

CRÉON.
L'intérêt des Thébains n'est pas ce qui vous touche,
Dédaigneuse princesse; et cette âme farouche,
Qui semble me flatter après tant de mépris,
Songe moins à la paix qu'au retour de mon fils.
Mais nous verrons bientôt si la fière Antigone
Aussi bien que mon cœur dédaignera le trône;
Nous verrons, quand les dieux m'auront fait votre roi,
Si ce fils bienheureux l'emportera sur moi.

ATTALE.
Et qui n'admirerait un changement si rare?
Créon même, Créon pour la paix se déclare[1]!

CRÉON.
Tu crois donc que la paix est l'objet de mes soins?

ATTALE.
Oui, je le crois, seigneur, quand j'y pensais le moins;
Et, voyant qu'en effet ce beau soin vous anime,
J'admire à tous moments cet effort magnanime[2]
Qui vous fait mettre enfin votre haine au tombeau.
Ménécée, en mourant, n'a rien fait de plus beau.
Et qui peut immoler sa haine à sa patrie
Lui pourrait bien aussi sacrifier sa vie.

CRÉON.
Ah! sans doute, qui peut d'un généreux effort

---

[1] VAR. De voir que ce grand cœur à la paix se déclare?

[2] Il est peu naturel que Créon confie ses projets ambitieux à un homme qui le loue de n'en pas avoir. (L. B.) — C'est encore une imitation des défauts de Corneille, qui tombe souvent dans cette faute, comme on le voit dans le rôle de Cléopâtre. (L.)

Aimer son ennemi peut bien aimer la mort[1].
Quoi! je négligerais le soin de ma vengeance,
Et de mon ennemi je prendrais la défense!
De la mort de mon fils Polynice est l'auteur,
Et moi je deviendrais son lâche protecteur!
Quand je renoncerais à cette haine extrême,
Pourrais-je bien cesser d'aimer le diadème?
Non, non : tu me verras d'une constante ardeur
Haïr mes ennemis, et chérir ma grandeur.
Le trône fit toujours mes ardeurs les plus chères :
Je rougis d'obéir où régnèrent mes pères;
Je brûle de me voir au rang de mes aïeux[2],
Et je l'envisageai dès que j'ouvris les yeux.
Surtout depuis deux ans ce noble soin m'inspire;
Je ne fais point de pas qui ne tende à l'empire :
Des princes mes neveux j'entretiens la fureur,
Et mon ambition autorise la leur.
D'Étéocle d'abord j'appuyai l'injustice;
Je lui fis refuser le trône à Polynice[3].
Tu sais que je pensais dès lors à m'y placer;
Et je l'y mis, Attale, afin de l'en chasser[4].

ATTALE.

Mais, seigneur, si la guerre eut pour vous tant de charmes,
D'où vient que de leur main vous arrachez les armes?
Et puisque leur discorde est l'objet de vos vœux,
Pourquoi, par vos conseils, vont-ils se voir tous deux[5]?

---

[1] Dans quelques éditions, après ces deux vers, on trouve ceux-ci :
> Et j'abandonnerais avec bien moins de peine
> *Le soin de mon salut* que celui de ma haine.
> J'assurerais ma gloire en courant au trépas.
> Mais on la perd, Attale, en ne se vengeant pas.
> Quoi! je négligerais, etc.

[2] VAR. Tout mon sang me conduit au rang de mes aïeux.

[3] VAR. Je lui fis refuser l'empire à Polynice.

[4] VAR. Et je le mis au trône, afin de l'en chasser.

[5] VAR. Pourquoi, par vos conseils, s'embrassent-ils tous deux?

CRÉON.

Plus qu'à mes ennemis la guerre m'est mortelle,
Et le courroux du ciel me la rend trop cruelle :
Il s'arme contre moi de mon propre dessein ;
Il se sert de mon bras pour me percer le sein.
La guerre s'allumait, lorsque, pour mon supplice,
Hémon m'abandonna pour servir Polynice[1] ;
Les deux frères par moi devinrent ennemis ;
Et je devins, Attale, ennemi de mon fils.
Enfin, ce même jour, je fais rompre la trêve,
J'excite le soldat, tout le camp se soulève,
On se bat ; et voilà qu'un fils désespéré
Meurt, et rompt un combat que j'ai tant préparé.
Mais il me reste un fils ; et je sens que je l'aime,
Tout rebelle qu'il est, et tout mon rival même.
Sans le perdre, je veux perdre mes ennemis ;
Il m'en coûterait trop, s'il m'en coûtait deux fils.
Des deux princes, d'ailleurs, la haine est trop puissante ;
Ne crois pas qu'à la paix jamais elle consente.
Moi-même je saurai si bien l'envenimer,
Qu'ils périront tous deux plutôt que de s'aimer.
Les autres ennemis n'ont que de courtes haines ;
Mais quand de la nature on a brisé les chaînes,
Cher Attale, il n'est rien qui puisse réunir
Ceux que des nœuds si forts n'ont pas su retenir :
L'on hait avec excès lorsque l'on hait un frère.
Mais leur éloignement ralentit leur colère :
Quelque haine qu'on ait contre un fier ennemi[2],

---

[1] Var. Hémon m'abandonna pour suivre Polynice.

[2] Var. Quelque haine qu'on ait pour un fier ennemi, etc.

C'est la même pensée qu'on va bientôt voir exprimée avec plus d'énergie dans ce beau vers :

> Qu'on hait un ennemi quand il est près de nous !

En employant d'avance, en retournant cette idée, Racine paraît l'a-

Quand il est loin de nous, on la perd à demi.
Ne t'étonne donc plus si je veux qu'ils se voient :
Je veux qu'en se voyant leurs fureurs se déploient ;
Que, rappelant leur haine, au lieu de la chasser,
Ils s'étouffent, Attale, en voulant s'embrasser[1].
ATTALE.
Vous n'avez plus, seigneur, à craindre que vous-même :
On porte ses remords avec le diadème[2].
CRÉON.
Quand on est sur le trône, on a bien d'autres soins ;
Et les remords sont ceux qui nous pèsent le moins.
Du plaisir de régner une âme possédée
De tout le temps passé détourne son idée ;
Et de tout autre objet un esprit éloigné
Croit n'avoir point vécu tant qu'il n'a point régné.
Mais allons : le remords n'est pas ce qui me touche[3],
Et je n'ai plus un cœur que le crime effarouche :
Tous les premiers forfaits coûtent quelques efforts ;
Mais, Attale, on commet les seconds sans remords.

---

voir affaiblie : il ne faut ni répéter ni délayer un sentiment, si l'on veut qu'il produise de l'effet. (G.)

[1] C'est là le germe de ce vers excellent que Racine mit depuis dans la bouche de Néron :
  J'embrasse mon rival, mais c'est pour l'étouffer. (G.)

[2] Phrase recherchée, et dans le goût du temps. Il faut pardonner à Racine ces légères complaisances pour son siècle, puisque c'est lui qui l'a corrigé. (G.)

[3] Créon, malgré son ambition et son amour, n'est qu'un froid scélérat, qui ne rachète point, par la profondeur des vues et la hardiesse de l'entreprise, ce qu'il y a d'odieux dans son caractère. Tout cet acte est vide d'action et plein de vains discours. Ces derniers vers ont beaucoup d'énergie ; mais présentent-ils une idée bien juste? (G.)

ACTE QUATRIÈME.

SCÈNE I.

ÉTÉOCLE, CRÉON

ÉTÉOCLE.

Oui, Créon, c'est ici qu'il doit bientôt se rendre,
Et tous deux en ce lieu nous le pouvons attendre.
Nous verrons ce qu'il veut ; mais je répondrais bien
Que par cette entrevue on n'avancera rien.
Je connais Polynice et son humeur altière[1] ;
Je sais bien que sa haine est encor tout entière ;
Je ne crois pas qu'on puisse en arrêter le cours ;
Et, pour moi, je sens bien que je le hais toujours.

CRÉON.

Mais s'il vous cède enfin la grandeur souveraine,
Vous devez, ce me semble, apaiser votre haine.

ÉTÉOCLE.

Je ne sais si mon cœur s'apaisera jamais :
Ce n'est pas son orgueil, c'est lui seul que je hais[2].
Nous avons l'un et l'autre une haine obstinée ;
Elle n'est pas, Créon, l'ouvrage d'une année
Elle est née avec nous ; et sa noire fureur,
Aussitôt que la vie, entra dans notre cœur.

---

[1] VAR. Je sais que Polynice est d'une humeur altière.

[2] Étéocle peint ici à grands traits la haine qu'il ressent pour son frère. Ce développement de caractère est très-heureux. Louis Racine a raison de dire : « Une pièce où la haine est représentée avec des couleurs si fortes et si vraies annonçait un peintre des passions. » (L. B.)

Nous étions ennemis dès la plus tendre enfance ;
Que dis-je? nous l'étions avant notre naissance[1].
Triste et fatal effet d'un sang incestueux[2] !
Pendant qu'un même sein nous renfermait tous deux,
Dans les flancs de ma mère une guerre intestine
De nos divisions lui marqua l'origine.
Elles ont, tu le sais, paru dans le berceau,
Et nous suivront peut-être encor dans le tombeau.
On dirait que le ciel, par un arrêt funeste,
Voulut de nos parents punir ainsi l'inceste[3] ;
Et que dans notre sang il voulut mettre au jour
Tout ce qu'ont de plus noir et la haine et l'amour.
Et maintenant, Créon, que j'attends sa venue,
Ne crois pas que pour lui ma haine diminue ;
Plus il approche, et plus il me semble odieux[4] ;
Et sans doute il faudra qu'elle éclate à ses yeux.
J'aurais même regret qu'il me quittât l'empire[5] :
Il faut, il faut qu'il fuie, et non qu'il se retire.
Je ne veux point, Créon, le haïr à moitié ;
Et je crains son courroux moins que son amitié.
Je veux, pour donner cours à mon ardente haine,

[1] VAR.   Et déjà nous l'étions avecque violence :
            Nous le sommes au trône aussi bien qu'au berceau,
            Et le serons peut-être encor dans le tombeau.
            On dirait que le ciel, etc.

[2] Ces vers et les trois suivants manquent dans les premières éditions. Tout ce passage offre le mérite d'une grande difficulté vaincue ; car il n'était pas aisé d'exprimer noblement cette ancienne tradition, qu'Étéocle et Polynice se battaient dans le sein de leur mère. Ce morceau, dit La Harpe, à quelques fautes près, est du style vraiment tragique.

[3] VAR.   Voulut de nos parents venger ainsi l'inceste.

[4] VAR.   Plus il approche, et plus il allume ses feux.

[5] *Quittât* est incorrect ; il était aisé de mettre à la place *cédât*. Cette faute n'empêche pas que la tirade ne soit pleine de verve, et digne du meilleur temps de Racine. (G.) — *Quitter* se disait autrefois dans le sens d'*abandonner, céder, laisser*. Voyez RICHELET.

Que sa fureur au moins autorise la mienne[1] ;
Et puisque enfin mon cœur ne saurait se trahir,
Je veux qu'il me déteste, afin de le haïr.
Tu verras que sa rage est encore la même,
Et que toujours son cœur aspire au diadème ;
Qu'il m'abhorre toujours, et veut toujours régner ;
Et qu'on peut bien le vaincre, et non pas le gagner.

CRÉON.

Domptez-le donc, seigneur, s'il demeure inflexible.
Quelque fier qu'il puisse être, il n'est pas invincible ;
Et puisque la raison ne peut rien sur son cœur,
Éprouvez ce que peut un bras toujours vainqueur.
Oui, quoique dans la paix je trouvasse des charmes,
Je serai le premier à reprendre les armes ;
Et si je demandais qu'on en rompît le cours,
Je demande encor plus que vous régniez toujours.
Que la guerre s'enflamme et jamais ne finisse,
S'il faut, avec la paix, recevoir Polynice[2].
Qu'on ne nous vienne plus vanter un bien si doux ;
La guerre et ses horreurs nous plaisent avec vous.
Tout le peuple thébain vous parle par ma bouche,
Ne le soumettez pas à ce prince farouche :
Si la paix se peut faire, il la veut comme moi ;
Surtout, si vous l'aimez, conservez-lui son roi.
Cependant écoutez le prince votre frère,

---

[1] *Haine* et *mienne :* dans les différentes leçons de cette pièce, on remarque que le poëte a changé plus d'une fois cette mauvaise rime : celle-ci lui est échappée. (L. R.)

[2] Après ce vers, on lit, dans les premières éditions :

La paix est trop cruelle *avecque* Polynice :

Sa présence aigrirait ses *charmes les plus doux*,

Et la guerre, seigneur, nous plaît *avecque* vous.

La rage d'un tyran est une affreuse guerre :

Tout ce qui lui déplaît, il *le porte par terre.*

Du plus beau de leur sang il prive les États,

Et ses moindres rigueurs sont d'horribles combats.

Tout le peuple, etc.

Et, s'il se peut, seigneur, cachez votre colère ;
Peignez... Mais quelqu'un vient.

SCÈNE II.

ÉTÉOCLE, CRÉON, ATTALE.

ÉTÉOCLE.

Sont-ils bien près d'ici ?
Vont-ils venir, Attale ?

ATTALE.

Oui, seigneur, les voici.
Ils ont trouvé d'abord la princesse et la reine,
Et bientôt ils seront dans la chambre prochaine [1].

ÉTÉOCLE.

Qu'ils entrent. Cette approche excite mon courroux.
Qu'on hait un ennemi quand il est près de nous !

CRÉON.
(à part.)

Ah, le voici ! Fortune, achève mon ouvrage,
Et livre-les tous deux aux transports de leur rage !

SCÈNE III.

JOCASTE, ÉTÉOCLE, POLYNICE, ANTIGONE, CRÉON, HÉMON.

JOCASTE [2].

Me voici donc tantôt [3] au comble de mes vœux,

---

[1] Petit détail trop simple et trop naïf pour la tragédie. Racine n'a pas toujours évité ce défaut, même dans ses chefs-d'œuvre. (G.)

[2] Dans quelques éditions estimées, entre autres dans l'édition in-4°, on lit :
JOCASTE, à Étéocle.
C'est une faute. Il est évident que les premiers vers de cette scène, jusqu'à celui-ci : *Approchez, Étéocle*, etc., s'adressent également aux deux frères. (G.)

[3] La Harpe a remarqué avec raison que *tantôt* se disait encore, du

Puisque déjà le ciel vous rassemble tous deux[1].
Vous revoyez un frère, après deux ans d'absence,
Dans ce même palais où vous prîtes naissance[2];

temps de Racine, pour *bientôt*. Alors ce mot pouvait entrer dans le style noble : aujourd'hui il ne s'emploie plus guère dans ce sens que pour désigner la seconde partie du jour : Vous viendrez *tantôt*, pour dire Vous viendrez après midi. Mais alors il ne s'emploie que familièrement.

[1] Cette scène est la meilleure de la pièce; c'est la scène du sujet. Il y a des beautés; mais elle est trop défectueuse dans l'ordonnance, et trop vicieuse dans la diction. C'est la seule à peu près dont le fond pût être tragique, dans le mauvais plan de l'auteur; mais je suis fort loin de penser avec Louis Racine qu'elle soit *bien supérieure* à celle d'Euripide : celle-ci me paraît, au contraire, bien mieux traitée. A quelques vers près, où l'on retrouve le ton sentencieux trop fréquent dans le poëte grec, le dialogue en est d'une vivacité et d'une énergie également admirables. Elle se termine d'une manière très-pathétique; et les adieux de Polynice feraient au Théâtre-Français un aussi bel effet que sur celui d'Athènes. Il s'en faut de beaucoup que l'auteur des *Frères ennemis* ait conçu cette scène aussi heureusement. Louis Racine, qui pour cette fois a raison, avoue que la fin est *languissante;* mais il ne dit pas à quoi tient surtout ce défaut, qui est assez grave : c'est que Jocaste, le plus intéressant des personnages dans cette scène, commence par le pathétique et finit par le raisonnement; au lieu que, dans l'ordre naturel, ses efforts auraient dû augmenter en proportion de la résistance qu'on lui oppose, et amener à la fin les plus grands traits de sentiment. Un autre défaut de la scène, qui est aussi celui de toute la pièce, c'est de n'avoir marqué aucune nuance qui distinguât le caractère de chacun des deux frères. Racine, qui depuis a si bien profité de ses modèles, et qui les a tant surpassés, aurait dû apprendre d'Euripide à différencier les deux personnages en concurrence : c'est un des mérites du poëte grec le plus remarquable dans le rôle de Polynice, qui est plein de traits de sensibilité les plus heureux et les mieux placés. Quel moment, entre autres, que celui où il demande la permission d'embrasser son frère, ses sœurs, avant de se retirer! Et combien la dureté des refus d'Étéocle justifie, autant qu'il est possible, l'indignation de Polynice, qui ne propose le combat singulier que dans ce moment où il est plus excusable, parce qu'il est poussé à bout, et hors de lui-même! C'est là vraiment de l'art dramatique. (L.)

[2] Il est maladroit à Jocaste de rappeler à ses fils leur naissance, si honteuse et si funeste pour la mère et pour les enfants. Du reste, cette scène est presque la seule où Jocaste soit bien en action et joue un rôle

Et moi, par un bonheur où je n'osais penser,
L'un et l'autre à la fois je vous puis embrasser.
Commencez donc, mes fils, cette union si chère ;
Et que chacun de vous reconnaisse son frère :
Tous deux dans votre frère envisagez vos traits ;
Mais, pour en mieux juger, voyez-les de plus près ;
Surtout que le sang parle et fasse son office.
Approchez, Étéocle ; avancez, Polynice...
Hé quoi ! loin d'approcher, vous reculez tous deux !
D'où vient ce sombre accueil et ces regards fâcheux ?
N'est-ce point que chacun, d'une âme irrésolue,
Pour saluer son frère attend qu'il le salue ;
Et qu'affectant l'honneur de céder le dernier,
L'un ni l'autre ne veut s'embrasser le premier[1] ?
Étrange ambition qui n'aspire qu'au crime,
Où le plus furieux passe pour magnanime !
Le vainqueur doit rougir en ce combat honteux ;
Et les premiers vaincus sont les plus généreux.
Voyons donc qui des deux aura plus de courage,
Qui voudra le premier triompher de sa rage...
Quoi ! vous n'en faites rien ! C'est à vous d'avancer ;
Et, venant de si loin, vous devez commencer :
Commencez, Polynice, embrassez votre frère ;
Et montrez...

ÉTÉOCLE.

Hé, madame ! à quoi bon ce mystère ?
Tous ces embrassements ne sont guère à propos :
Qu'il parle, qu'il s'explique, et nous laisse en repos[2].

---

vraiment intéressant. Sa tendresse forme un beau contraste avec la haine des deux frères ; et rien ne manquerait à la beauté de cette situation, si le spectateur pouvait espérer quelque succès des efforts de cette tendre mère. (G.)

[1] La pensée de Racine est qu'aucun des deux ne veut le premier embrasser son frère ; et il dit en effet, ne veut *s'embrasser lui-même*. (L.)

[2] On remarque dans cette scène une multitude d'expressions faibles

POLYNICE.
Quoi ! faut-il davantage expliquer mes pensées ?
On les peut découvrir par les choses passées :
La guerre, les combats, tant de sang répandu,
Tout cela dit assez que le trône m'est dû.
ÉTÉOCLE.
Et ces mêmes combats, et cette même guerre,
Ce sang qui tant de fois a fait rougir la terre,
Tout cela dit assez que le trône est à moi ;
Et, tant que je respire, il ne peut être à toi.
POLYNICE.
Tu sais qu'injustement tu remplis cette place.
ÉTÉOCLE.
L'injustice me plaît, pourvu que je t'en chasse[1].
POLYNICE.
Si tu n'en veux sortir, tu pourras en tomber.
ÉTÉOCLE.
Si je tombe, avec moi tu pourras succomber[2].
JOCASTE.
O dieux ! que je me vois cruellement déçue !
N'avais-je tant pressé cette fatale vue

ou trop familières ; telles que, *à quoi bon ce mystère ; guère à propos : nous laisse en repos ; que le sang parle et fasse son office ;* et enfin ce vers, qu'on trouve un peu plus bas :
  L'injustice me plaît, pourvu que je t'en chasse.
Ce qui signifie pourvu que *je te chasse de l'injustice,* le mot *en* se rapportant nécessairement au dernier substantif. (L.)

[1] Étéocle, dans la pièce française, ne donne aucune raison plausible du refus qu'il fait de céder le trône à Polynice. Dans la pièce grecque, il s'efforce au moins de justifier sa conduite par des motifs spécieux, pris dans sa passion. (L. B.)

[2] *Sortir, tomber, succomber :* il y a dans tout cela une recherche très-contraire au langage de la passion. (G.) — Deux vers plus bas : *Cette fatale vue qui a été pressée pour désunir :* entrevue serait le mot propre. Nous croyons inutile de relever toutes les fautes de ce genre qui se trouvent dans cette scène. La critique ne doit être sévère que pour les pièces où les fautes sont plus rares.

ACTE IV, SCÈNE III.

Que pour les désunir encor plus que jamais?
Ah, mes fils! est-ce là comme on parle de paix?
Quittez, au nom des dieux, ces tragiques pensées;
Ne renouvelez point vos discordes passées :
Vous n'êtes pas ici dans un champ inhumain.
Est-ce moi qui vous mets les armes à la main?
Considérez ces lieux où vous prîtes naissance;
Leur aspect sur vos cœurs n'a-t-il point de puissance?
C'est ici que tous deux vous reçûtes le jour;
Tout ne vous parle ici que de paix et d'amour :
Ces princes, votre sœur, tout condamne vos haines;
Enfin, moi qui pour vous pris toujours tant de peines,
Qui, pour vous réunir, immolerais... Hélas!
Ils détournent la tête, et ne m'écoutent pas!
Tous deux, pour s'attendrir, ils ont l'âme trop dure;
Ils ne connaissent plus la voix de la nature[1]!

(à Polynice.)

Et vous que je croyais plus doux et plus soumis...

POLYNICE.

Je ne veux rien de lui que ce qu'il m'a promis :
Il ne saurait régner sans se rendre parjure.

JOCASTE.

Une extrême justice est souvent une injure[2].
Le trône vous est dû, je n'en saurais douter;

---

[1] Après ce vers, on lit, dans les premières éditions, les quatre suivants :

> La fière ambition qui règne dans leur cœur
> N'écoute de conseil que ceux de la fureur;
> Leur sang même infecté de sa funeste haleine,
> Ou ne leur parle plus, ou leur parle de haine.
> Et vous, etc.

[2] Voltaire, dans son *OEdipe*, a emprunté ce vers, mais en le perfectionnant :

> Une extrême justice est une extrême injure.

C'est la traduction exacte et parfaite de cet ancien adage latin reçu dans

Mais vous le renversez en voulant y monter.
Ne vous lassez-vous point de cette affreuse guerre?
Voulez-vous sans pitié désoler cette terre,
Détruire cet empire, afin de le gagner?
Est-ce donc sur des morts que vous voulez régner[1]?
Thèbes avec raison craint le règne d'un prince
Qui de fleuves de sang inonde sa province :
Voudrait-elle obéir à votre injuste loi?
Vous êtes son tyran avant qu'être son roi.
Dieux! si devenant grand souvent on devient pire,
Si la vertu se perd quand on gagne l'empire,
Lorsque vous régnerez, que serez-vous, hélas!
Si vous êtes cruel quand vous ne régnez pas?

POLYNICE.

Ah! si je suis cruel, on me force de l'être;
Et de mes actions je ne suis pas le maître.
J'ai honte des horreurs où je me vois contraint[2];
Et c'est injustement que le peuple me craint.
Mais il faut, en effet, soulager ma patrie;
De ses gémissements mon âme est attendrie.
Trop de sang innocent se verse tous les jours;
Il faut de ses malheurs que j'arrête le cours;
Et, sans faire gémir ni Thèbes ni la Grèce,
A l'auteur de mes maux il faut que je m'adresse :
Il suffit aujourd'hui de son sang ou du mien.

la jurisprudence : *Summum jus, summa injuria.* (L.) — Quelques vers plus bas, on lit :

> Vous êtes un tyran avant qu'*être son roi.*

La grammaire exigeait *avant que d'être.* (G.)

[1] VAR. Est-ce dessus des morts que vous voulez régner?
[2] VAR. Si je suis violent, c'est que je suis contraint;
Et c'est injustement que le peuple me craint.
Je ne me connais plus en ce malheur extrême;
En m'arrachant au trône, on m'arrache à moi-même;
Tant que j'en suis dehors, je ne suis plus à moi :
Pour être vertueux, il faut que je sois roi.

JOCASTE.

Du sang de votre frère?

POLYNICE.

Oui, madame, du sien.
Il faut finir ainsi cette guerre inhumaine.
(à Étéocle.)
Oui, cruel, et c'est là le dessein qui m'amène.
Moi-même à ce combat j'ai voulu t'appeler;
A tout autre qu'à toi je craignais d'en parler;
Tout autre aurait voulu condamner ma pensée,
Et personne en ces lieux ne te l'eût annoncée.
Je te l'annonce donc. C'est à toi de prouver
Si ce que tu ravis tu le sais conserver.
Montre-toi digne enfin d'une si belle proie.

ÉTÉOCLE.

J'accepte ton dessein, et l'accepte avec joie[1]:
Créon sait là-dessus quel était mon désir:
J'eusse accepté le trône avec moins de plaisir.
Je te crois maintenant digne du diadème,
Je te le vais porter au bout de ce fer même[2].

JOCASTE.

Hâtez-vous donc, cruel, de me percer le sein[3];
Et commencez par moi votre horrible dessein.

---

[1] *Accepter* un dessein, pour *approuver* un dessein, est impropre; il fallait *j'accepte le combat*, ou *le défi*. La suppression du verbe *accepter* était d'autant plus nécessaire que l'auteur l'a répété trois fois dans trois vers. (L. B.) — *Porter un sceptre au bout d'un fer*, et *au bout d'un fer même*; cette image est recherchée, et l'on est fâché de la trouver après ce vers si énergique:

> Je te crois maintenant digne du diadème.

[2] VAR. Et te le vais porter au bout de ce fer même.

[3] Toute cette tirade de Jocaste est un peu subtile: on y retrouve le ton et la manière de Sabine dans *Horace* de Corneille. Les deux frères ne devraient plus avoir la patience d'entendre ce long discours; leur rage devrait les entraîner sur le champ de bataille. La fin de cette belle scène se refroidit un peu. (G.)

Ne considérez point que je suis votre mère,
Considérez en moi celle de votre frère.
Si de votre ennemi vous recherchez le sang,
Recherchez-en la source en ce malheureux flanc :
Je suis de tous les deux la commune ennemie,
Puisque votre ennemi reçut de moi la vie ;
Cet ennemi, sans moi, ne verrait pas le jour.
S'il meurt, ne faut-il pas que je meure à mon tour?
N'en doutez point, sa mort me doit être commune[1] ;
Il faut en donner deux, ou n'en donner pas une ;
Et, sans être ni doux ni cruels à demi,
Il faut me perdre, ou bien sauver votre ennemi.
Si la vertu vous plaît, si l'honneur vous anime,
Barbares, rougissez de commettre un tel crime ;
Ou si le crime, enfin, vous plaît tant à chacun,
Barbares, rougissez de n'en commettre qu'un.
Aussi bien, ce n'est point que l'amour vous retienne[2],
Si vous sauvez ma vie en poursuivant la sienne :
Vous vous garderiez bien, cruels, de m'épargner,
Si je vous empêchais un moment de régner.
Polynice, est-ce ainsi que l'on traite une mère?

POLYNICE.

J'épargne mon pays.

JOCASTE.

Et vous tuez un frère!

POLYNICE.

Je punis un méchant.

JOCASTE.

Et sa mort, aujourd'hui,
Vous rendra plus coupable et plus méchant que lui.

---

[1] Cette expression manque de justesse. L'idée de Racine est mieux rendue dans le vers précédent. La Harpe a remarqué que ces pensées sont beaucoup trop ingénieuses, et que la douleur n'a point assez de subtilité pour faire de pareils sophismes.

[2] VAR. Aussi bien ce n'est point que l'amitié vous tienne.

ACTE IV, SCÈNE III.

POLYNICE.

Faut-il que de ma main je couronne ce traître,
Et que de cour en cour j'aille chercher un maître;
Qu'errant et vagabond je quitte mes États,
Pour observer des lois qu'il ne respecte pas?
De ses propres forfaits serai-je la victime?
Le diadème est-il le partage du crime?
Quel droit ou quel devoir n'a-t-il point violé?
Et cependant il règne, et je suis exilé!

JOCASTE[1].

Mais si le roi d'Argos vous cède une couronne[2]...

---

[1] VAR.
JOCASTE.

Un exil innocent vaut mieux qu'une couronne
Que le crime noircit, que le parjure donne;
Votre bannissement vous rendra glorieux,
Et le trône, mon fils, vous rendrait odieux.
Si vous n'y montez pas, c'est le crime d'un autre;
Mais, si vous y montez, ce sera par le vôtre.
Conservez votre gloire.

ANTIGONE.

    Ah, mon frère! en effet,
Pouvez-vous concevoir cet horrible forfait?
Ainsi donc tout à coup l'honneur vous abandonne?
O dieux! est-il si doux de porter la couronne?
Et pour le seul plaisir d'en être revêtu,
Peut-on se dépouiller de toute sa vertu?
Si la vertu jamais eût régné dans votre âme,
En feriez-vous au trône un sacrifice infâme?
Quand on l'ose immoler, on la connaît bien peu;
Et la victime, hélas! vaut bien plus que le dieu.

HÉMON.

Seigneur, sans vous livrer à ce malheur extrême,
Le ciel à vos désirs offre le diadème.
Vous pouvez, sans répandre une goutte de sang,
Dès que vous le voudrez, monter à ce haut rang,
Puisque le roi d'Argos vous cède une couronne.

[2] Racine avait d'abord mis ce vers dans la bouche d'Hémon, de même que ceux-ci :

Qu'on le tienne, mon fils, d'un beau-père ou d'un père,
La main de tous les deux vous sera toujours chère.

Pourquoi Hémon est-il présent à cette entrevue, ainsi qu'Antigone et Créon? C'est une véritable inconvenance dramatique, que trois per-

POLYNICE.

Dois-je chercher ailleurs ce que le sang me donne?
En m'alliant chez lui, n'aurai-je rien porté[1]?
Et tiendrai-je mon rang de sa seule bonté?
D'un trône qui m'est dû faut-il que l'on me chasse,
Et d'un prince étranger que je brigue la place?
Non, non : sans m'abaisser à lui faire la cour,
Je veux devoir le sceptre à qui je dois le jour.

JOCASTE[2].

Qu'on le tienne, mon fils, d'un beau-père ou d'un père,
La main de tous les deux vous sera toujours chère.

POLYNICE.

Non, non, la différence est trop grande pour moi :
L'un me ferait esclave, et l'autre me fait roi.
Quoi! ma grandeur serait l'ouvrage d'une femme!
D'un éclat si honteux je rougirais dans l'âme.
Le trône, sans l'amour, me serait donc fermé?
Je ne régnerais pas, si l'on ne m'eût aimé?
Je veux m'ouvrir le trône, ou jamais n'y paraître[3];
Et quand j'y monterai, j'y veux monter en maître;

sonnages aussi intéressés à l'action les uns que les autres, quoique différemment, soient tous trois muets dans une scène de cette importance et de cette étendue. Quoi! une sœur, dans un pareil moment, n'a rien à dire à ses frères, ni un oncle à ses neveux, ni Hémon à ses cousins! Euripide a fait beaucoup mieux : chez lui, personne n'est présent à l'entrevue des deux frères, que Jocaste et le chœur. (L.)

[1] Le mot *porté* est impropre et manque de noblesse. Un sentiment si délicat devait être exprimé avec plus d'élégance.

[2] VAR. HÉMON.
  Qu'on le tienne, seigneur, d'un beau-père ou d'un père,
  La main de tous les deux vous sera toujours chère.
    POLYNICE.
  Hémon, la différence est trop grande pour moi.

[3] *S'ouvrir le trône* est sans doute placé ici par opposition avec *le trône me serait fermé*, expression employée deux vers plus haut, et qui, ainsi que la première, manque de correction et de clarté. La fierté de Polynice est blessée de devoir le trône à un autre qu'à lui-même; il veut le

Que le peuple à moi seul soit forcé d'obéir,
Et qu'il me soit permis de m'en faire haïr.
Enfin, de ma grandeur je veux être l'arbitre,
N'être point roi, madame, ou l'être à juste titre¹ ;
Que le sang me couronne, ou, s'il ne suffit pas,
Je veux à son secours n'appeler que mon bras.

JOCASTE.

Faites plus, tenez tout de votre grand courage ;
Que votre bras tout seul fasse votre partage ;
Et, dédaignant les pas des autres souverains,
Soyez, mon fils, soyez l'ouvrage de vos mains.
Par d'illustres exploits couronnez-vous vous-même,
Qu'un superbe laurier soit votre diadème ;
Régnez et triomphez, et joignez à la fois
La gloire des héros à la pourpre des rois.
Quoi ! votre ambition serait-elle bornée
A régner tour à tour l'espace d'une année ?
Cherchez à ce grand cœur, que rien ne peut dompter,
Quelque trône où vous seul ayez droit de monter.
Mille sceptres nouveaux s'offrent à votre épée,
Sans que d'un sang si cher nous la voyions trempée.
Vos triomphes pour moi n'auront rien que de doux,
Et votre frère même ira vaincre avec vous.

POLYNICE.

Vous voulez que mon cœur, flatté de ces chimères,
Laisse un usurpateur au trône de mes pères ?

JOCASTE.

Si vous lui souhaitez, en effet, tant de mal,
Élevez-le vous-même à ce trône fatal.
Ce trône fut toujours un dangereux abîme ;
La foudre l'environne aussi bien que le crime :

---

conquérir : voilà ce que Racine devait exprimer, et ce que ces vers ne disent pas.

¹ VAR. Être roi, cher Hémon, et l'être à juste titre.

Votre père et les rois qui vous ont devancés,
Sitôt qu'ils y montaient, s'en sont vus renversés.

POLYNICE.

Quand je devrais au ciel rencontrer le tonnerre,
J'y monterais plutôt que de ramper à terre.
Mon cœur, jaloux du sort de ces grands malheureux[1],
Veut s'élever, madame, et tomber avec eux.

ÉTÉOCLE.

Je saurai t'épargner une chute si vaine.

POLYNICE.

Ah! ta chute, crois-moi, précédera la mienne[2]!

JOCASTE.

Mon fils, son règne plaît.

POLYNICE.

Mais il m'est odieux.

JOCASTE.

Il a pour lui le peuple.

POLYNICE.

Et j'ai pour moi les dieux.

ÉTÉOCLE.

Les dieux de ce haut rang te voulaient interdire[3],
Puisqu'ils m'ont élevé le premier à l'empire :
Ils ne savaient que trop, lorsqu'ils firent ce choix,

---

[1] Plusieurs commentateurs ont vu dans ces vers une imitation d'Euripide; mais cette métaphore exagérée n'est une imitation ni d'Euripide ni de la nature. *Grands malheureux*, façon de parler qui ne se prend jamais qu'en mauvaise part; elle exprime le mépris. Il aurait fallu *de ces grands hommes malheureux* ou *de ces illustres malheureux*. Cette dernière épithète, en changeant le sens du mot *malheureux*, aurait mieux rendu la pensée du poëte.

[2] VAR. Ah! ta chute bientôt précédera la mienne!

[2] On dit interdire quelque chose à quelqu'un, et non pas interdire quelqu'un de quelque chose. (G.) — Quatre vers plus bas, on lit : *Dessus le trône*. Voltaire, dans ses remarques sur *Cinna*, a observé qu'on disait autrefois *dessous* au lieu de *sous*, *dessus* au lieu de *sur*. Aujourd'hui *dessous* est adverbe, et ne peut être employé comme préposition.

Qu'on veut régner toujours quand on règne une fois.
Jamais dessus le trône on ne vit plus d'un maître ;
Il n'en peut tenir deux, quelque grand qu'il puisse être :
L'un des deux, tôt ou tard, se verrait renversé ;
Et d'un autre soi-même on y serait pressé.
Jugez donc, par l'horreur que ce méchant me donne [1],
Si je puis avec lui partager la couronne.

POLYNICE.

Et moi je ne veux plus, tant tu m'es odieux,
Partager avec toi la lumière des cieux.

JOCASTE.

Allez donc, j'y consens, allez perdre la vie ;
A ce cruel combat tous deux je vous convie ;
Puisque tous mes efforts ne sauraient vous changer,
Que tardez-vous ? allez vous perdre et me venger.
Surpassez, s'il se peut, les crimes de vos pères :
Montrez, en vous tuant, comme vous êtes frères [2] :
Le plus grand des forfaits vous a donné le jour,
Il faut qu'un crime égal vous l'arrache à son tour.
Je ne condamne plus la fureur qui vous presse ;
Je n'ai plus pour mon sang ni pitié ni tendresse :
Votre exemple m'apprend à ne le plus chérir ;
Et moi je vais, cruels, vous apprendre à mourir [3].

[1] VAR. Jugez donc, par l'horreur que ce méchant nous donne.

[2] Ce vers présente une image trop nue d'un crime dont une mère doit à peine oser concevoir la pensée. Le vers précédent suffisait. Les deux suivants sont admirables.

[3] Ce vers semble une faible copie de celui de Sabine, qui est admirable :

Tigres, allez combattre ; et nous, allons mourir.
Hor., acte II, sc. VII.

Jocaste se retire trop tôt, et ne devrait pas sortir avant de savoir l'issue du combat. (G.) — Jocaste se retire de même dans Sénèque et Rotrou. Elle nous semble bien pressée de se donner la mort. Cette catastrophe est bien mieux amenée dans Euripide. Jocaste apprend que ses deux fils viennent de s'égorger ; elle court au champ de bataille, elle les y trouve encore vivants ; elle y reçoit leurs derniers adieux, et, tirant

ANTIGONE [1].

Madame... O ciel! que vois-je? Hélas! rien ne les touche!

HÉMON.

Rien ne peut ébranler leur constance farouche.

ANTIGONE.

Princes...

ÉTÉOCLE.

Pour ce combat choisissons quelque lieu.

POLYNICE.

Courons. Adieu, ma sœur.

ÉTÉOCLE.

Adieu, princesse, adieu.

ANTIGONE.

Mes frères, arrêtez! Gardes, qu'on les retienne;
Joignez, unissez tous vos douleurs à la mienne [2].
C'est leur être cruel que de les respecter [3].

HÉMON.

Madame, il n'est plus rien qui les puisse arrêter.

ANTIGONE.

Ah! généreux Hémon, c'est vous seul que j'implore :
Si la vertu vous plaît, si vous m'aimez encore,
Et qu'on puisse arrêter leurs parricides mains,
Hélas! pour me sauver, sauvez ces inhumains.

l'épée du corps d'Étéocle, elle se la plonge dans le sein. Le récit de Racine est très-beau; mais il le serait davantage s'il y avait ajouté ce morceau. « Mon père, dit Louis Racine, a profité de ce tableau dans *Andro-* « *maque*; c'est ainsi qu'il fait mourir Hermione. » (L. B.)

[1] Dans les éditions de 1676 et de 1687, on lit :

VAR.   CRÉON.
         Heureux emportement!
         ANTIGONE.
         Hélas! rien ne les touche.

[2] VAR. Et n'obéissez pas à leur rage inhumaine.

[3] Dans les premières éditions, faites pendant la vie de Racine, et dans les meilleures qu'on a publiées après sa mort, le mot *cruel* est au pluriel; c'est une faute évidente, et l'on a de la peine à concevoir comment elle a pu échapper jusqu'ici à tous les commentateurs.

ACTE CINQUIÈME.

SCÈNE I.

ANTIGONE.

A quoi te résous-tu, princesse infortunée[1] ?
　Ta mère vient de mourir dans tes bras ;
　　Ne saurais-tu suivre ses pas,
Et finir, en mourant, ta triste destinée ?
A de nouveaux malheurs te veux-tu réserver ?
Tes frères sont aux mains, rien ne les peut sauver
　　De leurs cruelles armes.
Leur exemple t'anime à te percer le flanc ;

---

[1] C'est de Rotrou que Racine a pris l'idée de cette scène.

Les stances dans un monologue étaient alors à la mode : Corneille en avait fait usage dans le *Cid* ; Racine suivit le torrent ; *il avait même*, dit Louis Racine, *fait cette scène plus longue*, et par conséquent plus défectueuse ; mais il fut assez sage pour en retrancher plusieurs stances ; celle qui suit est la seule qui nous ait été conservée.

　　Cruelle ambition, dont la noire malice
　　　Conduit tant de monde au trépas,
　　Et qui, feignant d'ouvrir le trône sous nos pas,
　　　Ne nous ouvre qu'un précipice :
　　　　Que tu causes d'égarements !
　　Qu'en d'étranges malheurs tu plonges tes amants !
　　　　Que leurs chutes sont déplorables !
　　Mais que tu fais périr d'innocents avec eux,
　　　　Et que tu fais de misérables
　　　　En faisant un ambitieux !

On peut voir, dans les lettres XXXI, XXXII et XXXIII, à M. Le Vasseur, combien le sacrifice de cette strophe et de plusieurs autres coûta à Racine, qui les mit en réserve comme des morceaux précieux pour une autre occasion.

> Et toi seule verses des larmes,
> Tous les autres versent du sang[1].

> Quelle est de mes malheurs l'extrémité mortelle ?
> Où ma douleur doit-elle recourir ?
> Dois-je vivre ? dois-je mourir ?
> Un amant me retient, une mère m'appelle ;
> Dans la nuit du tombeau je la vois qui m'attend ;
> Ce que veut la raison, l'amour me le défend
> Et m'en ôte l'envie.
> Que je vois de sujets d'abandonner le jour !
> Mais, hélas ! qu'on tient à la vie,
> Quand on tient si fort à l'amour !

> Oui, tu retiens, amour, mon âme fugitive ;
> Je reconnais la voix de mon vainqueur.
> L'espérance est morte en mon cœur,
> Et cependant tu vis, et tu veux que je vive ;
> Tu dis que mon amant me suivrait au tombeau,
> Que je dois de mes jours conserver le flambeau
> Pour sauver ce que j'aime.
> Hémon, vois le pouvoir que l'amour a sur moi :
> Je ne vivrais pas pour moi-même,
> Et je veux bien vivre pour toi.

> Si jamais tu doutas de ma flamme fidèle...
> Mais voici du combat la funeste nouvelle.

[1] Dans la foule des antithèses dont ces stances sont hérissées, celle-ci est la moins excusable ; mais il est curieux d'observer que, dans ce mauvais genre, Corneille a produit des stances capables d'embellir une ode, tandis que les meilleures de Racine n'offrent que des pointes dignes tout au plus d'un vaudeville. (G.)

SCÈNE II.

ANTIGONE, OLYMPE.

ANTIGONE.
Hé bien, ma chère Olympe, as-tu vu ce forfait?
OLYMPE.
J'y suis courue en vain, c'en était déjà fait[1].
Du haut de nos remparts j'ai vu descendre en larmes
Le peuple qui courait et qui criait aux armes ;
Et, pour vous dire enfin d'où venait sa terreur,
Le roi n'est plus, madame, et son frère est vainqueur[2].
On parle aussi d'Hémon : l'on dit que son courage
S'est efforcé longtemps de suspendre leur rage,
Mais que tous ses efforts ont été superflus.
C'est ce que j'ai compris de mille bruits confus[3].
ANTIGONE.
Ah! je n'en doute pas, Hémon est magnanime ;
Son grand cœur eut toujours trop d'horreur pour le cri- [me :
Je l'avais conjuré d'empêcher ce forfait ;
Et s'il l'avait pu faire, Olympe, il l'aurait fait.
Mais, hélas! leur fureur ne pouvait se contraindre ;
Dans des ruisseaux de sang elle voulait s'éteindre.
Princes dénaturés, vous voilà satisfaits :
La mort seule entre vous pouvait mettre la paix.
Le trône pour vous deux avait trop peu de place ;
Il fallait entre vous mettre un plus grand espace,

---

[1] Façon de parler vicieuse. On dit *j'ai couru*, et non pas *j'y suis couru*. (G.)

[2] Olympe n'a pas attendu la fin du combat. Cet artifice produit un heureux effet dans l'*Horace* de Corneille, parce qu'on s'intéresse beaucoup au sort des guerriers ; il ne fait ici qu'une sensation médiocre, parce que Polynice n'inspire pas plus d'intérêt qu'Étéocle. (G.)

[3] *De* est impropre ; il était aisé de mettre *par*. (G.)

Et que le ciel vous mît, pour finir vos discords,
L'un parmi les vivants, l'autre parmi les morts.
Infortunés tous deux, dignes qu'on vous déplore¹!
Moins malheureux pourtant que je ne suis encore,
Puisque de tous les maux qui sont tombés sur vous,
Vous n'en sentez aucun, et que je les sens tous²!

OLYMPE.

Mais pour vous ce malheur est un moindre supplice
Que si la mort vous eût enlevé Polynice.
Ce prince était l'objet qui faisait tous vos soins :
Les intérêts du roi vous touchaient beaucoup moins.

ANTIGONE.

Il est vrai, je l'aimais d'une amitié sincère³;
Je l'aimais beaucoup plus que je n'aimais son frère;
Et ce qui lui donnait tant de part dans mes vœux⁴,
Il était vertueux, Olympe, et malheureux⁵.

---

¹ Le mot *déplorer* ne se dit guère que des choses; on déplore la perte, on ne déplore pas les personnes. Cependant il n'est pas inutile de remarquer que le mot *déplorable*, dans le style soutenu, peut s'appliquer aux personnes; et Racine l'a heureusement employé dans *Andromaque*, *Phèdre*, *Esther*, et *Athalie*.

² Les vers suivants ont été retranchés :

> Quand on est au tombeau, tous nos tourments s'apaisent ;
> Quand on est furieux, tous nos crimes nous plaisent ;
> Des plus cruels malheurs le trépas vient à bout :
> La fureur ne sent rien, mais la douleur sent tout.
> Cette vive douleur, dont je suis la victime,
> Ressent la mort de l'un, et de l'autre le crime ;
> Le sort de tous les deux me déchire le cœur ;
> Et, plaignant le vaincu, je pleure le vainqueur.
> A ce cruel vainqueur quel accueil dois-je faire?
> S'il est mon frère, Olympe, il a tué mon frère :
> La nature est confuse et se tait aujourd'hui ;
> Elle n'ose parler pour lui, ni contre lui.

³ Antigone l'a déjà dit; mais elle le répète ici dans une situation qui donne un nouveau prix à ce sentiment de bienveillance particulière pour Polynice. (G.)

⁴ VAR. Et ce qui le rendait agréable à mes yeux.

⁵ Il peut être permis à une sœur de se faire illusion sur le caractère

Mais, hélas! ce n'est plus ce cœur si magnanime,
Et c'est un criminel qu'a couronné son crime :
Son frère plus que lui commence à me toucher;
Devenant malheureux, il m'est devenu cher.

OLYMPE.

Créon vient.

ANTIGONE.

Il est triste; et j'en connais la cause!
Au courroux du vainqueur la mort du roi l'expose.
C'est de tous nos malheurs l'auteur pernicieux.

SCÈNE III.

ANTIGONE, CRÉON, OLYMPE, ATTALE,
GARDES.

CRÉON.

Madame, qu'ai-je appris en entrant dans ces lieux?
Est-il vrai que la reine...

ANTIGONE.

Oui, Créon, elle est morte.

CRÉON.

O dieux! puis-je savoir de quelle étrange sorte
Ses jours infortunés ont éteint leur flambeau[1]?

---

de son frère. Polynice ne paraît pas vertueux dans la pièce, puisqu'il hait son frère; mais il est l'offensé, il réclame la justice, il demande l'exécution d'un traité. Si Racine ne pouvait pas en faire un prince vertueux, il pouvait adoucir son caractère, et porter quelque intérêt sur sa personne. (G.)

[1] On dit *le flambeau de ses jours s'est éteint*, ou *il a éteint le flambeau de ses jours*; mais on ne dit point *ses jours ont éteint leur flambeau*, et moins encore *éteint leur flambeau d'une étrange sorte*. Il était si aisé de mettre :

De ses malheureux jours s'est éteint le flambeau,

qu'on voit bien que l'auteur n'a pas mis une dernière main à ses pièces. (L. R.)

OLYMPE.
Elle-même, seigneur, s'est ouvert le tombeau ;
Et, s'étant d'un poignard en un moment saisie,
Elle en a terminé ses malheurs et sa vie [1].
ANTIGONE.
Elle a su prévenir la perte de son fils.
CRÉON.
Ah, madame ! il est vrai que les dieux ennemis...
ANTIGONE.
N'imputez qu'à vous seul la mort du roi mon frère,
Et n'en accusez point la céleste colère.
A ce combat fatal vous seul l'avez conduit :
Il a cru vos conseils ; sa mort en est le fruit.
Ainsi de leurs flatteurs les rois sont les victimes ;
Vous avancez leur perte, en approuvant leurs crimes ;
De la chute des rois vous êtes les auteurs ;
Mais les rois, en tombant, entraînent leurs flatteurs [2].
Vous le voyez, Créon : sa disgrâce mortelle
Vous est funeste autant qu'elle nous est cruelle ;
Le ciel, en le perdant, s'en est vengé sur vous,
Et vous avez peut-être à pleurer comme nous.
CRÉON.
Madame, je l'avoue ; et les destins contraires
Me font pleurer deux fils, si vous pleurez deux frères.

---

[1] Olympe n'est guère plus éloquente dans le récit de la mort de Jocaste que dans celui de la mort d'Antigone : la versification est lourde, la phrase embarrassée et sans aucune élégance. (G.) — De plus, ce vers manque de correction :
> Elle en a terminé ses malheurs et sa vie.

On ne dit pas *terminer ses malheurs d'un poignard*, mais d'un coup de poignard.

[2] Racine a depuis employé la même pensée d'une manière plus forte et plus brillante, dans la scène III du quatrième acte de *Phèdre*. Mais je ne sais s'il n'est pas ici plus profond, et s'il n'a pas relevé son invective contre les flatteurs par cette idée nouvelle, que les flatteurs sont eux-mêmes enveloppés dans la ruine des rois qu'ils ont perdus. (G.)

ANTIGONE.

Mes frères et vos fils! dieux! que veut ce discours[1]?
Quelque autre qu'Étéocle a-t-il fini ses jours?

CRÉON.

Mais ne savez-vous pas cette sanglante histoire?

ANTIGONE.

J'ai su que Polynice a gagné la victoire,
Et qu'Hémon a voulu les séparer en vain.

CRÉON.

Madame, ce combat est bien plus inhumain.
Vous ignorez encor mes pertes et les vôtres;
Mais, hélas! apprenez les unes et les autres.

ANTIGONE.

Rigoureuse Fortune, achève ton courroux!
Ah! sans doute, voici le dernier de tes coups!

CRÉON.

Vous avez vu, madame, avec quelle furie
Les deux princes sortaient pour s'arracher la vie;
Que d'une ardeur égale ils fuyaient de ces lieux[2],
Et que jamais leurs cœurs ne s'accordèrent mieux.
La soif de se baigner dans le sang de leur frère
Faisait ce que jamais le sang n'avait su faire :
Par l'excès de leur haine ils semblaient réunis;
Et, prêts à s'égorger, ils paraissaient amis[3].
Ils ont choisi d'abord, pour leur champ de bataille,
Un lieu près des deux camps, au pied de la muraille.

---

[1] *Que veut ce discours*, pour *que veut dire*, ou *que signifie*, n'est pas une phrase française, quoiqu'on la trouve encore quelquefois dans les poëtes contemporains de Racine. (L.) — Quelques vers plus bas, on a blâmé avec raison *achever un courroux*, qui ne peut se dire en français. (G.)

[2] VAR.   Que d'une égale ardeur ils y couraient tous deux.

[3] On peut remarquer cette mauvaise rime de *réunis* avec *amis*, dans un poëte qui a toujours si bien rimé. Manquer à la rime en français, dit Jean-Baptiste Rousseau, c'est pécher contre la mesure du vers en latin. (L. B.)

C'est là que, reprenant leur première fureur,
Ils commencent enfin ce combat plein d'horreur.
D'un geste menaçant, d'un œil brûlant de rage,
Dans le sein l'un de l'autre ils cherchent un passage[1] ;
Et, la seule fureur précipitant leurs bras,
Tous deux semblent courir au-devant du trépas.
Mon fils, qui de douleur en soupirait dans l'âme,
Et qui se souvenait de vos ordres, madame,
Se jette au milieu d'eux, et méprise pour vous
Leurs ordres absolus qui nous arrêtaient tous[2] :
Il leur retient le bras, les repousse, les prie,
Et pour les séparer s'expose à leur furie.
Mais il s'efforce en vain d'en arrêter le cours ;
Et ces deux furieux se rapprochent toujours.
Il tient ferme pourtant, et ne perd point courage ;
De mille coups mortels il détourne l'orage,
Jusqu'à ce que du roi le fer trop rigoureux,
Soit qu'il cherchât son frère, ou ce fils malheureux,
Le renverse à ses pieds prêt à rendre la vie[3].

ANTIGONE.

Et la douleur encor ne me l'a pas ravie!

CRÉON.

J'y cours, je le relève, et le prends dans mes bras;
Et me reconnaissant : « Je meurs, dit-il tout bas,

---

[1] Voltaire a pris ces deux vers presque tout entiers, mais pourtant en corrigeant le premier hémistiche :

> D'un bras déterminé, d'un œil brûlant de rage,
> Dans le sein l'un de l'autre ils cherchent un passage.
> *Henriade.* (L.)

[2] VAR. Leurs ordres absolus qui nous retenaient tous.

[3] Il fallait *près de* rendre la vie : le mot *près* est ici préposition, et non pas adjectif. Il signifie *sur le point de*, et non *disposé à*. La même faute se retrouve deux fois dans cette scène, et plusieurs fois dans les autres pièces de Racine. La règle qui détermine l'emploi de ce mot n'a été établie que longtemps après.

ACTE V, SCÈNE III.

« Trop heureux d'expirer pour ma belle princesse.
« En vain à mon secours votre amitié s'empresse ;
« C'est à ces furieux que vous devez courir :
« Séparez-les, mon père, et me laissez mourir. »
Il expire à ces mots. Ce barbare spectacle
A leur noire fureur n'apporte point d'obstacle ;
Seulement Polynice en paraît affligé :
« Attends, Hémon, dit-il, tu vas être vengé. »
En effet, sa douleur renouvelle sa rage,
Et bientôt le combat tourne à son avantage.
Le roi, frappé d'un coup qui lui perce le flanc,
Lui cède la victoire, et tombe dans son sang.
Les deux camps aussitôt s'abandonnent en proie,
Le nôtre à la douleur, et les Grecs à la joie ;
Et le peuple, alarmé du trépas de son roi,
Sur le haut de ses tours témoigne son effroi.
Polynice, tout fier du succès de son crime,
Regarde avec plaisir expirer sa victime ;
Dans le sang de son frère il semble se baigner :
« Et tu meurs, lui dit-il, et moi je vais régner.
« Regarde dans mes mains l'empire et la victoire ;
« Va rougir aux enfers de l'excès de ma gloire ;
« Et pour mourir encore avec plus de regret,
« Traître, songe en mourant que tu meurs mon sujet. »
En achevant ces mots, d'une démarche fière
Il s'approche du roi couché sur la poussière,
Et pour le désarmer il avance le bras.
Le roi, qui semble mort, observe tous ses pas ;
Il le voit, il l'attend, et son âme irritée
Pour quelque grand dessein semble s'être arrêtée.
L'ardeur de se venger flatte encor ses désirs,
Et retarde le cours de ses derniers soupirs.
Prêt à rendre la vie, il en cache le reste,
Et sa mort au vainqueur est un piége funeste :

Et dans l'instant fatal que ce frère inhumain
Lui veut ôter le fer qu'il tenait à la main,
Il lui perce le cœur; et son âme ravie,
En achevant ce coup, abandonne la vie[1].
Polynice frappé pousse un cri dans les airs,
Et son âme en courroux s'enfuit dans les enfers[2].
Tout mort qu'il est, madame, il garde sa colère;
Et l'on dirait qu'encore il menace son frère :
Son visage, où la mort a répandu ses traits,
Demeure plus terrible et plus fier que jamais[3].

ANTIGONE.

Fatale ambition, aveuglement funeste!
D'un oracle cruel suite trop manifeste!
De tout le sang royal il ne reste que nous;
Et plût aux dieux, Créon, qu'il ne restât que vous,
Et que mon désespoir, prévenant leur colère,
Eût suivi de plus près le trépas de ma mère!

---

[1] Racine laisse ici une énorme distance entre lui et tous ceux qui se sont exercés sur ce récit. Il est vrai, comme Geoffroy le fait observer, qu'il n'a guère de pensées brillantes dont le germe ne se trouve dans Stace, que néanmoins il embellit presque toujours. En rendant justice à la supériorité de quelques parties du récit de Racine, il est utile de remarquer avec La Harpe que rien n'est moins tragique qu'un Hémon qui dit *tout bas* qu'il meurt *pour sa belle princesse;* que des expressions telles que *du roi le fer trop rigoureux, une âme ravie qui abandonne la vie, un barbare spectacle qui n'apporte point d'obstacle à une noire fureur,* sont autant de taches dans un récit qui pèche assez généralement par la langueur du style et la répétition des idées.

[2] Traduction aussi heureuse que littérale de ce vers par lequel Virgile achève le tableau de la mort de Turnus, et termine *l'Énéide* :

« Vitaque cum gemitu fugit indignata sub umbras. »
Æneid., lib. XII. (G.)

[3] Quelques commentateurs ont cru trouver ici une imitation de la stance XXVI du chant XIX de *la Jérusalem délivrée*. Au reste, cette même idée se retrouve dans Salluste, lorsqu'il peint la mort de Catilina.

ACTE V, SCÈNE III.

CRÉON.

Il est vrai que des dieux le courroux embrasé
Pour nous faire périr semble s'être épuisé ;
Car enfin sa rigueur, vous le voyez, madame,
Ne m'accable pas moins qu'elle afflige votre âme[1].
En m'arrachant mes fils...

ANTIGONE.

Ah ! vous régnez, Créon ;
Et le trône aisément vous console d'Hémon.
Mais laissez-moi, de grâce, un peu de solitude,
Et ne contraignez point ma triste inquiétude ;
Aussi bien mes chagrins passeraient jusqu'à vous.
Vous trouverez ailleurs des entretiens plus doux ;
Le trône vous attend, le peuple vous appelle ;
Goûtez tout le plaisir d'une grandeur nouvelle.
Adieu. Nous ne faisons tous deux que nous gêner.
Je veux pleurer, Créon, et vous voulez régner[2].

CRÉON, arrêtant Antigone.

Ah, madame ! régnez, et montez sur le trône[3] :
Ce haut rang n'appartient qu'à l'illustre Antigone.

ANTIGONE.

Il me tarde déjà que vous ne l'occupiez[4].
La couronne est à vous.

CRÉON.

Je la mets à vos pieds.

---

[1] Cette phrase est incorrecte, il fallait *sa rigueur ne m'accable pas moins qu'elle n'afflige votre âme;* car, pour lui donner un sens affirmatif, il était nécessaire d'employer deux négations.

[2] L'opposition entre *pleurer* et *régner,* ainsi que le tour de ce vers, le rendent peu digne de la tragédie. (G.)

[3] Créon joue ici un rôle bien bas et bien misérable. On ne conçoit pas comment il peut débiter tant de galanteries insipides, presque sur les cadavres de sa sœur et de ses neveux. (G.)

[4] La négation est de trop, et cette faute est la moindre de celles qu'offre ce dialogue. (G.)

ANTIGONE.
Je la refuserais de la main des dieux même;
Et vous osez, Créon, m'offrir le diadème?

CRÉON.
Je sais que ce haut rang n'a rien de glorieux
Qui ne cède à l'honneur de l'offrir à vos yeux.
D'un si noble destin je me connais indigne :
Mais si l'on peut prétendre à cette gloire insigne,
Si par d'illustres faits on la peut mériter,
Que faut-il faire enfin, madame?

ANTIGONE.
M'imiter[1].

CRÉON.
Que ne ferais-je point pour une telle grâce!
Ordonnez seulement ce qu'il faut que je fasse :
Je suis prêt...

ANTIGONE, en s'en allant.
Nous verrons.

CRÉON, la suivant.
J'attends vos lois ici.

ANTIGONE, en s'en allant.
Attendez.

SCÈNE IV.

CRÉON, ATTALE, GARDES.

ATTALE.
Son courroux serait-il adouci?
Croyez-vous la fléchir?

---

[1] Ce mot sublime peut à peine couvrir le ridicule de cet autre mot, *Attendez*, qui termine la scène. Créon peut-il se flatter qu'Antigone, qui vient de lui témoigner tant d'horreur et de mépris, ne tardera pas à reparaître pour accepter ses dons? (G.)

ACTE V, SCÈNE IV.

CRÉON.

Oui, oui, mon cher Attale ;
Il n'est point de fortune à mon bonheur égale
Et tu vas voir en moi, dans ce jour fortuné,
L'ambitieux au trône, et l'amant couronné.
Je demandais au ciel la princesse et le trône ;
Il me donne le sceptre, et m'accorde Antigone.
Pour couronner ma tête et ma flamme en ce jour [1],
Il arme en ma faveur et la haine et l'amour ;
Il allume pour moi deux passions contraires ;
Il attendrit la sœur, il endurcit les frères ;
Il aigrit leur courroux, il fléchit sa rigueur,
Et m'ouvre en même temps et leur trône et son cœur.

ATTALE.

Il est vrai, vous avez toute chose prospère,
Et vous seriez heureux si vous n'étiez point père.
L'ambition, l'amour, n'ont rien à désirer ;
Mais, seigneur, la nature a beaucoup à pleurer :
En perdant vos deux fils...

CRÉON.

Oui, leur perte m'afflige :
Je sais ce que de moi le rang de père exige [2] ;
Je l'étais ; mais surtout j'étais né pour régner ;
Et je perds beaucoup moins que je ne crois gagner.
Le nom de père, Attale, est un titre vulgaire [3] :
C'est un don que le ciel ne nous refuse guère :

---

[1] Expression défectueuse, parce qu'on ne couronne point une tête comme on couronne une flamme ; l'un est au propre, et l'autre au figuré. Toute cette tirade est composée d'antithèses puériles, et le dernier vers les termine dignement. (L. B.)

[2] Mauvaise expression : la paternité n'est pas un *rang* ; elle est un *titre*, elle est un *nom*, etc.

[3] Créon met le comble à sa froide scélératesse par des sentiments aussi atroces. Un ambitieux qui rabaisse par des raisonnements subtils le titre de père pour exalter celui de roi, est le dernier degré du mauvais

Un bonheur si commun n'a pour moi rien de doux ;
Ce n'est pas un bonheur, s'il ne fait des jaloux.
Mais le trône est un bien dont le ciel est avare ;
Du reste des mortels ce haut rang nous sépare ;
Bien peu sont honorés d'un don si précieux :
La terre a moins de rois que le ciel n'a de dieux.
D'ailleurs tu sais qu'Hémon adorait la princesse,
Et qu'elle eut pour ce prince une extrême tendresse :
S'il vivait, son amour au mien serait fatal.
En me privant d'un fils, le ciel m'ôte un rival.
Ne me parle donc plus que de sujets de joie,
Souffre qu'à mes transports je m'abandonne en proie ;
Et, sans me rappeler des ombres des enfers,
Dis-moi ce que je gagne, et non ce que je perds :
Parle-moi de régner, parle-moi d'Antigone ;
J'aurai bientôt son cœur, et j'ai déjà le trône.
Tout ce qui s'est passé n'est qu'un songe pour moi :
J'étais père et sujet, je suis amant et roi.
La princesse et le trône ont pour moi tant de charmes,
Que... Mais Olympe vient.

ATTALE.

Dieux ! elle est toute en larmes.

SCÈNE V.

CRÉON, OLYMPE, ATTALE, GARDES.

OLYMPE.

Qu'attendez-vous, seigneur ? La princesse n'est plus.

CRÉON.

Elle n'est plus, Olympe !

goût et de l'oubli des convenances. (G.) — Qu'il y a loin de cette pièce à *Andromaque*, qui ne parut cependant que trois ans après *la Thébaïde !*

OLYMPE.

Ah! regrets superflus!
Elle n'a fait qu'entrer dans la chambre prochaine,
Et du même poignard dont est morte la reine [1],
Sans que je pusse voir son funeste dessein,
Cette fière princesse a percé son beau sein :
Elle s'en est, seigneur, mortellement frappée ;
Et dans son sang, hélas! elle est soudain tombée.
Jugez à cet objet ce que j'ai dû sentir.
Mais sa belle âme enfin, toute prête à sortir :
« Cher Hémon, c'est à toi que je me sacrifie, »
Dit-elle ; et ce moment a terminé sa vie.
J'ai senti son beau corps tout froid entre mes bras ;
Et j'ai cru que mon âme allait suivre ses pas.
Heureuse mille fois, si ma douleur mortelle
Dans la nuit du tombeau m'eût plongée avec elle!

(Elle s'en va.)

SCÈNE VI.

CRÉON, ATTALE, GARDES.

CRÉON.

Ainsi donc vous fuyez un amant odieux [2],
Et vous-même, cruelle, éteignez vos beaux yeux [3]!

---

[1] On ne dit point *mourir d'un poignard*, comme on dit *mourir d'un poison*. On remarque encore dans cette tirade des expressions telles que *son beau sein*, *sa belle âme*, *son beau corps*. La galanterie et le goût romanesque faisaient supporter ces fadeurs. Quant au vers

Et j'ai cru que mon âme allait suivre ses pas,

il fallait dire, suivant la remarque de Louis Racine, *suivre la sienne*.

[2] VAR. Et vous mourez ainsi, beau sujet de mes feux.

[3] *Éteindre de beaux yeux*. Louis Racine trouve cette expression hasardée. Avec moins d'indulgence, il eût été plus juste. Dans ce couplet et dans le suivant, chaque vers pourrait être le sujet d'une observation critique.

Vous fermez pour jamais ces beaux yeux que j'adore ;
Et, pour ne me point voir, vous les fermez encore !
Quoique Hémon vous fût cher, vous courez au trépas
Bien plus pour m'éviter que pour suivre ses pas !
Mais dussiez-vous encor m'être aussi rigoureuse,
Ma présence aux enfers vous fût-elle odieuse,
Dût après le trépas vivre votre courroux,
Inhumaine, je vais y descendre après vous.
Vous y verrez toujours l'objet de votre haine,
Et toujours mes soupirs vous rediront ma peine,
Ou pour vous adoucir ou pour vous tourmenter ;
Et vous ne pourrez plus mourir pour m'éviter.
Mourons donc...

ATTALE, lui arrachant son épée.

Ah, seigneur ! quelle cruelle envie !

CRÉON.

Ah ! c'est m'assassiner que me sauver la vie !
Amour, rage, transports, venez à mon secours,
Venez, et terminez mes détestables jours !
De ces cruels amis trompez tous les obstacles !
Toi, justifie, ô ciel, la foi de tes oracles !
Je suis le dernier sang du malheureux Laïus ;
Perdez-moi, dieux cruels, ou vous serez déçus.
Reprenez, reprenez cet empire funeste ;
Vous m'ôtez Antigone, ôtez-moi tout le reste :
Le trône et vos présents excitent mon courroux ;
Un coup de foudre est tout ce que je veux de vous.
Ne le refusez pas à mes vœux, à mes crimes[1] ;
Ajoutez mon supplice à tant d'autres victimes.

---

[1] VAR. Accordez-le à mes vœux, accordez-le à mes crimes.

Le caractère de Créon n'est point soutenu. C'est un ambitieux qui fomente la division des deux frères, afin d'usurper le trône : mais d'abord peut-il prévoir qu'ils se tueront tous deux ? Et quand le succès a passé ses espérances, et que leur mort le rend maître du trône, il veut mou-

Mais en vain je vous presse, et mes propres forfaits
Me font déjà sentir tous les maux que j'ai faits.
Polynice, Étéocle, Iocaste, Antigone,
Mes fils, que j'ai perdus pour m'élever au trône,
Tant d'autres malheureux dont j'ai causé les maux,
Font déjà dans mon cœur l'office des bourreaux.
Arrêtez... Mon trépas va venger votre perte ;
La foudre va tomber, la terre est entr'ouverte ;
Je ressens à la fois mille tourments divers,
Et je m'en vais chercher du repos aux enfers [1].

(Il tombe entre les mains des gardes.)

rir ; et pourquoi ? Est-ce parce qu'Antigone est morte ? Il n'a paru jusque-là que très-médiocrement amoureux d'elle. Est-ce parce que ses deux fils sont morts ? Il a paru jusque-là peu touché de cette perte. Dans Euripide, loin de songer à se tuer, il est au comble de ses vœux : ce qui est vraisemblable. Il n'est question de sa mort dans la tragédie française que parce que l'auteur s'est cru obligé de ne pas laisser le criminel impuni. (L. R.)

[1] Voilà d'où est parti celui qui est arrivé jusqu'à *Athalie*. *La Thébaïde*, malgré ses défauts, est le coup d'essai d'un génie qui donne de grandes espérances : le bon poëte se fait reconnaître non-seulement par quelques beaux morceaux, comme le monologue de Jocaste dans le troisième acte, l'entrevue des deux frères dans le quatrième, et le récit de leur combat dans le dernier, mais par la manière dont il conduit son sujet, et même par sa prédilection pour ce sujet.

Instruit, par la lecture d'Aristote, que les poëtes doivent chercher des sujets terribles, il osa entreprendre un sujet si terrible, qu'on peut dire qu'il répand l'horreur plutôt que la terreur. Il est remarquable que le poëte qui a été appelé depuis le peintre de l'amour ait, pour son coup d'essai, fait le tableau de la plus affreuse haine qu'on ait jamais vue. Il a fait entrer, à la vérité, l'amour dans ce triste sujet ; mais comment eût-il osé présenter une pièce sans amour ? C'était alors être déjà très-hardi que de n'y faire entrer que peu d'amour ; et on lui en fit apparemment un reproche, puisqu'il paraît se justifier dans sa préface, en disant que, *si c'était à recommencer*, il ne mettrait peut-être pas plus d'amour dans cette tragédie, parce qu'il ne trouve que *fort peu de place* parmi les incestes et les parricides de la famille d'Œdipe. L'amour n'y en devait trouver aucune. Celui de Créon ne s'accorde ni avec son âge ni avec son ambition, et celui d'Antigone ne contribue en rien à

l'action. Pourquoi donc, éclairé comme il l'était par la lecture des tragédies grecques, a-t-il mis de l'amour dans celle-ci? Il se conformait au goût de son siècle. On ne connaissait point alors de tragédie sans amour : il en mit peu dans sa première, il en mit davantage dans la seconde, et on lui reprocha un Alexandre qui n'était pas, disait-on, assez tendre : on fit la même critique de Pyrrhus. Ainsi un jeune homme que son génie portait au vrai tragique se vit obligé, pour contenter son siècle, de s'attacher à peindre la passion qui alors donnait la vie à toute pièce dramatique; et quand on lui a reproché, dans la suite, des héros trop tendres, il a bien pu dire : « Ils me les reprochent mainte-
« nant, et ils me les ont demandés; c'est la complaisance que j'ai eue
« pour leur goût dont ils me font un crime. » (L. R.)

FIN DE LA THÉBAÏDE.

ALEXANDRE LE GRAND,

TRAGÉDIE.

1665.

AU ROI.

Sire,

Voici une seconde entreprise qui n'est pas moins hardie que la première. Je ne me contente pas d'avoir mis à la tête de mon ouvrage le nom d'Alexandre, j'y ajoute encore celui de Votre Majesté ; c'est-à-dire que j'assemble tout ce que le siècle présent et les siècles passés nous peuvent fournir de plus grand. Mais, SIRE, j'espère que Votre Majesté ne condamnera pas cette seconde hardiesse, comme elle n'a pas désapprouvé la première. Quelques efforts que l'on eût faits pour lui défigurer mon héros, il n'a pas plutôt paru devant elle, qu'elle l'a reconnu pour Alexandre. Et à qui s'en rapportera-t-on, qu'à un roi dont la gloire est répandue aussi loin que celle de ce conquérant, et devant qui l'on peut dire que « tous les peuples du monde se taisent, » comme l'Écriture l'a dit d'Alexandre ? Je sais bien que ce silence est un silence d'étonnement et d'admiration ; que, jusques ici, la force de vos armes ne leur a pas tant imposé que celle de vos vertus. Mais, SIRE, votre réputation n'en est pas moins éclatante, pour n'être point établie sur les embrasements et sur les ruines ; et déjà Votre Majesté est arrivée au comble de la gloire par un chemin plus nouveau et plus difficile que celui par où Alexandre y est monté. Il n'est pas extraordinaire de voir un jeune homme gagner des batailles, de le voir mettre le feu par toute la terre. Il n'est pas impossible que la jeunesse et la fortune l'emportent victorieux jusqu'au fond des Indes. L'histoire est pleine de jeunes conquérants ; et l'on sait avec quelle ardeur Votre Majesté elle-même a cherché les occasions de se signaler dans un âge où Alexandre ne faisait encore que pleurer sur les victoires de son père. Mais elle me permettra de lui dire que devant[1] elle on n'a point vu de roi qui, à l'âge

---

[1] *Devant*, pour *avant*, n'est plus en usage. (G.)

ÉPITRE DÉDICATOIRE.

d'Alexandre, ait fait paraître la conduite d'Auguste; qui, sans s'éloigner presque du centre de son royaume, ait répandu sa lumière jusqu'au bout du monde, et qui ait commencé sa carrière par où les plus grands princes ont tâché d'achever la leur. On a disputé chez les anciens si la fortune n'avait point eu plus de part que la vertu dans les conquêtes d'Alexandre. Mais quelle part la fortune peut-elle prétendre aux actions d'un roi qui ne doit qu'à ses seuls conseils l'état florissant de son royaume, et qui n'a besoin que de lui-même pour se rendre redoutable à toute l'Europe? Mais, SIRE, je ne songe pas qu'en voulant louer VOTRE MAJESTÉ, je m'engage dans une carrière trop vaste et trop difficile; il faut auparavant m'essayer encore sur quelques autres héros de l'antiquité; et je prévois qu'à mesure que je prendrai de nouvelles forces, VOTRE MAJESTÉ se couvrira elle-même d'une gloire toute nouvelle; que nous la reverrons peut-être, à la tête d'une armée, achever la comparaison qu'on peut faire d'elle et d'Alexandre, et ajouter le titre de conquérant à celui du plus sage roi de la terre. Ce sera alors que vos sujets devront consacrer toutes leurs veilles au récit de tant de grandes actions, et ne pas souffrir que VOTRE MAJESTÉ ait lieu de se plaindre, comme Alexandre, qu'elle n'a eu personne de son temps qui pût laisser à la postérité la mémoire de ses vertus. Je n'espère pas être assez heureux pour me distinguer par le mérite de mes ouvrages, mais je sais bien que je me signalerai au moins par le zèle et la profonde vénération avec laquelle je suis,

SIRE,

DE VOTRE MAJESTÉ,

Le très-humble, très-obéissant,
et très-fidèle serviteur et sujet,

RACINE.

PREMIÈRE PRÉFACE.

Je ne rapporterai point ici ce que l'histoire dit de Porus, il faudrait copier tout le huitième livre de Quinte-Curce : et je m'engagerai moins encore à faire une exacte apologie de tous les endroits qu'on a voulu combattre dans ma pièce. Je n'ai pas prétendu donner au public un ouvrage parfait : je me fais trop justice pour avoir osé me flatter de cette espérance. Avec quelque succès qu'on ait représenté mon *Alexandre*, et quoique les premières personnes de la terre et les Alexandres de notre siècle se soient hautement déclarés pour lui, je ne me laisse point éblouir par ces illustres approbations. Je veux croire qu'ils ont voulu encourager un jeune homme, et m'exciter à faire encore mieux dans la suite; mais j'avoue que, quelque défiance que j'eusse de moi-même, je n'ai pu m'empêcher de concevoir quelque opinion de ma tragédie, quand j'ai vu la peine que se sont donnée certaines gens pour la décrier. On ne fait point tant de brigues contre un ouvrage qu'on n'estime pas; on se contente de ne plus le voir quand on l'a vu une fois, et on le laisse tomber de lui-même, sans daigner seulement contribuer à sa chute. Cependant j'ai eu le plaisir de voir plus de six fois de suite à ma pièce le visage de ces censeurs; ils n'ont pas craint de s'exposer si souvent à entendre une chose qui leur déplaisait; ils ont prodigué libéralement leur temps et leurs peines pour la venir critiquer, sans compter les chagrins que leur ont peut-être coûtés les applaudissements que leur présence n'a pas empêché le public de me donner.

Je ne représente point à ces critiques le goût de l'antiquité : je vois bien qu'ils le connaissent médiocrement. Mais de quoi se plaignent-ils, si toutes mes scènes sont bien remplies, si elles sont bien liées nécessairement les unes aux autres, si tous mes acteurs ne viennent point sur le théâtre que l'on ne sache la raison qui les y fait venir; et si, avec peu d'incidents et peu de matière, j'ai été assez heureux pour faire une pièce qui les a peut-être attachés malgré eux depuis le commencement jusqu'à la fin? Mais ce qui me console, c'est de voir mes censeurs s'accorder si mal ensemble[1] : les uns disent que Taxile n'est point assez honnête homme; les autres, qu'il ne mérite point sa perte; les uns soutiennent qu'Alexandre n'est point assez amoureux; les autres, qu'il ne vient sur le théâtre que pour parler d'amour. Ainsi je n'ai pas besoin que mes amis se mettent en peine de me justifier, je n'ai qu'à renvoyer mes ennemis à mes ennemis; je me repose sur eux de la défense d'une pièce qu'ils attaquent en si mauvaise intelligence et avec des sentiments si opposés.

SECONDE PRÉFACE.

Il n'y a guère de tragédie où l'histoire soit plus fidèlement suivie que dans celle-ci. Le sujet en est tiré de plusieurs auteurs, mais surtout du huitième livre de Quinte-Curce. C'est là qu'on peut voir tout ce qu'Alexandre fit lorsqu'il entra dans les Indes, les ambassades qu'il envoya aux rois de ce pays-là, les différentes réceptions qu'ils firent à ses envoyés, l'alliance que Taxile fit avec lui, la fierté avec laquelle Porus refusa les conditions qu'on lui présentait, l'inimitié qui était entre Porus et Taxile, et enfin la victoire qu'Alexandre remporta sur Porus, la réponse généreuse que ce brave Indien fit au vainqueur, qui lui demandait comment il voulait qu'on le traitât, et la générosité avec laquelle Alexandre lui rendit tous ses États, et en ajouta beaucoup d'autres.

Cette action d'Alexandre a passé pour une des plus belles que ce prince ait faites en sa vie, et le danger que Porus lui fit courir dans la bataille lui parut le plus grand où il se fût

---

[1] Racine composa cette préface dans un premier mouvement. On y voit le dépit d'un jeune homme piqué de l'acharnement et de l'animosité de ses ennemis. La réflexion lui fit supprimer, dans les éditions suivantes, cette boutade un peu trop vive. (G.)

jamais trouvé. Il le confessa lui-même, en disant qu'il avait trouvé enfin un péril digne de son courage. Et ce fut en cette même occasion qu'il s'écria : « O Athéniens, combien de tra-« vaux j'endure pour me faire louer de vous! » J'ai tâché de représenter en Porus un ennemi digne d'Alexandre, et je puis dire que son caractère a plu extrêmement sur notre théâtre, jusque-là que des personnes m'ont reproché que je faisais ce prince plus grand qu'Alexandre. Mais ces personnes ne considèrent pas que, dans la bataille et dans la victoire, Alexandre est, en effet, plus grand que Porus; qu'il n'y a pas un vers dans la tragédie qui ne soit à la louange d'Alexandre; que les invectives même de Porus et d'Axiane sont autant d'éloges de la valeur de ce conquérant. Porus a peut-être quelque chose qui intéresse davantage, parce qu'il est dans le malheur; car, comme dit Sénèque, « Nous sommes de telle nature, qu'il n'y a rien au monde qui se fasse tant admirer qu'un homme qui sait être malheureux avec courage. » — « Ita affecti sumus, ut nihil « æque magnam apud nos admirationem occupet, quam homo « fortiter miser [1]. »

Les amours d'Alexandre et de Cléofile ne sont pas de mon invention : Justin en parle, aussi bien que Quinte-Curce. Ces deux historiens rapportent qu'une reine dans les Indes, nommée Cléofile, se rendit à ce prince avec la ville où il la tenait assiégée, et qu'il la rétablit dans son royaume, en considération de sa beauté. Elle en eut un fils, et elle l'appela Alexandre. Voici les paroles de Justin : « Regna Cleophilis reginæ petit, « quæ, quum se dedisset ei, concubitu redemptum regnum ab « Alexandro recepit, illecebris consecuta quod virtute non « potuerat; filiumque, ab eo genitum, Alexandrum nominavit, « qui postea regno Indorum potitus est [2]. »

---

[1] *Senecæ Consolatio ad Helviam*, cap. XIII.
[2] Justini, lib. XII, cap. VII.

PERSONNAGES.

ALEXANDRE.
PORUS, \
TAXILE, / rois dans les Indes.
AXIANE, reine d'une autre partie des Indes.
CLÉOFILE, sœur de Taxile.
ÉPHESTION.
SUITE D'ALEXANDRE.

Noms des acteurs qui ont joué d'original dans *Alexandre*.

Cette pièce fut jouée le même jour, 15 décembre 1665, au Palais-Royal et à l'Hôtel de Bourgogne.

Au Palais-Royal, par la troupe de Molière; elle était ainsi montée :

ALEXANDRE.	LA GRANGE.
PORUS.	LA THORILLIÈRE.
TAXILE.	IMBERT.
AXIANE.	Mademoiselle DU PARC.
CLÉOFILE.	Madame MOLIÈRE.
ÉPHESTION.	DU CROISY.

A l'Hôtel de Bourgogne, elle était ainsi montée :

ALEXANDRE.	FLORIDOR.
PORUS.	MONTFLEURY.
TAXILE.	BRÉCOURT.
AXIANE.	Mademoiselle DÉSOEILLET.
CLÉOFILE.	Madame D'ENNEBAUT.
ÉPHESTION.	HAUTEROCHE.

La scène est sur le bord de l'Hydaspe, dans le camp de Taxile.

ALEXANDRE LE GRAND.

ACTE PREMIER.

SCÈNE I.

TAXILE[1], CLÉOFILE.

CLÉOFILE.
Quoi! vous allez combattre un roi dont la puissance
Semble forcer le ciel à prendre sa défense[2],
Sous qui toute l'Asie a vu tomber ses rois,
Et qui tient la fortune attachée à ses lois?
Mon frère, ouvrez les yeux pour connaître Alexandre :
Voyez de toutes parts les trônes mis en cendre,
Les peuples asservis, et les rois enchaînés,
Et prévenez les maux qui les ont entraînés.

TAXILE.
Voulez-vous que, frappé d'une crainte si basse,
Je présente la tête au joug qui nous menace,
Et que j'entende dire aux peuples indiens
Que j'ai forgé moi-même et leurs fers et les miens?

---

[1] Ce prince s'appelait *Omphis;* le nom de *Taxile,* d'après Quinte-Curce, liv. VIII, chap. 12, était un titre que prenaient les princes indiens en montant sur le trône, comme les rois d'Égypte prenaient celui de *Pharaon.*

[2] Il y a de l'enflure dans ce début. Une *puissance* qui *semble forcer le ciel à prendre sa défense.* Ce sont de grands mots de peu de sens. Deux vers plus bas, *attachée à ses lois* n'est pas l'expression de l'idée; le mot propre était *soumise, assujettie.* (L.)

Quitterai-je Porus? Trahirai-je ces princes
Que rassemble le soin d'affranchir nos provinces,
Et qui, sans balancer sur un si noble choix,
Sauront également vivre ou mourir en rois?
En voyez-vous un seul qui, sans rien entreprendre
Se laisse terrasser au seul nom d'Alexandre,
Et, le croyant déjà maître de l'univers,
Aille, esclave empressé, lui demander des fers[1]?
Loin de s'épouvanter à l'aspect de sa gloire,
Ils l'attaqueront même au sein de la victoire;
Et vous voulez, ma sœur, que Taxile aujourd'hui,
Tout prêt à le combattre, implore son appui!

CLÉOFILE.

Aussi n'est-ce qu'à vous que ce prince s'adresse;
Pour votre amitié seule Alexandre s'empresse[2] :
Quand la foudre s'allume et s'apprête à partir,
Il s'efforce en secret de vous en garantir.

TAXILE.

Pourquoi suis-je le seul que son courroux ménage?
De tous ceux que l'Hydaspe oppose à son courage,
Ai-je mérité seul son indigne pitié?
Ne peut-il à Porus offrir son amitié?
Ah! sans doute il lui croit l'âme trop généreuse
Pour écouter jamais une offre si honteuse :
Il cherche une vertu qui lui résiste moins;
Et peut-être il me croit plus digne de ses soins.

---

[1] VARIANTE.   Aille, jusqu'en son camp, lui demander des fers?

La manière dont Racine refit ce vers prouve qu'il avait appris à corriger heureusement et à substituer des beautés aux défauts. *Jusqu'en son camp* était dur; *aille, esclave empressé*, est une opposition élégante. (L.)

[2] *S'empresse pour votre seule amitié* est une ellipse qu'il faut permettre à la poésie : on dit *s'empresser pour obtenir l'amitié de quelqu'un*; pourquoi le poëte ne pourrait-il pas dire *s'empresser pour l'amitié de quelqu'un*? (G.)

CLÉOFILE.

Dites, sans l'accuser de chercher un esclave,
Que de ses ennemis il vous croit le plus brave;
Et qu'en vous arrachant les armes de la main,
Il se promet du reste un triomphe certain.
Son choix à votre nom n'imprime point de taches;
Son amitié n'est point le partage des lâches [1];
Quoiqu'il brûle de voir tout l'univers soumis,
On ne voit point d'esclave au rang de ses amis.
Ah! si son amitié peut souiller votre gloire,
Que ne m'épargniez-vous une tache si noire?
Vous connaissez les soins qu'il me rend tous les jours,
Il ne tenait qu'à vous d'en arrêter le cours.
Vous me voyez ici maîtresse de son âme;
Cent messages secrets m'assurent de sa flamme [2];
Pour venir jusqu'à moi, ses soupirs embrasés
Se font jour au travers de deux camps opposés.
Au lieu de le haïr, au lieu de m'y contraindre,
De mon trop de rigueur je vous ai vu vous plaindre;
Vous m'avez engagée à souffrir son amour,
Et peut-être, mon frère, à l'aimer à mon tour.

TAXILE.

Vous pouvez, sans rougir du pouvoir de vos charmes,
Forcer ce grand guerrier à vous rendre les armes;

---

[1] C'est une faute que de faire rimer *lâches*, qui est long, avec *taches*, qui est bref; d'ailleurs le mot *tache* se trouve quatre ou cinq vers plus bas. (L. B.)

[2] Voltaire a remarqué que Corneille a fait tenir à Cléopâtre le même langage. (*Mort de Pompée*, acte II, scène I.) Après ce vers :

> Se font jour au travers de deux camps opposés,

on lisait dans les premières éditions les quatre suivants, que Racine a supprimés, et dans lesquels il semblait enchérir sur Corneille :

> Mes yeux de leur conquête ont-ils fait un mystère?
> Vîtes-vous ses soupirs d'un regard de colère?
> Et lorsque devant vous ils se sont présentés,
> Jamais comme ennemis les avez-vous traités?

Et, sans que votre cœur doive s'en alarmer,
Le vainqueur de l'Euphrate a pu vous désarmer[1];
Mais l'État aujourd'hui suivra ma destinée;
Je tiens avec mon sort sa fortune enchaînée;
Et, quoique vos conseils tâchent de me fléchir,
Je dois demeurer libre, afin de l'affranchir.
Je sais l'inquiétude où ce dessein vous livre;
Mais comme vous, ma sœur, j'ai mon amour à suivre[2].
Les beaux yeux d'Axiane, ennemis de la paix,
Contre votre Alexandre arment tous leurs attraits;
Reine de tous les cœurs, elle met tout en armes
Pour cette liberté que détruisent ses charmes;
Elle rougit des fers qu'on apporte en ces lieux,
Et n'y saurait souffrir de tyrans que ses yeux.
Il faut servir, ma sœur, son illustre colère[3];
Il faut aller...

CLÉOFILE.

Hé bien! perdez-vous pour lui plaire[4];
De ces tyrans si chers suivez l'arrêt fatal,
Servez-les, ou plutôt servez votre rival.
De vos propres lauriers souffrez qu'on le couronne;
Combattez pour Porus, Axiane l'ordonne;
Et, par de beaux exploits appuyant sa rigueur,
Assurez à Porus l'empire de son cœur.

---

[1] VAR. Le vainqueur de l'Asie a pu vous désarmer.

[2] *Comme vous, ma sœur, j'ai mon amour à suivre... Les beaux yeux d'Axiane, ennemis de la paix,* et cette Axiane, *qui met tout en armes pour cette liberté que détruisent ses charmes,* et *qui ne saurait souffrir de tyrans que ses yeux,* etc. Cette confusion de la *liberté de l'Inde* et de la *liberté des cœurs,* tout cela débité par un roi, quand il s'agit de combattre Alexandre, est sans doute le comble du mauvais goût. Mais souvenons-nous que c'est Racine qui, bientôt après, nous apprit à mépriser ces puérilités qui ont si longtemps déshonoré la tragédie. (L.)

[3] VAR. Il faut servir, ma sœur, leur illustre colère.

[4] VAR. ..... Hé bien! perdez-vous pour leur plaire.

ACTE I, SCÈNE I.

TAXILE.

Ah, ma sœur! croyez-vous que Porus...

CLÉOFILE.

Mais vous-même
Doutez-vous, en effet, qu'Axiane ne l'aime?
Quoi! ne voyez-vous pas avec quelle chaleur
L'ingrate, à vos yeux même, étale sa valeur?
Quelque brave qu'on soit, si nous voulons la croire,
Ce n'est qu'autour de lui que vole la victoire :
Vous formeriez sans lui d'inutiles desseins;
La liberté de l'Inde est toute entre ses mains;
Sans lui déjà nos murs seraient réduits en cendre;
Lui seul peut arrêter les progrès d'Alexandre[1] :
Elle se fait un dieu de ce prince charmant,
Et vous doutez encor qu'elle en fasse un amant[2]!

TAXILE.

Je tâchais d'en douter, cruelle Cléofile :
Hélas! dans son erreur affermissez Taxile.
Pourquoi lui peignez-vous cet objet odieux?
Aidez-le bien plutôt à démentir ses yeux[3] :
Dites-lui qu'Axiane est une beauté fière,
Telle à tous les mortels qu'elle est à votre frère;
Flattez de quelque espoir...

CLÉOFILE.

Espérez, j'y consens;
Mais n'espérez plus rien de vos soins impuissants.
Pourquoi dans les combats chercher une conquête
Qu'à vous livrer lui-même Alexandre s'apprête?

---

[1] Var. D'un seul de ses regards il peut vaincre Alexandre.

[2] *Charmant*, expression romanesque, surtout lorsqu'elle s'applique à un guerrier tel que Porus. Axiane, qui doit *se faire un amant de ce prince charmant, parce qu'elle s'en fait un dieu*, est encore une de ces antithèses dont Racine n'offre plus d'exemple après *Andromaque*. (G.)

[3] Var. Si vous l'aimez, aidez-le à démentir ses yeux.

Ce n'est pas contre lui qu'il la faut disputer ;
Porus est l'ennemi qui prétend vous l'ôter.
Pour ne vanter que lui, l'injuste renommée
Semble oublier les noms du reste de l'armée[1] :
Quoi qu'on fasse, lui seul en ravit tout l'éclat,
Et comme ses sujets il vous mène au combat.
Ah! si ce nom vous plaît, si vous cherchez à l'être,
Les Grecs et les Persans vous enseignent un maître[2] ;
Vous trouverez cent rois compagnons de vos fers ;
Porus y viendra même avec tout l'univers[3].
Mais Alexandre enfin ne vous tend point de chaînes[4] ;
Il laisse à votre front ces marques souveraines
Qu'un orgueilleux rival ose ici dédaigner.
Porus vous fait servir, il vous fera régner :
Au lieu que de Porus vous êtes la victime,
Vous serez... Mais voici ce rival magnanime.

TAXILE.

Ah, ma sœur! je me trouble ; et mon cœur alarmé,
En voyant mon rival, me dit qu'il est aimé.

---

[1] Ces huit vers ont le mouvement, le ton et la tournure qui conviennent au style tragique. Le reste de la scène est indigne et de la tragédie et du sujet. Sur cette exposition, qui ne nous entretient que des froids amours de Cléofile pour Alexandre et de Taxile pour Axiane, on peut juger déjà que la pièce doit être glacée ; et Taxile, qui s'écrie en voyant Porus : *Je me trouble*, etc., achève le ridicule de cette déplorable exposition. (L.)

[2] On a prétendu que le nom de Perses convenait aux habitants de l'ancienne Perse, et celui de Persans aux habitants de la Perse moderne. Cette distinction nous semble illusoire. (G.) — D'ailleurs Racine a employé le mot *Persan* dans *Bajazet* et dans *Esther*, et Voltaire a suivi son exemple dans *la Mort de César* (acte I, scène 1.)

[3] Où viendra Porus? Dans les fers d'Alexandre. Cette façon de parler n'est ni claire ni élégante. (G.)

[4] *Ne vous tend point de chaînes.* Expression qui manque de justesse. *Apporter des chaînes*, *présenter des fers*, étaient les expressions propres à rendre l'idée de l'auteur. (L.)

CLÉOFILE.
Le temps vous presse. Adieu. C'est à vous de vous rendre
L'esclave de Porus, ou l'ami d'Alexandre.

SCÈNE II.

PORUS, TAXILE.

PORUS.
Seigneur, ou je me trompe, ou nos fiers ennemis
Feront moins de progrès qu'ils ne s'étaient promis.
Nos chefs et nos soldats, brûlant d'impatience,
Font lire sur leur front une mâle assurance;
Ils s'animent l'un l'autre; et nos moindres guerriers
Se promettent déjà des moissons de lauriers.
J'ai vu de rang en rang cette ardeur répandue
Par des cris généreux éclater à ma vue[1].
Ils se plaignent qu'au lieu d'éprouver leur grand cœur,
L'oisiveté d'un camp consume leur vigueur.
Laisserons-nous languir tant d'illustres courages?
Notre ennemi, seigneur, cherche ses avantages :
Il se sent faible encore; et, pour nous retenir,
Éphestion demande à nous entretenir,
Et par de vains discours...
TAXILE.
Seigneur, il faut l'entendre;
Nous ignorons encor ce que veut Alexandre :
Peut-être est-ce la paix qu'il nous veut présenter.
PORUS.
La paix! Ah! de sa main pourriez-vous l'accepter?

---

[1] *Une ardeur qui éclate à la vue par des cris* ne saurait se dire : *des cris* ne frappent point *la vue.* Louis Racine a également condamné cette expression *j'ai vu à ma vue* (L. B.)

Hé quoi! nous l'aurons vu, par tant d'horribles guerres,
Troubler le calme heureux dont jouissaient nos terres,
Et, le fer à la main, entrer dans nos États
Pour attaquer des rois qui ne l'offensaient pas;
Nous l'aurons vu piller des provinces entières,
Du sang de nos sujets faire enfler nos rivières[1];
Et, quand le ciel s'apprête à nous l'abandonner,
J'attendrai qu'un tyran daigne nous pardonner!

TAXILE.

Ne dites point, seigneur, que le ciel l'abandonne;
D'un soin toujours égal sa faveur l'environne.
Un roi qui fait trembler tant d'États sous ses lois
N'est pas un ennemi que méprisent les rois.

PORUS.

Loin de le mépriser, j'admire son courage;
Je rends à sa valeur un légitime hommage;
Mais je veux, à mon tour, mériter les tributs
Que je me sens forcé de rendre à ses vertus.
Oui, je consens qu'au ciel on élève Alexandre;
Mais si je puis, seigneur, je l'en ferai descendre[2],
Et j'irai l'attaquer jusque sur les autels
Que lui dresse en tremblant le reste des mortels.
C'est ainsi qu'Alexandre estima tous ces princes
Dont sa valeur pourtant a conquis les provinces :
Si son cœur dans l'Asie eût montré quelque effroi,
Darius en mourant l'aurait-il vu son roi?

TAXILE.

Seigneur, si Darius avait su se connaître,

[1] Toutes les fois que ce mot *faire*, joint à un autre verbe, n'est pas nécessaire au sens de la phrase, il la fait languir, surtout en poésie : *enfler nos rivières* disait tout. (L.)

[2] Ces vers donnent une grande idée du caractère de Porus. Cependant il faut remarquer avec La Harpe qu'il y a de l'affectation à dire : *Je consens qu'on l'élève au ciel, si je puis l'en faire descendre.* Ces figures de rhéteur, ajoute-t-il, ne conviennent point à la sévérité tragique.

Il régnerait encore où règne un autre maître.
Cependant cet orgueil, qui causa son trépas,
Avait un fondement que vos mépris n'ont pas[1] :
La valeur d'Alexandre à peine était connue ;
Ce foudre était encore enfermé dans la nue.
Dans un calme profond Darius endormi
Ignorait jusqu'au nom d'un si faible ennemi[2].
Il le connut bientôt ; et son âme, étonnée,
De tout ce grand pouvoir se vit abandonnée :
Il se vit terrassé d'un bras victorieux ;
Et la foudre en tombant lui fit ouvrir les yeux.

PORUS.

Mais encore, à quel prix croyez-vous qu'Alexandre
Mette l'indigne paix dont il veut vous surprendre ?
Demandez-le, seigneur, à cent peuples divers
Que cette paix trompeuse a jetés dans les fers[3].
Non, ne nous flattons point : sa douceur nous outrage ;
Toujours son amitié traîne un long esclavage[4] :
En vain on prétendrait n'obéir qu'à demi ;
Si l'on n'est son esclave, on est son ennemi.

---

[1] *Cet orgueil avait un fondement que vos mépris n'ont pas*, est une phrase peu élégante. Deux vers plus bas :

  Ce foudre était encore enfermé dans la nue,

est une métaphore très-brillante, que le poëte a soutenue jusqu'au dernier vers, et dont cependant il ne faudrait pas examiner trop scrupuleusement la justesse.

[2] Var. A peine connaissait un si faible ennemi.

[3] Var. Que cette paix trompeuse a jetés dans ses fers.

[4] Ce vers, comme le remarque La Harpe, est d'un homme qui a déjà le sentiment de la poésie. Tout le monde peut dire : *son amitié n'est qu'un esclavage* ; mais dire *son amitié traîne un long esclavage*, pour *entraîne avec elle*, est une expression aussi hardie qu'elle est heureuse. On pourrait faire la même observation sur le second vers de ce couplet : *Surprendre un roi par une indigne paix.* Ici chaque expression est une création du génie qui devait enrichir et former la langue.

TAXILE.

Seigneur, sans se montrer lâche ni téméraire,
Par quelque vain hommage on peut le satisfaire[1].
Flattons par des respects ce prince ambitieux
Que son bouillant orgueil appelle en d'autres lieux.
C'est un torrent qui passe, et dont la violence
Sur tout ce qui l'arrête exerce sa puissance;
Qui, grossi du débris de cent peuples divers,
Veut du bruit de son cours remplir tout l'univers.
Que sert de l'irriter par un orgueil sauvage[2]?
D'un favorable accueil honorons son passage;
Et, lui cédant des droits que nous reprendrons bien,
Rendons-lui des devoirs qui ne nous coûtent rien.

PORUS.

Qui ne nous coûtent rien, seigneur! L'osez-vous croire?
Compterai-je pour rien la perte de ma gloire?
Votre empire et le mien seraient trop achetés,
S'ils coûtaient à Porus les moindres lâchetés[3].
Mais croyez-vous qu'un prince enflé de tant d'audace,
De son passage ici ne laissât point de trace?
Combien de rois, brisés à ce funeste écueil,
Ne règnent plus qu'autant qu'il plaît à son orgueil!
Nos couronnes, d'abord devenant ses conquêtes,
Tant que nous régnerions flotteraient sur nos têtes;
Et nos sceptres, en proie à ses moindres dédains[4],

---

[1] Var. De quelque vain hommage on peut le satisfaire.

[2] Var. N'attirons point sur nous les effets de sa rage.

[3] On retrouve la même pensée, le même tour, et presque les mêmes expressions, dans ces vers :

> Ce reste malheureux serait trop acheté,
> S'il faut le conserver par une lâcheté.
> *Bajazet*, acte II, scène III. (L. B.)

[4] Quoique ce vers soit harmonieux et noble, l'idée est mal exprimée : *un sceptre en proie aux dédains* n'est pas une façon de parler heureuse. (G.)

Dès qu'il aurait parlé, tomberaient de nos mains.
Ne dites point qu'il court de province en province :
Jamais de ses liens il ne dégage un prince;
Et, pour mieux asservir les peuples sous ses lois,
Souvent dans la poussière il leur cherche des rois[1].
Mais ces indignes soins touchent peu mon courage;
Votre seul intérêt m'inspire ce langage.
Porus n'a point de part dans tout cet entretien;
Et, quand la gloire parle, il n'écoute plus rien.

TAXILE.
J'écoute, comme vous, ce que l'honneur m'inspire,
Seigneur; mais il m'engage à sauver mon empire.

PORUS.
Si vous voulez sauver l'un ou l'autre aujourd'hui[2],
Prévenons Alexandre, et marchons contre lui.

TAXILE.
L'audace et le mépris sont d'infidèles guides.

PORUS.
La honte suit de près les courages timides.

TAXILE.
Le peuple aime les rois qui savent l'épargner.

PORUS.
Il estime encor plus ceux qui savent régner.

TAXILE.
Ces conseils ne plairont qu'à des âmes hautaines.

PORUS.
Ils plairont à des rois, et peut-être à des reines.

---

[1] Rien ne peint mieux Alexandre que ce beau vers : il fait allusion à ce que Quinte-Curce raconte de ce prince, qui plaça sur le trône de Tyr Abdolonyme, sorti de la tige des rois de cette ville, mais si pauvre, qu'il était contraint, pour vivre, de cultiver lui-même un jardin qu'il possédait. (L. B.)

[2] VAR. Si vous voulez sauver l'un et l'autre aujourd'hui.

TAXILE.

La reine, à vous ouïr, n'a des yeux que pour vous.

PORUS.

Un esclave est pour elle un objet de courroux [1].

TAXILE.

Mais croyez-vous, seigneur, que l'amour vous ordonne
D'exposer avec vous son peuple et sa personne?
Non, non, sans vous flatter, avouez qu'en ce jour
Vous suivez votre haine, et non pas votre amour.

PORUS.

Hé bien! je l'avouerai que ma juste colère
Aime la guerre autant que la paix vous est chère;
J'avouerai que, brûlant d'une noble chaleur,
Je vais contre Alexandre éprouver ma valeur.
Du bruit de ses exploits mon âme importunée
Attend depuis longtemps cette heureuse journée.
Avant qu'il me cherchât, un orgueil inquiet [2]
M'avait déjà rendu son ennemi secret.
Dans le noble transport de cette jalousie [3],
Je le trouvais trop lent à traverser l'Asie;
Je l'attirais ici par des vœux si puissants,
Que je portais envie au bonheur des Persans;

---

[1] On regrette que ce dialogue soit terminé par des galanteries aussi déplacées. A la suite de ce vers, on lisait ceux-ci dans les premières éditions :

TAXILE.
Votre fierté, seigneur, s'accorde avec la sienne.
PORUS.
J'aime la gloire; et c'est tout ce qu'aime la reine.
TAXILE.
Son cœur vous est acquis.
PORUS.
J'empêcherai du moins
Qu'aucun maître étranger ne l'enlève à mes soins.
TAXILE.
Mais enfin croyez-vous que l'amour vous ordonne, etc.

[2] VAR. La jalouse fierté que son nom m'inspirait, etc.

[3] VAR. Mon cœur, dans les transports de cette jalousie.

Et maintenant encor, s'il trompait mon courage,
Pour sortir de ces lieux s'il cherchait un passage,
Vous me verriez moi-même, armé pour l'arrêter,
Lui refuser la paix qu'il nous veut présenter.

TAXILE.

Oui, sans doute, une ardeur si haute et si constante[1]
Vous promet dans l'histoire une place éclatante;
Et, sous ce grand dessein dussiez-vous succomber,
Au moins c'est avec bruit qu'on vous verra tomber.
La reine vient. Adieu. Vantez-lui votre zèle;
Découvrez cet orgueil qui vous rend digne d'elle.
Pour moi, je troublerais un si noble entretien,
Et vos cœurs rougiraient des faiblesses du mien.

SCÈNE III.

PORUS, AXIANE.

AXIANE.

Quoi! Taxile me fuit! Quelle cause inconnue[2]...

PORUS.

Il fait bien de cacher sa honte à votre vue;
Et, puisqu'il n'ose plus s'exposer aux hasards,

---

[1] On dit bien *une haute valeur*, parce qu'on s'élève (figurément) par la valeur au-dessus des autres hommes; mais je ne crois pas que l'on puisse dire en aucun sens *une haute ardeur;* et quand même *haute* serait ici pour *hautaine*, cela ne vaudrait pas mieux. Il y a dans cette scène un vice bien marqué: c'est que Taxile s'y montre tout différent de ce qu'il était dans la précédente, et soutient contre Porus la cause que Cléofile vient de soutenir contre lui. Ce changement si prompt serait contraire à tous les principes, quand même il aurait quelques motifs apparents; mais l'auteur n'a pris soin d'en indiquer aucun. C'est là surtout ce qui rend Taxile petit; car d'ailleurs il doit être, en effet, fort inférieur à Porus. Mais nous verrons dans la suite par combien de raisons ce personnage est mal conçu, et peu digne de la tragédie. (L.)

[2] Var. Quoi! Taxile me fuit! Quelle cause imprévue, etc.

De quel front pourrait-il soutenir vos regards?
Mais laissons-le, madame; et, puisqu'il veut se rendre,
Qu'il aille avec sa sœur adorer Alexandre[1].
Retirons-nous d'un camp où, l'encens à la main,
Le fidèle Taxile attend son souverain.

AXIANE.
Mais, seigneur, que dit-il?

PORUS.
     Il en fait trop paraître[2] :
Cet esclave déjà m'ose vanter son maître;
Il veut que je le serve...

AXIANE.
     Ah! sans vous emporter,
Souffrez que mes efforts tâchent de l'arrêter :
Ses soupirs, malgré moi, m'assurent qu'il m'adore.
Quoi qu'il en soit, souffrez que je lui parle encore;
Et ne le forçons point, par ce cruel mépris,
D'achever un dessein qu'il peut n'avoir pas pris[3].

PORUS.
Hé quoi! vous en doutez? et votre âme s'assure
Sur la foi d'un amant infidèle et parjure,
Qui veut à son tyran vous livrer aujourd'hui,

---

[1] VAR. Mais quittons-le, madame; et, puisqu'il veut se rendre,
    Laissons-le avec sa sœur adorer Alexandre.

[2] Expressions vagues et incorrectes. *En* ne se rapporte à rien. On dit bien *j'en dis trop*, c'est une phrase faite; mais on ne peut dire *il en fait trop paraître*, à moins que ce qui précède n'explique ce dont il s'agit. On devine la pensée de l'auteur, mais il ne l'exprime pas. (L.)

[3] L'abbé d'Olivet a blâmé cette expression, *achever* un dessein : *exécuter* est, selon lui, le mot propre. Son observation nous paraît d'autant plus juste que, dans le même vers, le mot *pris* détermine le sens d'*achever* pour *exécuter;* ce qui répond à l'observation de La Harpe, qu'*achever un dessein* signifie *achever l'exécution d'un dessein*. Le dessein n'étant pas encore conçu, l'ellipse même peut être supposée. D'ailleurs on *exécute* ou *accomplit* un dessein, mais on ne l'*achève* pas. Le dessein est toujours entier ; c'est l'entreprise qu'on *achève*.

ACTE I, SCÈNE III.

Et croit, en vous donnant, vous obtenir de lui !
Hé bien ! aidez-le donc à vous trahir vous-même[1].
Il vous peut arracher à mon amour extrême ;
Mais il ne peut m'ôter, par ses efforts jaloux,
La gloire de combattre et de mourir pour vous[2].

AXIANE.

Et vous croyez qu'après une telle insolence,
Mon amitié, seigneur, serait sa récompense ?
Vous croyez que mon cœur s'engageant sous sa loi
Je souscrirais au don qu'on lui ferait de moi ?
Pouvez-vous, sans rougir, m'accuser d'un tel crime ?
Ai-je fait pour ce prince éclater tant d'estime ?
Entre Taxile et vous s'il fallait prononcer,
Seigneur, le croyez-vous qu'on me vît balancer ?
Sais-je pas que Taxile est une âme incertaine,
Que l'amour le retient quand la crainte l'entraîne ?
Sais-je pas que, sans moi, sa timide valeur[3]
Succomberait bientôt aux ruses de sa sœur ?
Vous savez qu'Alexandre en fit sa prisonnière,
Et qu'enfin cette sœur retourna vers son frère[4];

---

[1] VAR. Hé bien ! madame, aidez-le à vous trahir vous-même.

[2] Porus a fait assez connaître son caractère, pour que l'on sente bien qu'il est homme à se battre contre Alexandre, quand même il n'y aurait pas d'Axiane au monde. Cependant tel est le vice radical de cette froide galanterie, qu'elle rabaisse infailliblement le plus grand caractère, du moment où ce qui ne doit être qu'une noble émulation de gloire, de courage, de vertu, peut être regardé comme l'ouvrage de l'amour. (L.)

[3] L'exactitude grammaticale demanderait *ne sais-je pas;* cependant Molière et Voltaire se sont servis de la même locution, mais on ne la trouve employée heureusement que dans les pièces de poésies légères.

[4] La qualité de *sœur* est relative, et n'est point absolue : ainsi l'on ne peut dire *cette sœur,* comme on dirait *cette princesse, cette reine.* On ne relève ici cette petite inexactitude que parce qu'elle n'est pas heureuse, et que rien ne la justifie ; dès lors ces sortes de fautes sont une faiblesse de style. (L.)

Mais je connus bientôt qu'elle avait entrepris
De l'arrêter au piége où son cœur était pris.
PORUS.
Et vous pouvez encor demeurer auprès d'elle!
Que n'abandonnez-vous cette sœur criminelle?
Pourquoi, par tant de soins, voulez-vous épargner
Un prince...?
AXIANE.
C'est pour vous que je le veux gagner.
Vous verrai-je, accablé du soin de nos provinces,
Attaquer seul un roi vainqueur de tant de princes?
Je vous veux dans Taxile offrir un défenseur[1]
Qui combatte Alexandre en dépit de sa sœur.
Que n'avez-vous pour moi cette ardeur empressée!
Mais d'un soin si commun votre âme est peu blessée :
Pourvu que ce grand cœur périsse noblement,
Ce qui suivra sa mort le touche faiblement.
Vous me voulez livrer, sans secours, sans asile,
Au courroux d'Alexandre, à l'amour de Taxile,
Qui, me traitant bientôt en superbe vainqueur,
Pour prix de votre mort demandera mon cœur.
Hé bien! seigneur, allez; contentez votre envie,
Combattez, oubliez le soin de votre vie;
Oubliez que le ciel, favorable à vos vœux,
Vous préparait peut-être un sort assez heureux.
Peut-être qu'à son tour Axiane charmée
Allait... Mais non, seigneur, courez vers votre armée :
Un si long entretien vous serait ennuyeux;
Et c'est vous retenir trop longtemps en ces lieux.
PORUS.
Ah, madame! arrêtez, et connaissez ma flamme;
Ordonnez de mes jours, disposez de mon âme :

---

[1] VAR. Mon cœur, dans un rival, vous cherche un défenseur.

La gloire y peut beaucoup, je ne m'en cache pas ;
Mais que n'y peuvent point tant de divins appas !
Je ne vous dirai point que pour vaincre Alexandre
Vos soldats et les miens allaient tout entreprendre ;
Que c'était pour Porus un bonheur sans égal
De triompher tout seul aux yeux de son rival :
Je ne vous dis plus rien. Parlez en souveraine :
Mon cœur met à vos pieds et sa gloire et sa haine.
AXIANE.
Ne craignez rien ; ce cœur, qui veut bien m'obéir,
N'est pas entre des mains qui le puissent trahir :
Non, je ne prétends pas, jalouse de sa gloire,
Arrêter un héros qui court à la victoire.
Contre un fier ennemi précipitez vos pas ;
Mais de vos alliés ne vous séparez pas :
Ménagez-les, seigneur ; et, d'une âme tranquille,
Laissez agir mes soins sur l'esprit de Taxile ;
Montrez en sa faveur des sentiments plus doux ;
Je le vais engager à combattre pour vous.
PORUS.
Hé bien, madame, allez, j'y consens avec joie :
Voyons Éphestion, puisqu'il faut qu'on le voie.
Mais, sans perdre l'espoir de le suivre de près,
J'attends Éphestion, et le combat après.

ACTE SECOND[1].

SCÈNE I.

CLÉOFILE, ÉPHESTION.

ÉPHESTION.

Oui, tandis que vos rois délibèrent ensemble,
Et que tout se prépare au conseil qui s'assemble,
Madame, permettez que je vous parle aussi
Des secrètes raisons qui m'amènent ici.
Fidèle confident du beau feu de mon maître,
Souffrez que je l'explique aux yeux qui l'ont fait naître[2];
Et que pour ce héros j'ose vous demander
Le repos qu'à vos rois il veut bien accorder.
Après tant de soupirs, que faut-il qu'il espère?
Attendez-vous encore après l'aveu d'un frère?
Voulez-vous que son cœur, incertain et confus,
Ne se donne jamais sans craindre vos refus?
Faut-il mettre à vos pieds le reste de la terre?
Faut-il donner la paix? faut-il faire la guerre?
Prononcez : Alexandre est tout prêt d'y courir[3],
Ou pour vous mériter, ou pour vous conquérir.

---

[1] Le poëte dégrade ici comme à plaisir tous ses personnages. Éphestion y joue un rôle peu digne de l'ami d'Alexandre. Il intrigue pour les amours de son maître, et la scène entière n'est qu'un message d'amour. Remarquons cependant que jusqu'ici ce n'est point Racine que nous lisons; il appartient encore à la mode, et non pas à son génie. (L.)

[2] On n'*explique* pas *un feu;* mais cent fautes de cette espèce seraient moins choquantes qu'un Éphestion *fidèle confident du beau feu de son maître.* (L.)

[3] *Courir* a quoi? A *donner la paix ou a faire la guerre.* Ici la correc-

CLÉOFILE.

Puis-je croire qu'un prince au comble de la gloire
De mes faibles attraits garde encor la mémoire ;
Que, traînant après lui la victoire et l'effroi,
Il se puisse abaisser à soupirer pour moi?
Des captifs comme lui brisent bientôt leur chaîne :
A de plus hauts desseins la gloire les entraîne;
Et l'amour dans leurs cœurs, interrompu, troublé,
Sous le faix des lauriers est bientôt accablé[1].
Tandis que ce héros me tint sa prisonnière,
J'ai pu toucher son cœur d'une atteinte légère ;
Mais je pense, seigneur, qu'en rompant mes liens,
Alexandre à son tour brisa bientôt les siens.

ÉPHESTION.

Ah! si vous l'aviez vu, brûlant d'impatience,
Compter les tristes jours d'une si longue absence,
Vous sauriez que, l'amour précipitant ses pas,
Il ne cherchait que vous en courant aux combats.
C'est pour vous qu'on l'a vu, vainqueur de tant de princes,
D'un cours impétueux traverser vos provinces,
Et briser en passant, sous l'effort de ses coups,
Tout ce qui l'empêchait de s'approcher de vous.
On voit en même champ vos drapeaux et les nôtres;
De ses retranchements il découvre les vôtres :
Mais, après tant d'exploits, ce timide vainqueur
Craint qu'il ne soit encor bien loin de votre cœur.
Que lui sert de courir de contrée en contrée,

---

tion manque autant que l'élégance. (G.) — *Prêt*, pour *préparé, disposé*, devrait régir la préposition *à*. Racine a dit lui-même dans *Iphigénie* :

Achille menaçant, tout prêt à l'accabler.

[1] *Un amour accablé sous le faix des lauriers* est une image fausse, qui ne présente rien à l'imagination ; mais Alexandre, qui est un *timide vainqueur*, est bien pis. (L.)

S'il faut que de ce cœur vous lui fermiez l'entrée ;
Si, pour ne point répondre à de sincères vœux,
Vous cherchez chaque jour à douter de ses feux ;
Si votre esprit, armé de mille défiances...?

CLÉOFILE.

Hélas! de tels soupçons sont de faibles défenses ;
Et nos cœurs, se formant mille soins superflus[1],
Doutent toujours du bien qu'ils souhaitent le plus.
Oui, puisque ce héros veut que j'ouvre mon âme,
J'écoute avec plaisir le récit de sa flamme.
Je craignais que le temps n'en eût borné le cours ;
Je souhaite qu'il m'aime, et qu'il m'aime toujours.
Je dis plus : quand son bras força notre frontière,
Et dans les murs d'Omphis m'arrêta prisonnière[2],
Mon cœur, qui le voyait maître de l'univers,
Se consolait déjà de languir dans ses fers ;
Et, loin de murmurer contre un destin si rude,
Il s'en fit, je l'avoue, une douce habitude,
Et de sa liberté perdant le souvenir,
Même en la demandant, craignait de l'obtenir :
Jugez si son retour me doit combler de joie.
Mais tout couvert de sang veut-il que je le voie ?
Est-ce comme ennemi qu'il se vient présenter,
Et ne me cherche-t-il que pour me tourmenter ?

ÉPHESTION.

Non, madame : vaincu du pouvoir de vos charmes[3],
Il suspend aujourd'hui la terreur de ses armes ;

---

[1] Expression impropre. *Soins* est ici pris dans le sens de *soucis* ; en latin, *curæ*.

[2] Cette ville portait sans doute le nom du frère de Cléofile, qui se nommait *Omphis*. Nous avons déjà remarqué que le nom de *Taxile* n'était qu'un titre qui appartenait aux rois de cette partie de l'Inde.

[3] Malherbe a dit : *Je suis vaincu du temps*, et la beauté de l'image a consacré l'expression, qui, en prose, serait une faute contre la langue. Mais Alexandre *vaincu du pouvoir des charmes* de Cléofile ne présente

Il présente la paix à des rois aveuglés,
Et retire la main qui les eût accablés.
Il craint que la victoire, à ses vœux trop facile,
Ne conduise ses coups dans le sein de Taxile.
Son courage, sensible à vos justes douleurs,
Ne veut point de lauriers arrosés de vos pleurs.
Favorisez les soins où son amour l'engage;
Exemptez sa valeur d'un si triste avantage,
Et disposez des rois qu'épargne son courroux
A recevoir un bien qu'ils ne doivent qu'à vous.

CLÉOFILE.

N'en doutez point, seigneur : mon âme inquiétée[1],
D'une crainte si juste est sans cesse agitée ;
Je tremble pour mon frère, et crains que son trépas
D'un ennemi si cher n'ensanglante le bras.
Mais en vain je m'oppose à l'ardeur qui l'enflamme,
Axiane et Porus tyrannisent son âme;
Les charmes d'une reine et l'exemple d'un roi,
Dès que je veux parler, s'élèvent contre moi.
Que n'ai-je point à craindre en ce désordre extrême!
Je crains pour lui, je crains pour Alexandre même.

---

qu'une idée petite et commune, et qui, par conséquent, n'excuse point la licence. (G.)

[1] L'abbé d'Olivet aurait voulu que Racine eût écrit *mon âme inquiète*, parce que le participe *inquiété* ne présente pas le même sens que l'adjectif *inquiet*. Cependant cette expression ne nous semble pas répréhensible, et il suffit pour la faire adopter que Racine l'ait encore employée dans *Andromaque*. Sans doute, dit La Harpe, il y a généralement quelque différence entre *inquiet* et *inquiété* ; car on dirait un caractère *inquiet* et non pas *inquiété*. Mais de ce que ces deux mots peuvent s'employer différemment, s'ensuit-il qu'ils ne puissent en bien des occasions être synonymes? Que l'on soit *inquiet* de l'objet de son amour, ou *inquiété* par l'amour, n'est-ce pas la même chose? Cette rigueur vétilleuse, qui peut être utile dans les questions purement grammaticales, est déplacée dans les matières de goût et dans l'examen du style.

Je sais qu'en l'attaquant cent rois se sont perdus;
Je sais tous ses exploits; mais je connais Porus.
Nos peuples qu'on a vus, triomphants à sa suite,
Repousser les efforts du Persan et du Scythe,
Et tout fiers des lauriers dont il les a chargés,
Vaincront à son exemple, ou périront vengés;
Et je crains...

ÉPHESTION.

Ah! quittez une crainte si vaine;
Laissez courir Porus où son malheur l'entraîne;
Que l'Inde en sa faveur arme tous ses États,
Et que le seul Taxile en détourne ses pas[1]!
Mais les voici.

CLÉOFILE.

Seigneur, achevez votre ouvrage,
Par vos sages conseils dissipez cet orage;
Ou, s'il faut qu'il éclate, au moins souvenez-vous
De le faire tomber sur d'autres que sur nous.

SCÈNE II.

PORUS, TAXILE, ÉPHESTION.

ÉPHESTION.

Avant que le combat qui menace vos têtes[2]
Mette tous vos États au rang de nos conquêtes,
Alexandre veut bien différer ses exploits,
Et vous offrir la paix pour la dernière fois.
Vos peuples, prévenus de l'espoir qui vous flatte,
Prétendaient arrêter le vainqueur de l'Euphrate;

---

[1] A quoi se rapporte *en?* De quoi Taxile doit-il *détourner ses pas?* Suivant la construction, c'est *de l'Inde et de tous ses États;* d'après le sens, c'est de la route où Porus est entraîné par son malheur. (G.)

[2] Éphestion se relève dans cette scène, l'une des plus belles de la pièce; il y parle en digne ambassadeur d'Alexandre. (G.)

Mais l'Hydaspe, malgré tant d'escadrons épars,
Voit enfin sur ses bords flotter nos étendards :
Vous les verriez plantés jusque sur vos tranchées,
Et de sang et de morts vos campagnes jonchées¹,
Si ce héros, couvert de tant d'autres lauriers,
N'eût lui-même arrêté l'ardeur de nos guerriers.
Il ne vient point ici, souillé du sang des princes,
D'un triomphe barbare effrayer vos provinces,
Et, cherchant à briller d'une triste splendeur,
Sur le tombeau des rois élever sa grandeur.
Mais vous-mêmes, trompés d'un vain espoir de gloire,
N'allez point dans ses bras irriter la victoire² ;
Et lorsque son courroux demeure suspendu,
Princes, contentez-vous de l'avoir attendu.
Ne différez point tant à lui rendre l'hommage
Que vos cœurs, malgré vous, rendent à son courage ;
Et, recevant l'appui que vous offre son bras
D'un si grand défenseur honorez vos États.
Voilà ce qu'un grand roi veut bien vous faire entendre,
Prêt à quitter le fer, et prêt à le reprendre.

¹ Des campagnes ne peuvent être *jonchées de sang*, comme l'observe l'abbé d'Olivet ; mais elles peuvent être *jonchées de morts*. Ce dernier terme couvre l'impropriété du premier. Racine offre d'ailleurs dans ses meilleures pièces plusieurs exemples très-heureux de cette licence. Lorsque Achille dit :
        Si de sang et de morts le ciel est affamé,
personne ne s'avise de remarquer qu'on ne peut pas être *affamé de sang*. (G.) — C'est aussi un principe reçu en fait de diction, qu'en plaçant le plus près du verbe le régime qui lui convient le mieux, on peut faire passer à sa suite un autre régime, à la faveur de l'analogie, non pas tant avec le verbe qu'avec le régime le plus prochain. C'est donc le rapport du *sang* avec les *morts*, et le rapport des *morts* avec les *campagnes jonchées* ; c'est la réunion de ces deux rapports et l'ordre des deux régimes qui fait que la phrase n'a rien de répréhensible, et qui légitime cette licence de style. (L.)

² Ce vers est digne des chefs-d'œuvre de Racine : *irrité la victoire* est une figure aussi juste qu'elle est neuve et hardie. (G.)

Vous savez son dessein : choisissez aujourd'hui,
Si vous voulez tout perdre ou tout tenir de lui.

TAXILE.

Seigneur, ne croyez point qu'une fierté barbare[1]
Nous fasse méconnaître une vertu si rare ;
Et que dans leur orgueil nos peuples affermis
Prétendent, malgré vous, être vos ennemis[2].
Nous rendons ce qu'on doit aux illustres exemples ;
Vous adorez des dieux qui nous doivent leurs temples :
Des héros qui chez vous passaient pour des mortels,
En venant parmi nous ont trouvé des autels[3],
Mais en vain l'on prétend, chez des peuples si braves,
Au lieu d'adorateurs se faire des esclaves[4] :
Croyez-moi, quelque éclat qui les puisse toucher[5]
Ils refusent l'encens qu'on leur veut arracher.
Assez d'autres États, devenus vos conquêtes,
De leurs rois, sous le joug, ont vu ployer les têtes.
Après tous ces États qu'Alexandre a soumis[6],
N'est-il pas temps, seigneur, qu'il cherche des amis?

---

[1] VAR. Seigneur, ne croyez point qu'une haine barbare.

[2] VAR. Veuillent, malgré vous-même, être vos ennemis.

[3] C'est une ingénieuse allusion aux voyages fabuleux de Bacchus dans les Indes. (G.)

[4] Ici Racine paraît avoir eu en vue ce passage du discours des Scythes à Alexandre : « Quibus bellum non intuleris, bonis amicis poteris uti ; « nam et firmissima est inter pares amicitia ; et videntur pares qui non « fecerunt inter se periculum virium. Quos viceris, amicos tibi esse cave « credas : inter dominum et servum nulla amicitia est. » — « Ne compte que sur l'amitié des rois à qui tu n'auras pas fait la guerre ; car il n'y a d'amitié solide qu'entre les égaux ; et ceux-là seuls paraissent égaux, qui n'ont point mesuré leurs forces. Crois-moi, ceux que tu auras vaincus ne seront jamais tes amis : entre le maître et l'esclave il n'est point d'amitié. » (Q.-Curt., lib. VII, c. 23.)

[5] Un éclat éblouit, et ne touche jamais, ni au propre ni au figuré. (L. B.)

[6] VAR. Sous le joug d'Alexandre ont vu ployer leurs têtes.
Après tant de sujets à ses armes soumis, etc.

Tout ce peuple captif, qui tremble au nom d'un maître,
Soutient mal un pouvoir qui ne fait que de naître.
Ils ont, pour s'affranchir, les yeux toujours ouverts[1] ;
Votre empire n'est plein que d'ennemis couverts ;
Ils pleurent en secret leurs rois sans diadèmes[2] ;
Vos fers trop étendus se relâchent d'eux-mêmes ;
Et déjà dans leur cœur les Scythes mutinés
Vont sortir de la chaîne où vous nous destinez.
Essayez, en prenant notre amitié pour gage,
Ce que peut une foi qu'aucun serment n'engage ;
Laissez un peuple au moins qui puisse quelquefois
Applaudir sans contrainte au bruit de vos exploits.
Je reçois à ce prix l'amitié d'Alexandre ;
Et je l'attends déjà comme un roi doit attendre
Un héros dont la gloire accompagne les pas,
Qui peut tout sur mon cœur, et rien sur mes États[3].

[1] Var. Pour secouer le joug, ils ont les yeux ouverts.

[2] Var. Le Bactrien conquis reprend son diadème.

[3] Ce discours de Taxile est plus noble qu'on n'avait lieu de l'attendre après ce dernier entretien avec Porus. *Leurs rois sans diadèmes* est une expression heureuse. Le caractère vague et indécis de ce Taxile refroidit toute la pièce. Il est étonnant que Racine n'ait pas pris dans Plutarque, plutôt que dans nos mauvais romans, les traits dont il s'est servi pour peindre ce roi indien. Taxile aurait pu former un beau contraste avec Porus. Moins ardent, moins fougueux, Taxile aurait pu se distinguer par une sagesse et une prudence consommée qui s'allie très-bien avec le courage. Cela eût mieux valu que d'en faire un lâche, un vil esclave d'amour, un rival de Porus, toujours humilié, et ne contrastant avec lui que par une bassesse pitoyable.

« La portion de l'Inde soumise à Taxile, dit Plutarque, égalait presque
« l'Égypte en étendue, et ne le cédait en fertilité à aucune contrée de
« l'univers. Ce prince avait la réputation d'être sage. Quand il parut
« devant Alexandre, il lui dit, après l'avoir salué : « Qu'est-il besoin
« de guerre et de combats entre nous, ô Alexandre, si tu n'es pas
« venu nous enlever l'eau et les aliments nécessaires à la vie, les seuls
« objets pour lesquels un homme sensé soit forcé de combattre? Pour
« les autres possessions, pour les richesses, si j'en ai plus que toi, me

PORUS.

Je croyais, quand l'Hydaspe, assemblant ses provinces,
Au secours de ses bords fit voler tous ses princes,
Qu'il n'avait avec moi, dans des desseins si grands
Engagé que des rois ennemis des tyrans;
Mais puisqu'un roi, flattant la main qui nous menace [1],
Parmi ses alliés brigue une indigne place,
C'est à moi de répondre aux vœux de mon pays,
Et de parler pour ceux que Taxile a trahis [2].
Que vient chercher ici le roi qui vous envoie?
Quel est ce grand secours que son bras nous octroie?
De quel front ose-t-il prendre sous son appui
Des peuples qui n'ont point d'autre ennemi que lui?
Avant que sa fureur ravageât tout le monde,
L'Inde se reposait dans une paix profonde;
Et si quelques voisins en troublaient les douceurs,
Il portait dans son sein d'assez bons défenseurs [3].

« voilà prêt à t'en faire part; si tu en as plus que moi, je ne rougirai
« point d'en recevoir de toi et de t'être redevable. » Charmé de la franchise de ce roi barbare, Alexandre lui répondit en lui tendant la main :
« Crois-tu donc, Taxile, que notre entrevue puisse se passer sans com-
« bat? Tes raisons et tes marques d'amitié n'ont rien gagné sur mon
« esprit : je veux absolument te combattre, je veux te vaincre en bien-
« faits. Alexandre ne souffrira jamais qu'on l'emporte sur lui en géné-
« rosité. » Il reçut donc de grands présents de Taxile, lui en fit de plus
grands encore, et finit par lui porter une santé de mille talents (environ trois millions), libéralité qui chagrina beaucoup les amis d'Alexandre, et ne contribua pas peu à lui gagner les cœurs des Barbares.
PLUT., *Vie d'Alex.* (G.)

[1] Taxile a cependant parlé noblement, mais d'un ton trop modéré
pour l'humeur altière de Porus. Un roi sage et prudent n'est qu'un
lâche et un traître pour un guerrier aussi fier, aussi audacieux que
Porus, dont toute la politique est dans son épée. (G.)

[2] VAR.   Je soutiendrai ma gloire, et, répondant en roi,
         Je vais parler ici pour la reine et pour moi.

[3] Dans cette phrase *il portait*, etc., le sens et la grammaire veulent

Pourquoi nous attaquer? Par quelle barbarie
A-t-on de votre maître excité la furie?
Vit-on jamais chez lui nos peuples en courroux[1]
Désoler un pays inconnu parmi nous?
Faut-il que tant d'États, de déserts, de rivières,
Soient entre nous et lui d'impuissantes barrières?
Et ne saurait-on vivre au bout de l'univers[2]
Sans connaître son nom et le poids de ses fers?
Quelle étrange valeur, qui, ne cherchant qu'à nuire,
Embrase tout sitôt qu'elle commence à luire[3];
Qui n'a que son orgueil pour règle et pour raison;
Qui veut que l'univers ne soit qu'une prison,
Et que, maître absolu de tous tant que nous sommes,
Ses esclaves en nombre égalent tous les hommes!
Plus d'États, plus de rois : ses sacriléges mains

que *il* se rapporte au mot *Inde*, placé deux vers plus haut. Or, il faudrait *elle*, car *Inde* est du féminin. Cette irrégularité n'a été remarquée par aucun commentateur.

[1] Cette idée d'Homère est rendue avec plus de force et d'éloquence dans l'*Iphigénie en Aulide*, lorsque Achille dit à Agamemnon :

Jamais vaisseaux, partis des rives du Scamandre, etc.
Iphig., acte IV, sc. VI. (G.)

[2] C'est ainsi que les Scythes disent à Alexandre : « Quid nobis tecum « est? Numquam terram tuam attigimus. Quis sis, unde venias, licetne « ignorare in vastis sylvis degentibus? Nec servire ulli possumus, nec « imperare desideramus. » — « Qu'y a-t-il de commun entre nous et toi? Avons-nous jamais mis le pied sur tes terres? Et dans ces vastes forêts n'est-il pas permis d'ignorer qui tu es, et d'où tu viens? Nous ne pouvons servir, et ne voulons point commander. » (Q.-Cur., lib. VII, c. 23.)

[3] Boileau, dit Louis Racine, vantait beaucoup ce portrait d'Alexandre. « Il est, disait-il, de la main d'un poëte héroïque, et celui « que j'ai fait est de la main d'un poëte satirique. » Sans doute, en louant ce morceau, Despréaux en exceptait ce vers :

Embrase tout sitôt qu'elle commence à *luire*.

Une valeur qui *luit* est une mauvaise expression : quoiqu'on dise trèsbien qu'*une valeur a brillé*, on ne saurait dire qu'elle a *lui*. De plus, *une valeur qui embrase dès qu'elle luit* est un rapprochement frivole, une espèce de jeu de mots, peu digne du style tragique. (L.)

Dessous[1] un même joug rangent tous les humains.
Dans son avide orgueil je sais qu'il nous dévore :
De tant de souverains nous seuls régnons encore.
Mais que dis-je, nous seuls ? Il ne reste que moi
Où l'on découvre encor les vestiges d'un roi[2].
Mais c'est pour mon courage une illustre matière :
Je vois d'un œil content trembler la terre entière,
Afin que par moi seul les mortels secourus,
S'ils sont libres, le soient de la main de Porus;
Et qu'on dise partout, dans une paix profonde :
« Alexandre vainqueur eût dompté tout le monde ;
« Mais un roi l'attendait au bout de l'univers,
« Par qui le monde entier a vu briser ses fers. »

ÉPHESTION.

Votre projet du moins nous marque un grand courage ;
Mais, seigneur, c'est bien tard s'opposer à l'orage :
Si le monde penchant n'a plus que cet appui,
Je le plains, et vous plains vous-même autant que lui[3].
Je ne vous retiens point ; marchez contre mon maître :
Je voudrais seulement qu'on vous l'eût fait connaître ;
Et que la renommée eût voulu, par pitié,
De ses exploits au moins vous conter la moitié ;

---

[1] Nous avons déjà observé cette faute grammaticale, dans laquelle l'exemple et l'habitude ont entraîné Racine avant qu'il eût entièrement formé son style. La tirade de Porus est magnifique. Ce vers

  Dans son avide orgueil je sais qu'il nous dévore,

est un des plus brillants et des plus hardis que Racine ait jamais composés.
  Il ne reste que moi
  Où l'on découvre encor les vestiges d'un roi.

Corneille n'a pas de trait plus sublime, et toute cette tragédie n'est qu'une lutte continuelle du talent de Racine contre le génie de Corneille. (G.)

[2] *Moi où*, pour moi *dans qui*, ou *sur qui*, est une faute.

[3] Ces deux vers sont une imitation de ceux que Corneille fait prononcer à Auguste dans la grande scène de *Cinna*.

Vous verriez...
PORUS.

        Que verrais-je, et que pourrais-je apprendre
Qui m'abaisse si fort au-dessous d'Alexandre?
Serait-ce sans effort les Persans subjugués,
Et vos bras tant de fois de meurtres fatigués?
Quelle gloire, en effet, d'accabler la faiblesse
D'un roi déjà vaincu par sa propre mollesse;
D'un peuple sans vigueur et presque inanimé,
Qui gémissait sous l'or dont il était armé,
Et qui, tombant en foule au lieu de se défendre,
N'opposait que des morts au grand cœur d'Alexandre?
Les autres, éblouis de ses moindres exploits[1],
Sont venus à genoux lui demander des lois;
Et leur crainte écoutant je ne sais quels oracles,
Ils n'ont pas cru qu'un dieu pût trouver des obstacles.
Mais nous, qui d'un autre œil jugeons des conquérants,
Nous savons que les dieux ne sont pas des tyrans;
Et de quelque façon qu'un esclave le nomme,
Le fils de Jupiter passe ici pour un homme.
Nous n'allons point de fleurs parfumer son chemin;
Il nous trouve partout les armes à la main;
Il voit à chaque pas arrêter ses conquêtes;
Un seul rocher ici lui coûte plus de têtes[2],
Plus de soins, plus d'assauts, et presque plus de temps,
Que n'en coûte à son bras l'empire des Persans.
Ennemis du repos qui perdit ces infâmes,
L'or qui naît sous nos pas ne corrompt point nos âmes.
La gloire est le seul bien qui nous puisse tenter,
Et le seul que mon cœur cherche à lui disputer;

---

[1] VAR. Tout le reste, ébloui de ses moindres exploits, etc.

[2] Ce vers fait allusion à la prise du rocher d'Aorne, où les troupes d'Alexandre furent arrêtées par les assiégés, qui ne se rendirent qu'après une vigoureuse résistance. (Voy. Q.-CURT., lib. VIII, cap. 36, 37 et 38.)

C'est elle...

ÉPHESTION, en se levant.

Et c'est aussi ce que cherche Alexandre.
A de moindres objets son cœur ne peut descendre.
C'est ce qui, l'arrachant du sein de ses États[1],
Au trône de Cyrus lui fit porter ses pas,
Et, du plus ferme empire ébranlant les colonnes,
Attaquer, conquérir, et donner les couronnes.
Et, puisque votre orgueil ose lui disputer
La gloire du pardon qu'il vous fait présenter,
Vos yeux, dès aujourd'hui témoins de sa victoire,
Verront de quelle ardeur il combat pour la gloire :
Bientôt le fer en main vous le verrez marcher.

PORUS.

Allez donc : je l'attends, ou je le vais chercher[2].

---

[1] L'abbé d'Olivet a observé que les deux participes *arrachant* et *ébranlant* ne se rapportent pas au même substantif; mais les vers s'enchaînent si bien, leur marche est si rapide, qu'il n'y a qu'un grammairien qui puisse apercevoir la faute. Ce vers,

    Attaquer, conquérir, et donner les couronnes,

se lisait ainsi dans les premières éditions :

    Attaquer, conquérir, et rendre les couronnes. (G.)

[2] C'est particulièrement dans cette scène que l'auteur commence à montrer un talent décidé pour la versification. A quelques fautes près, qui sont même fort légères, tout ce que dit Porus est excellent. Il y a de la force et de l'élévation dans les idées, et la diction est d'un homme qui connaît déjà toutes les formes de la phrase poétique. Ce qui est surtout remarquable, c'est la facilité des périodes nombreuses, sans être traînantes, la vivacité des mouvements qui forment des transitions justes, et ce choix d'expressions combinées d'une manière heureuse et nouvelle, telles que : « Vos bras tant de fois *de meurtres fatigués;* un « peuple *qui gémissait sous l'or dont il était armé...* qui, *tombant en* « *foule, n'opposait que des morts au grand cœur d'Alexandre... Dans* « *son avide orgueil, je sais qu'il nous dévore,* etc. »

La même scène offre :

    Je vois d'un œil content trembler la terre entière,
    Afin que par moi seul les mortels secourus,
    S'ils sont libres, le soient par la main de Porus, etc. (L.)

SCÈNE III.

PORUS, TAXILE.

TAXILE.

Quoi! vous voulez au gré de votre impatience[1]...
PORUS.
Non, je ne prétends point troubler votre alliance :
Éphestion, aigri seulement contre moi,
De vos soumissions rendra compte à son roi.
Les troupes d'Axiane, à me suivre engagées,
Attendent le combat sous mes drapeaux rangées;
De son trône et du mien je soutiendrai l'éclat,
Et vous serez, seigneur, le juge du combat;
A moins que votre cœur, animé d'un beau zèle,
De vos nouveaux amis n'embrasse la querelle[2].

SCÈNE IV.

AXIANE, PORUS, TAXILE.

AXIANE, à Taxile.

Ah! que dit-on de vous, seigneur? Nos ennemis
Se vantent que Taxile est à moitié soumis[3];
Qu'il ne marchera point contre un roi qu'il respecte.
TAXILE.
La foi d'un ennemi doit être un peu suspecte,
Madame; avec le temps ils me connaîtront mieux.
AXIANE.
Démentez donc, seigneur, ce bruit injurieux;

---

[1] VAR. Quoi! voulez-vous, au gré de votre impatience...
[2] VAR. De ses nouveaux amis n'embrasse la querelle.
[3] VAR. Vous comptent hautement au rang de leurs amis :
Ils se vantent déjà qu'un roi qui les respecte...

De ceux qui l'ont semé confondez l'insolence ;
Allez, comme Porus, les forcer au silence,
Et leur faire sentir, par un juste courroux,
Qu'ils n'ont point d'ennemi plus funeste que vous.

TAXILE.

Madame, je m'en vais disposer mon armée ;
Écoutez moins ce bruit qui vous tient alarmée :
Porus fait son devoir, et je ferai le mien.

SCÈNE V.

AXIANE, PORUS.

AXIANE.

Cette sombre froideur ne m'en dit pourtant rien,
Lâche ; et ce n'est point là, pour me le faire croire,
La démarche d'un roi qui court à la victoire.
Il n'en faut plus douter, et nous sommes trahis :
Il immole à sa sœur sa gloire et son pays ;
Et sa haine, seigneur, qui cherche à vous abattre,
Attend pour éclater que vous alliez combattre.

PORUS.

Madame, en le perdant, je perds un faible appui ;
Je le connaissais trop pour m'assurer sur lui[1]..
Mes yeux sans se troubler ont vu son inconstance ;
Je craignais beaucoup plus sa molle résistance.
Un traître, en nous quittant pour complaire à sa sœur,
Nous affaiblit bien moins qu'un lâche défenseur.

AXIANE.

Et cependant, seigneur, qu'allez-vous entreprendre ?
Vous marchez sans compter les forces d'Alexandre ;

[1] VAR.   AXIANE.
O dieux !
PORUS.
Son changement me dérobe un appui
Que je connaissais trop pour m'assurer sur lui.

ACTE II, SCÈNE V.

Et, courant presque seul au-devant de leurs coups,
Contre tant d'ennemis vous n'opposez que vous.

PORUS.

Hé quoi! voudriez-vous qu'à l'exemple d'un traître
Ma frayeur conspirât à vous donner un maître;
Que Porus, dans un camp se laissant arrêter,
Refusât le combat qu'il vient de présenter?
Non, non, je n'en crois rien. Je connais mieux, madame,
Le beau feu que la gloire allume dans votre âme :
C'est vous, je m'en souviens, dont les puissants appas
Excitaient tous nos rois, les traînaient aux combats;
Et de qui la fierté, refusant de se rendre,
Ne voulait pour amant qu'un vainqueur d'Alexandre.
Il faut vaincre, et j'y cours, bien moins pour éviter
Le titre de captif, que pour le mériter.
Oui, madame, je vais, dans l'ardeur qui m'entraîne,
Victorieux ou mort, mériter votre chaîne;
Et puisque mes soupirs s'expliquaient vainement
A ce cœur que la gloire occupe seulement,
Je m'en vais, par l'éclat qu'une victoire donne,
Attacher de si près la gloire à ma personne,
Que je pourrai peut-être amener votre cœur
De l'amour de la gloire à l'amour du vainqueur.

AXIANE.

Hé bien! seigneur, allez. Taxile aura peut-être
Des sujets dans son camp plus braves que leur maître;
Je vais les exciter par un dernier effort.
Après, dans votre camp j'attendrai votre sort.
Ne vous informez point de l'état de mon âme :
Triomphez et vivez.

PORUS.

Qu'attendez-vous, madame?
Pourquoi, dès ce moment, ne puis-je pas savoir
Si mes tristes soupirs ont pu vous émouvoir?

Voulez-vous, car le sort, adorable Axiane,
A ne vous plus revoir peut-être me condamne;
Voulez-vous qu'en mourant un prince infortuné[1]
Ignore à quelle gloire il était destiné[2]?
Parlez.

AXIANE.

Que vous dirai-je?

PORUS.

Ah! divine princesse,
Si vous sentiez pour moi quelque heureuse faiblesse,
Ce cœur, qui me promet tant d'estime en ce jour,
Me pourrait bien encor promettre un peu d'amour.
Contre tant de soupirs peut-il bien se défendre?
Peut-il...

AXIANE.

Allez, seigneur, marchez contre Alexandre.
La victoire est à vous, si ce fameux vainqueur
Ne se défend pas mieux contre vous que mon cœur[3].

---

[1] VAR. Voulez-vous qu'en mourant ce cœur infortuné...

Dans *Mithridate* et dans *Phèdre*, on retrouve à peu près la même situation. Xipharès forcé de s'éloigner de Monime, Hippolyte prêt à quitter Aricie, veulent être instruits du sort de leur amour. Monime et Aricie font une réponse délicate et ingénieuse, dans le goût de celle d'Axiane; mais il faut convenir que Porus, prêt à courir au combat pour défendre la liberté de sa patrie et de sa maîtresse, est dans une position plus intéressante et plus théâtrale. (G.)

[2] Ces paroles doucereuses dans la bouche d'un prince qui vient de dire des choses si grandes, doivent étonner. Porus partant pour aller combattre Alexandre, doit-il s'appeler *un prince infortuné*, qui ignore *à quelle gloire il est destiné?* Nos romans avaient mis ce style à la mode parmi les héros. (L. R.)

[3] Après cette belle scène que nous avons admirée, le sujet, la pièce, l'auteur, retombent pour ne plus se relever. Porus, qui, au moment d'aller combattre Alexandre, *y court, moins pour éviter le titre de captif que pour le mériter;* qui veut qu'on soit ému *de ses tristes soupirs,* et que sa *divine princesse* sente pour lui *quelque heureuse faiblesse,* et qu'avec *tant d'estime* on lui promette *un peu d'amour;* et cette Axiane qui

en dit cent fois plus qu'il n'en faut pour qu'on ne lui demande plus rien ; tout cela n'est qu'un dialogue comique entre des rois et des reines, fait pour avilir à la fois et le rang et le caractère des personnages, et celui de la tragédie. Plus on y réfléchit, plus on aperçoit qu'il ne fallait rien moins que cet ascendant des opinions et des mœurs générales qu'on appelle la mode, pour qu'une nation éclairée ait pu si longtemps, je ne dis pas supporter, mais applaudir de pareilles choses. Cette galanterie étant alors ce qu'on appelait dans la société le langage des honnêtes gens, on voulait l'entendre sur le théâtre, sans songer que ce ton de la société française ne devait pas être celui des héros de l'antiquité, qui n'en avaient pas la moindre idée. Boileau est le seul (il faut le dire à sa gloire), parmi tant de grands esprits, qui ait été frappé de cet absurde travestissement; et il en fit sentir le ridicule et l'indécence dans son *Art poétique* et dans ses autres ouvrages. Mais, de son temps, il n'y eut guère que Racine qui profita de la leçon. (L.)

ACTE TROISIÈME.

SCÈNE I.

AXIANE, CLÉOFILE.

AXIANE.

Quoi ! madame, en ces lieux on me tient enfermée !
Je ne puis au combat voir marcher mon armée !
Et, commençant par moi sa noire trahison[1],
Taxile de son camp me fait une prison[2] !
C'est donc là cette ardeur qu'il me faisait paraître !
Cet humble adorateur se déclare mon maître !
Et déjà son amour, lassé de ma rigueur,
Captive ma personne au défaut de mon cœur !

CLÉOFILE.

Expliquez mieux les soins et les justes alarmes
D'un roi qui pour vainqueurs ne connaît que vos charmes ;
Et regardez, madame, avec plus de bonté
L'ardeur qui l'intéresse à votre sûreté.
Tandis qu'autour de nous deux puissantes armées,
D'une égale chaleur au combat animées[3],

---

[1] VAR. Et, commençant sur moi sa noire trahison.

[2] Le poëte, n'osant violer l'unité de lieu, avait besoin d'Axiane dans le camp de Taxile. Il a mieux aimé abaisser le caractère de Taxile que de manquer à une règle d'Aristote : mais comment supposer que Porus, conduisant au combat son armée et celle d'Axiane, laisse sa maîtresse dans le camp et au pouvoir de son rival Taxile ? (G.)

[3] VAR. D'une égale fierté l'une et l'autre animées.

De leur fureur partout font voler les éclats,
De quel autre côté conduiriez-vous vos pas[1]?
Où pourriez-vous ailleurs éviter la tempête?
Un plein calme en ces lieux assure votre tête :
Tout est tranquille...

AXIANE.

Et c'est cette tranquillité
Dont je ne puis souffrir l'indigne sûreté.
Quoi! lorsque mes sujets, mourant dans une plaine,
Sur les pas de Porus combattent pour leur reine,
Qu'au prix de tout leur sang ils signalent leur foi,
Que le cri des mourants vient presque jusqu'à moi,
On me parle de paix; et le camp de Taxile
Garde dans ce désordre une assiette tranquille
On flatte ma douleur d'un calme injurieux!
Sur des objets de joie on arrête mes yeux!

CLÉOFILE.

Madame, voulez-vous que l'amour de mon frère
Abandonne aux périls une tête si chère?
Il sait trop les hasards...

AXIANE.

Et pour m'en détourner
Ce généreux amant me fait emprisonner!
Et, tandis que pour moi son rival se hasarde,
Sa paisible valeur me sert ici de garde[2]!

---

[1] On ne peut pas dire *faire voler les éclats de la fureur*. On ne dit pas non plus *conduire ses pas*, quand le mot *ses* se rapporte au sujet du verbe. Il faut alors, *porter ses pas, diriger ses pas*. Quelques vers plus bas, les commentateurs ont blâmé *la sûreté d'une tranquillité*, qui ne peut se dire ni en vers ni en prose.

[2] Ce vers, dans les premières éditions, était suivi d'un grand nombre d'autres qui sont des témoignages précieux des progrès du goût de Racine

> Ah, madame! s'il m'aime, il le témoigne mal.
> Ses lâches soins ne font qu'avancer son rival.
> Il devait dans un camp, plein d'une noble envie,
> Lui disputer mon cœur et le soin de ma vie.

CLÉOFILE.

Que Porus est heureux! le moindre éloignement
A votre impatience est un cruel tourment;
Et, si l'on vous croyait, le soin qui vous travaille[1]
Vous le ferait chercher jusqu'au champ de bataille.

AXIANE.

Je ferais plus, madame : un mouvement si beau
Me le ferait chercher jusque dans le tombeau,
Perdre tous mes États, et voir d'un œil tranquille
Alexandre en payer le cœur de Cléofile.

CLÉOFILE.

Si vous cherchez Porus, pourquoi m'abandonner[2]?
Alexandre en ces lieux pourra le ramener.
Permettez que, veillant au soin de votre tête,
A cet heureux amant l'on garde sa conquête.

AXIANE.

Vous triomphez, madame; et déjà votre cœur
Vole vers Alexandre, et le nomme vainqueur;
Balancer mon estime, et, comme lui, courir
Bien moins pour me sauver que pour me conquérir.

CLÉOFILE.

D'un refus si honteux il craint peu les reproches :
Il n'a point du combat évité les approches :
Il en eût partagé la gloire et le danger;
Mais Porus avec lui ne veut rien partager;
Il aurait cru trahir son illustre colère,
Que d'attendre un moment le secours de mon frère.

AXIANE.

Un si lent défenseur, quel que soit son amour,
Se serait fait, madame, attendre plus d'un jour.
Non; non, vous jouissez d'une pleine assurance :
Votre amant, votre frère, étaient d'intelligence.
Le lâche, qui dans l'âme était déjà rendu,
Ne cherchait qu'à nous vendre après s'être vendu.
Et vous m'osez encor parler de votre frère!
Ah! de ce camp, madame, ouvrez-moi la barrière!

[1] *Travaille*, dans ce sens, n'est plus en usage que dans le style familier. On en trouve un exemple dans la dixième satire de Boileau.

[2] VAR. Si vous cherchez Porus, sans nous abandonner...

Mais, sur la seule foi d'un amour qui vous flatte,
Peut-être avant le temps ce grand orgueil éclate :
Vous poussez un peu loin vos vœux précipités,
Et vous croyez trop tôt ce que vous souhaitez.
Oui, oui...

CLÉOFILE.

       Mon frère vient; et nous allons apprendre
Qui de nous deux, madame, aura pu se méprendre.

AXIANE.

Ah! je n'en doute plus; et ce front satisfait
Dit assez à mes yeux que Porus est défait.

SCÈNE II.

TAXILE, AXIANE, CLÉOFILE.

TAXILE.

Madame, si Porus, avec moins de colère,
Eût suivi les conseils d'une amitié sincère,
Il m'aurait en effet épargné la douleur
De vous venir moi-même annoncer son malheur.

AXIANE.

Quoi! Porus...

TAXILE.

       C'en est fait; et sa valeur trompée
Des maux que j'ai prévus se voit enveloppée.
Ce n'est pas (car mon cœur, respectant sa vertu,
N'accable point encore un rival abattu),
Ce n'est pas que son bras, disputant la victoire,
N'en ait aux ennemis ensanglanté la gloire[1];
Qu'elle-même, attachée à ses faits éclatants,

---

[1] *Ensanglanter la gloire à quelqu'un* est un de ces latinismes que Racine aimait à introduire dans notre langue; mais l'usage n'a point adopté celui-ci. Cependant il serait injuste de ne pas remarquer avec La Harpe combien l'expression *ensanglanter la gloire* est heureusement hardie.

Entre Alexandre et lui n'ait douté quelque temps :
Mais enfin contre moi sa vaillance irritée,
Avec trop de chaleur s'était précipitée.
J'ai vu ses bataillons rompus et renversés,
Vos soldats en désordre, et les siens dispersés ;
Et lui-même, à la fin, entraîné dans leur fuite,
Malgré lui du vainqueur éviter la poursuite ;
Et, de son vain courroux trop tard désabusé,
Souhaiter le secours qu'il avait refusé.

ATXIANE.

Qu'il avait refusé ! Quoi donc ! pour ta patrie,
Ton indigne courage attend que l'on te prie[1] !
Il faut donc, malgré toi, te traîner aux combats,
Et te forcer toi-même à sauver tes États !
L'exemple de Porus, puisqu'il faut qu'on t'y porte,
Dis-moi, n'était-ce pas une voix assez forte ?
Ce héros en péril, ta maîtresse en danger[2],
Tout l'État périssant n'a pu t'encourager !
Va, tu sers bien le maître à qui ta sœur te donne.
Achève, et fais de moi ce que sa haine ordonne.
Garde à tous les vaincus un traitement égal,
Enchaîne ta maîtresse, en livrant ton rival[3].
Aussi bien c'en est fait : sa disgrâce et ton crime
Ont placé dans mon cœur ce héros magnanime.
Je l'adore ! et je veux, avant la fin du jour,
Déclarer à la fois ma haine et mon amour ;
Lui vouer, à tes yeux, une amitié fidèle,
Et te jurer, aux siens, une haine éternelle.

---

[1] VAR.   Lâche, pour ta patrie
    Ton infâme courage attend donc qu'on te prie !

[2] Cette tirade d'Axiane est vive et passionnée ; mais, puisqu'elle hait et méprise Taxile, elle ne doit pas se donner à elle-même le titre de *sa maîtresse* ; c'est un oubli de la bienséance dans les termes. (G.)

[3] VAR.   Enchaîne ta maîtresse avecque ton rival.

ACTE III, SCÈNE II.   301

Adieu. Tu me connais : aime-moi si tu veux.

TAXILE.

Ah! n'espérez de moi que de sincères vœux,
Madame; n'attendez ni menaces ni chaînes :
Alexandre sait mieux ce qu'on doit à des reines.
Souffrez que sa douceur vous oblige à garder
Un trône que Porus devait moins hasarder[1];
Et moi-même en aveugle on me verrait combattre
La sacrilége main qui le voudrait abattre.

AXIANE.

Quoi! par l'un de vous deux mon sceptre raffermi
Deviendrait dans mes mains le don d'un ennemi?
Et sur mon propre trône on me verrait placée
Par le même tyran qui m'en aurait chassée[2]?

TAXILE.

Des reines et des rois vaincus par sa valeur
Ont laissé par ses soins adoucir leur malheur.
Voyez de Darius et la femme et la mère :
L'une le traite en fils, l'autre le traite en frère.

AXIANE.

Non, non, je ne sais point vendre mon amitié,
Caresser un tyran, et régner par pitié[3].
Penses-tu que j'imite une faible Persane;
Qu'à la cour d'Alexandre on retienne Axiane;
Et qu'avec mon vainqueur courant tout l'univers,
J'aille vanter partout la douceur de ses fers?

---

[1] VAR.   Un sceptre que Porus devait moins hasarder.

[2] Il faut se ressouvenir qu'Axiane parle devant Cléofile, qu'Alexandre avait rétablie sur le trône. (L. B.)

[3] *Régner par pitié*, dit La Harpe, est ici à contre-sens. Axiane veut dire qu'elle ne veut pas devoir son trône à la pitié : et *régner par pitié* signifie *consentir par pitié* à régner. Au reste, Axiane s'exprime dans cette scène comme les héroïnes de Corneille. Son dernier couplet surtout est plein de vigueur.

S'il donne les États, qu'il te donne les nôtres;
Qu'il te pare, s'il veut, des dépouilles des autres.
Règne : Porus ni moi n'en serons point jaloux;
Et tu seras encor plus esclave que nous.
J'espère qu'Alexandre, amoureux de sa gloire,
Et fâché que ton crime ait souillé sa victoire,
S'en lavera bientôt par ton propre trépas.
Des traîtres comme toi font souvent des ingrats :
Et de quelques faveurs que sa main t'éblouisse,
Du perfide Bessus regarde le supplice.
Adieu.

SCÈNE III.

CLÉOFILE, TAXILE.

CLÉOFILE.

Cédez, mon frère, à ce bouillant transport :
Alexandre et le temps vous rendront le plus fort;
Et cet âpre courroux, quoi qu'elle en puisse dire,
Ne s'obstinera point au refus d'un empire.
Maître de ses destins, vous l'êtes de son cœur.
Mais, dites-moi, vos yeux ont-ils vu le vainqueur?
Quel traitement, mon frère, en devons-nous attendre?
Qu'a-t-il dit?

TAXILE.

Oui, ma sœur, j'ai vu votre Alexandre.
D'abord ce jeune éclat qu'on remarque en ses traits
M'a semblé démentir le nombre de ses faits [1].

---

[1] Ses *faits* ne peut guère entrer dans la poésie noble, sans une épithète qui les relève. *Le jeune éclat* est une de ces épithètes hardiment métonymiques, toujours si heureuses dans Racine et Despréaux. (L.)
— L'observation sur le mot *faits* n'est pas applicable à tous les cas. Jean-Baptiste Rousseau, dans son ode sur la mort du prince de Condé,

Mon cœur, plein de son nom, n'osait, je le confesse,
Accorder tant de gloire avec tant de jeunesse;
Mais de ce même front l'héroïque fierté,
Le feu de ses regards, sa haute majesté,
Font connaître Alexandre; et certes son visage[1]
Porte de sa grandeur l'infaillible présage[2];
Et sa présence auguste appuyant ses projets,
Ses yeux, comme son bras, font partout des sujets[3].
Il sortait du combat. Ébloui de sa gloire[4],
Je croyais dans ses yeux voir briller la victoire.
Toutefois, à ma vue, oubliant sa fierté,
Il a fait à son tour éclater sa bonté[5].
Ses transports ne m'ont point déguisé sa tendresse :
« Retournez, m'a-t-il dit, auprès de la princesse;
« Disposez ses beaux yeux à revoir un vainqueur
« Qui va mettre à ses pieds sa victoire et son cœur. »
Il marche sur mes pas. Je n'ai rien à vous dire,
Ma sœur : de votre sort je vous laisse l'empire[6];

a employé très-heureusement le mot *faits* sans épithète. Boileau, dans son épitre au roi, s'exprime encore avec élégance lorsqu'il dit :

<blockquote>
Et moi, sur ce sujet, loin d'exercer ma plume,
J'amasse de tes *faits* le pénible volume.
</blockquote>

[1] Var. Le font bientôt connaître; et certes son visage...

[2] *Présage* est ici un terme déplacé : il eût été juste, en parlant d'Alexandre, avant que ses actions eussent rempli ce que *présageait* son visage. (L.)

[3] *Des yeux qui font des sujets comme le bras* : cette façon de parler est précieuse et maniérée. (G.)

[4] Var. Il sortait du combat; et, tout couvert de gloire...

[5] Louis Racine prétend qu'Alexandre ne pouvait pas avoir de bonté pour un traître; mais Taxile n'était pas un traître aux yeux d'Alexandre : c'était un prince sage qui avait préservé ses États des horreurs de la guerre en rendant hommage au conquérant de l'Asie. (G.)

[6] *L'empire de votre sort* n'est qu'une faute contre la langue; mais Alexandre qui dépêche Taxile vers sa sœur pour disposer ses beaux yeux à recevoir un vainqueur, mais Taxile qui compte sur la protection des beaux yeux de sa sœur, sont des vices bien plus essentiels,

Je vous confie encor la conduite du mien.
CLÉOFILE.
Vous aurez tout pouvoir, ou je ne pourrai rien.
Tout va vous obéir, si le vainqueur m'écoute.
TAXILE.
Je vais donc... Mais on vient. C'est lui-même sans doute.

SCÈNE IV.

ALEXANDRE, TAXILE, CLÉOFILE, ÉPHESTION;
SUITE D'ALEXANDRE.

ALEXANDRE.
Allez, Éphestion. Que l'on cherche Porus,
Qu'on épargne sa vie, et le sang des vaincus.

SCÈNE V.

ALEXANDRE, TAXILE, CLÉOPHILE.

ALEXANDRE, à Taxile.
Seigneur, est-il donc vrai qu'une reine aveuglée
Vous préfère d'un roi la valeur déréglée?
Mais ne le craignez point : son empire est à vous;
D'une ingrate, à ce prix, fléchissez le courroux.
Maître de deux États, arbitre des siens mêmes,
Allez avec vos vœux offrir trois diadèmes.
TAXILE.
Ah! c'en est trop, seigneur! Prodiguez un peu moins...
ALEXANDRE.
Vous pourrez à loisir reconnaître mes soins.
Ne tardez point, allez où l'amour vous appelle[1];
Et couronnez vos feux d'une palme si belle.

qui dégradent les caractères et détruisent toute espèce de dignité tragique. (G.)

[1] Quand il renvoie si promptement le frère pour rester seul avec la

SCÈNE VI.

ALEXANDRE, CLÉOPHILE.

ALEXANDRE.

Madame, à son amour je promets mon appui :
Ne puis-je rien pour moi quand je puis tout pour lui ?
Si prodigue envers lui des fruits de la victoire,
N'en aurai-je pour moi qu'une stérile gloire ?
Les sceptres devant vous ou rendus ou donnés,
De mes propres lauriers mes amis couronnés,
Les biens que j'ai conquis répandus sur leurs têtes,
Font voir que je soupire après d'autres conquêtes :
Je vous avais promis que l'effort de mon bras
M'approcherait bientôt de vos divins appas ;
Mais, dans ce même temps, souvenez-vous, madame,
Que vous me promettiez quelque place en votre âme.
Je suis venu : l'amour a combattu pour moi ;
La victoire elle-même a dégagé ma foi ;
Tout cède autour de vous : c'est à vous de vous rendre ;
Votre cœur l'a promis, voudra-t-il s'en défendre ?
Et lui seul pourrait-il échapper aujourd'hui
A l'ardeur d'un vainqueur qui ne cherche que lui ?

CLÉOFILE.

Non, je ne prétends pas que ce cœur inflexible
Garde seul contre vous le titre d'invincible[1] :

---

sœur ; lorsqu'il dit des choses si galantes à cette sœur, qu'il vient chercher tandis que les armées combattent encore, et que lui-même, qui a trouvé dans Porus un rival digne de son estime, après l'avoir joint, n'y songe plus parce qu'il a été séparé *par un gros de soldats*, on a raison de ne pas reconnaître Alexandre. (L. R.)

[1] Vers imité de Rotrou, qui fait dire à Antigone, en parlant à Polynice (*Antigone*, act. II) :

> Et vous, plus inhumain et plus inaccessible,
> Conservez contre moi le titre d'invincible !

Je rends ce que je dois à l'éclat des vertus
Qui tiennent sous vos pieds cent peuples abattus.
Les Indiens domptés sont vos moindres ouvrages ;
Vous inspirez la crainte aux plus fermes courages ;
Et quand vous le voudrez, vos bontés, à leur tour,
Dans les cœurs les plus durs inspireront l'amour[1].
Mais, seigneur, cet éclat, ces victoires, ces charmes[2],
Me troublent bien souvent par de justes alarmes :
Je crains que, satisfait d'avoir conquis un cœur,
Vous ne l'abandonniez à sa triste langueur ;
Qu'insensible à l'ardeur que vous aurez causée,
Votre âme ne dédaigne une conquête aisée.
On attend peu d'amour d'un héros tel que vous :
La gloire fit toujours vos transports les plus doux ;
Et peut-être, au moment que ce grand cœur soupire,
La gloire de me vaincre est tout ce qu'il désire.

ALEXANDRE.

Que vous connaissez mal les violents désirs[3]
D'un amour qui vers vous porte tous mes soupirs !

---

[1] D'Olivet a remarqué qu'on ne disait pas *inspirer dans*, mais *inspirer à*. La Harpe et Geoffroy se sont rangés de son avis. Cependant quelques grands écrivains offrent des exemples remarquables de l'emploi de *dans* avec *inspirer*. Telle est la phrase suivante de Bossuet, citée dans le Dictionnaire de Trévoux : *La sombre obscurité des églises inspire une sainte horreur dans l'âme.* Tel est encore l'exemple de Voltaire dans le cinquième chant de *la Henriade* :

> Du Capitole en cendre il passa dans l'Église ;
> Et, *dans* les cœurs chrétiens *inspirant* ses fureurs...

Il semble que *dans* ait plus de force que *à*, et que l'exemple de trois grands écrivains puisse faire adopter cette locution, condamnée par la grammaire.

[2] Les *charmes d'Alexandre* sont ici une expression impropre. Mais Racine s'en est servi très-heureusement dans *Bajazet* ; et ce n'est peut-être qu'au sérail qu'on peut dire *les charmes* d'un homme.

[3] Les mêmes mots qui terminent les deux premiers vers d'Alexandre terminent aussi les deux derniers de Cléofile ; ce qui est une négligence d'autant moins pardonnable, qu'elle n'est pas rachetée par la pensée.

J'avouerai qu'autrefois, au milieu d'une armée,
Mon cœur ne soupirait que pour la renommée ;
Les peuples et les rois, devenus mes sujets,
Étaient seuls, à mes vœux, d'assez dignes objets.
Les beautés de la Perse, à mes yeux présentées[1],
Aussi bien que ses rois, ont paru surmontées :
Mon cœur, d'un fier mépris armé contre leurs traits,
N'a pas du moindre hommage honoré leurs attraits ;
Amoureux de la gloire, et partout invincible,
Il mettait son bonheur à paraître insensible.
Mais, hélas ! que vos yeux, ces aimables tyrans,
Ont produit sur mon cœur des effets différents !
Ce grand nom de vainqueur n'est plus ce qu'il souhaite ;
Il vient avec plaisir avouer sa défaite :
Heureux si, votre cœur se laissant émouvoir,
Vos beaux yeux, à leur tour, avouaient leur pouvoir !
Voulez-vous donc toujours douter de leur victoire,
Toujours de mes exploits me reprocher la gloire ?
Comme si les beaux nœuds où vous me tenez pris
Ne devaient arrêter que de faibles esprits !
Par des faits tout nouveaux je m'en vais vous apprendre
Tout ce que peut l'amour sur le cœur d'Alexandre :
Maintenant que mon bras, engagé sous vos lois,
Doit soutenir mon nom et le vôtre à la fois,
J'irai rendre fameux, par l'éclat de la guerre,
Des peuples inconnus au reste de la terre,
Et vous faire dresser des autels en des lieux
Où leurs sauvages mains en refusent aux dieux.

CLÉOFILE.

Oui, vous y traînerez la victoire captive ;
Mais je doute, seigneur, que l'amour vous y suive.

Qu'est-ce qu'*un amour dont les désirs portent des soupirs?* Toute la tirade est digne de ce début.

[1] VAR. Les beautés de l'Asie, à mes yeux présentées...

Tant d'États, tant de mers qui vont nous désunir[1],
M'effaceront bientôt de votre souvenir.
Quand l'Océan troublé vous verra sur son onde
Achever quelque jour la conquête du monde;
Quand vous verrez les rois tomber à vos genoux,
Et la terre en tremblant se taire devant vous[2],
Songerez-vous, seigneur, qu'une jeune princesse
Au fond de ses États vous regrette sans cesse,
Et rappelle en son cœur les moments bienheureux
Où ce grand conquérant l'assurait de ses feux?

ALEXANDRE.

Hé quoi! vous croyez donc qu'à moi-même barbare
J'abandonne en ces lieux une beauté si rare?
Mais vous-même plutôt voulez-vous renoncer
Au trône de l'Asie où je veux vous placer?

CLÉOFILE.

Seigneur, vous le savez, je dépends de mon frère.

ALEXANDRE.

Ah! s'il disposait seul du bonheur que j'espère,
Tout l'empire de l'Inde asservi sous ses lois
Bientôt en ma faveur irait briguer son choix.

CLÉOFILE.

Mon amitié pour lui n'est point intéressée.
Apaisez seulement une reine offensée;
Et ne permettez pas qu'un rival aujourd'hui,
Pour vous avoir bravé, soit plus heureux que lui.

ALEXANDRE.

Porus était sans doute un rival magnanime :

---

[1] *Désunir* n'est pas le mot propre, il fallait *séparer*.

[2] « . . . . Et siluit terra in conspectu ejus. »
   Mach., lib. I, cap. I, v. 3.

« Et la terre se tut devant lui. » C'est l'expression de l'Écriture sur Alexandre. On peut mettre ces vers au nombre des plus beaux que l'auteur ait faits. (L. R.)

Jamais tant de valeur n'attira mon estime.
Dans l'ardeur du combat je l'ai vu, je l'ai joint;
Et je puis dire encor qu'il ne m'évitait point :
Nous nous chérchions l'un l'autre. Une fierté si belle
Allait entre nous deux finir notre querelle,
Lorsqu'un gros de soldats, se jetant entre nous,
Nous a fait dans la foule ensevelir nos coups[1].

SCÈNE VII.

ALEXANDRE, CLÉOFILE, ÉPHESTION.

ALEXANDRE.
Hé bien, ramène-t-on ce prince téméraire[2]?
ÉPHESTION.
On le cherche partout; mais, quoi qu'on puisse faire,
Seigneur, jusques ici sa fuite ou son trépas
Dérobe ce captif aux soins de vos soldats[3].
Mais un reste des siens entourés dans leur fuite[4],
Et du soldat vainqueur arrêtant la poursuite,
A nous vendre leur mort semblent se préparer.

---

[1] Alexandre ne parle jamais mieux que lorsqu'il ne parle point d'amour. *Ensevelir nos coups* est une expression heureuse, et si juste qu'on n'en sent pas d'abord toute la hardiesse. (G.) — Mais on ne peut approuver dans les vers précédents *une fierté si belle qui finit une querelle*. (L. B.)

[2] *Téméraire* n'est pas le mot propre. Alexandre oublie qu'il vient de faire lui-même l'éloge de ce téméraire :
       Porus était sans doute un rival magnanime, etc. (G.)

[3] *Soins* tient ici la place de *recherches*; mais l'emploi du mot dans ce sens n'a point été confirmé par l'usage.

[4] VAR.   Mais un reste des siens, ralliés de leur fuite,
        A du soldat vainqueur arrêté la poursuite.
        Leur bras à quelque effort semble se préparer.
             ALEXANDRE.
    Observez leur dessein sans les désespérer.

ALEXANDRE.

Désarmez les vaincus sans les désespérer.
Madame, allons fléchir une fière princesse,
Afin qu'à mon amour Taxile s'intéresse;
Et, puisque mon repos doit dépendre du sien,
Achevons son bonheur pour établir le mien.

ACTE QUATRIÈME.

SCÈNE I.

AXIANE.

N'entendrons-nous jamais que des cris de victoire,
Qui de mes ennemis me reprochent la gloire?
Et ne pourrai-je au moins, en de si grands malheurs,
M'entretenir moi seule avecque[1] mes douleurs?
D'un odieux amant sans cesse poursuivie,
On prétend, malgré moi, m'attacher à la vie :
On m'observe, on me suit. Mais, Porus, ne crois pas
Qu'on me puisse empêcher de courir sur tes pas.
Sans doute à nos malheurs ton cœur n'a pu survivre.
En vain tant de soldats s'arment pour te poursuivre :
On te découvrirait au bruit de tes efforts;
Et s'il te faut chercher, ce n'est qu'entre les morts.
Hélas! en me quittant, ton ardeur redoublée
Semblait prévoir les maux dont je suis accablée,
Lorsque tes yeux aux miens découvrant ta langueur,
Me demandaient quel rang tu tenais dans mon cœur;
Que, sans t'inquiéter du succès de tes armes,
Le soin de ton amour te causait tant d'alarmes.
Et pourquoi te cachais-je[2] avec tant de détours
Un secret si fatal au repos de tes jours?

---

[1] On voit par les diverses leçons que l'auteur avait corrigé partout *avecque*; celui-ci lui est échappé. (L. R.)

[2] *Te cachais-je* est d'une dureté remarquable dans un poëte qui avait l'oreille si sensible. *Un secret si fatal* est un contre-sens. L'auteur veut et doit dire *un secret dont dépendait* le repos de tes jours. Il a dit à peu près le contraire. (L.)

Combien de fois, tes yeux forçant ma résistance,
Mon cœur s'est-il vu près de rompre le silence!
Combien de fois, sensible à tes ardents désirs,
M'est-il, en ta présence, échappé des soupirs!
Mais je voulais encor douter de ta victoire;
J'expliquais mes soupirs en faveur de la gloire;
Je croyais n'aimer qu'elle. Ah! pardonne, grand roi!
Je sens bien aujourd'hui que je n'aimais que toi.
J'avouerai que la gloire eut sur moi quelque empire;
Je te l'ai dit cent fois. Mais je devais te dire
Que toi seul, en effet, m'engageas sous ses lois.
J'appris à la connaître en voyant tes exploits;
Et, de quelque beau feu qu'elle m'eût enflammée,
En un autre que toi je l'aurais moins aimée.
Mais que sert de pousser des soupirs superflus
Qui se perdent en l'air et que tu n'entends plus?
Il est temps que mon âme, au tombeau descendue [1],
Te jure une amitié si longtemps attendue;
Il est temps que mon cœur, pour gage de sa foi,
Montre qu'il n'a pu vivre un moment après toi.
Aussi bien, penses-tu que je voulusse vivre
Sous les lois d'un vainqueur à qui ta mort nous livre?
Je sais qu'il se dispose à me venir parler;
Qu'en me rendant mon sceptre il veut me consoler.
Il croit peut-être, il croit que ma haine étouffée
A sa fausse douceur servira de trophée!
Qu'il vienne. Il me verra, toujours digne de toi,
Mourir en reine, ainsi que tu mourus en roi.

[1] Louis Racine trouve cette image poétique et belle : cependant la figure qui permet de prendre la partie pour le tout est employée ici abusivement, parce qu'on n'enferme point une âme dans un tombeau. (L.) — Tout ce monologue est froid et languissant. On n'aime point à entendre Axiane parler *de soupirs superflus qui se perdent dans l'air*, *de son secret caché avec tant de détours*, et *de cette haine étouffée qui sert de trophée à une fausse douceur*.

SCÈNE II.

ALEXANDRE, AXIANE.

AXIANE.

Hé bien, seigneur, hé bien, trouvez-vous quelques char-
A voir couler des pleurs que font verser vos armes ? [mes
Ou si vous m'enviez, en l'état où je suis,
La triste liberté de pleurer mes ennuis ?

ALEXANDRE.

Votre douleur est libre autant que légitime :
Vous regrettez, madame, un prince magnanime.
Je fus son ennemi ; mais je ne l'étais pas
Jusqu'à blâmer les pleurs qu'on donne à son trépas.
Avant que sur ses bords l'Inde me vît paraître,
L'éclat de sa vertu me l'avait fait connaître ;
Entre les plus grands rois il se fit remarquer.
Je savais...

AXIANE.

Pourquoi donc le venir attaquer ?
Par quelle loi faut-il qu'aux deux bouts de la terre
Vous cherchiez la vertu pour lui faire la guerre ?
Le mérite à vos yeux ne peut-il éclater
Sans pousser votre orgueil à le persécuter ?

ALEXANDRE.

Oui, j'ai cherché Porus ; mais, quoi qu'on puisse dire,
Je ne le cherchais pas afin de le détruire.
J'avouerai que, brûlant de signaler mon bras,
Je me laissai conduire au bruit de ses combats,
Et qu'au seul nom d'un roi jusqu'alors invincible,
A de nouveaux exploits mon cœur devint sensible.
Tandis que je croyais, par mes combats divers,
Attacher sur moi seul les yeux de l'univers,

J'ai vu de ce guerrier la valeur répandue
Tenir la renommée entre nous suspendue ;
Et, voyant de son bras voler partout l'effroi [1],
L'Inde sembla m'ouvrir un champ digne de moi [2].
Lassé de voir des rois vaincus sans résistance,
J'appris avec plaisir le bruit de sa vaillance.
Un ennemi si noble a su m'encourager ;

[1] Je ne condamnerais pas plus *l'effroi de son bras* que *la terreur de ses armes*, qui est assurément une phrase reçue, et qui se justifie par l'usage de la même ellipse, *la terreur causée par ses armes*, *l'effroi causé par son bras*; mais j'avoue que je ne trouve pas le même rapport entre *faire voler la terreur* et *faire voler l'effroi*. C'est ici qu'il faut distinguer les nuances des synonymes. *La terreur* présente l'idée d'une espèce de contagion qui se propage rapidement : de là l'expression de *terreur panique*. *L'effroi* exprime particulièrement le saisissement causé par la peur. Ces distinctions sont essentielles à observer dans l'usage des mots qu'on appelle *synonymes :* c'est de là que dépendent en partie la pureté du style et la justesse de l'expression. Ces deux vers,

    Et, voyant de son bras voler partout l'effroi,
    L'Inde sembla m'ouvrir un champ digne de moi,

peuvent fournir une autre observation. *Voyant* est ici un de ces ablatifs absolus (*moi voyant*) qui sont si favorables à la poésie, et dont personne ne s'est mieux servi que Racine. Ils exigent quelques précautions, pour ne produire dans la phrase ni embarras, ni obscurité. Entre autres choses, il faut prendre garde que l'ablatif absolu ne puisse pas se rapporter à deux substantifs : ici *voyant* peut également s'entendre de *l'Inde* et d'*Alexandre*. Il y a donc amphibologie, et c'est une faute.

Remarquez que l'ablatif absolu est naturel aux langues qui marquent les cas par la terminaison, parce qu'alors il ne peut guère produire d'équivoque. Il n'en est pas de même des langues modernes, qui marquent leurs cas par des articles : ici l'ablatif absolu est souvent près de l'équivoque. Il sert beaucoup en vers pour la rapidité et la précision; mais il peut nuire à la clarté, et celle-ci est avant tout (L.)

[2] Ce vers est la traduction de ce mot d'Alexandre, rapporté par Quinte-Curce : « Video tandem per animo meo periculum. » — « Je vois enfin un danger digne de mon courage. » Q.-Curt., lib. VIII, cap. 47. (G.)

Je suis venu chercher la gloire et le danger.
Son courage, madame, a passé mon attente :
La victoire, à me suivre autrefois si constante,
M'a presque abandonné pour suivre vos guerriers.
Porus m'a disputé jusqu'aux moindres lauriers ;
Et j'ose dire encor qu'en perdant la victoire
Mon ennemi lui-même a vu croître sa gloire ;
Qu'une chute si belle élève sa vertu,
Et qu'il ne voudrait pas n'avoir point combattu.

####### AXIANE.

Hélas! il fallait bien qu'une si noble envie
Lui fît abandonner tout le soin de sa vie,
Puisque, de toutes parts trahi, persécuté,
Contre tant d'ennemis il s'est précipité.
Mais vous, s'il était vrai que son ardeur guerrière
Eût ouvert à la vôtre une illustre carrière,
Que n'avez-vous, seigneur, dignement combattu ?
Fallait-il par la ruse attaquer sa vertu,
Et, loin de remporter une gloire parfaite,
D'un autre que de vous attendre sa défaite ?
Triomphez ; mais sachez que Taxile en son cœur
Vous dispute déjà ce beau nom de vainqueur ;
Que le traître se flatte, avec quelque justice,
Que vous n'avez vaincu que par son artifice :
Et c'est à ma douleur un spectacle assez doux
De le voir partager cette gloire avec vous.

####### ALEXANDRE.

En vain votre douleur s'arme contre ma gloire :
Jamais on ne m'a vu dérober la victoire,
Et par ses lâches soins, qu'on ne peut m'imputer,
Tromper mes ennemis au lieu de les dompter.
Quoique partout, ce semble, accablé sous le nombre[1],

---

[1] *Ce semble* se disait autrefois pour *à ce qu'il paraît*, et était plus

Je n'ai pu me résoudre à me cacher dans l'ombre :
Ils n'ont de leur défaite accusé que mon bras;
Et le jour a partout éclairé mes combats[1].
Il est vrai que je plains le sort de vos provinces[2];
J'ai voulu prévenir la perte de vos princes;
Mais, s'ils avaient suivi mes conseils et mes vœux,
Je les aurais sauvés ou combattus tous deux.
Oui, croyez...

AXIANE.

Je crois tout. Je vous crois invincible :
Mais, seigneur, suffit-il que tout vous soit possible?
Ne tient-il qu'à jeter tant de rois dans les fers?
Qu'à faire impunément gémir tout l'univers?
Et que vous avaient fait tant de villes captives,
Tant de morts dont l'Hydaspe a vu couvrir ses rives?
Qu'ai-je fait, pour venir accabler en ces lieux[3]
Un héros sur qui seul j'ai pu tourner les yeux?
A-t-il de votre Grèce inondé les frontières?
Avons-nous soulevé des nations entières,
Et contre votre gloire excité leur courroux?
Hélas! nous l'admirions sans en être jaloux.
Contents de nos États, et charmés l'un de l'autre,

---

précis. Il est tombé en désuétude, on ne sait trop pourquoi, puisqu'on dit encore *ce me semble* : c'est une bizarrerie de l'usage. Mais *ce semble* est ici répréhensible absolument, parce qu'il ne saurait se lier avec la phrase, qui veut dire, *quoique partout accablé sous le nombre, à ce qu'il paraissait, je n'ai pu.* (L.)

[1] Vers très-beau, mais qui ne le justifie pas contre le reproche qu'on lui fait. La trahison de Taxile diminue beaucoup l'éclat de sa victoire. (L. R.)

[2] VAR. Il est vrai que j'ai plaint le sort de vos provinces.

[3] *Pour venir* se rapporte par la construction à Axiane, et par le sens à Alexandre. C'est Axiane qui parle, et c'est Alexandre qui vient. L'emploi de l'infinitif est donc une incorrection. L'exactitude grammaticale demandait *pour que vous veniez.* Cette faute se retrouve ailleurs.

Nous attendions un sort plus heureux que le vôtre :
Porus bornait ses vœux à conquérir un cœur
Qui peut-être aujourd'hui l'eût nommé son vainqueur.
Ah! n'eussiez-vous versé qu'un sang si magnanime[1],
Quand on ne vous pourrait reprocher que ce crime.
Ne vous sentez-vous pas, seigneur, bien malheureux
D'être venu si loin rompre de si beaux nœuds?
Non, de quelque douceur que se flatte votre âme,
Vous n'êtes qu'un tyran.

ALEXANDRE.

Je le vois bien, madame,
Vous voulez que, saisi d'un indigne courroux,
En reproches honteux j'éclate contre vous[2].
Peut-être espérez-vous que ma douceur lassée
Donnera quelque atteinte à sa gloire passée[3].
Mais, quand votre vertu ne m'aurait point charmé,
Vous attaquez, madame, un vainqueur désarmé.
Mon âme, malgré vous, à vous plaindre engagée,
Respecte le malheur où vous êtes plongée.
C'est ce trouble fatal qui vous ferme les yeux,
Qui ne regarde en moi qu'un tyran odieux[4].

[1] Lorsqu'on emploie le mot *sang* au figuré, dit La Harpe, pour *race*, *famille*, on peut y joindre l'épithète de *magnanime*; mais lorsque le mot *sang* est employé au propre, on dit *un sang noble, illustre, généreux*. Je doute qu'on puisse dire *un sang magnanime*, le mot *magnanime* présentant une idée beaucoup plus morale.

[2] Voltaire, dans *Zaïre*, s'est approprié ce vers tout entier :
>Vous ne m'entendrez point, amant faible et jaloux,
>En reproches honteux *éclater contre vous*.

Cette expression élégante, *éclater en reproches*, n'était rien moins que commune quand l'auteur d'*Alexandre* s'en servit. Il y avait donc quelque mérite à la trouver : c'est ce qui fait que cet emprunt de Voltaire méritait d'être remarqué. (L.)

[3] *Portera* serait beaucoup plus élégant que *donnera*, et *à ma gloire* vaudrait mieux qu'*à sa gloire*. *La gloire de ma douceur* n'est pas une bonne expression, comme le serait *la gloire de ma clémence*. (L.)

[4] Ces deux vers offrent une image incohérente. On ne conçoit pas

Sans lui vous avoueriez que le sang et les larmes
N'ont pas toujours souillé la gloire de mes armes;
Vous verriez...

AXIANE.

Ah! seigneur, puis-je ne les point voir
Ces vertus dont l'éclat aigrit mon désespoir?
N'ai-je pas vu partout la victoire modeste
Perdre avec vous l'orgueil qui la rend si funeste?
Ne vois-je pas le Scythe et le Perse abattus
Se plaire sous le joug et vanter vos vertus,
Et disputer enfin, par une aveugle envie,
A vos propres sujets le soin de votre vie?
Mais que sert à ce cœur que vous persécutez
De voir partout ailleurs adorer vos bontés?
Pensez-vous que ma haine en soit moins violente
Pour voir baiser partout la main qui me tourmente?
Tant de rois par vos soins vengés ou secourus,
Tant de peuples contents, me rendent-ils Porus?
Non, seigneur: je vous hais d'autant plus qu'on vous aime,
D'autant plus qu'il me faut vous admirer moi-même[1],
Que l'univers entier m'en impose la loi,
Et que personne enfin ne vous hait avec moi.

ALEXANDRE.

J'excuse les transports d'une amitié si tendre;
Mais, madame, après tout, ils doivent me surprendre:
Si la commune voix ne m'a point abusé,
Porus d'aucun regard ne fut favorisé;
Entre Taxile et lui votre cœur en balance,
Tant qu'ont duré ses jours, a gardé le silence;
Et lorsqu'il ne peut plus vous entendre aujourd'hui,

---

ce que c'est qu'*un trouble fatal qui ferme les yeux*, et qui cependant *regarde un tyran.*

[1] Pompée, dans Corneille, tient à Sertorius un langage à peu près semblable (act. III, sc. II). (L. B.)

Vous commencez, madame, à prononcer pour lui.
Pensez-vous que, sensible à cette ardeur nouvelle,
Sa cendre exige encor que vous brûliez pour elle?
Ne vous accablez point d'inutiles douleurs;
Des soins plus importants vous appellent ailleurs.
Vos larmes ont assez honoré sa mémoire[1] :
Régnez, et de ce rang soutenez mieux la gloire;
Et, redonnant le calme à vos sens désolés,
Rassurez vos États par sa chute ébranlés.
Parmi tant de grands rois choisissez-leur un maître.
Plus ardent que jamais, Taxile...

AXIANE.
                Quoi ! le traître !

ALEXANDRE.
Hé ! de grâce, prenez des sentiments plus doux;
Aucune trahison ne le souille envers vous.
Maître de ses États, il a pu se résoudre
A se mettre avec eux à couvert de la foudre.
Ni serment ni devoir ne l'avaient engagé
A courir dans l'abîme où Porus s'est plongé.
Enfin, souvenez-vous qu'Alexandre lui-même
S'intéresse au bonheur d'un prince qui vous aime.
Songez que, réunis par un si juste choix,
L'Inde et l'Hydaspe entiers couleront sous vos lois;
Que pour vos intérêts tout me sera facile
Quand je les verrai joints avec ceux de Taxile.
Il vient. Je ne veux point contraindre ses soupirs;
Je le laisse lui-même expliquer ses désirs :
Ma présence à vos yeux n'est déjà que trop rude :

---

[1] Il veut qu'elle essuie promptement ses larmes, puisque si Porus est mort, il ne l'est que depuis un moment. C'est pourquoi, quand il a dit *sa cendre*, ce mot ne peut être excusé que comme une expression poétique. (L. R.)

L'entretien des amants cherche la solitude;
Je ne vous trouble point[1].

SCÈNE III.

AXIANE, TAXILE.

AXIANE.

Approche, puissant roi,
Grand monarque de l'Inde; on parle ici de toi :
On veut en ta faveur combattre ma colère ;
On dit que tes désirs n'aspirent qu'à me plaire,
Que mes rigueurs ne font qu'affermir ton amour :
On fait plus, et l'on veut que je t'aime à mon tour.
Mais sais-tu l'entreprise où s'engage ta flamme?
Sais-tu par quels secrets on peut toucher mon âme?
Es-tu prêt...

TAXILE.

Ah, madame! éprouvez seulement
Ce que peut sur mon cœur un espoir si charmant[2].
Que faut-il faire?

AXIANE.

Il faut, s'il est vrai que l'on m'aime,
Aimer la gloire autant que je l'aime moi-même,
Ne m'expliquer ses vœux que par mille beaux faits,
Et haïr Alexandre autant que je le hais;

---

[1] Tous les commentateurs ont remarqué combien Alexandre était dégradé dans cette scène. Il s'y fait l'interprète et le protecteur de l'amour de Taxile, et finit par se retirer en confident discret, pour ne pas gêner son entretien.

[2] *Un espoir si charmant* : cet hémistiche se retrouve dans *Andromaque* (act. I, sc. IV) :

Un espoir si charmant me serait-il permis?

Dans l'un et l'autre endroit, c'est une expression galante qui convient au roman plus qu'à la tragédie. (G.)

Il faut marcher sans crainte au milieu des alarmes;
Il faut combattre, vaincre, ou périr sous les armes.
Jette, jette les yeux sur Porus et sur toi,
Et juge qui des deux était digne de moi.
Oui, Taxile, mon cœur, douteux en apparence[1],
D'un esclave et d'un roi faisait la différence[2].
Je l'aimai; je l'adore : et puisqu'un sort jaloux
Lui défend de jouir d'un spectacle si doux,
C'est toi que je choisis pour témoin de sa gloire :
Mes pleurs feront toujours revivre sa mémoire;
Toujours tu me verras, au fort de mon ennui[3],
Mettre tout mon plaisir à te parler de lui.

TAXILE.

Ainsi je brûle en vain pour une âme glacée :
L'image de Porus n'en peut être effacée.
Quand j'irais, pour vous plaire, affronter le trépas,
Je me perdrais, madame, et ne vous plairais pas.
Je ne puis donc...

AXIANE.

          Tu peux recouvrer mon estime :
Dans le sang ennemi tu peux laver ton crime.
L'occasion te rit : Porus dans le tombeau
Rassemble ses soldats autour de son drapeau;

---

[1] *Douteux* se prenait autrefois dans le sens d'*incertain*, d'*irrésolu*, ainsi qu'on peut en voir un exemple dans l'épître que Boileau adressa au grand Arnauld. Aujourd'hui *douteux* signifie ce dont on doute, et non pas celui qui doute. On est incertain d'une chose, et une chose est douteuse.

[2] VAR. D'un lâche et d'un héros faisait la différence.

[3] *Au fort*, en style noble, ne peut guère s'appliquer qu'aux choses physiques : *au fort de la tempête, au fort de la mêlée.* (L.) — Ceci souffre sans doute quelques exceptions. Si, comme je le crois, on peut dire *au fort de ma douleur*, Racine a pu dire *au fort de mon ennui*, puisque en maints endroits il emploie *ennui* dans le sens de *tædia*. L'Académie, sinon l'usage, sanctionne cette acception.

Son ombre seule encor semble arrêter leur fuite.
Les tiens même, les tiens, honteux de ta conduite,
Font lire sur leurs fronts justement courroucés
Le repentir du crime où tu les as forcés.
Va seconder l'ardeur du feu qui les dévore;
Venge nos libertés qui respirent encore;
De mon trône et du tien deviens le défenseur;
Cours, et donne à Porus un digne successeur...
Tu ne me réponds rien ! Je vois sur ton visage
Qu'un si noble dessein étonne ton courage.
Je te propose en vain l'exemple d'un héros;
Tu veux servir. Va, sers; et me laisse en repos.

TAXILE.

Madame, c'en est trop. Vous oubliez peut-être[1]
Que, si vous m'y forcez, je puis parler en maître;
Que je puis me lasser de souffrir vos dédains;
Que vous et vos États, tout est entre mes mains;
Qu'après tant de respects, qui vous rendent plus fière,
Je pourrai...

AXIANE.

Je t'entends. Je suis ta prisonnière :
Tu veux peut-être encor captiver mes désirs;
Que mon cœur, en tremblant, réponde à tes soupirs :
Hé bien ! dépouille enfin cette douceur contrainte;
Appelle à ton secours la terreur et la crainte;
Parle en tyran tout prêt à me persécuter;
Ma haine ne peut croître, et tu peux tout tenter.
Surtout ne me fais point d'inutiles menaces.

---

[1] Dans les éditions premières, la réponse de Taxile commençait par les vers suivants :

>   Hé bien! n'en parlons plus ; les soupirs et les larmes
>   Contre tant de mépris sont d'impuissantes armes.
>   Mais c'est user, madame, avec trop de rigueur,
>   Du pouvoir que vos yeux vous donnent sur mon cœur.
>   Tout amant que je suis, vous oubliez peut-être, etc.

Ta sœur vient t'inspirer ce qu'il faut que tu fasses :
Adieu. Si ses conseils et mes vœux en sont crus,
Tu m'aideras bientôt à rejoindre Porus.
TAXILE.
Ah! plutôt...

SCÈNE IV.

TAXILE, CLÉOFILE.

CLÉOFILE.
Ah! quittez cette ingrate princesse,
Dont la haine a juré de nous troubler sans cesse;
Qui met tout son plaisir à vous désespérer.
Oubliez...
TAXILE.
Non, ma sœur, je la veux adorer.
Je l'aime; et quand les vœux que je pousse pour elle[1]
N'en obtiendraient jamais qu'une haine immortelle,
Malgré tous ses mépris, malgré tous vos discours,
Malgré moi-même, il faut que je l'aime toujours.
Sa colère, après tout, n'a rien qui me surprenne :
C'est à vous, c'est à moi qu'il faut que je m'en prenne.
Sans vous, sans vos conseils, ma sœur, qui m'ont trahi,
Si je n'étais aimé, je serais moins haï[2];
Je la verrais, sans vous, par mes soins défendue,
Entre Porus et moi demeurer suspendue;

---

[1] *Pousser des vœux* se disait encore du temps de Racine. Cette expression ne se trouve que dans ses premières pièces. Son goût la lui fit rejeter bientôt, et elle ne reparaît plus dans ses derniers chefs-d'œuvre.

[2] L'auteur ne dit rien moins que ce qu'il veut dire. *Si je ne pouvais être aimé, du moins je ne serais point haï* : voilà sa pensée. Celle qu'il exprime conviendrait parfaitement à un homme qui, poursuivi par une maîtresse furieuse de jalousie, dirait : *Si je n'étais aimé, je serais moins haï*; et c'est à peu près ce que dit Hermione :

Ah! je l'ai trop aimé pour ne le point haïr. (L.)

Et ne serait-ce pas un bonheur trop charmant
Que de l'avoir réduite à douter un moment?
Non, je ne puis plus vivre accablé de sa haine;
Il faut que je me jette aux pieds de l'inhumaine.
J'y cours : je vais m'offrir à servir son courroux,
Même contre Alexandre, et même contre vous.
Je sais de quelle ardeur vous brûlez l'un pour l'autre;
Mais c'est trop oublier mon repos pour le vôtre;
Et sans m'inquiéter du succès de vos feux,
Il faut que tout périsse, ou que je sois heureux.

CLÉOFILE.

Allez donc, retournez sur le champ de bataille;
Ne laissez point languir l'ardeur qui vous travaille.
A quoi s'arrête ici ce courage inconstant?
Courez : on est aux mains, et Porus vous attend.

TAXILE.

Quoi! Porus n'est point mort! Porus vient de paraître[1]!

CLÉOFILE.

C'est lui. De si grands coups le font trop reconnaître.
Il l'avait bien prévu : le bruit de son trépas
D'un vainqueur trop crédule a retenu le bras.
Il vient surprendre ici leur valeur endormie,
Troubler une victoire encor mal affermie;
Il vient, n'en doutez point, en amant furieux,
Enlever sa maîtresse, ou périr à ses yeux.
Que dis-je! Votre camp, séduit par cette ingrate,
Prêt à suivre Porus, en murmures éclate.
Allez vous-même, allez, en généreux amant,

---

[1] VAR. Quoi, ma sœur, on se bat! Porus vient de paraître!

Cette nouvelle de la résurrection de Porus est, dans tout cet acte, le seul incident qui fasse faire un pas à l'action. Porus vivant détruit l'espoir de Taxile, relève celui d'Axiane, et ranime l'attention du spectateur. Un quatrième acte doit être vif, et celui-ci est le plus languissant de la pièce. (G.)

Au secours d'un rival aimé si tendrement.
Adieu.

SCÈNE V.

TAXILE.

Quoi! la fortune, obstinée à me nuire,
Ressuscite un rival armé pour me détruire!
Cet amant reverra les yeux qui l'ont pleuré,
Qui, tout mort qu'il était, me l'avaient préféré!
Ah! c'en est trop. Voyons ce que le sort m'apprête,
A qui doit demeurer cette noble conquête.
Allons. N'attendons pas, dans un lâche courroux[1],
Qu'un si grand différend se termine sans nous.

---

[1] On peut mettre au nombre des négligences du style de Racine, dans ses deux premières pièces, l'emploi souvent malheureux et presque toujours vague qu'il fait du mot *courroux*. (G.) — Cette remarque peut s'étendre au mot *soins*.

ACTE CINQUIÈME.

SCÈNE I.

ALEXANDRE, CLÉOFILE.

ALEXANDRE.

Quoi! vous craignez Porus même après sa défaite!
Ma victoire à vos yeux semblait-elle imparfaite?
Non, non : c'est un captif qui n'a pu m'échapper,
Que mes ordres partout ont fait envelopper[1].
Loin de le craindre encor, ne songez qu'à le plaindre.

CLÉOFILE.

Et c'est en cet état que Porus est à craindre.
Quelque brave qu'il fût, le bruit de sa valeur
M'inquiétait bien moins que ne fait son malheur.
Tant qu'on l'a vu suivi d'une puissante armée,
Ses forces, ses exploits, ne m'ont point alarmée;
Mais, seigneur, c'est un roi malheureux et soumis;
Et dès lors je le compte au rang de vos amis.

ALEXANDRE.

C'est un rang où Porus n'a plus droit de prétendre :
Il a trop recherché la haine d'Alexandre.
Il sait bien qu'à regret je m'y suis résolu;
Mais enfin je le hais autant qu'il l'a voulu.
Je dois même un exemple au reste de la terre :
Je dois venger sur lui tous les maux de la guerre,
Le punir des malheurs qu'il a pu prévenir,

---

[1] VAR. Ma victoire à vos yeux semble-t-elle imparfaite?
Non, non, c'est un captif qui n'a pu m'éviter :
Lui-même à son vainqueur il se vient présenter.

Et de m'avoir forcé moi-même à le punir[1].
Vaincu deux fois, haï de ma belle princesse...

CLÉOFILE.

Je ne hais point Porus, seigneur, je le confesse;
Et s'il m'était permis d'écouter aujourd'hui
La voix de ses malheurs qui me parle pour lui,
Je vous dirais qu'il fut le plus grand de nos princes;
Que son bras fut lontemps l'appui de nos provinces;
Qu'il a voulu peut-être, en marchant contre vous,
Qu'on le crût digne au moins de tomber sous vos coups;
Et qu'un même combat, signalant l'un et l'autre,
Son nom volât partout à la suite du vôtre.
Mais si je le défends, des soins si généreux
Retombent sur mon frère et détruisent ses vœux.
Tant que Porus vivra, que faut-il qu'il devienne?
Sa perte est infaillible, et peut-être la mienne.
Oui, oui, si son amour ne peut rien obtenir,
Il m'en rendra coupable, et m'en voudra punir.
Et maintenant encor que votre cœur s'apprête
A voler de nouveau de conquête en conquête,
Quand je verrai le Gange entre mon frère et vous,
Qui retiendra, seigneur, son injuste courroux?
Mon âme, loin de vous, languira solitaire.
Hélas! s'il condamnait mes soupirs à se taire,
Que deviendrait alors ce cœur infortuné?
Où sera le vainqueur à qui je l'ai donné?

ALEXANDRE.

Ah! c'en est trop, madame; et si ce cœur se donne,

---

[1] La répétition de *punir*, dans ces deux vers, n'est pas agréable; mais un défaut plus grand, suivant l'observation de La Harpe, c'est de rendre le caractère d'Alexandre gratuitement odieux. Il y a excès d'orgueil et de tyrannie à prétendre punir un roi, parce qu'il s'est défendu contre un injuste agresseur. Nous ne disons rien du *malheur d'être haï d'une belle princesse*, qu'Alexandre place à côté des deux défaites de Porus.

Je saurai le garder, quoi que Taxile ordonne,
Bien mieux que tant d'États qu'on m'a vu conquérir
Et que je n'ai gardés que pour vous les offrir.
Encore une victoire, et je reviens, madame,
Borner toute ma gloire à régner sur votre âme,
Vous obéir moi-même, et mettre entre vos mains
Le destin d'Alexandre et celui des humains.
Le Mallien m'attend, prêt à me rendre hommage[1].
Si près de l'Océan, que faut-il davantage,
Que d'aller se montrer à ce fier élément[2],
Comme vainqueur du monde, et comme votre amant?
Alors...

CLÉOFILE.

Mais quoi, seigneur, toujours guerre sur guerre!
Cherchez-vous des sujets au delà de la terre?
Voulez-vous, pour témoins de vos faits éclatants,
Des pays inconnus même à leurs habitants[3]?

---

[1] Les Malliens, peuples de l'Inde au delà du Gange, réunis avec les Oxydraques, opposèrent quelque résistance aux armes victorieuses d'Alexandre. (G.)

[2] *Alexandre qui veut se montrer au fier élément de l'Océan comme vainqueur du monde et comme amant.* On est toujours surpris de trouver ce langage dans la bouche d'un héros.

[3] Suivant l'observation de Geoffroy, Cléofile, dans cette seule scène, ennoblit son caractère en donnant à Alexandre de sages conseils. Les pensées que Racine lui prête se retrouvent dans Quinte-Curce. Cænus, l'un des généraux d'Alexandre, donne à ce conquérant à peu près les mêmes leçons que Cléofile :

« Quidquid mortalitas capere poterat, implevimus : emensis maria
« terrasque, melius nobis quam incolis omnia nota sunt; pene in ul-
« timo mundi fine consistimus. In alium orbem paras ire, et Indiam
« quæris Indis quoque ignotam; inter feras serpentesque degentes cruere
« ex latebris et cubilibus suis expetis, ut plura quam sol videt victoria
« lustres. » — « Tout ce qui est possible à un mortel, vous l'avez accompli.
Les terres et les mers que nous venons de franchir nous sont mieux
connues qu'à leurs propres habitants, et lorsque nous touchons presque
aux extrémités du monde, vous vous élancez dans un autre univers,

Qu'espérez-vous combattre en des climats si rudes?
Ils vous opposeront de vastes solitudes,
Des déserts que le ciel refuse d'éclairer,
Où la nature semble elle-même expirer.
Et peut-être le sort, dont la secrète envie
N'a pu cacher le cours d'une si belle vie,
Vous attend dans ces lieux, et veut que dans l'oubli
Votre tombeau du moins demeure enseveli.
Pensez-vous y traîner les restes d'une armée [1]
Vingt fois renouvelée et vingt fois consumée?
Vos soldats, dont la vue excite la pitié,
D'eux-mêmes en cent lieux ont laissé la moitié,
Et leurs gémissements vous font assez connaître [2]...

ALEXANDRE.

Ils marcheront, madame, et je n'ai qu'à paraître :
Ces cœurs qui dans un camp, d'un vain loisir déçus,

vous cherchez des Indes ignorées des Indiens mêmes. Vous voulez arracher de leurs repaires et de leurs cavernes des sauvages qui vivent au milieu des serpents et des bêtes féroces, et parcourir en vainqueur plus de pays que le soleil n'en éclaire. » (Lib. IX, cap. III.) Quinte-Curce parle de pays *mieux* connus aux vainqueurs qu'à leurs habitants; il ne dit pas, comme Racine, des pays *inconnus même à leurs habitants*, ce qui est un véritable non-sens.

[1] « Intuere corpora exsanguia, tot perfossa vulneribus, tot cicatricibus putria. Jam tela hebetia sunt, jam arma deficiunt... Quotocuique lorica est? Quis equum habet?... Omnium victores, omnium inopes sumus : nec luxuria laboramus, sed bello instrumenta belli consumpsimus. Hunc tu pulcherrimum exercitum nudum objicies belluis? »
— « Voyez ces corps épuisés par tant de blessures; voyez ces plaies d'où s'écoule un sang corrompu. Nos traits sont émoussés; les armes nous manquent. Combien ont conservé une cuirasse, un glaive, un cheval? Nous, les maîtres du monde, nous manquons de tout : ce n'est pas le luxe qui nous a désarmés; la guerre a usé les instruments de la guerre. Livrerez-vous maintenant aux animaux féroces une armée jadis si belle, aujourd'hui sans défense? » (Id.)

[2] VAR. Qui d'eux-même en cent lieux ont laissé la moitié,
Par leurs gémissements vous font assez connaître...

Comptent en murmurant les coups qu'ils ont reçus,
Revivront pour me suivre, et, blâmant leurs murmures,
Brigueront à mes yeux de nouvelles blessures[1].
Cependant de Taxile appuyons les soupirs :
Son rival ne peut plus traverser ses désirs.
Je vous l'ai dit, madame, et j'ose encor vous dire...
CLÉOFILE.
Seigneur, voici la reine.

SCÈNE II.

ALEXANDRE, AXIANE, CLÉOFILE.

ALEXANDRE.
Hé bien, Porus respire.
Le ciel semble, madame, écouter vos souhaits·
Il vous le rend...
AXIANE.
Hélas! il me l'ôte à jamais!
Aucun reste d'espoir ne peut flatter ma peine;
Sa mort était douteuse, elle devient certaine :
Il y court; et peut-être il ne s'y vient offrir
Que pour me voir encore, et pour me secourir.
Mais que ferait-il seul contre toute une armée?
En vain ses grands efforts l'ont d'abord alarmée[2];
En vain quelques guerriers qu'anime son grand cœur,
Ont ramené l'effroi dans le camp du vainqueur :
Il faut bien qu'il succombe, et qu'enfin son courage

---

[1] On reconnaît Alexandre à ce discours. Mais comment le reconnaître lorsque plus bas il veut *appuyer les soupirs* de Taxile? De plus, on n'appuie pas des soupirs. (L. B.)

[2] *Alarmée* ne saurait se dire pour *exciter, encourager*; il exprime une idée toute contraire.

Tombe sur tant de morts qui ferment son passage[1].
Encor, si je pouvais, en sortant de ces lieux,
Lui montrer Axiane, et mourir à ses yeux !
Mais Taxile m'enferme ; et cependant le traître
Du sang de ce héros est allé se repaître ;
Dans les bras de la mort il le va regarder,
Si toutefois encore il ose l'aborder[2].

ALEXANDRE.

Non, madame, mes soins ont assuré sa vie :
Son retour va bientôt contenter votre envie.
Vous le verrez.

AXIANE.

Vos soins s'étendraient jusqu'à lui !
Le bras qui l'accablait deviendrait son appui !
J'attendrais son salut de la main d'Alexandre !
Mais quel miracle enfin n'en dois-je point attendre ?
Je m'en souviens, seigneur, vous me l'avez promis,
Qu'Alexandre vainqueur n'avait plus d'ennemis.
Ou plutôt ce guerrier ne fut jamais le vôtre :
La gloire également vous arma l'un et l'autre.
Contre un si grand courage il voulut s'éprouver ;
Et vous ne l'attaquiez qu'afin de le sauver.

---

[1] Louis Racine pensait qu'il y avait une faute d'impression dans ces vers, et il les corrigeait de la manière suivante :

<blockquote>Il faut bien qu'il succombe, et, malgré son courage,
Tombe sur tant de morts qui ferment son passage.</blockquote>

Ces vers valent mieux que les premiers ; mais rien n'autorise à supposer ici une faute d'impression. Toutes les éditions publiées pendant la vie de Racine sont uniformes : elles portent toutes *et qu'enfin son courage*. (G.)

[2] Cette fin du discours d'Axiane est d'une grande fierté de style. Corneille, dans le temps de sa gloire, n'avait pas fait mieux. Ce vers,

<blockquote>Dans les bras de la mort il le va regarder,</blockquote>

peut être cité parmi les plus beaux vers de Racine. (G.)

ALEXANDRE.

Ses mépris redoublés qui bravent ma colère
Mériteraient sans doute un vainqueur plus sévère;
Son orgueil en tombant semble s'être affermi;
Mais je veux bien cesser d'être son ennemi;
J'en dépouille, madame, et la haine et le titre.
De mes ressentiments je fais Taxile arbitre :
Seul il peut, à son choix, le perdre ou l'épargner;
Et c'est lui seul enfin que vous devez gagner.

AXIANE.

Moi, j'irais à ses pieds mendier un asile!
Et vous me renvoyez aux bontés de Taxile!
Vous voulez que Porus cherche un appui si bas!
Ah, seigneur! votre haine a juré son trépas.
Non, vous ne le cherchiez qu'afin de le détruire.
Qu'une âme généreuse est facile à séduire!
Déjà mon cœur crédule, oubliant son courroux,
Admirait des vertus qui ne sont point en vous[1].

---

[1] On lit dans les premières éditions les vers suivants, qui ont été retranchés :

> Je croyais que, touché de mes justes alarmes,
> Vous sauveriez Porus.
>
> ALEXANDRE.
>   Que j'écoute vos larmes,
> Tandis que votre cœur, au lieu de s'émouvoir,
> Desespère Taxile, et brave mon pouvoir!
> Pensez-vous, après tout, que j'ignore son crime?
> C'est moi dont la faveur le noircit et l'opprime;
> Vous le verriez, sans moi, d'un œil moins irrité;
> Mais on n'en croira pas votre injuste fierté :
> Porus est son captif. Avant qu'on le ramène,
> Consultez votre amour, consultez votre haine.
> Vous le pouvez, d'un mot, ou sauver ou punir.
> Madame, prononcez ce qu'il doit devenir.
>
> AXIANE.
> Hélas! que voulez-vous que ma douleur prononce?
> Pour sauver mon amant faut-il que j'y renonce?
> Faut-il, pour obéir aux ordres du vainqueur,
> Que je livre à Taxile, ou Porus, ou mon cœur?
> Pourquoi m'ordonnez-vous un choix si difficile?

Armez-vous donc, seigneur, d'une valeur cruelle;
Ensanglantez la fin d'une course si belle :
Après tant d'ennemis qu'on vous vit relever,
Perdez le seul enfin que vous deviez sauver.

ALEXANDRE.

Hé bien! aimez Porus sans détourner sa perte[1];
Refusez la faveur qui vous était offerte;
Soupçonnez ma pitié d'un sentiment jaloux;
Mais enfin, s'il périt, n'en accusez que vous.
Le voici. Je veux bien le consulter lui-même :
Que Porus de son sort soit l'arbitre suprême[2].

SCÈNE III.
PORUS, ALEXANDRE, AXIANE, CLÉOFILE,
ÉPHESTION, GARDES D'ALEXANDRE.

ALEXANDRE.

Hé bien, de votre orgueil, Porus, voilà le fruit !
Où sont ces beaux succès qui vous avaient séduit?

Abandonnez mes jours au pouvoir de Taxile.
J'y consens. Ne peut-il se venger à son tour?
Qu'il contente sa haine, et non pas son amour.
Punissez les mépris d'une fière princesse
Qui, d'un cœur endurci, le haïra sans cesse.

CLÉOFILE.
Et pourquoi ces mépris qu'il n'a pas mérités?
Lui qui semble adorer jusqu'à vos cruautés!
Pourquoi garder toujours cette haine enflammée ?

AXIANE.
C'est pour vous avoir crue, et pour m'avoir aimée.
Je connais vos desseins. Votre esprit alarmé
Veut éteindre un courroux par vous-même allumé.
Vous me craignez enfin. Mais qu'il vienne, ce frère .
Il saura quelle main l'expose à ma colère.
Heureuse si je puis lui donner aujourd'hui
Plus de haine pour vous que je n'en ai pour lui !
Armez-vous donc, seigneur, etc.

[1] *Sans détourner sa perte* : expression un peu obscure; le sens est :
Aimez Porus, sans songer que votre amour le perd. (G.)

[2] VAR.   Le voici. Consultons-le en ce péril extrême;
          Je veux à son secours n'appeler que lui-même.

Cette fierté si haute est enfin abaissée.
Je dois une victime à ma gloire offensée :
Rien ne vous peut sauver. Je veux bien toutefois
Vous offrir un pardon refusé tant de fois.
Cette reine, elle seule à mes bontés rebelle [1],
Aux dépens de vos jours veut vous être fidèle ;
Et que, sans balancer, vous mouriez seulement
Pour porter au tombeau le nom de son amant [2].
N'achetez point si cher une gloire inutile :
Vivez ; mais consentez au bonheur de Taxile.

PORUS.

Taxile !

ALEXANDRE.

Oui.

PORUS.

Tu fais bien, et j'approuve tes soins ;
Ce qu'il a fait pour toi ne mérite pas moins :
C'est lui qui m'a des mains arraché la victoire ;
Il t'a donné sa sœur ; il t'a vendu sa gloire ;
Il t'a livré Porus. Que feras-tu jamais
Qui te puisse acquitter d'un seul de ses bienfaits ?
Mais j'ai su prévenir le soin qui te travaille :
Va le voir expirer sur le champ de bataille.

ALEXANDRE.

Quoi ! Taxile ?

CLÉOFILE.

Qu'entends-je ?

ÉPHESTION.

Oui, seigneur, il est mort.
Il s'est livré lui-même aux rigueurs de son sort.

---

[1] VAR. Axiane, elle seule à mes bontés rebelle.

[2] Il est indigne d'Alexandre, qui va bientôt faire une action héroïque, de commencer par faire une proposition honteuse, en exigeant que Porus cède sa maîtresse pour sauver sa vie. (G.)

Porus était vaincu; mais, au lieu de se rendre,
Il semblait attaquer, et non pas se défendre.
Ses soldats, à ses pieds étendus et mourants,
Le mettaient à l'abri de leurs corps expirants.
Là, comme dans un fort, son audace enfermée
Se soutenait encor contre toute une armée;
Et, d'un bras qui portait la terreur et la mort,
Aux plus hardis guerriers en défendaient l'abord.
Je l'épargnais toujours. Sa vigueur affaiblie
Bientôt en mon pouvoir aurait laissé sa vie,
Quand sur ce champ fatal Taxile est descendu.
« Arrêtez! c'est à moi que ce captif est dû.
« C'en est fait, a-t-il dit, et ta perte est certaine,
« Porus; il faut périr, ou me céder la reine. »
Porus, à cette voix ranimant son courroux,
A relevé ce bras lassé de tant de coups;
Et cherchant son rival d'un œil fier et tranquille :
« N'entends-je pas, dit-il, l'infidèle Taxile,
« Ce traître à sa patrie, à sa maîtresse, à moi?
« Viens, lâche! poursuit-il; Axiane est à toi.
« Je veux bien te céder cette illustre conquête;
« Mais il faut que ton bras l'emporte avec ma tête.
« Approche! » A ce discours, ces rivaux irrités
L'un sur l'autre à la fois se sont précipités.
Nous nous sommes en foule opposés à leur rage;
Mais Porus parmi nous court et s'ouvre un passage,
Joint Taxile, le frappe; et lui perçant le cœur,
Content de sa victoire, il se rend au vainqueur.

CLÉOFILE.
Seigneur, c'est donc à moi de répandre des larmes;
C'est sur moi qu'est tombé tout le faix de vos armes.
Mon frère a vainement recherché votre appui,
Et votre gloire, hélas! n'est funeste qu'à lui.
Que lui sert au tombeau l'amitié d'Alexandre?

Sans le venger, seigneur, l'y verrez-vous descendre?
Souffrirez-vous qu'après l'avoir percé de coups,
On en triomphe aux yeux de sa sœur et de vous?

AXIANE.

Oui, seigneur, écoutez les pleurs de Cléofile.
Je la plains. Elle a droit de regretter Taxile :
Tous ses efforts en vain l'ont voulu conserver;
Elle en a fait un lâche, et ne l'a pu sauver.
Ce n'est point que Porus ait attaqué son frère
Il s'est offert lui-même à sa juste colère.
Au milieu du combat que venait-il chercher?
Au courroux du vainqueur venait-il l'arracher?
Il venait accabler dans son malheur extrême
Un roi que respectait la victoire elle-même.
Mais pourquoi vous ôter un prétexte si beau?
Que voulez-vous de plus ? Taxile est au tombeau.
Immolez-lui, seigneur, cette grande victime;
Vengez-vous. Mais songez que j'ai part à son crime.
Oui, oui, Porus, mon cœur n'aime point à demi;
Alexandre le sait, Taxile en a gémi :
Vous seul vous l'ignoriez ; mais ma joie est extrême
De pouvoir en mourant vous le dire à vous-même.

PORUS.

Alexandre, il est temps que tu sois satisfait[1].
Tout vaincu que j'étais, tu vois ce que j'ai fait.
Crains Porus; crains encor cette main désarmée
Qui venge sa défaite au milieu d'une armée.
Mon nom peut soulever de nouveaux ennemis,

---

[1] Ce vers était précédé des quatre suivants, que Racine a retranchés :

> Ah, madame ! sur moi laissez tomber leurs coups ;
> Ne troublez point un sort que vous rendez si doux.
> Vous m'allez regretter : quelle plus grande gloire
> Pouvait à mes soupirs accorder la victoire ?

Et réveiller cent rois dans leurs fers endormis[1].
Étouffe dans mon sang ces semences de guerre ;
Va vaincre en sûreté le reste de la terre.
Aussi bien n'attends pas qu'un cœur comme le mien
Reconnaisse un vainqueur, et te demande rien.
Parle : et, sans espérer que je blesse ma gloire,
Voyons comme tu sais user de la victoire.

ALEXANDRE.

Votre fierté, Porus, ne se peut abaisser :
Jusqu'au dernier soupir vous m'osez menacer.
En effet, ma victoire en doit être alarmée,
Votre nom peut encor plus que toute une armée :
Je m'en dois garantir. Parlez donc, dites-moi ;
Comment prétendez-vous que je vous traite ?

PORUS.

En roi[2].

ALEXANDRE.

Hé bien ! c'est donc en roi qu'il faut que je vous traite :
Je ne laisserai point ma victoire imparfaite ;
Vous l'avez souhaité, vous ne vous plaindrez pas.
Régnez toujours, Porus : je vous rends vos États.
Avec mon amitié recevez Axiane :
A des liens si doux tous deux je vous condamne.
Vivez, régnez tous deux ; et seul de tant de rois
Jusques au bord du Gange allez donner vos lois.

---

[1] Grande et magnifique image. Racine, dans cette pièce, est presque toujours sublime quand il fait parler Porus, et presque toujours froid et recherché lorsqu'il fait parler Alexandre. On a remarqué que les quatre derniers vers de cette tirade sont une imitation de ceux que Cornélie adresse à César dans la scène IV de l'acte III de *la Mort de Pompée*.

[2] « Estant donc ce roy Porus prins, Alexandre luy demanda comment « il le traicteroit. Porus lui respondit qu'il le traictast *en roy.* » PLUT., *Vie d'Alexandre*, chap. XIX.

(à Cléofile.)
Ce traitement, madame, a droit de vous surprendre[1];
Mais enfin c'est ainsi que se venge Alexandre.
Je vous aime; et mon cœur, touché de vos soupirs,
Voudrait par mille morts venger vos déplaisirs.
Mais vous-même pourriez prendre pour une offense
La mort d'un ennemi qui n'est plus en défense :
Il en triompherait; et, bravant ma rigueur,
Porus dans le tombeau descendrait en vainqueur.
Souffrez que, jusqu'au bout achevant ma carrière,
J'apporte à vos beaux yeux ma vertu toute entière
Laissez régner Porus couronné par mes mains;
Et commandez vous-même au reste des humains.
Prenez les sentiments que ce rang vous inspire;
Faites, dans sa naissance, admirer votre empire;
Et, regardant l'éclat qui se répand sur vous,
De la sœur de Taxile oubliez le courroux.

AXIANE.
Oui, madame, régnez; et souffrez que moi-même
J'admire le grand cœur d'un héros qui vous aime.
Aimez, et possédez l'avantage charmant
De voir toute la terre adorer votre amant.

PORUS.
Seigneur, jusqu'à ce jour l'univers en alarmes
Me forçait d'admirer le bonheur de vos armes;

---

[1] Oui; car, jusqu'à ce moment, Cléofile n'a vu dans Alexandre qu'un esclave soumis, qu'un adorateur servile. Mais ce qui a bien plus droit de surprendre les lecteurs, c'est qu'Alexandre, qui vient de signaler son grand cœur par un acte héroïque de clémence, en demande pour ainsi dire pardon à sa maîtresse; c'est qu'après avoir parlé le langage d'un grand homme, il *apporte sa vertu aux beaux yeux de Cléofile.* Axiane elle-même, la fière et indomptable Axiane, se rabaisse au rang des femmes les plus ordinaires, lorsqu'elle complimente Cléofile sur *l'avantage charmant qu'elle possède d'être adorée d'un amant que toute la terre adore.* (G.)

Mais rien ne me forçait, en ce commun effroi,
De reconnaître en vous plus de vertu qu'en moi.
Je me rends; je vous cède une pleine victoire :
Vos vertus, je l'avoue, égalent votre gloire.
Allez, seigneur, rangez l'univers sous vos lois ;
Il me verra moi-même appuyer vos exploits :
Je vous suis; et je crois devoir tout entreprendre
Pour lui donner un maître aussi grand qu'Alexandre[1]

CLÉOFILE.

Seigneur, que vous peut dire un cœur triste, abattu?
Je ne murmure point contre votre vertu :
Vous rendez à Porus la vie et la couronne :
Je veux croire qu'ainsi votre gloire l'ordonne;
Mais ne me pressez point : en l'état où je suis,
Je ne puis que me taire, et pleurer mes ennuis.

ALEXANDRE.

Oui, madame, pleurons un ami si fidèle[2],
Faisons en soupirant éclater notre zèle ;
Et qu'un tombeau superbe instruise l'avenir
Et de votre douleur et de mon souvenir[3].

---

[1] Le vers est beau ; mais le sentiment qu'il exprime est-il digne de Porus? Après avoir fait éclater dans tout le cours de la pièce un enthousiasme aussi vif pour la liberté de son pays; après avoir si vaillamment combattu pour maintenir son indépendance, convient-il à Porus de conspirer contre la liberté du monde, et de tout entreprendre pour lui donner un maître, quelque grand qu'on le suppose? Cet élan de la reconnaissance n'est-il pas trop peu mesuré? Et Porus, en parlant ainsi, ne dément-il pas le caractère que le poëte lui a donné dans toute la pièce? Racine, dans cet endroit, se conforme à l'histoire, mais non pas aux règles du théâtre. (G.)

[2] Comme Alexandre est amoureux de la sœur de Taxile, il faut lui pardonner cet éloge d'un traître; ou plutôt il faut pardonner au jeune poëte une faute où tant d'exemples l'entraînaient. (L. R.)

[3] Le grand défaut qui règne dans cette pièce, dit Louis Racine, est un amour qui en paraît faire tout le nœud, tandis qu'un des plus glorieux exploits d'Alexandre n'en paraît que l'épisode. On était, lorsque

cette pièce parut, si accoutumé à ces romans où les héros de l'antiquité sont changés en de fades galants, qu'Alexandre même ne parut pas assez doucereux. Au reste, on reconnaît ici une imitation continuelle de Corneille, non-seulement dans le style, mais encore dans le sujet. Corneille avait mis Jules César sur la scène; Racine essaya d'y mettre Alexandre. Corneille avait présenté César amoureux de Cléopâtre; Racine offrit Alexandre amoureux de Cléofile. Corneille avait peint la générosité de César envers un ennemi mort; Racine peignit la générosité d'Alexandre envers un ennemi vaincu et mourant.

Il est tout simple que Racine, alors très-jeune, n'ait pas cru pouvoir faire mieux que de modeler son Alexandre sur le César de Corneille. Heureusement le succès d'*Alexandre* n'empêcha pas son auteur de s'ouvrir une route nouvelle. Il fit *Andromaque;* et l'on peut dire avec La Harpe qu'il y a un demi-siècle entre ces deux ouvrages.

Du reste, il est juste de remarquer, avec le même critique, que c'est la première de nos pièces qui ait été écrite avec cette élégance qui consiste dans la propriété des termes, dans la noblesse de l'expression, dans le nombre et la cadence du vers. Ce mérite, que l'auteur porta depuis infiniment plus loin, et le caractère de Porus, marquaient déjà un progrès dans sa composition.

ANDROMAQUE,

TRAGÉDIE.

1667.

A MADAME[1].

Madame,

Ce n'est pas sans sujet que je mets votre illustre nom à la tête de cet ouvrage. Et de quel autre nom pourrais-je éblouir les yeux de mes lecteurs, que de celui dont mes spectateurs ont été si heureusement éblouis? On savait que Votre Altesse Royale avait daigné prendre soin de la conduite de ma tragédie; on savait que vous m'aviez prêté quelques-unes de vos lumières pour y ajouter de nouveaux ornements; on savait enfin que vous l'aviez honorée de quelques larmes dès la première lecture que je vous en fis. Pardonnez-moi, MADAME, si j'ose me vanter de cet heureux commencement de sa destinée. Il me console bien glorieusement de la dureté de ceux qui ne voudraient pas s'en laisser toucher. Je leur permets de condamner l'*Andromaque* tant qu'ils voudront, pourvu qu'il me soit permis d'appeler de toutes les subtilités de leur esprit au cœur de Votre Altesse Royale.

Mais, MADAME, ce n'est pas seulement du cœur que vous jugez de la bonté[2] d'un ouvrage, c'est avec une intelligence qu'aucune fausse lueur ne saurait tromper. Pouvons-nous mettre sur la scène une histoire que vous

---

[1] Henriette-Anne d'Angleterre, duchesse d'Orléans, était la dernière des enfants de l'infortuné Charles Ier et de Henriette de France, fille de Henri IV et de Marie de Médicis; elle épousa, en 1661, Philippe de France, duc d'Orléans, frère unique de Louis XIV. Une mort subite l'enleva à l'âge de vingt-six ans, à Saint-Cloud, le 30 juin 1670. (Voyez l'*Oraison funèbre* de Bossuet.) Son goût pour les lettres et pour le théâtre, son esprit fin et délicat, la rendaient bien digne des hommages d'un poète tel que Racine. Elle soutint son premier chef-d'œuvre contre les préjugés et les préventions de la vieille cour, et contre toute la faction des admirateurs exclusifs de Corneille. (G.)

[2] Cette construction est dure et embarrassée. Le reste de l'épître est élégant, délicat, digne de la princesse à qui elle est adressée. (G.)

ne possédiez aussi bien que nous? Pouvons-nous faire jouer une intrigue dont vous ne pénétriez tous les ressorts? Et pouvons-nous concevoir des sentiments si nobles et si délicats qui ne soient infiniment au-dessous de la noblesse et de la délicatesse de vos pensées?

On sait, MADAME, et VOTRE ALTESSE ROYALE a beau s'en cacher, que, dans ce haut degré de gloire où la nature et la fortune ont pris plaisir de vous élever[1], vous ne dédaignez pas cette gloire obscure que les gens de lettres s'étaient réservée. Et il semble que vous ayez voulu avoir autant d'avantage sur notre sexe, par les connaissances et par la solidité de votre esprit, que vous excellez dans le vôtre par toutes les grâces qui vous environnent. La cour vous regarde comme l'arbitre de tout ce qui se fait d'agréable. Et nous qui travaillons pour plaire au public, nous n'avons plus que faire de demander aux savants si nous travaillons selon les règles : la règle souveraine est de plaire à VOTRE ALTESSE ROYALE.

Voilà, sans doute, la moindre de vos excellentes qualités. Mais, MADAME, c'est la seule dont j'ai pu parler avec quelque connaissance : les autres sont trop élevées au-dessus de moi. Je n'en puis parler sans les rabaisser par la faiblesse de mes pensées, et sans sortir de la profonde vénération avec laquelle je suis,

MADAME,

DE VOTRE ALTESSE ROYALE,

Le très-humble, très-obéissant, et très-fidèle serviteur,

RACINE.

---

[1] *Ont pris plaisir de vous élever* : on pouvait peut-être s'exprimer ainsi du temps de Racine; l'usage n'admet plus cette façon de parler : on dit *prendre plaisir à quelque chose*. (G.)

PREMIERE PRÉFACE[1].

Mes personnages sont si fameux dans l'antiquité, que, pour peu qu'on la connaisse, on verra fort bien que je les ai rendus tels que les anciens poëtes nous les ont donnés[2] : aussi n'ai-je pas pensé qu'il me fût permis de rien changer à leurs mœurs. Toute la liberté que j'ai prise, ç'a été d'adoucir un peu la férocité de Pyrrhus, que Sénèque, dans *la Troade*, et Virgile, dans le second livre de *l'Énéide*, ont poussée beaucoup plus loin que je n'ai cru le devoir faire; encore s'est-il trouvé des gens qui se sont plaints qu'il s'emportât contre Andromaque, et qu'il voulût épouser une captive à quelque prix que ce fût; et j'avoue qu'il n'est pas assez résigné à la volonté de sa maîtresse, et que Céladon a mieux connu que lui le parfait amour. Mais que faire? Pyrrhus n'avait pas lu nos romans; il était violent de son naturel, et tous les héros ne sont pas faits pour être des Céladons.

Quoi qu'il en soit, le public m'a été trop favorable pour m'embarrasser du chagrin particulier de deux ou trois personnes qui voudraient qu'on reformât tous les héros de l'antiquité pour en faire des héros parfaits. Je trouve leur intention fort bonne de vouloir qu'on ne mette sur la scène que des hommes impeccables; mais je les prie de se souvenir que ce n'est point à moi de changer les règles du théâtre. Horace nous recommande de peindre Achille farouche, inexorable,

---

[1] Les premières préfaces de Racine sont presque toujours chagrines. Aigri par des critiques souvent fausses et injustes, il commence par exhaler son dépit en sarcasmes amers ; mais la réflexion tempère sa sensibilité, et la seconde préface montre un auteur raisonnable, disposé à reconnaître ses fautes, à profiter des observations sages, et à mépriser les mauvaises plaisanteries. (G.)

[2] Racine s'aveuglait lui-même : il n'a point rendu Pyrrhus et Andromaque tels que les anciens nous les ont donnés ; et il ne le pouvait pas. Non-seulement il lui était permis de changer quelque chose à leurs mœurs, mais il le devait s'il voulait réussir. (G.)

violent, tel qu'il était, et tel qu'on dépeint son fils. Aristote, bien éloigné de nous demander des héros parfaits, veut au contraire que les personnages tragiques, c'est-à-dire ceux dont le malheur fait la catastrophe de la tragédie, ne soient ni tout à fait bons, ni tout à fait méchants. Il ne veut pas qu'ils soient extrêmement bons, parce que la punition d'un homme de bien exciterait plus l'indignation que la pitié du spectateur; ni qu'ils soient méchants avec excès, parce qu'on n'a point pitié d'un scélérat. Il faut donc qu'ils aient une bonté médiocre, c'est-à-dire une vertu capable de faiblesse, et qu'ils tombent dans le malheur par quelque faute qui les fasse plaindre sans les faire détester.

SECONDE PRÉFACE.

Virgile au troisième livre de *l'Énéide* : c'est Énée qui parle :

> Littoraque Epiri legimus, portuque subimus [1]
> Chaonio, et celsam Buthroti ascendimus urbem....
> . . . .
> . . . .
> Solemnes tum forte dapes, et tristia dona... [2]
> . . . .
> Libabat cineri Andromache, Manesque vocabat
> Hectoreum ad tumulum, viridi quem cespite inanem,
> Et geminas, causam lacrymis, sacraverat aras...
> . . . .
> . . . .
> Dejecit vultum, et demissa voce locuta est [3] :
> « O felix una ante alias Priameia virgo,
> « Hostilem ad tumulum, Trojæ sub mœnibus altis
> « Jussa mori, quæ sortitus non pertulit ullos,
> « Nec victoris heri tetigit captiva cubile !
> « Nos, patria incensa, diversa per æquora vectæ,
> « Stirpis Achilleæ fastus, juvenemque superbum,

---

[1] Vers 292 et 293. — [2] Vers 301, 303 à 305. — [3] Vers 320 à 332.

« Servitio enixæ, tulimus, qui deinde, secutus
« Ledæam Hermionem, lacedæmoniosque hymenæos...
....
« Ast illum, ereptæ magno inflammatus amore
« Conjugis, et scelerum Furiis agitatus, Orestes
« Excipit incautum, patriasque obtruncat ad aras[1]. »

Voilà, en peu de vers, tout le sujet de cette tragédie ; voilà le lieu de la scène, l'action qui s'y passe, les quatre principaux acteurs, et même leurs caractères, excepté celui d'Hermione, dont la jalousie et les emportements sont assez marqués dans l'*Andromaque* d'Euripide.

C'est presque la seule chose que j'emprunte ici de cet auteur. Car, quoique ma tragédie porte le même nom que la sienne, le sujet en est pourtant très-différent. Andromaque, dans Euripide, craint pour la vie de Molossus, qui est un fils qu'elle a eu de Pyrrhus, et qu'Hermione veut faire mourir avec sa mère. Mais ici il ne s'agit point de Molossus : Andromaque ne connaît point d'autre mari qu'Hector, ni d'autre fils qu'Astyanax. J'ai cru en cela me conformer à l'idée que nous avons maintenant de cette princesse. La plupart de ceux qui ont entendu parler d'Andromaque ne la connaissent guère que

---

[1] « Après avoir côtoyé le rivage d'Épire, nous entrons dans un port de la Chaonie, et gravissons la colline sur laquelle s'élève la ville de Buthrote... C'était le jour solennel où la triste Andromaque honorait les cendres de son époux par des offrandes et des libations funèbres... Elle invoquait les mânes d'Hector auprès de deux autels qu'elle lui avait consacrés, et d'un tombeau de gazon, vain monument qui renouvelait sa douleur... Elle baissa les yeux, et d'une voix plaintive : « O Polyxène !
« ô la plus heureuse des filles de Priam ! condamnée à mourir sur le
« tombeau d'un ennemi au pied des hautes murailles de Troie, tu ne
« souffris pas d'autres malheurs ; le sort ne te donna point un maître,
« et, captive, tu n'entras point dans le lit d'un vainqueur. Et moi,
« j'ai vu ma patrie dévorée par les flammes ; j'ai été traînée de mer en
« mer ; esclave, il m'a fallu supporter et les dédains de la famille d'A-
« chille et les transports d'un guerrier superbe ! Devenue mère enfin,
« je me suis vue abandonnée pour la fille d'Hélène et l'alliance du roi
« de Lacédémone... Cependant, égaré par l'amour, tourmenté par les
« Furies, Oreste surprend le ravisseur de son épouse, et l'immole au
« pied des autels de sa patrie. »

pour la veuve d'Hector et pour la mère d'Astyanax. On ne croit point qu'elle doive aimer ni un autre mari, ni un autre fils[1]; et je doute que les larmes d'Andromaque eussent fait sur l'esprit de mes spectateurs l'impression qu'elles y ont faite, si elles avaient coulé pour un autre fils que celui qu'elle avait d'Hector.

Il est vrai que j'ai été obligé de faire vivre Astyanax un peu plus qu'il n'a vécu; mais j'écris dans un pays où cette liberté ne pouvait pas être mal reçue. Car, sans parler de Ronsard, qui a choisi ce même Astyanax pour le héros de sa *Franciade*, qui ne sait que l'on fait descendre nos anciens rois de ce fils d'Hector, et que nos vieilles chroniques sauvent la vie à ce jeune prince, après la désolation de son pays, pour en faire le fondateur de notre monarchie?

Combien Euripide a-t-il été plus hardi dans sa tragédie d'*Hélène!* Il y choque ouvertement la créance commune de toute la Grèce : il suppose qu'Hélène n'a jamais mis le pied dans Troie; et qu'après l'embrasement de cette ville, Ménélas trouve sa femme en Égypte, dont elle n'était point partie, tout cela fondé sur une opinion qui n'était reçue que parmi les Égyptiens, comme on peut le voir dans Hérodote[2].

Je ne crois pas que j'eusse besoin de cet exemple d'Euripide pour justifier le peu de liberté que j'ai prise. Car il y a bien de la différence entre détruire le principal fondement d'une fable et en altérer quelques incidents, qui changent presque de face dans toutes les mains qui les traitent. Ainsi Achille, selon la plupart des poëtes, ne peut être blessé qu'au talon, quoique Homère le fasse blesser au bras[3], et ne le croie invulnérable en aucune partie de son corps. Ainsi Sophocle fait mourir Jocaste aussitôt après la reconnaissance d'Œdipe[4],

---

[1] Les Grecs croyaient qu'elle le pouvait sans cesser d'être intéressante. Cette délicatesse de sentiments qui élève une femme au-dessus de son sexe était inconnue à la nation la plus polie de l'antiquité. Racine parle avec une modeste simplicité d'une de ses plus belles conceptions. (G.)

[2] Liv. II, Euterpe.

[3] *Iliade*, chant XXI.

[4] Après la troisième scène du quatrième acte d'*Œdipe*. (G.)

tout au contraire d'Euripide, qui la fait vivre jusqu'au combat et à la mort de ses deux fils[1]. Et c'est à propos de quelques contrariétés de cette nature qu'un ancien commentateur de Sophocle remarque fort bien[2] « qu'il ne faut point s'amuser
« à chicaner les poëtes pour quelques changements qu'ils ont
« pu faire dans la fable; mais qu'il faut s'attacher à consi-
« dérer l'excellent usage qu'ils ont fait de ces changements, et
« la manière ingénieuse dont ils ont su accommoder la fable
« à leur sujet. »

[1] Voyez le dernier acte des *Phéniciennes*. (G.)
[2] *Sophoclis Electra*. (R.)

PERSONNAGES.

ANDROMAQUE, veuve d'Hector, captive de Pyrrhus.
PYRRHUS, fils d'Achille, roi d'Épire.
ORESTE, fils d'Agamemnon.
HERMIONE, fille d'Hélène, accordée avec Pyrrhus.
PYLADE, ami d'Oreste.
CLÉONE, confidente d'Hermione.
CÉPHISE, confidente d'Andromaque.
PHOENIX, gouverneur d'Achille, et ensuite de Pyrrhus.
Suite d'Oreste.

Noms des acteurs qui ont joué d'original dans
Andromaque.

ANDROMAQUE.	Mademoiselle Duparc.
PYRRHUS.	Floridor.
ORESTE.	Montfleury.
PYLADE.	La Fleur.
HERMIONE.	Mademoiselle Desœillet.

La scène est à Buthrote, ville d'Épire, dans une salle du palais de Pyrrhus.

ANDROMAQUE.

ACTE PREMIER.

SCÈNE I.

ORESTE, PYLADE.

ORESTE.

Oui, puisque je retrouve un ami si fidèle [1],
Ma fortune va prendre une face nouvelle;

[1] Cette rencontre d'Oreste et de Pylade est l'effet du hasard, mais elle n'a rien d'invraisemblable. Elle ne ressemble point à ces reconnaissances qui paraissent n'avoir été imaginées que pour le besoin de l'intrigue. Aristote approuve ce moyen tragique; mais il ne cite que deux exemples de son emploi heureux, tant il est rare de ne pas échouer dans de pareilles situations! Dans cette pièce, Racine n'imite plus personne, et se montre digne d'être imité lui-même; ce n'est plus un disciple, un émule de Corneille : c'est Racine qui se révèle au public avec un ton, un style, une manière qui lui appartiennent, avec des traits qui lui sont propres, et lui composent une physionomie particulière.

L'apparition d'*Andromaque* est dans l'histoire de l'art dramatique un événement presque aussi fameux que la naissance du *Cid* : notre théâtre acquit un modèle de plus. Ce premier chef-d'œuvre de Racine excita un enthousiasme presque aussi vif, souleva contre l'auteur presque autant d'ennemis, et fit éclore à peu près autant de critiques que le premier chef-d'œuvre de Corneille.

Racine a des pièces plus parfaites qu'*Andromaque*, il n'en a point où il y ait plus d'élan et de verve; partout on y reconnaît le jet d'un talent jeune et vigoureux : tout est en mouvement, tout est en feu; les intérêts se croisent, les passions se heurtent. Deux amants furieux qui poursuivent des ingrates; deux princesses désespérées, l'une d'être aimée, l'autre de ne pas l'être; deux amis prêts à se dévouer l'un pour

Et déjà son courroux semble s'être adouci [1]
Depuis qu'elle a pris soin de nous rejoindre ici [2].
Qui l'eût dit, qu'un rivage à mes vœux si funeste
Présenterait d'abord Pylade aux yeux d'Oreste [3] ;
Qu'après plus de six mois que je t'avais perdu,
A la cour de Pyrrhus tu me serais rendu ?

l'autre ; une mère tremblante pour les jours de son fils ; une veuve qui veut s'immoler aux cendres d'un époux ; l'héroïsme de la tendresse maternelle, le sublime de la foi conjugale, le triomphe de l'amitié parmi les fureurs et les vengeances, au milieu des crimes de l'amour : de tous ces éléments se compose un ouvrage éminemment dramatique, plein d'action, de chaleur et de vie. (G.)

[1] La fortune d'Oreste n'est autre chose que le génie qui l'accompagnait et présidait à ses actions, suivant le système des anciens. Ce génie peut être personnifié ; et Néron dit fort bien, pour exprimer l'ascendant que sa mère a pris sur lui (*Britann.*, act. II, sc. II) :

Mon génie étonné tremble devant le sien. (G.)

[2] Horace veut qu'Oreste soit toujours un personnage triste, *tristis Orestes.* (*Art. poet.*) Ce précepte d'Horace est bien exécuté dans cette pièce : Oreste n'y dit rien qui ne témoigne un homme plongé dans la mélancolie. Ce n'est plus à la vérité cet Oreste poursuivi par les Furies, qui va s'asseoir sur cette pierre dont il est parlé dans Pausanias, et y trouve un soulagement à ses fureurs. Quoique absous du meurtre de sa mère par l'Aréopage, quoique lavé de ce crime par une célèbre expiation chez les Trézéniens, les Furies n'avaient cessé de le tourmenter ; et il n'en fut entièrement délivré qu'après avoir enlevé dans la Tauride la statue de Diane. Alors il songea à revoir Hermione, que Pyrrhus avait épousée. Il n'était donc plus poursuivi par les Furies quand il tua Pyrrhus ; mais il était toujours poursuivi par le remords de sa conscience, par les Furies de ses crimes, comme dit Virgile, *Scelerum Furiis agitatus Orestes* : c'est pourquoi, au dénoûment, il croit voir revenir les Furies. Dans cette pièce il ne parle jamais du meurtre de sa mère ; et Hermione elle-même, au milieu de sa fureur, ne lui reproche pas ce crime, dont elle lui parle dans la lettre faite par Ovide. La vue d'un homme souillé du sang de sa mère eût été odieuse aux spectateurs. Le poëte a si bien ménagé les choses, qu'Oreste paraît accablé de tristesse, sans qu'on en soupçonne la véritable raison. (L. R.)

[3] VARIANTE. Qui m'eût dit qu'un rivage à mes vœux si funeste
Présenterait d'abord Pylade aux yeux d'Oreste ?

ACTE I, SCÈNE I.

PYLADE.

J'en rends grâces au ciel, qui, m'arrêtant sans cesse,
Semblait m'avoir fermé le chemin de la Grèce,
Depuis le jour fatal que la fureur des eaux,
Presque aux yeux de l'Épire, écarta nos vaisseaux[1].
Combien, dans cet exil, ai-je souffert d'alarmes!
Combien à vos malheurs ai-je donné de larmes,
Craignant toujours pour vous quelque nouveau danger
Que ma triste amitié ne pouvait partager!
Surtout je redoutais cette mélancolie
Où j'ai vu si longtemps votre âme ensevelie[2];

---

[1] VAR. Depuis le jour fatal que la fureur des eaux,
Presque aux yeux de Mycène, écarta nos vaisseaux.

[2] On est d'autant plus frappé de la nuance que Racine a marquée entre Oreste et Pylade, que l'amitié qui fait aujourd'hui toute leur gloire devait nécessairement rapprocher et confondre leurs rangs. Peut-être eût-il fallu établir entre eux une égalité parfaite. Mais le poëte en a jugé tout autrement; il a cru que les convenances théâtrales l'obligeaient de mettre quelque différence entre le fils d'Agamemnon, roi des rois, représentant la Grèce entière auprès de Pyrrhus, et le fils de Strophius, petit prince de la Phocide, lequel n'est dans l'Épire qu'un voyageur obscur. La Harpe et Geoffroy approuvent cette distinction. Quant à nous, elle nous a toujours paru nuire à l'intérêt qu'inspire une amitié si célèbre, et qui n'aurait jamais existé si Oreste eût fait sentir à Pylade la supériorité de son rang. Que dans *l'Iliade* Nestor représente à Achille que, quoique fils d'une déesse, il doit respecter Agamemnon, à cause de la puissance que les dieux lui ont donnée, cela se conçoit, parce qu'Achille a reconnu Agamemnon pour son chef. Mais Oreste n'est pas plus le chef de Pylade qu'Achille n'est l'ami d'Agamemnon. Il n'y a donc nulle similitude entre ces deux cas; ce qu'il fallait bien remarquer, puisque La Harpe a voulu s'appuyer de ce dernier exemple pour justifier Racine. Au reste, quelle que soit l'opinion que l'on adopte à ce sujet, nous dirons avec Geoffroy que si Racine a cru devoir mettre quelque inégalité entre Oreste et Pylade, il a du moins relevé le rôle de cet illustre ami par la noblesse et la beauté des sentiments. Son langage est touchant, affectueux, plein de douceur et de charme; enfin, sa tendresse pour Oreste est peinte dans ses discours, dans ses actions, et surtout dans la belle scène où il promet d'enlever Hermione.

Je craignais que le ciel, par un cruel secours,
Ne vous offrît la mort que vous cherchiez toujours[1].
Mais je vous vois, seigneur; et, si j'ose le dire,
Un destin plus heureux vous conduit en Épire :
Le pompeux appareil qui suit ici vos pas
N'est point d'un malheureux qui cherche le trépas.

ORESTE.

Hélas! qui peut savoir le destin qui m'amène?
L'amour me fait ici chercher une inhumaine[2];
Mais qui sait ce qu'il doit ordonner de mon sort,
Et si je viens chercher ou la vie ou la mort?

PYLADE.

Quoi! votre âme à l'amour en esclave asservie
Se repose sur lui du soin de votre vie?
Par quel charme, oubliant tant de tourments soufferts,
Pouvez-vous consentir à rentrer dans ses fers[3]?
Pensez-vous qu'Hermione, à Sparte inexorable,
Vous prépare en Épire un sort plus favorable?
Honteux d'avoir poussé tant de vœux superflus[4],
Vous l'abhorriez; enfin, vous ne m'en parliez plus :
Vous me trompiez, seigneur.

---

[1] C'est ainsi qu'un habile artiste se hâte de placer, dans l'exposé de son avant-scène, tout ce qui peut fonder ses caractères et son action. Par ces quatre vers, Oreste est déjà connu, et tout le reste y répondra. (L.)

[2] *L'amour qui fait chercher une inhumaine.* Cela est encore du style romanesque que Racine fit disparaître du théâtre. On regrette de trouver quelquefois dans le rôle tragique d'Oreste un langage si peu digne du représentant de toute la Grèce. (L.)

[3] VAR.   Par quels charmes, après tant de tourments soufferts,
          Peut-il vous inviter à rentrer dans les fers?

[4] Expression impropre, que nous avons déjà remarquée dans *Alexandre*. On forme des vœux, mais on ne *pousse pas des vœux*. Corneille a dit *pousser des désirs;* mais on sait que Corneille, souvent modèle du sublime, n'est rien moins que classique pour la diction. (L.)

ORESTE.

Je me trompais moi-même!
Ami, n'accable point un malheureux qui t'aime[1] :
T'ai-je jamais caché mon cœur et mes désirs?
Tu vis naître ma flamme et mes premiers soupirs :
Enfin, quand Ménélas disposa de sa fille
En faveur de Pyrrhus, vengeur de sa famille,
Tu vis mon désespoir; et tu m'as vu depuis
Traîner de mers en mers ma chaîne et mes ennuis.
Je te vis à regret, dans cet état funeste,
Prêt à suivre partout le déplorable Oreste[2],
Toujours de ma fureur interrompre le cours[3],
Et de moi-même enfin me sauver tous les jours.
Mais quand je me souvins que, parmi tant d'alarmes,
Hermione à Pyrrhus prodiguait tous ses charmes[4],
Tu sais de quel courroux mon cœur alors épris[5]

[1] Var.   Ami, n'insulte point un malheureux qui t'aime.

[2] Le grammairien d'Olivet ne veut pas que l'épithète *déplorable* s'applique aux personnes : le dictionnaire de l'Académie le défend; mais la poésie s'affranchit quelquefois des entraves de la grammaire. Racine, dans ses meilleurs ouvrages, *Esther* et *Athalie*, applique si heureusement le mot *déplorable* aux personnes, que cela doit suffire pour le faire adopter. (G.)

[3] *Le cours de ma fureur*, qui ne serait pas ailleurs une expression assez juste, l'est ici parfaitement, parce qu'il s'agit d'un homme chez qui la fureur est comme un état habituel. (L.)

[4] Louis Racine semble se ranger à l'avis de ceux qui ont blâmé ce vers; non qu'il y donne un sens aussi étendu que celui qu'ils ont cru y voir; mais il aimerait mieux *réservait* que *prodiguait*. *Réservait* serait à la glace, et *prodiguait* est excellent. Ce n'est pas seulement parce que cette expression, *prodiguait ses charmes*, rend avec une élégance heureuse des idées toujours délicates à manier; mais ce qui en fait le mérite dans la bouche d'Oreste, c'est l'illusion naturelle à la jalousie, qui exagère, anticipe, et réalise tout ce qui lui fait peur. (L.)

[5] Le poëte veut dire *un amant dépité, courroucé*. Il n'y a peut-être qu'en ce sens qu'on peut dire *épris de courroux*; mais si le courroux d'Oreste n'était pas inspiré par l'amour, il n'y aurait plus de justesse

Voulut en l'oubliant punir tous ses mépris¹.
Je fis croire et je crus ma victoire certaine ;
Je pris tous mes transports pour des transports de haine :
Détestant ses rigueurs, rabaissant ses attraits,
Je défiais ses yeux de me troubler jamais.
Voilà comme je crus étouffer ma tendresse.
En ce calme trompeur j'arrivai dans la Grèce²;
Et je trouvai d'abord ses princes rassemblés,
Qu'un péril assez grand semblait avoir troublés.
J'y courus. Je pensai que la guerre et la gloire
De soins plus importants rempliraient ma mémoire ;
Que, mes sens reprenant leur première vigueur,
L'amour achèverait de sortir de mon cœur³.
Mais admire avec moi le sort, dont la poursuite
Me fait courir alors au piége que j'évite⁴.
J'entends de tous côtés qu'on menace Pyrrhus ;
Toute la Grèce éclate en murmures confus :
On se plaint qu'oubliant son sang et sa promesse.
Il élève en sa cour l'ennemi de la Grèce,
Astyanax, d'Hector jeune et malheureux fils,
Reste de tant de rois sous Troie ensevelis.
J'apprends que, pour ravir son enfance au supplice,
Andromaque trompa l'ingénieux Ulysse,

dans l'expression, car le mot *épris* ne peut se dire que des passions qui ont une sorte d'analogie avec l'amour. Racine a voulu faire sentir qu'Oreste se plaisait dans son courroux comme un amant se plaît quelquefois dans sa douleur, et dans ce sens l'expression est très-belle.

¹ Racine avait mis d'abord, au lieu de *punir*, *venger tous ses mépris*. Subligny releva cette expression comme peu exacte ; et Racine, en se corrigeant, reconnut la justesse de la critique. (G.)

² VAR.   Dans ce calme trompeur j'arrivai dans la Grèce.

³ Les *sens* sont pris ici pour l'âme, l'esprit, comme il arrive souvent en poésie ; mais la manière dont ce mot *sens* est placé présente une tout autre idée que celle du poëte, et c'est ce qu'il fallait éviter. De plus, *achèverait de sortir* n'est rien moins qu'élégant. (L.)

⁴ VAR.   Me fait courir moi-même au piége que j'évite.

ACTE I, SCÈNE I.

Tandis qu'un autre enfant, arraché de ses bras,
Sous le nom de son fils fut conduit au trépas.
On dit que, peu sensible aux charmes d'Hermione,
Mon rival porte ailleurs son cœur et sa couronne.
Ménélas, sans le croire, en paraît affligé,
Et se plaint d'un hymen si longtemps négligé.
Parmi les déplaisirs où son âme se noie,
Il s'élève en la mienne une secrète joie :
Je triomphe ; et pourtant je me flatte d'abord
Que la seule vengeance excite ce transport.
Mais l'ingrate en mon cœur reprit bientôt sa place :
De mes feux mal éteints je reconnus la trace ;
Je sentis que ma haine allait finir son cours ;
Ou plutôt je sentis que je l'aimais toujours.
Ainsi de tous les Grecs je brigue le suffrage.
On m'envoie à Pyrrhus : j'entreprends ce voyage.
Je viens voir si l'on peut arracher de ses bras
Cet enfant dont la vie alarme tant d'États.
Heureux si je pouvais, dans l'ardeur qui me presse,
Au lieu d'Astyanax, lui ravir ma princesse !
Car enfin n'attends pas que mes feux redoublés
Des périls les plus grands puissent être troublés.
Puisque après tant d'efforts ma résistance est vaine,
Je me livre en aveugle au transport qui m'entraîne[1].
J'aime : je viens chercher Hermione en ces lieux[2].
La fléchir, l'enlever, ou mourir à ses yeux.
Toi qui connais Pyrrhus, que penses-tu qu'il fasse ?
Dans sa cour, dans son cœur, dis-moi ce qui se passe.
Mon Hermione encor le tient-elle asservi ?
Me rendra-t-il, Pylade, un bien qu'il m'a ravi[3] ?

---

[1] VAR. Je me livre en aveugle au destin qui m'entraîne.

[2] Tout le caractère d'Oreste, toute sa conduite dans la pièce est dans ces vers, qui excitent déjà un grand intérêt. (G.)

[3] VAR. Me rendra-t-il, Pylade, un cœur qu'il m'a ravi ?

PYLADE.

Je vous abuserais, si j'osais vous promettre
Qu'entre vos mains, seigneur, il voulût la remettre :
Non que de sa conquête il paraisse flatté.
Pour la veuve d'Hector ses feux ont éclaté ;
Il l'aime : mais enfin cette veuve inhumaine
N'a payé jusqu'ici son amour que de haine ;
Et chaque jour encore on lui voit tout tenter [1]
Pour fléchir sa captive ou pour l'épouvanter.
De son fils qu'il lui cache il menace la tête [2],
Et fait couler des pleurs qu'aussitôt il arrête.
Hermione elle-même a vu plus de cent fois
Cet amant irrité revenir sous ses lois,
Et de ses vœux troublés lui rapportant l'hommage,
Soupirer à ses pieds moins d'amour que de rage.
Ainsi n'attendez pas que l'on puisse aujourd'hui
Vous répondre d'un cœur si peu maître de lui :
Il peut, seigneur, il peut, dans ce désordre extrême,
Épouser ce qu'il hait, et perdre ce qu'il aime [3].

---

[1] Ce vers est condamné par la grammaire, et absous par la clarté du sens. *Lui* se rapporte grammaticalement à *la veuve inhumaine*, mais il est évident par le vers suivant qu'il doit se rapporter à Pyrrhus. Racine aurait pu éviter cette faute en substituant *le* à *lui*, ce qui serait plus correct ; car le mot *lui*, qui est employé ici comme régime direct, ne peut jamais s'employer que comme régime indirect.

[2] VAR.   Il lui cache son fils, il menace sa tête.

[3] VAR.   Épouser ce qu'il hait, et punir ce qu'il aime.

Tout le sujet de la pièce est dans cette peinture admirable du caractère de Pyrrhus. On sent que les évènements naîtront tour à tour des espérances ou des incertitudes de ce héros. Quelques critiques ont blâmé ce caractère : ils ont dit que Pyrrhus, mettant un prix à la protection qu'il accorde au fils d'Andromaque, manquait à la fois de noblesse et de générosité. L'observation serait juste, si Pyrrhus n'était pas aveuglé par le sentiment qui le maîtrise. Il faut, au contraire, louer Racine d'avoir peint avec tant de bonheur les violences de la passion, et cela sans jamais avilir son héros. Il s'est bien gardé d'offrir à nos

ORESTE.

Mais dis-moi de quel œil Hermione peut voir
Son hymen différé, ses charmes sans pouvoir[1].

PYLADE.

Hermione, seigneur, au moins en apparence,
Semble de son amant dédaigner l'inconstance,
Et croit que, trop heureux de fléchir sa rigueur[2],
Il la viendra presser de reprendre son cœur.
Mais je l'ai vue enfin me confier ses larmes :
Elle pleure en secret le mépris de ses charmes ;
Toujours prête à partir, et demeurant toujours,
Quelquefois elle appelle Oreste à son secours.

ORESTE.

Ah ! si je le croyais, j'irais bientôt, Pylade,
Me jeter...

PYLADE.

Achevez, seigneur, votre ambassade.
Vous attendez le roi : parlez, et lui montrez
Contre le fils d'Hector tous les Grecs conjurés.
Loin de leur accorder le fils de sa maîtresse,
Leur haine ne fera qu'irriter sa tendresse.

---

regards ce féroce Pyrrhus, qui égorge au pied des autels un vieillard sans défense. Sa barbarie, comme sa générosité, lui viennent de l'amour. Racine s'est servi d'une passion terrible pour le rapprocher de nos mœurs, et c'est ainsi qu'il a pu adoucir le caractère de Pyrrhus sans blesser les convenances. Nous ferons la même observation sur le caractère d'Andromaque. Dans Euripide, c'est une femme ambitieuse ; dans Virgile, c'est une veuve qui pleure son mari ; dans Racine, c'est une mère qui veut sauver son fils, et l'amour maternel la rapproche de nos mœurs, sans que les mœurs antiques soient jamais blessées.

[1] VAR. Mais dis-moi de quels yeux Hermione peut voir
Ses attraits offensés, et ses yeux sans pouvoir.

Subligny s'égaya sur *des yeux qui voient des yeux*, et Racine refit les deux vers comme nous les voyons aujourd'hui.

[2] VAR. Et croit que, trop heureux d'apaiser sa rigueur....

Plus on veut les brouiller, plus on va les unir [1].
Pressez : demandez tout, pour ne rien obtenir.
Il vient.

ORESTE.

Hé bien! va donc disposer la cruelle
A revoir un amant qui ne vient que pour elle.

SCÈNE II.

PYRRHUS, ORESTE, PHŒNIX.

ORESTE.

Avant que tous les Grecs vous parlent par ma voix,
Souffrez que j'ose ici me flatter de leur choix [2],
Et qu'à vos yeux, seigneur, je montre quelque joie
De voir le fils d'Achille et le vainqueur de Troie.
Oui, comme ses exploits nous admirons vos coups :
Hector tomba sous lui, Troie expira sous vous ;
Et vous avez montré, par une heureuse audace,
Que le fils seul d'Achille a pu remplir sa place.
Mais ce qu'il n'eût point fait, la Grèce avec douleur
Vous voit du sang troyen relever le malheur,
Et, vous laissant toucher d'une pitié funeste,
D'une guerre si longue entretenir le reste.
Ne vous souvient-il plus, seigneur, quel fut Hector?
Nos peuples affaiblis s'en souviennent encor.

---

[1] Le mot *brouiller* ne s'emploie guère dans la poésie noble. (L.) — Il faut remarquer ici que les caractères des quatre principaux personnages sont annoncés dans cette première scène : Pyrrhus tentera tout pour *fléchir une veuve inhumaine*, ou pour *l'épouvanter*; Oreste sera toujours incertain s'il doit chercher la vie ou la mort; Hermione dédaignée se flattera toujours que Pyrrhus *la viendra presser de reprendre son cœur*; et l'on verra que ces caractères une fois annoncés ne se démentiront point dans la pièce. Toutes ces conditions, requises pour une bonne exposition, sont observées dans cette scène. (L. B.)

[2] VAR.   Souffrez que je me flatte en secret de leur choix.

Son nom seul fait frémir nos veuves et nos filles;
Et dans toute la Grèce il n'est point de familles
Qui ne demandent compte à ce malheureux fils
D'un père ou d'un époux qu'Hector leur a ravis.
Et qui sait ce qu'un jour ce fils peut entreprendre [1]?
Peut-être dans nos ports nous le verrons descendre,
Tel qu'on a vu son père, embraser nos vaisseaux,
Et, la flamme à la main, les suivre sur les eaux [2].
Oserai-je, seigneur, dire ce que je pense?
Vous-même de vos soins craignez la récompense,
Et que dans votre sein ce serpent élevé
Ne vous punisse un jour de l'avoir conservé.
Enfin de tous les Grecs satisfaites l'envie,
Assurez leur vengeance, assurez votre vie :
Perdez un ennemi d'autant plus dangereux,
Qu'il s'essaiera sur vous à combattre contre eux.

---

[1] Cette idée, ainsi que plusieurs autres, se retrouve dans *la Troade* de Pradon; mais si les idées sont de Pradon, qui les avait lui-même empruntées de Sénèque, la poésie est de Racine.

[2] Racine paraît avoir eu en vue ces vers de Virgile, qui présentent la même image :

« Quantum mutatus ab illo
« Hectore, qui redit exuvias indutus Achillis,
« Vel Danaum phrygios jaculatus puppibus ignes! »
Æneid., lib. II, v. 274.

« Qu'il était différent de cet Hector, qui revenait chargé des dépouilles d'Achille, ou qui rentrait dans nos murs après avoir lancé la flamme sur les vaisseaux des Grecs! »

L'art du discours d'Oreste, dit Geoffroy, consiste à ne présenter à Pyrrhus que des motifs plus capables d'affermir que d'ébranler la résolution qu'il a prise de ne point livrer le fils d'Hector. L'orateur lui parle de l'intérêt des Grecs, qui ne le touche point; il essaie de l'effrayer, et il ne fait que l'enhardir. On sent que l'ambassadeur craint d'obtenir ce qu'il demande. Racine semble avoir voulu lui-même mettre les spectateurs dans le secret de cette finesse, lorsqu'il fait dire à Pylade :

Pressez : demandez tout, pour ne rien obtenir.

PYRRHUS.

La Grèce en ma faveur est trop inquiétée :
De soins plus importants je l'ai crue agitée,
Seigneur; et, sur le nom de son ambassadeur,
J'avais dans ses projets conçu plus de grandeur.
Qui croirait, en effet, qu'une telle entreprise
Du fils d'Agamemnon méritât l'entremise ;
Qu'un peuple tout entier, tant de fois triomphant,
N'eût daigné conspirer que la mort d'un enfant?
Mais à qui prétend-on que je le sacrifie?
La Grèce a-t-elle encor quelque droit sur sa vie?
Et, seul de tous les Grecs, ne m'est-il pas permis
D'ordonner d'un captif que le sort m'a soumis [1]?
Oui, seigneur, lorsqu'au pied des murs fumants de Troie
Les vainqueurs tout sanglants partagèrent leur proie,
Le sort, dont les arrêts furent alors suivis,
Fit tomber en mes mains Andromaque et son fils.
Hécube près d'Ulysse acheva sa misère [2];
Cassandre dans Argos a suivi votre père :
Sur eux, sur leurs captifs, ai-je étendu mes droits?
Ai-je enfin disposé du fruit de leurs exploits?
On craint qu'avec Hector Troie un jour ne renaisse :
Son fils peut me ravir le jour que je lui laisse.
Seigneur, tant de prudence entraîne trop de soin :
Je ne sais point prévoir les malheurs de si loin.
Je songe quelle était autrefois cette ville
Si superbe en remparts, en héros si fertile,
Maîtresse de l'Asie ; et je regarde enfin [3]

---

[1] VAR. D'ordonner des captifs que le sort m'a soumis?

[2] *Acheva sa misère*, façon de parler hardie et poétique, pour dire *achever sa misérable vie. Misère* est un terme noble en poésie; il ne signifie pas seulement *pauvreté, infamie*, mais *malheur, infortune*. (G.)

[3] Parmi ces périodes poétiques si bien entendues, et ces finesses de

Quel fut le sort de Troie, et quel est son destin :
Je ne vois que des tours que la cendre a couvertes,
Un fleuve teint de sang, des campagnes désertes,
Un enfant dans les fers; et je ne puis songer
Que Troie en cet état aspire à se venger.
Ah! si du fils d'Hector la perte était jurée,
Pourquoi d'un an entier l'avons-nous différée?
Dans le sein de Priam n'a-t-on pu l'immoler?
Sous tant de morts, sous Troie, il fallait l'accabler.
Tout était juste alors : la vieillesse et l'enfance
En vain sur leur faiblesse appuyaient leur défense;
La victoire et la nuit, plus cruelles que nous,
Nous excitaient au meurtre, et confondaient nos coups.
Mon courroux aux vaincus ne fut que trop sévère.
Mais que ma cruauté survive à ma colère,
Que, malgré la pitié dont je me sens saisir,
Dans le sang d'un enfant je me baigne à loisir? [proie;
Non, seigneur : que les Grecs cherchent quelque autre
Qu'ils poursuivent ailleurs ce qui reste de Troie
De mes inimitiés le cours est achevé;
L'Épire sauvera ce que Troie a sauvé[1].

l'art qui varient, mais avec mesure, l'uniformité de nos distiques, il faut remarquer celles-ci :

> Je songe quelle était autrefois cette ville,
> Si superbe en remparts, en héros si fertile,
> Maîtresse de l'Asie... et je regarde enfin, etc.

La phrase est ici coupée au milieu du troisième vers; elle l'est de même dans la suivante :

> Je ne vois que des tours que la cendre a couvertes,
> Un fleuve teint de sang, des campagnes désertes,
> Un enfant dans les fers... et je ne puis songer, etc.

C'est ainsi que le versificateur habile diversifie le rhythme sans le détruire, et contente l'oreille sans la dérouter. (L.)

[1] « Equidem fatebor (pace divisse hoc tua
    « Argiva tellus liceat), affligi Phrygas
    « Vincique volui; ruere et æquari solo
    « Etiam arcuissem; sed regi frenis nequit

ORESTE.

Seigneur, vous savez trop avec quel artifice
Un faux Astyanax fut offert au supplice
Où le seul fils d'Hector devait être conduit ;
Ce n'est pas les Troyens, c'est Hector qu'on poursuit.
Oui, les Grecs sur le fils persécutent le père[1] ;
Il a par trop de sang acheté leur colère.
Ce n'est que dans le sien qu'elle peut expirer ;
Et jusque dans l'Épire il les peut attirer :
Prévenez-les.

« Et ira, et ardens hostis, et victoria
« Commissa nocti : quidquid indignum aut ferum
« Cuiquam videri potuit, hoc fecit dolor
« Tenebræque, per quas ipse se irritat furor,
« Gladiusque felix, cujus infecti semel
« Vecors libido est. Quidquid eversæ potest
« Superesse Trojæ, maneat. Exactum satis
« Pœnarum, et ultra est. Regia ut virgo occidat
« Tumuloque donum detur, et cineres riget,
« Et facinus atrox cædis, ut thalamos vocem.
« Non patiar : in me culpa cunctorum redit.
« Qui non vetat peccare, cum possit, jubet. »

« Oui, je l'avoue (ô terre d'Argos, permets-moi ce langage!), j'ai voulu vaincre, humilier les Troyens ; et cependant j'aurais voulu les sauver de leur entière destruction. Mais au milieu des ombres de la nuit, dans l'emportement de la victoire, qui pourrait réprimer la fureur du soldat? Tout ce que l'imagination peut concevoir de plus horrible, le fer l'exécute ; les ténèbres irritent la cruauté, et le glaive insatiable, une fois teint de sang, ne cesse plus de frapper. Épargnons au moins ce qui reste de Troie. Assez et trop de victimes sont tombées sous nos coups. Faut-il qu'une vierge, fille de tant de rois, soit encore immolée sur un tombeau, que son sang arrose des cendres, et qu'un affreux sacrifice remplace les fêtes de l'hyménée? Non, je ne puis le souffrir : les attentats de tous retomberaient sur moi. Ne pas s'opposer au crime, quand on le peut, c'est le commander. » SÉN., *Troade*, act. II, sc. II.

[1] *Persécuter*, suivant son étymologie (*persequi*), signifie poursuivre. Racine a dit par ellipse *persécuter le père sur le fils*, comme on dirait en prose *poursuivre sur le fils les crimes du père*. L'abbé d'Olivet trouvait un barbarisme dans cette phrase.

PYRRHUS.

Non, non. J'y consens avec joie!
Qu'ils cherchent dans l'Épire une seconde Troie;
Qu'ils confondent leur haine, et ne distinguent plus
Le sang qui les fit vaincre, et celui des vaincus.
Aussi bien ce n'est pas la première injustice
Dont la Grèce d'Achille a payé le service.
Hector en profita, seigneur; et quelque jour
Son fils en pourrait bien profiter à son tour.

ORESTE.

Ainsi la Grèce en vous trouve un enfant rebelle?

PYRRHUS.

Et je n'ai donc vaincu que pour dépendre d'elle?

ORESTE.

Hermione, seigneur, arrêtera vos coups[1] :
Ses yeux s'opposeront entre son père et vous[2].

PYRRHUS.

Hermione, seigneur, peut m'être toujours chère;
Je puis l'aimer, sans être esclave de son père;
Et je saurai peut-être accorder quelque jour[3]
Les soins de ma grandeur et ceux de mon amour.
Vous pouvez cependant voir la fille d'Hélène :
Du sang qui vous unit je sais l'étroite chaîne.

---

[1] Cette scène, pour l'intérêt du sujet et pour l'éloquence du style, mérite d'être citée parmi les plus belles du théâtre français. Il est rare que dès la seconde scène d'une tragédie, où le poëte est encore occupé de son exposition, il puisse trouver matière à tant de beautés. (G.)

[2] *S'opposer* exige impérieusement un régime. Ce n'est pas ici le cas de l'ellipse : l'ellipse n'est bonne que quand l'esprit et l'oreille du spectateur ou du lecteur la font comme de concert avec l'écrivain. (L.) — Dans le second vers de la scène suivante, on remarque cette expression, *brûlé pour la princesse*, qui est encore du style romanesque. (G.)

[3] VAR. Et je saurai peut-être accorder en ce jour, etc.

Après cela, seigneur, je ne vous retiens plus,
Et vous pourrez aux Grecs annoncer mon refus.

SCÈNE III.

PYRRHUS, PHŒNIX.

PHOENIX.
Ainsi vous l'envoyez aux pieds de sa maîtresse!
PYRRHUS.
On dit qu'il a longtemps brûlé pour la princesse.
PHOENIX.
Mais si ce feu, seigneur, vient à se rallumer,
S'il lui rendait son cœur, s'il s'en faisait aimer?
PYRRHUS.
Ah! qu'ils s'aiment, Phœnix! J'y consens: qu'elle parte;
Que, charmés l'un de l'autre, ils retournent à Sparte;
Tous nos ports sont ouverts et pour elle et pour lui.
Qu'elle m'épargnerait de contrainte et d'ennui!
PHOENIX.
Seigneur...
PYRRHUS.
    Une autre fois je t'ouvrirai mon âme;
Andromaque paraît[1].

---

[1] Le lieu de la scène, dans la plupart des chefs-d'œuvre de Racine, est marqué avec une exactitude admirable, et dans *Athalie* cette espèce d'unité est parfaite. Ici, il est sans doute peu naturel que la même salle où Pyrrhus a écouté les propositions d'Oreste soit encore celle où il s'entretient avec Andromaque, avec Hermione, celle où Hermione reçoit Oreste et Andromaque; il faut absolument se prêter à l'illusion théâtrale, et ne pas exiger une vraisemblance plus austère, qui rendrait presque impossible la pratique de l'art. (G.)

SCÈNE IV.

PYRRHUS, ANDROMAQUE, PHŒNIX, CÉPHISE.

PYRRHUS.

Me cherchiez-vous, madame[1]?
Un espoir si charmant me serait-il permis?
ANDROMAQUE.
Je passais jusqu'aux lieux où l'on garde mon fils.
Puisqu'une fois le jour vous souffrez que je voie
Le seul bien qui me reste et d'Hector et de Troie[2],
J'allais, seigneur, pleurer un moment avec lui[3] :
Je ne l'ai point encore embrassé d'aujourd'hui!

[1] Si Pyrrhus, parlant d'Andromaque, disait : *que cherche ici madame?* ce *madame* serait ridicule, parce que l'usage ne l'a point introduit de cette manière. Quelques personnes désapprouvent nos poëtes d'avoir reçu ce mot dans le style de la tragédie : pourquoi, disent-elles, n'ont-ils pas reçu de même *monsieur?* On y a suppléé par *seigneur;* et *madame,* adressé aux femmes, est comme *seigneur.* Dans les tragédies espagnoles et italiennes, on s'adresse aux femmes en prononçant leur nom. Rodrigue, dans *le Cid,* dit toujours *Chimène.* Cinna dit toujours *Émilie;* et la confidente même d'Émilie l'appelle par son nom. (L. R.)

[2] Pyrrhus amoureux d'Andromaque, Pyrrhus qui pour Andromaque brave toute la Grèce, ne permet cependant à cette tendre mère de voir son fils qu'une fois par jour. Pourquoi cette rigueur? Pourquoi un amant refuse-t-il à sa maîtresse la consolation que le maître le plus dur ne refuserait pas à la dernière esclave? Pourquoi le fils est-il séparé de la mère? Pyrrhus répond à ces questions, lorsqu'il dit :

Attend-elle en ce jour
Que je lui laisse un fils pour nourrir son amour?
Acte II, sc. v. (G.)

[3] Voilà de ces vers qui se gravent d'eux-mêmes dans la mémoire de tous ceux qui les ont lus et entendus. Le cœur les a faits, et le cœur les retient : il y en a une foule de ce genre dans le rôle d'Andromaque :

Un enfant malheureux, qui ne sait pas encor
Que Pyrrhus est son maître, et qu'il est fils d'Hector.
. . . .

PYRRHUS.

Ah! madame, les Grecs, si j'en crois leurs alarmes,
Vous donneront bientôt d'autres sujets de larmes.

ANDROMAQUE.

Et quelle est cette peur dont leur cœur est frappé,

> Et mon fils avec moi n'apprendra qu'à pleurer.
> . . . .
> Hélas! il mourra donc! Il n'a pour sa défense
> Que les pleurs de sa mère, et que son innocence.
> . . . .
> Et quelquefois aussi parle-lui de sa mère, etc.

Cet inimitable rôle respire, dès son début, cette simplicité attendrissante qui ne se dément pas un moment. Presque point de figures de diction. Autant elles sont multipliées et hardies dans le rôle d'Hermione, autant elles sont rares et ménagées dans celui-ci. Le langage des passions violentes et effrénées doit leur ressembler : comme elles, il ose et risque tout. Les passions ne connaissent pas plus de règle en parlant qu'en agissant : rien ne leur coûte pour s'exprimer, non plus que pour se satisfaire. Au contraire, la douleur nourrie par le temps, la tristesse habituelle et réfléchie, mais qui n'est ni sans consolation ni sans espérance, a dans son langage une sorte de douceur timide et de naïveté facile. Elle ne fait aucun effort, et ne cherche rien ; elle s'épanche suivant l'occasion et le besoin, et tout ce qu'elle dit lui échappe comme involontairement. La passion se répand au dehors ; elle veut se communiquer, et rien ne lui paraît assez fort pour se faire entendre. La douleur dont je parle ne fait que se montrer autant qu'elle y est obligée, et ce qu'elle produit de ses sentiments fait voir qu'elle en retient beaucoup plus. La passion qui s'élance toujours vers un objet croit n'en avoir jamais assez dit. La douleur, accoutumée à être pour ainsi dire seule avec elle-même, ne sort de son silence et de sa solitude qu'avec une espèce de contrainte et de fatigue, et y rentre volontiers ; elle est comme la beauté modeste qu'on a forcé de lever son voile, et qui baisse les yeux. Ses paroles tombent alors les unes après les autres, dans leur ordre naturel, précisément comme les vers d'Andromaque. Vous n'y verrez presque point d'inversions ; vous n'y verrez que les constructions les plus simples, les plus ordinaires, presque point d'épithètes. Comme elle ne sent que pour elle, elle ne songe guère à peindre ; mais chaque idée, chaque sentiment, chaque expression est d'une vérité qui pénètre. C'est surtout quand l'âme souffre ainsi, qu'elle est la plus vraie ; car elle ne peut ni ne veut rien exagérer, au lieu que le bonheur et la joie ont un peu de cet enthousiasme qui est près de l'exagération. (L.)

Seigneur ? Quelque Troyen vous est-il échappé ?
PYRRHUS.
Leur haine pour Hector n'est pas encore éteinte :
Ils redoutent son fils.
ANDROMAQUE.
Digne objet de leur crainte¹ !
Un enfant malheureux, qui ne sait pas encor
Que Pyrrhus est son maître, et qu'il est fils d'Hector² !

¹ Jamais les secrets du cœur humain, les illusions, les craintes, les espérances de l'amour maternel, n'ont été peints avec tant de profondeur et d'habileté. On ne cesse de s'étonner, en lisant les quatorze premiers vers de cette scène, de tout ce qu'ils renferment. Dès le premier, on voit qu'Andromaque ne vit plus que pour son fils; elle en fait son consolateur, son ami, elle va pleurer avec lui. Pyrrhus la menace de nouveaux malheurs, aussitôt elle cherche à écarter la pensée de ce fils, elle n'en parle plus, elle voudrait qu'on pût l'oublier, mais elle ne l'oublie pas elle-même, et l'on sent qu'elle feint une assurance qui est loin de son cœur. Enfin, Pyrrhus lui parle de son fils, et l'amour maternel trouve encore le moyen de se faire une illusion : tout à coup ce consolateur, avec lequel Andromaque allait pleurer, ce seul bien qui lui reste et d'Hector et de Troie, n'est plus qu'un malheureux enfant, une faible créature, dont *Pyrrhus est le maître*, et *qui ne sait pas encore* que le grand Hector est son père. Elle l'élevait tout à l'heure presque involontairement; elle l'abaisse en ce moment, comme pour le rendre indigne des regards de ses ennemis. La tournure de la phrase est aussi adroite que peut le permettre le trouble d'une mère : elle feint de ne pas vouloir ajouter foi à la possibilité des malheurs qu'elle craint. Ce n'est plus une illusion qu'elle se fait, c'est une illusion dans laquelle elle voudrait entraîner Pyrrhus ; c'est une ruse de son cœur, et elle emploie l'ironie, comme plus propre à éveiller l'orgueil de celui qu'elle redoute. Il y a là un abandon d'amour maternel, une délicatesse de sentiment, une profondeur, une rapidité d'émotions, dont les anciens mêmes offrent peu d'exemples. Ils étaient plus calmes, plus tranquilles; ils avaient une noblesse plus froide; et pour nous borner à un exemple, ce vers si touchant :

> Je ne l'ai point encore embrassé d'aujourd'hui,

est le mot d'une mère, mais cela n'est pas dans le goût des Grecs et des Romains; c'est mieux encore, c'est l'expression de la nature.

² Il y a dans cette scène quelques vers qui paraissent avoir été inspirés par le passage suivant de Sénèque :

« An has ruinas urbis in cinerem datas

PYRRHUS.

Tel qu'il est, tous les Grecs demandent qu'il périsse.
Le fils d'Agamemnon vient hâter son supplice.

ANDROMAQUE.

Et vous prononcerez un arrêt si cruel?
Est-ce mon intérêt qui le rend criminel?
Hélas! on ne craint point qu'il venge un jour son père;
On craint qu'il n'essuyât les larmes de sa mère[1].
Il m'aurait tenu lieu d'un père et d'un époux;
Mais il me faut tout perdre, et toujours par vos coups.

PYRRHUS.

Madame, mes refus ont prévenu vos larmes.

> « Hic excitabit? Hæ manus Trojam erigent?
> « Nullas habet spes Troja, si tales habet.
> « Non sic jacemus Troes, ut cuiquam metus
> « Possimus esse? Spiritus genitor facit?
> « Sed nempe tractus ipse post Trojam pater
> « Posuisset animos, magna quos frangunt mala.
> « Si pœna petitur, quæ peti gravior potest?
> « Famulare collo nobili subeat jugum :
> « Servire liceat. Aliquis hoc regi negat? »

« Quoi! un enfant relèverait des murs réduits en cendre! sa faible main ferait sortir Troie de ses ruines! Ah! si Troie n'a plus que cet espoir, elle est donc perdue à jamais. Tant de guerriers sont tombés sous vos coups! A qui pouvons-nous désormais inspirer quelque crainte? Hector, dites-vous, enflamme notre courage. Hélas! Hector ne fut-il pas traîné dans la poussière? A l'aspect des maux qui nous accablent, sa grande âme elle-même serait restée sans espoir. Si les Grecs veulent des supplices, quel plus affreux supplice peuvent-ils vouloir? Faites peser le joug sur une tête qui devait porter une couronne: qu'il lui soit permis d'être esclave. A-t-on jamais refusé l'esclavage à un roi? » Sén., *Troad.*, acte III, sc. III.

[1] La grammaire veut *qu'il essuie* : faute légère, qui s'aperçoit à peine dans les vers charmants empreints de toute la grâce de Racine. Ce que dit Andromaque n'est ni vrai, ni juste : les Grecs ne songeaient pas à elle, ni à sa douleur; ils ne voyaient dans Astyanax que le fils d'Hector, et non le fils d'Andromaque; mais Andromaque parle à Pyrrhus: elle veut l'attendrir en lui parlant d'elle; elle lui reproche avec douceur et tendresse d'être l'auteur de tous ses maux; il semble qu'elle y soit plus sensible parce qu'ils viennent de lui. (G.)

Tous les Grecs m'ont déjà menacé de leurs armes;
Mais dussent-ils encore, en repassant les eaux,
Demander votre fils avec mille vaisseaux,
Coûtât-il tout le sang qu'Hélène a fait répandre,
Dussé-je après dix ans voir mon palais en cendre,
Je ne balance point, je vole à son secours,
Je défendrai sa vie aux dépens de mes jours.
Mais, parmi ces périls où je cours pour vous plaire,
Me refuserez-vous un regard moins sévère?
Haï de tous les Grecs, pressé de tous côtés,
Me faudra-t-il combattre encor vos cruautés?
Je vous offre mon bras. Puis-je espérer encore
Que vous accepterez un cœur qui vous adore?
En combattant pour vous, me sera-t-il permis
De ne vous point compter parmi mes ennemis?

ANDROMAQUE.

Seigneur, que faites-vous, et que dira la Grèce?
Faut-il qu'un si grand cœur montre tant de faiblesse?
Voulez-vous qu'un dessein si beau, si généreux,
Passe pour le transport d'un esprit amoureux?
Captive, toujours triste, importune à moi-même[1],
Pouvez-vous souhaiter qu'Andromaque vous aime?
Quels charmes ont pour vous des yeux infortunés[2]
Qu'à des pleurs éternels vous avez condamnés?
Non, non : d'un ennemi respecter la misère,
Sauver des malheureux, rendre un fils à sa mère,
De cent peuples pour lui combattre la rigueur
Sans me faire payer son salut de mon cœur,

---

[1] *Captive, toujours triste,* etc., *suppose moi étant captive,* etc. C'est principalement à Racine que nous devons l'usage de cette espèce d'ablatif absolu accompagné de l'ellipse, et qui donne tant de vivacité à la phrase, sans qu'elle cesse d'être correcte. Ce tour heureux, emprunté au latin, est aujourd'hui naturalisé dans notre langue. Racine le fils le trouvait irrégulier. (L.)

[2] VAR. Que feriez-vous, hélas! d'un cœur infortuné?

Malgré moi, s'il le faut, lui donner un asile;
Seigneur, voilà des soins dignes du fils d'Achille.

PYRRHUS.

Hé quoi! votre courroux n'a-t-il pas eu son cours?
Peut-on haïr sans cesse, et punit-on toujours?
J'ai fait des malheureux, sans doute; et la Phrygie
Cent fois de votre sang a vu ma main rougie;
Mais que vos yeux sur moi se sont bien exercés!
Qu'ils m'ont vendu bien cher les pleurs qu'ils ont versés[1]!
De combien de remords m'ont-ils rendu la proie!
Je souffre tous les maux que j'ai faits devant Troie :
Vaincu, chargé de fers, de regrets consumé,
Brûlé de plus de feux que je n'en allumai,
Tant de soins, tant de pleurs, tant d'ardeurs inquiètes...
Hélas! fus-je jamais si cruel que vous l'êtes?
Mais enfin, tour à tour, c'est assez nous punir;
Nos ennemis communs devraient nous réunir;
Madame, dites-moi seulement que j'espère,
Je vous rends votre fils, et je lui sers de père;
Je l'instruirai moi-même à venger les Troyens;
J'irai punir les Grecs de vos maux et des miens.
Animé d'un regard, je puis tout entreprendre :
Votre Ilion encor peut sortir de sa cendre;
Je puis, en moins de temps que les Grecs ne l'ont pris,
Dans ses murs relevés couronner votre fils.

ANDROMAQUE.

Seigneur, tant de grandeurs ne nous touchent plus guère;
Je les lui promettais tant qu'a vécu son père.

---

[1] L'expression du premier vers paraît naturelle à la passion, et celle du second est à la fois passionnée et poétique. A l'égard des six vers suivants, tout le monde les a blâmés. Il est trop sûr qu'il n'y a aucun rapport entre les maux que l'amour fait souffrir à Pyrrhus et ceux qu'il a faits devant Troie, non plus qu'entre les feux de l'amour et l'embrasement d'une ville. C'est un froid abus de l'esprit, et le dernier tribut de ce genre que l'auteur ait payé à la mode. (L.)

Non, vous n'espérez plus de nous revoir encor,
Sacrés murs que n'a pu conserver mon Hector[1] !
A de moindres faveurs des malheureux prétendent,
Seigneur ; c'est un exil que mes pleurs vous demandent.
Souffrez que, loin des Grecs, et même loin de vous,
J'aille cacher mon fils et pleurer mon époux.
Votre amour contre nous allume trop de haine :
Retournez, retournez à la fille d'Hélène.

PYRRHUS.

Et le puis-je, madame? Ah! que vous me gênez[2] !
Comment lui rendre un cœur que vous me retenez?
Je sais que de mes vœux on lui promit l'empire ;
Je sais que pour régner elle vint dans l'Épire ;
Le sort vous y voulut l'une et l'autre amener ;
Vous, pour porter des fers, elle, pour en donner.
Cependant ai-je pris quelque soin de lui plaire?
Et ne dirait-on pas, en voyant, au contraire,
Vos charmes tout-puissants, et les siens dédaignés,
Qu'elle est ici captive, et que vous y régnez?
Ah! qu'un seul des soupirs que mon cœur vous envoie,
S'il s'échappait vers elle, y porterait de joie!

ANDROMAQUE.

Et pourquoi vos soupirs seraient-ils repoussés ?
Aurait-elle oublié vos services passés ?

---

[1] Cette épithète *sacrés*, placée avant le nom, produit quelquefois dans notre langue un effet désagréable ; mais le sentiment d'Andromaque est si beau, si touchant, qu'il entraîne les spectateurs, et ne leur laisse voir que la poésie de cette expression *sacrés murs*, laquelle rappelle l'origine sacrée de ces murs bâtis par la main des dieux. (G.)

[2] Le mot *gêner* signifiait encore, comme dans son origine et son étymologie, *tourmenter*, du mot *gêne* (*gehenna*) ; et de là l'on disait *appliquer à la gêne*, pour appliquer à la question. Les *gênes* étaient synonymes de tortures. Ce n'est pas la faute de Racine si dans la langue usuelle *gêner* ne signifie plus qu'incommoder. Toutes les langues éprouvent de ces sortes de variations. (L.)

Troie, Hector, contre vous révoltent-ils son âme ?
Aux cendres d'un époux doit-elle enfin sa flamme ?
Et quel époux encore ! Ah ! souvenir cruel !
Sa mort seule a rendu votre père immortel :
Il doit au sang d'Hector tout l'éclat de ses armes ;
Et vous n'êtes tous deux connus que par mes larmes.

PYRRHUS.

Hé bien, madame, hé bien, il faut vous obéir :
Il faut vous oublier, ou plutôt vous haïr.
Oui, mes vœux ont trop loin poussé leur violence [1]
Pour ne plus s'arrêter que dans l'indifférence ;
Songez-y bien : il faut désormais que mon cœur,
S'il n'aime avec transport, haïsse avec fureur.
Je n'épargnerai rien dans ma juste colère :
Le fils me répondra des mépris de la mère ;
La Grèce le demande ; et je ne prétends pas
Mettre toujours ma gloire à sauver des ingrats.

ANDROMAQUE.

Hélas ! il mourra donc ! Il n'a pour sa défense
Que les pleurs de sa mère, et que son innocence...
Et peut-être, après tout, en l'état où je suis [2],
Sa mort avancera la fin de mes ennuis.

---

[1] *La violence des vœux.* Cette locution est blâmée par La Harpe. Elle exprime cependant très-bien l'emportement de Pyrrhus. Quant à des vœux *qui poussent leur violence,* il y a impropriété de termes. La Harpe condamne le mot *pousser,* parce que des vœux n'ont point d'action, et ne peuvent *pousser leur violence.* Dans le vers suivant, d'Olivet voulait qu'on retranchât la négative, ce qui, selon nous, nuirait à la vivacité et à l'élégance de la phrase.

[2] Andromaque n'a point supplié ; elle s'est contentée de faire entendre que sa mort suivrait celle de son fils ; et cette mort, annoncée avec une résignation si tranquille, est une menace indirecte pour un homme aussi amoureux que Pyrrhus, qui doit croire Andromaque d'autant plus capable de l'exécuter, qu'elle y a mis moins de faste et d'emportement. Cette idée, qui effraie Pyrrhus, arrête tout d'un coup sa colère, et le force à rendre quelque espérance à sa captive. Mais il s'est déjà montré,

ACTE I, SCÈNE IV. 375

Je prolongeais pour lui ma vie et ma misère ;
Mais enfin sur ses pas j'irai revoir son père¹.
Ainsi, tous trois, seigneur, par vos soins réunis,
Nous vous²...

PYRRHUS.

Allez, madame, allez voir votre fils.
Peut-être, en le voyant, votre amour plus timide
Ne prendra pas toujours sa colère pour guide³.
Pour savoir nos destins j'irai vous retrouver :
Madame, en l'embrassant, songez à le sauver.

dans cette première scène, capable de toutes les violences d'un cœur qui n'est pas *maître de lui*, et la terreur est établie. Le dernier vers de cet acte dit tout ce que peut faire Pyrrhus et tout ce que doit craindre Andromaque :

Madame, en l'embrassant, songez à le sauver.

On ne pouvait mieux finir. (L.) — *En l'etat où je suis :* cette malheureuse locution se retrouve trop fréquemment, même dans les chefs-d'œuvre de Racine. Nous ne répèterons pas cette remarque.

¹ Les Grecs n'avaient pas même l'idée du caractère créé par Racine. Cette délicatesse de sentiments, cette dignité, cette politesse, ce ton noble et touchant, cette alliance de la douceur, de la modestie et de l'héroïsme, sont des beautés qu'on ne peut imaginer que dans une riche et puissante monarchie, dans une cour brillante, dans un siècle de luxe. Une petite république pauvre, où les femmes étaient exclues de la société, ne pouvait atteindre à cette perfection ; et la grandeur morale d'une esclave phrygienne n'eût été aux yeux des Grecs qu'une chimère romanesque. Racine emprunta d'Euripide les plaintes éloquentes de la veuve d'Hector sur la mort de son époux et les désastres de sa patrie ; mais il ne dut qu'à son propre génie le langage qu'il fit parler à son héroïne. Ce qu'il y a de grec dans l'*Andromaque* de Racine, c'est le goût, c'est la grâce, c'est la pureté du trait et l'élégance des formes ; c'est une simplicité savante et pleine d'art ; mais toutes les pensées, tous les sentiments sont français. (G.)

² VAR. Nos cœurs...

³ Si l'on voulait demander ce que c'est qu'un *amour plus timide, qui ne prend point la colère pour guide*, et chicaner tous ces mots en puriste, on ferait des critiques ridicules ; ces deux vers n'ont jamais présenté d'autre sens que celui-ci : « Peut-être, en le voyant, la crainte de le

« perdre, redoublant votre amour pour lui, vous rendra plus attentive
« à me plaire. » Dans cette pièce, où les passions parlent avec tant de vivacité, tout est plein de ces tours qu'on admire, qu'on n'entend jamais de deux façons, et qu'on est surpris de si bien entendre, lorsqu'on veut les examiner en grammairien. (L. R.)

ACTE SECOND.

SCÈNE I.

HERMIONE, CLÉONE.

HERMIONE.

Je fais ce que tu veux : je consens qu'il me voie[1];
Je lui veux bien encore accorder cette joie.
Pylade va bientôt conduire ici ses pas;
Mais, si je m'en croyais, je ne le verrais pas.

---

[1] On a dit qu'il y avait duplicité d'action et d'intérêt dans l'amour de Pyrrhus pour Andromaque, et d'Oreste pour Hermione; mais Racine le fils, J.-B. Rousseau et La Harpe, ont justifié Racine à cet égard. Dans *Andromaque*, dit ce dernier, ce qui attache et ce qui intéresse, ce n'est point qu'Oreste épouse Hermione, ni que Pyrrhus épouse Andromaque, ni qu'Hermione épouse Pyrrhus; le spectateur ne peut pas désirer l'union de ces personnages, parce que leur amour n'est pas réciproque : l'intérêt se porte donc tout entier sur Andromaque, qui, après avoir perdu son époux, se voit encore menacée de perdre son fils au sortir du berceau. Les amours des autres personnages sont des incidents qui forment le nœud de l'intrigue; des moyens qui contribuent à l'action principale, qui est le mariage et la mort de Pyrrhus : il serait même impossible de détacher de la pièce Oreste et Hermione, sans que le sujet cessât d'être entier. Le poëme est conçu de manière que le personnage d'Andromaque occupe toujours principalement le spectateur. Tous les autres intérêts viennent se confondre dans celui-là. Les résolutions et les destinées d'Oreste et d'Hermione dépendent toujours immédiatement des résolutions et des destinées d'Andromaque et de Pyrrhus. Si Pyrrhus revient un moment à Hermione, et si cette princesse rejette alors les vœux d'Oreste, c'est parce qu'Andromaque a rejeté ceux de Pyrrhus; et lorsque ensuite Hermione se détermine à accepter l'hommage et les services d'Oreste et à lui commander le meurtre de Pyrrhus, c'est parce qu'Andromaque a consenti à recevoir la main de ce prince. La liaison et la dépendance sont entières et sensibles. Il en résulte que la pièce est

CLÉONE.

Et qu'est-ce que sa vue a pour vous de funeste?
Madame, n'est-ce pas toujours le même Oreste
Dont vous avez cent fois souhaité le retour,
Et dont vous regrettiez la constance et l'amour?

HERMIONE.

C'est cet amour payé de trop d'ingratitude
Qui me rend en ces lieux sa présence si rude.
Quelle honte pour moi, quel triomphe pour lui
De voir mon infortune égaler son ennui!
Est-ce là, dira-t-il, cette fière Hermione?
Elle me dédaignait, un autre l'abandonne :
L'ingrate, qui mettait son cœur à si haut prix,
Apprend donc, à son tour, à souffrir des mépris!
Ah dieux!

CLÉONE.

Ah! dissipez ces indignes alarmes :
Il a trop bien senti le pouvoir de vos charmes.
Vous croyez qu'un amant vienne vous insulter[1]?
Il vous rapporte un cœur qu'il n'a pu vous ôter.
Mais vous ne dites point ce que vous mande un père?

HERMIONE.

Dans ses retardements si Pyrrhus persévère,

---

du genre de celles qu'on nomme *implexes*, mais nullement de celles où il y a duplicité ou épisode; et ce qui a été reproché à Racine comme une faute est justement ce qui fait de son ouvrage un chef-d'œuvre de l'art. C'est donc avec raison que J.-B. Rousseau a dit que les quatre intérêts des quatre personnages se réunissent en un seul intérêt, ou, pour mieux dire, en une seule action.

[1] Pour faire disparaître, dit La Harpe, une faute évidente : *vous croyez qu'un amant vienne*, il suffit de lire : *Croyez-vous?* Le subjonctif exige ici que la phrase soit interrogative. Il paraît, d'après une remarque de Vaugelas, que le mot *insulter* a été introduit dans la langue par Racine, qui l'a emprunté du latin *insultare*. C'est, je crois, le seul mot que Racine ait créé; il a fait mieux : il a créé sa langue, en y introduisant une multitude de locutions aussi nouvelles que hardies.

À la mort du Troyen s'il ne veut consentir,
Mon père avec les Grecs m'ordonne de partir.
CLÉONE.
Hé bien, madame, hé bien, écoutez donc Oreste.
Pyrrhus a commencé, faites au moins le reste.
Pour bien faire il faudrait que vous le prévinssiez :
Ne m'avez-vous pas dit que vous le haïssiez?
HERMIONE.
Si je le hais, Cléone! Il y va de ma gloire[1],
Après tant de bontés dont il perd la mémoire;
Lui qui me fut si cher, et qui m'a pu trahir!
Ah, je l'ai trop aimé, pour ne le point haïr!
CLÉONE.
Fuyez-le donc, madame; et puisqu'on vous adore...
HERMIONE.
Ah! laisse à ma fureur le temps de croître encore!
Contre mon ennemi laisse-moi m'assurer;
Cléone, avec horreur je m'en veux séparer[2].
Il n'y travaillera que trop bien, l'infidèle!
CLÉONE.
Quoi! vous en attendez quelque injure nouvelle?

[1] Tout le monde peut observer que le fond de cette scène est précisément le même que celui de la scène entre Pyrrhus et Phœnix, dans ce même second acte. Ce sont, dans l'une et dans l'autre, tous les efforts ordinaires aux amants rebutés et qui aiment encore, pour se persuader qu'ils n'aiment plus, ou pour le persuader aux autres : c'est le combat de l'orgueil contre l'amour, où la victoire est prouvée à chaque mot que dit l'orgueil. Il fallait pourtant que cette situation fût différemment nuancée, et que le dépit d'Hermione ne s'exprimât pas tout à fait comme le dépit de Pyrrhus : il le fallait pour la convenance et pour la variété. Nous verrons que l'auteur y a parfaitement réussi; et Louis Racine a raison de dire : « On est toujours surpris de cette fécondité d'imagina- « tion qui fait que le poëte, dans ses tragédies, a peint de tant de « manières les mouvements du cœur. » (L.)

[2] Tous les discours d'Hermione respirent la passion, et cette passion prend la teinte de son caractère violent. Ce vers prépare le dénoûment. (G.)

Aimer une captive, et l'aimer à vos yeux,
Tout cela n'a donc pu vous le rendre odieux?
Après ce qu'il a fait, que saurait-il donc faire?
Il vous aurait déplu, s'il pouvait vous déplaire.

HERMIONE.

Pourquoi veux-tu, cruelle, irriter mes ennuis?
Je crains de me connaître en l'état où je suis.
De tout ce que tu vois tâche de ne rien croire;
Crois que je n'aime plus, vante-moi ma victoire;
Crois que dans son dépit mon cœur est endurci;
Hélas! et, s'il se peut, fais-le-moi croire aussi[1].
Tu veux que je le fuie? Hé bien! rien ne m'arrête:
Allons, n'envions plus son indigne conquête;
Que sur lui sa captive étende son pouvoir;
Fuyons... Mais si l'ingrat rentrait dans son devoir;
Si la foi dans son cœur retrouvait quelque place;
S'il venait à mes pieds me demander sa grâce;
Si sous mes lois, Amour, tu pouvais l'engager;
S'il voulait... Mais l'ingrat ne veut que m'outrager.
Demeurons toutefois pour troubler leur fortune;
Prenons quelque plaisir à leur être importune;
Ou, le forçant de rompre un nœud si solennel,
Aux yeux de tous les Grecs rendons-le criminel.
J'ai déjà sur le fils attiré leur colère;
Je veux qu'on vienne encor lui demander la mère.
Rendons-lui les tourments qu'elle me fait souffrir[2];

---

[1] Ce vers est d'une naïveté charmante. Hermione avoue à peu près l'inutilité de ses efforts contre elle-même; elle veut se relever, et retombe à tout moment, sans trop le cacher. Nous verrons, au contraire, que Pyrrhus veut absolument faire croire à Phœnix qu'il n'aime plus; et en effet il devait y avoir plus de fierté dans l'un, et plus d'abandon dans l'autre. Nous verrons cette différence entre l'amante et le héros marquée par d'autres traits, même dans ces sortes de confidences qui semblent promettre un entier épanchement. (L.)

[2] On ne sait si dans cet hémistiche, *rendons-lui les tourments*, il faut

ACTE II, SCÈNE I.

Qu'elle le perde, ou bien qu'il la fasse périr.

CLÉONE.

Vous pensez que des yeux toujours ouverts aux larmes
Se plaisent à troubler le pouvoir de vos charmes [1],
Et qu'un cœur accablé de tant de déplaisirs
De son persécuteur ait brigué les soupirs?
Voyez si sa douleur en paraît soulagée :
Pourquoi donc les chagrins où son âme est plongée?
Contre un amant qui plaît pourquoi tant de fierté [2]?

HERMIONE.

Hélas! pour mon malheur, je l'ai trop écouté [3].
Je n'ai point du silence affecté le mystère [4] :
Je croyais sans péril pouvoir être sincère;
Et, sans armer mes yeux d'un moment de rigueur [5],
Je n'ai pour lui parler consulté que mon cœur.

---

rapporter *lui* à Pyrrhus ou bien à Andromaque, puisque, dans le vers qui précède, *lui* désigne évidemment Pyrrhus. Le dernier vers est également un peu dur. La multitude des *pronoms* embarrasse cette phrase. (G.)

[1] VAR. Pensez-vous que des yeux toujours ouverts aux larmes
         Songent à balancer le pouvoir de vos charmes?

Des yeux qui se plaisent à troubler le pouvoir des charmes; un cœur qui brigue des soupirs : métaphores hardies, mais employées avec un art si heureux, que leur audace ne s'aperçoit pas. (G.)

[2] VAR. Pourquoi tant de froideur, pourquoi cette fierté?

[3] Ici Hermione ne répond qu'à sa pensée, et nullement à sa confidente, qu'elle ne paraît pas même entendre. C'est, je crois, le premier exemple de cette préoccupation qui rompt le dialogue, et ne lui donne que plus de vérité. (L.)

[4] *Le mystère du silence*, mis à la place *d'un silence mystérieux*, donne au vers une couleur poétique. (G.)

[5] *Armer d'un moment* paraît extraordinaire quand on déplace les expressions; mais dans le vers, l'audace de cette alliance disparaît pour ne laisser voir qu'un tour poétique. Subligny ne reprit point ces figures : c'est une preuve que le public les trouva plus heureuses encore que hardies. (G.)

Et qui ne se serait comme moi déclarée
Sur la foi d'une amour si saintement jurée?
Me voyait-il de l'œil qu'il me voit aujourd'hui[1]?
Tu t'en souviens encor, tout conspirait pour lui :
Ma famille vengée, et les Grecs dans la joie,
Nos vaisseaux tout chargés des dépouilles de Troie,
Les exploits de son père effacés par les siens,
Ses feux que je croyais plus ardents que les miens,
Mon cœur... toi-même enfin de sa gloire éblouie,
Avant qu'il me trahît, vous m'avez tous trahie[2].
Mais c'en est trop, Cléone, et, quel que soit Pyrrhus,
Hermione est sensible, Oreste a des vertus;
Il sait aimer du moins, et même sans qu'on l'aime;
Et peut-être il saura se faire aimer lui-même.
Allons. Qu'il vienne enfin.

CLÉONE.

Madame, le voici.

HERMIONE.

Ah! je ne croyais pas qu'il fût si près d'ici[3].

---

[1] La grammaire veut que l'on dise : Me voyait-il de l'œil *dont* il me voit, ou *du même œil* qu'il me voit? *De l'œil qu'il me voit* est amené seulement par la contrainte du vers. (L.)

[2] La passion, qui s'en prend à tout, confond ici, dans la personne de Cléone, qui est là, *la famille*, *les Grecs*, *les vaisseaux*, *les exploits*, *les feux de Pyrrhus*, et surtout *le cœur* d'Hermione, enfin Cléone *éblouie de la gloire* de Pyrrhus; et dans son transport, Hermione, ne s'embarrassant pas si sa phrase passe de la troisième personne à la seconde, apostrophe à la fois et Cléone, et tout ce qu'elle vient de nommer... *Vous m'avez tous trahie*. C'est là véritablement l'éloquence de la passion, et c'est ainsi qu'il est beau d'oublier la syntaxe. Avant Racine, il n'y avait nul exemple de cette manière hardie de se rendre maître de la langue sans la dénaturer; car tout est suffisamment excusé par la suspension que suppose l'égarement de la passion après ce mot *mon cœur...* où il est si naturel qu'elle s'arrête. (L.)

[3] Ce vers est d'une vérité frappante, et tient à la connaissance du cœur humain. Quand il est occupé de ce qu'il aime, tout lui est importun. Hermione, qui cherche à tromper son amour, se flattait tout à

SCÈNE II.

HERMIONE, ORESTE, CLÉONE.

HERMIONE.

Le croirai-je, seigneur, qu'un reste de tendresse
Vous fasse ici chercher une triste princesse [1] ?
Ou ne dois-je imputer qu'à votre seul devoir
L'heureux empressement qui vous porte à me voir?

ORESTE.

Tel est de mon amour l'aveuglement funeste,
Vous le savez, madame; et le destin d'Oreste
Est de venir sans cesse adorer vos attraits,
Et de jurer toujours qu'il n'y viendra jamais.
Je sais que vos regards vont rouvrir mes blessures,
Que tous mes pas vers vous sont autant de parjures :
Je le sais, j'en rougis. Mais j'atteste les dieux,
Témoins de la fureur de mes derniers adieux,
Que j'ai couru partout où ma perte certaine
Dégageait mes serments et finissait ma peine.
J'ai mendié la mort chez des peuples cruels
Qui n'apaisaient leurs dieux que du sang des mortels :
Ils m'ont fermé leur temple; et ces peuples barbares
De mon sang prodigué sont devenus avares.
Enfin je viens à vous, et je me vois réduit
A chercher dans vos yeux une mort qui me fuit.
Mon désespoir n'attend que leur indifférence :
Ils n'ont qu'à m'interdire un reste d'espérance ;

l'heure qu'Oreste pouvait lui plaire : on le lui annonce, et son premier
mouvement est celui de l'impatience. C'est qu'elle aime encore mieux
s'entretenir de l'infidèle Pyrrhus, que d'entendre le fidèle Oreste. Elle
a beau dire :

> Il sait aimer du moins, et même sans qu'on l'aime,

c'est ce dont s'embarrasse le moins celle qui n'aime pas. (L.)

[1] VAR. Ait suspendu les soins dont vous charge la Grèce?

Ils n'ont, pour avancer cette mort où je cours,
Qu'à me dire une fois ce qu'ils m'ont dit toujours.
Voilà, depuis un an, le seul soin qui m'anime.
Madame, c'est à vous de prendre une victime
Que les Scythes auraient dérobée à vos coups
Si j'en avais trouvé d'aussi cruels que vous[1].

HERMIONE.

Quittez, seigneur, quittez ce funeste langage :
A des soins plus pressants la Grèce vous engage.
Que parlez-vous du Scythe et de mes cruautés ?
Songez à tous ces rois que vous représentez[2].
Faut-il que d'un transport leur vengeance dépende ?
Est-ce le sang d'Oreste enfin qu'on vous demande ?
Dégagez-vous des soins dont vous êtes chargé.

ORESTE.

Les refus de Pyrrhus m'ont assez dégagé,
Madame : il me renvoie ; et quelque autre puissance
Lui fait du fils d'Hector embrasser la défense.

HERMIONE.

L'infidèle !

ORESTE.

    Ainsi donc, tout prêt à le quitter[3],

---

[1] Hermione fait elle-même la critique de ces vers, lorsqu'elle dit à Oreste ?
    Que parlez-vous du Scythe et de mes cruautés ?
Ce discours d'Oreste est infecté des vices du temps. Qu'est-ce qu'un amant qui vient chercher la mort dans les yeux de sa maîtresse, et dont le désespoir n'attend que l'indifférence de ces mêmes yeux ? (G.) — Il y a longtemps que Voltaire, et après lui tous les connaisseurs, ont blâmé le rapprochement de la cruauté des Scythes et de celle d'Hermione. (L.)

[2] VAR.   Non, non, ne pensez pas qu'Hermione dispose
          D'un sang sur qui la Grèce aujourd'hui se repose.
          Mais vous-même, est-ce ainsi que vous exécutez
          Les vœux de tant d'États que vous représentez ?

[3] VAR.   . . . . . . Ainsi donc, il ne me reste rien
          Qu'à venir prendre ici la place du Troyen.

ACTE II, SCÈNE II.

Sur mon propre destin je viens vous consulter.
Déjà même je crois entendre la réponse
Qu'en secret contre moi votre haine prononce.

HERMIONE.

Hé quoi! toujours injuste en vos tristes discours,
De mon inimitié vous plaindrez-vous toujours?
Quelle est cette rigueur tant de fois alléguée?
J'ai passé dans l'Épire où j'étais reléguée :
Mon père l'ordonnait : mais qui sait si depuis
Je n'ai point en secret partagé vos ennuis?
Pensez-vous avoir seul éprouvé des alarmes ;
Que l'Épire jamais n'ait vu couler mes larmes?
Enfin, qui vous a dit que, malgré mon devoir,
Je n'ai pas quelquefois souhaité de vous voir[1]?

ORESTE.

Souhaité de me voir! Ah! divine princesse[2]...
Mais, de grâce, est-ce à moi que ce discours s'adresse?
Ouvrez vos yeux : songez qu'Oreste est devant vous[3],
Oreste, si longtemps l'objet de leur courroux.

HERMIONE.

Oui, c'est vous dont l'amour, naissant avec leurs charmes[4],

> Nous sommes ennemis, lui des Grecs, moi le vôtre ;
> Pyrrhus protége l'un, et je vous livre l'autre.
> HERMIONE.
> Hé quoi! dans vos chagrins, sans raison affermi,
> Vous croirez-vous toujours, seigneur, mon ennemi?
> Quelle est cette rigueur, etc.

[1] Avec quel art Hermione ranime l'espérance dans le cœur d'Oreste! Quelle coquetterie raffinée! Racine excellait à faire parler les femmes : aucun poëte n'a plus habilement développé tous les replis de leur cœur. (G.)

[2] Le premier hémistiche est le transport d'un amant véritable, le second n'est qu'une exclamation langoureuse. (G.)

[3] VAR. Ouvrez les yeux : songez qu'Oreste est devant vous.

[4] Les *charmes* de mes yeux, les *armes* de mes yeux : une femme peut-elle ainsi parler d'elle-même? Passe encore le second vers, mais le premier!

Leur apprit le premier le pouvoir de leurs armes,
Vous que mille vertus me forçaient d'estimer ;
Vous que j'ai plaint, enfin que je voudrais aimer.
ORESTE.
Je vous entends. Tel est mon partage funeste :
Le cœur est pour Pyrrhus, et les vœux pour Oreste.
HERMIONE.
Ah! ne souhaitez pas le destin de Pyrrhus,
Je vous haïrais trop.
ORESTE.
Vous m'en aimeriez plus.
Ah! que vous me verriez d'un regard bien contraire!
Vous me voulez aimer, et je ne puis vous plaire ;
Et, l'amour seul alors se faisant obéir,
Vous m'aimeriez, madame, en me voulant haïr.
O dieux! tant de respects, une amitié si tendre...
Que de raisons pour moi, si vous pouviez m'entendre!
Vous seule pour Pyrrhus disputez aujourd'hui,
Peut-être malgré vous, sans doute malgré lui :
Car enfin il vous hait; son âme, ailleurs éprise,
N'a plus...
HERMIONE.
Qui vous l'a dit, seigneur, qu'il me méprise[1] ?
Ses regards, ses discours me l'ont-ils donc appris ?

---

[1] Hermione sait bien que ce n'est pas la pensée d'Oreste; mais sa vanité est blessée par l'indifférence de Pyrrhus : elle ne veut pas qu'un amant dont elle rejette les vœux puisse croire qu'elle aime sans être aimée. Cette pensée qui la tourmente est parfaitement développée dans la première scène du deuxième acte, qui annonce les vers qu'on vient de lire, vers où Racine montre une profonde connaissance du cœur humain. Il avait d'abord mis : *Qui vous a dit qu'il me méprise?* En corrigeant le vers, il y a mis plus de vivacité et de passion : c'est mieux. Le vers précédent offre une négligence d'un autre genre, remarquée par Geoffroy. On ne dit point *son âme ailleurs éprise*, *épris* devant toujours être suivi d'un régime, comme *épris d'amour*, *épris des beautés*.

Jugez-vous que ma vue inspire des mépris,
Qu'elle allume en un cœur des feux si peu durables?
Peut-être d'autres yeux me sont plus favorables.

ORESTE.

Poursuivez : il est beau de m'insulter ainsi.
Cruelle, c'est donc moi qui vous méprise ici?
Vos yeux n'ont pas assez éprouvé ma constance?
Je suis donc un témoin de leur peu de puissance?
Je les ai méprisés! Ah! qu'ils voudraient bien voir
Mon rival comme moi mépriser leur pouvoir!

HERMIONE.

Que m'importe, seigneur, sa haine ou sa tendresse?
Allez contre un rebelle armer toute la Grèce;
Rapportez-lui le prix de sa rébellion;
Qu'on fasse de l'Épire un second Ilion :
Allez. Après cela direz-vous que je l'aime?

ORESTE.

Madame, faites plus, et venez-y vous-même.
Voulez-vous demeurer pour otage en ces lieux?
Venez dans tous les cœurs faire parler vos yeux[1].
Faisons de notre haine une commune attaque.

HERMIONE.

Mais, seigneur, cependant, s'il épouse Andromaque[2]?

ORESTE.

Hé, madame!

HERMIONE.

Songez quelle honte pour nous
Si d'une Phrygienne il devenait l'époux!

---

[1] *Faire parler des yeux dans les cœurs* : cette expression a besoin, pour être excusée, de tous les priviléges de la poésie. (G.)

[2] La réflexion est bien d'une femme qui aime encore beaucoup plus qu'elle ne croit. Pyrrhus est dans la même situation, et s'exprime du même ton, quand il dit à Phœnix :

> Crois-tu, si je l'épouse,
> Qu'Andromaque en son cœur n'en sera pas jalouse? (G.)

25.

ORESTE.

Et vous le haïssez! Avouez-le, madame¹,
L'amour n'est pas un feu qu'on renferme en une âme :
Tout nous trahit, la voix, le silence, les yeux ;
Et les feux mal couverts n'en éclatent que mieux.

HERMIONE.

Seigneur, je le vois bien, votre âme prévenue
Répand sur mes discours un venin qui la tue,
Toujours dans mes raisons cherche quelque détour,
Et croit qu'en moi la haine est un effort d'amour.
Il faut donc m'expliquer : vous agirez ensuite.
Vous savez qu'en ces lieux mon devoir m'a conduite :
Mon devoir m'y retient ; et je n'en puis partir
Que mon père, ou Pyrrhus, ne m'en fassent sortir.
De la part de mon père allez lui faire entendre²
Que l'ennemi des Grecs ne peut être son gendre ;
Du Troyen ou de moi faites-le décider³ ;
Qu'il songe qui des deux il veut rendre ou garder ;
Enfin, qu'il me renvoie, ou bien qu'il vous le livre
Adieu. S'il y consent, je suis prête à vous suivre.

SCÈNE III.

ORESTE.

Oui, oui, vous me suivrez, n'en doutez nullement⁴ :
Je vous réponds déjà de son consentement.

---

¹ *Et vous le haïssez!* ironie amère, mot énergique, plein de dépit et de fureur concentrée. *En une âme,* pour *dans l'âme* : expression qui pèche à la fois contre la correction et l'harmonie. (G.)

² VAR.   Au nom de Ménélas allez lui faire entendre...

³ L'exactitude demande, *faites-le décider entre le Troyen et moi ;* mais la poésie autorise cette licence, qui n'est point contraire à la clarté du sens. (G.)

⁴ Oreste ne doute plus de son triomphe : son monologue est un épan-

ACTE II, SCÈNE IV.

Je ne crains pas enfin que Pyrrhus la retienne :
Il n'a devant les yeux que sa chère Troyenne ;
Tout autre objet le blesse ; et peut-être aujourd'hui
Il n'attend qu'un prétexte à l'éloigner de lui.
Nous n'avons qu'à parler : c'en est fait. Quelle joie
D'enlever à l'Épire une si belle proie !
Sauve tout ce qui reste et de Troie et d'Hector,
Garde son fils, sa veuve, et mille autres encor,
Épire : c'est assez qu'Hermione rendue
Perde à jamais tes bords et ton prince de vue.
Mais un heureux destin le conduit en ces lieux.
Parlons. A tant d'attraits, Amour, ferme ses yeux !

SCÈNE IV.

PYRRHUS, ORESTE, PHŒNIX.

PYRRHUS.

Je vous cherchais, seigneur. Un peu de violence[1]
M'a fait de vos raisons combattre la puissance,

chement de joie. C'est le langage d'un amant qui espère pour la première fois. Son ivresse justifie cette expression familière :

> Il n'a devant les yeux que sa chère Troyenne.

Elle motive aussi cette apostrophe à l'Épire, qui sans cela pourrait passer pour une déclamation :

> Sauve tout ce qui reste et de Troie et d'Hector, etc.

Enfin, cet emportement d'Oreste sert à préparer la scène suivante et a rendre la péripétie plus théâtrale. (G.)

[1] Pyrrhus s'accuse d'avoir combattu avec trop de violence les raisons d'Oreste; la pensée ne nous paraît pas exprimée clairement : la violence ne fait pas combattre, elle empêche d'entendre, et c'est purement ce que les deux vers suivants expriment d'une manière précise; du reste, cette scène si courte est d'autant plus admirable qu'elle change tout à coup la situation de tous les personnages : elle détruit les espérances d'Oreste, au moment même où il se croyait sûr de triompher Elle tourmente le spectateur de la résolution de Pyrrhus, du danger d'Andromaque et de son fils, de la fureur jalouse d'Hermione, et des

Je l'avoue; et depuis que je vous ai quitté,
J'en ai senti la force et connu l'équité.
J'ai songé, comme vous, qu'à la Grèce, à mon père,
A moi-même, en un mot, je devenais contraire;
Que je relevais Troie, et rendais imparfait
Tout ce qu'a fait Achille, et tout ce que j'ai fait.
Je ne condamne plus un courroux légitime;
Et l'on vous va, seigneur, livrer votre victime.

ORESTE.

Seigneur, par ce conseil prudent et rigoureux,
C'est acheter la paix du sang d'un malheureux.

PYRRHUS.

Oui : mais je veux, seigneur, l'assurer davantage :
D'une éternelle paix Hermione est le gage;
Je l'épouse. Il semblait qu'un spectacle si doux
N'attendît en ces lieux qu'un témoin tel que vous :
Vous y représentez tous les Grecs et son père,
Puisqu'en vous Ménélas voit revivre son frère.
Voyez-la donc. Allez. Dites-lui que demain
J'attends avec la paix son cœur de votre main [1].

ORESTE, à part.

Ah dieux!

incertitudes de tous. Cette scène, qui n'a que vingt vers, est unique au théâtre. Elle a peut-être été inspirée par le souvenir d'une scène du *Dépit Amoureux*. Voy. cette pièce, acte II, sc. II.

[1] C'est ici un autre amant que sa passion aveugle. S'il était véritablement changé pour Hermione, il ne lui enverrait pas apprendre par un autre une si grande nouvelle; il la lui porterait lui-même, comme Phœnix le lui dira :

> Vous-même à cet hymen venez la disposer.
> Est-ce sur un rival qu'il s'en faut reposer? (L. R.)

SCÈNE V.

PYRRHUS, PHŒNIX

PYRRHUS.

Hé bien, Phœnix, l'amour est-il le maître[1]?
Tes yeux refusent-ils encor de me connaître?

PHOENIX.

Ah! je vous reconnais; et ce juste courroux,
Ainsi qu'à tous les Grecs, seigneur, vous rend à vous[2].
Ce n'est plus le jouet d'une flamme servile;
C'est Pyrrhus, c'est le fils et le rival d'Achille,
Que la gloire à la fin ramène sous ses lois,
Qui triomphe de Troie une seconde fois.

PYRRHUS.

Dis plutôt qu'aujourd'hui commence ma victoire :
D'aujourd'hui seulement je jouis de ma gloire;
Et mon cœur, aussi fier que tu l'as vu soumis,
Croit avoir en l'amour vaincu mille ennemis.

[1] On sait que Boileau, qui avait longtemps admiré cette scène comme une fidèle peinture des irrésolutions et des combats d'un cœur amoureux et offensé, finit par la condamner, comme étant au-dessous de la dignité tragique. Il observait avec raison que le fond des idées et des sentiments est précisément le même que celui de cette charmante scène de *l'Eunuque* de Térence, dont Horace a fait remarquer la beauté, et qui a été depuis si souvent imitée et retournée par les modernes : *Exclusit ; redeam ? non si obsecret*, etc. Mais puisque Boileau lui-même admet dans la tragédie la peinture de l'amour, n'était-il pas un peu trop sévère quand il condamnait une scène où cette peinture est d'une vérité si frappante? Ou plutôt cette humeur ne venait-elle pas de quelques vers, qui véritablement ne sont pas dignes de la tragédie? (L.) — J.-B. Rousseau porte un jugement à peu près semblable. *Voyez* la dernière note sur cette scène.

[2] Racine a retranché ici les quatre vers suivants :

> Et qui l'aurait pensé qu'une si noble audace
> D'un long abaissement prendrait sitôt la place,
> Que l'on pût sitôt vaincre un poison si charmant?
> Mais Pyrrhus, quand il veut, sait vaincre en un moment.
> Ce n'est plus, etc.

Considère, Phœnix, les troubles que j'évite,
Quelle foule de maux l'amour traîne à sa suite,
Que d'amis, de devoirs, j'allais sacrifier,
Quels périls... un regard m'eût tout fait oublier :
Tous les Grecs conjurés fondaient sur un rebelle.
Je trouvais du plaisir à me perdre pour elle.

PHOENIX.

Oui, je bénis, seigneur, l'heureuse cruauté
Qui vous rend...

PYRRHUS.

Tu l'as vu comme elle m'a traité[1].
Je pensais, en voyant sa tendresse alarmée,
Que son fils me la dût renvoyer désarmée :
J'allais voir le succès de ses embrassements ;
Je n'ai trouvé que pleurs mêlés d'emportements.
Sa misère l'aigrit ; et, toujours plus farouche,
Cent fois le nom d'Hector est sorti de sa bouche
Vainement à son fils j'assurais mon secours :
« C'est Hector, disait-elle en l'embrassant toujours ;
« Voilà ses yeux, sa bouche, et déjà son audace[2] ;

---

[1] Ce vers apprend au spectateur qu'une nouvelle entrevue de Pyrrhus et d'Andromaque a irrité ce prince au point de le déterminer à livrer Astyanax et à revenir à l'hymen d'Hermione ; et c'est encore par des mouvements du cœur, et non pas par aucune forme de récit, que cette entrevue et ces résultats sont annoncés aux spectateurs, dont la surprise égale celle d'Oreste, jusqu'à ce que les transports tumultueux qui agitent l'âme de Pyrrhus fassent connaître ce qui s'est passé. Cette marche est de l'art dramatique ; et c'est un autre effet de ce même art de n'avoir pas mis sous nos yeux trop de scènes dont le fond aurait pu se ressembler, par les mêmes alternatives d'amour et de dépit. L'auteur n'en a mis que deux : la première, qui laisse des espérances ; la seconde, qui porte la terreur au comble dans le cœur d'Andromaque et dans celui du spectateur. (L.)

[2] Racine a traduit ce vers que Virgile met dans la bouche d'Andromaque à la vue du jeune Ascagne (*Æneid.*, lib. III) :

« Sic oculos, sic ille manus, sic ora ferebat. »

« C'est lui-même, c'est toi, cher époux, que j'embrasse. »
Eh! quelle est sa pensée? attend-elle en ce jour
Que je lui laisse un fils pour nourrir son amour?

PHOENIX.

Sans doute, c'est le prix que vous gardait l'ingrate.
Mais laissez-la, seigneur.

PYRRHUS.

     Je vois ce qui la flatte :
Sa beauté la rassure ; et, malgré mon courroux,
L'orgueilleuse m'attend encore à ses genoux.
Je la verrais aux miens, Phœnix, d'un œil tranquille.
Elle est veuve d'Hector, et je suis fils d'Achille :
Trop de haine sépare Andromaque et Pyrrhus [1].

PHOENIX.

Commencez donc, seigneur, à ne m'en parler plus.
Allez voir Hermione; et, content de lui plaire,
Oubliez à ses pieds jusqu'à votre colère.
Vous-même à cet hymen venez la disposer :
Est-ce sur un rival qu'il s'en faut reposer?
Il ne l'aime que trop.

PYRRHUS.

     Crois-tu, si je l'épouse,
Qu'Andromaque en son cœur n'en sera pas jalouse [2]?

---

[1] Ce langage est celui d'un amant, mais il est encore celui d'un guerrier et d'un héros. Le vers suivant dans la bouche de Phœnix est tout à la fois au-dessous du genre et du personnage. (L.)

[2] VAR.   Crois-tu, si je l'épouse,
Qu'Andromaque en secret n'en sera pas jalouse?
. . . .
  Non, je n'ai pas bien dit tout ce qu'il faut lui dire.

Ces vers expriment avec beaucoup de vérité les sentiments qui naissent dans le cœur d'un amant malheureux. La secrète jalousie que Pyrrhus voudrait inspirer à Andromaque est une dernière illusion qui va lui échapper. Mais peut-être les vers de Racine n'ont-ils pas ici toute la dignité tragique qu'ils devraient avoir. Selon Brossette, Boileau avait

PHOENIX.

Quoi! toujours Andromaque occupe votre esprit!
Que vous importe, ô dieux, sa joie ou son dépit?
Quel charme, malgré vous, vers elle vous attire?

PYRRHUS.

Non, je n'ai pas bien dit tout ce qu'il lui faut dire :
Ma colère à ses yeux n'a paru qu'à demi;
Elle ignore à quel point je suis son ennemi.
Retournons-y. Je veux la braver à sa vue,
Et donner à ma haine une libre étendue.
Viens voir tous ses attraits, Phœnix, humiliés.
Allons.

PHOENIX.

Allez, seigneur, vous jeter à ses pieds :
Allez, en lui jurant que votre âme l'adore,
A de nouveaux mépris l'encourager encore.

PYRRHUS.

Je le vois bien, tu crois que prêt à l'excuser
Mon cœur court après elle, et cherche à s'apaiser.

PHOENIX.

Vous aimez : c'est assez.

PYRRHUS.

Moi l'aimer? une ingrate
Qui me hait d'autant plus que mon amour la flatte[1]?
Sans parents, sans amis, sans espoir que sur moi?

---

remarqué *qu'aux représentations d'Andromaque on ne manquait jamais de sourire à cet endroit.*

[1] Ce dernier vers est équivoque : Pyrrhus veut dire que plus il a de douceur, de bonté et de tendresse pour Andromaque, plus elle le hait; et le vers, tel qu'il est construit, semble dire qu'Andromaque hait davantage Pyrrhus, parce qu'elle est très-flattée de son amour. C'est le mot *flatte* qui forme l'ambiguïté. *Mon amour la flatte* peut signifier *mon amour lui plaît*. C'est dans ce même sens que Racine l'emploie dans la première scène du troisième acte :

Non, non, je le connais; mon désespoir le flatte. (G.)

Je puis perdre son fils, peut-être je le doi;
Étrangère... que dis-je? esclave dans l'Épire,
Je lui donne son fils, mon âme, mon empire;
Et je ne puis gagner dans son perfide cœur
D'autre rang que celui de son persécuteur?
Non, non, je l'ai juré, ma vengeance est certaine;
Il faut bien une fois justifier sa haine;
J'abandonne son fils. Que de pleurs vont couler[1]!
De quel nom sa douleur me va-t-elle appeler!
Quel spectacle pour elle aujourd'hui se dispose!
Elle en mourra, Phœnix, et j'en serai la cause:
C'est lui mettre moi-même un poignard dans le sein.

PHOENIX.
Et pourquoi donc en faire éclater le dessein?
Que ne consultiez-vous tantôt votre faiblesse?

PYRRHUS.
Je t'entends. Mais excuse un reste de tendresse.
Crains-tu pour ma colère un si faible combat?
D'un amour qui s'éteint c'est le dernier éclat.
Allons. A tes conseils, Phœnix, je m'abandonne.
Faut-il livrer son fils? faut-il voir Hermione?

PHOENIX.
Oui, voyez-la, seigneur; et, par des vœux soumis,
Protestez-lui...

PYRRHUS.
Faisons tout ce que j'ai promis[2].

---

[1] L'amour appelle tout à son aide, et prend toutes sortes de formes ·
la dernière qu'il emprunte ici est celle de la pitié :

      Elle en mourra, Phœnix, et j'en serai la cause.

Il faut remarquer que cette pitié ne tombe nullement sur cet enfant innocent, sur le fils d'Hector et de tant de rois, mais uniquement sur Andromaque, parce qu'Andromaque est aimée. (L.)

[2] « J'ai toujours condamné cette scène en l'admirant, parce que,
« quelque belle qu'elle soit, elle est plutôt dans le genre comique en-

« nobli que dans le genre tragique... Cependant, si c'est une faute, on
« doit être bien aise que Racine l'ait faite, par les beautés dont elle est
« parée; mais il ne serait pas sûr de l'imiter en cela. Quand l'amour n'est
« point tragique, comme dans *Phèdre* et dans *le Cid*, il devient petit et
« bas; et nous n'avons presque point de tragédies en notre langue qui
« ne soient gâtées par là. Corneille a bien fait pis : au lieu d'exprimer
« dans ses amants le caractère de l'amour, il n'a exprimé que son
« propre caractère, et n'en fait le plus souvent que des avocats pour
« et contre, des sophistes, et quelquefois même des théologiens. » (*Lett.
de J.-B. Rousseau.*)

ACTE TROISIÈME.

SCÈNE I.

ORESTE, PYLADE.

PYLADE.
Modérez donc, seigneur, cette fureur extrême :
Je ne vous connais plus; vous n'êtes plus vous-même.
Souffrez...

ORESTE.
　　　　Non, tes conseils ne sont plus de saison,
Pylade; je suis las d'écouter la raison.
C'est traîner trop longtemps ma vie et mon supplice :
Il faut que je l'enlève, ou bien que je périsse.
Le dessein en est pris, je le veux achever.
Oui, je le veux.

PYLADE.
　　　　Hé bien, il la faut enlever;
J'y consens. Mais songez cependant où vous êtes.
Que croira-t-on de vous à voir ce que vous faites?
Dissimulez : calmez ce transport inquiet[1];
Commandez à vos yeux de garder le secret.
Ces gardes, cette cour, l'air qui vous environne[2],

---

[1] VAR. Faites taire, seigneur, ce transport inquiet.

[2] Dans le palais d'un prince on doit se méfier de tout; et, comme dit Junie à Britannicus :

　　Ces murs mêmes, seigneur, peuvent avoir des yeux.

Mais qui s'était avisé de dire qu'il faut se méfier de l'air même qui dépend du prince? Cette pensée, quoique hardie, est ici placée si naturellement, qu'on ne peut que l'approuver. (L. R.)

Tout dépend de Pyrrhus, et surtout d'Hermione.
A ses regards surtout cachez votre courroux.
O dieux! en cet état pourquoi la cherchiez-vous?

ORESTE.

Que sais-je? de moi-même étais-je alors le maître?
La fureur m'emportait, et je venais peut-être
Menacer à la fois l'ingrate et son amant.

PYLADE.

Et quel était le fruit de cet emportement[1]?

ORESTE.

Et quelle âme, dis-moi, ne serait éperdue
Du coup dont ma raison vient d'être confondue?
Il épouse, dit-il, Hermione demain;
Il veut, pour m'honorer, la tenir de ma main.
Ah! plutôt cette main dans le sang du barbare...

PYLADE.

Vous l'accusez, seigneur, de ce destin bizarre;
Cependant, tourmenté de ses propres desseins,
Il est peut-être à plaindre autant que je vous plains.

ORESTE.

Non, non; je le connais, mon désespoir le flatte;
Sans moi, sans mon amour, il dédaignait l'ingrate;
Ses charmes jusque-là n'avaient pu le toucher:
Le cruel ne la prend que pour me l'arracher.
Ah dieux! c'en était fait : Hermione gagnée[2]

---

[1] VAR.   Et quel était le fruit de son emportement ?

[2] On sent bien qu'Oreste se trompe également, et en attribuant à Pyrrhus une intention qu'il n'a jamais eue, et en croyant que, sans le retour de Pyrrhus, il allait être aimé d'Hermione. Pylade le lui prouve assez; mais c'est ainsi que doit raisonner Oreste, d'abord parce qu'il est amant malheureux et jaloux, ensuite parce qu'il est Oreste. (L.) — Le mot *confus* qui termine le troisième vers suivant n'est mis que pour la rime, ce dont on s'aperçoit bien rarement dans Racine; et c'est à cause de cela qu'on le remarque. On lit dans le premier vers du couplet précédent de Pylade, *accuser d'un destin bizarre. Accuser d'un destin* manque de justesse et d'élégance. (G.)

Pour jamais de sa vue allait être éloignée;
Son cœur, entre l'amour et le dépit confus,
Pour se donner à moi n'attendait qu'un refus;
Ses yeux s'ouvraient, Pylade; elle écoutait Oreste,
Lui parlait, le plaignait... Un mot eût fait le reste.

PYLADE.

Vous le croyez?

ORESTE.

Hé quoi! ce courroux enflammé
Contre un ingrat...

PYLADE.

Jamais il ne fut plus aimé.
Pensez-vous, quand Pyrrhus vous l'aurait accordée,
Qu'un prétexte tout prêt ne l'eût pas retardée?
M'en croirez-vous? Lassé de ses trompeurs attraits,
Au lieu de l'enlever fuyez-la pour jamais[1].
Quoi! votre amour se veut charger d'une furie
Qui vous détestera, qui, toute votre vie,
Regrettant un hymen tout prêt à s'achever,
Voudra...

ORESTE.

C'est pour cela que je veux l'enlever.
Tout lui rirait, Pylade; et moi, pour mon partage,
Je n'emporterais donc qu'une inutile rage?
J'irais loin d'elle encor tâcher de l'oublier?
Non, non: à mes tourments je veux l'associer:
C'est trop gémir tout seul. Je suis las qu'on me plaigne.
Je prétends qu'à mon tour l'inhumaine me craigne,
Et que ses yeux cruels, à pleurer condamnés,
Me rendent tous les noms que je leur ai donnés[2].

---

[1] VAR. . . . . . . Lassé de ses trompeurs attraits,
Au lieu de l'enlever, seigneur, je la fuirais.

[2] Les yeux expriment des sentiments; mais on ne peut dire que des yeux *rendent les noms qu'on leur a donnés*. C'est les faire parler dans le sens propre, et leur langage ne doit être que figuré.

PYLADE.

Voilà donc le succès qu'aura votre ambassade :
Oreste ravisseur!

ORESTE.

Et qu'importe, Pylade?
Quand nos États vengés jouiront de mes soins,
L'ingrate de mes pleurs jouira-t-elle moins?
Et que me servira que la Grèce m'admire,
Tandis que je serai la fable de l'Épire?
Que veux-tu? Mais, s'il faut ne te rien déguiser,
Mon innocence enfin commence à me peser[1].
Je ne sais de tout temps quelle injuste puissance
Laisse le crime en paix, et poursuit l'innocence.
De quelque part sur moi que je tourne les yeux,
Je ne vois que malheurs qui condamnent les dieux.
Méritons leur courroux, justifions leur haine,
Et que le fruit du crime en précède la peine.
Mais toi, par quelle erreur veux-tu toujours sur toi
Détourner un courroux qui ne cherche que moi?
Assez et trop longtemps mon amitié t'accable :
Évite un malheureux, abandonne un coupable.
Cher Pylade, crois-moi, ta pitié te séduit[2].
Laisse-moi des périls dont j'attends tout le fruit.
Porte aux Grecs cet enfant que Pyrrhus m'abandonne.
Va-t'en.

---

[1] Oreste a tué sa mère, et ce vers est dans sa bouche le comble de l'aveuglement. Mais en ce moment l'amour lui fait oublier tout le passé; il se croit innocent, soit parce qu'un sentiment fatal l'absorbe tout entier, soit parce que son parricide a été ordonné par les dieux. Les commentateurs ont blâmé ce vers. Il nous semble qu'il est le comble de l'art, et qu'il prépare le spectateur à la catastrophe sanglante de la fin. D'ailleurs, ce qui prouve l'égarement d'Oreste, c'est qu'après avoir dit que son innocence commence à lui peser, neuf vers plus bas il s'écrie :

Évite un malheureux, abandonne un coupable.

[2] VAR. Cher Pylade, crois-moi, ton tourment me suffit.

ACTE III, SCÈNE I.

PYLADE.

Allons, seigneur, enlevons Hermione [1].
Au travers des périls un grand cœur se fait jour.
Que ne peut l'amitié conduite par l'amour!
Allons de tous vos Grecs encourager le zèle :
Nos vaisseaux sont tout prêts, et le vent nous appelle.
Je sais de ce palais tous les détours obscurs;
Vous voyez que la mer en vient battre les murs;
Et cette nuit, sans peine, une secrète voie
Jusqu'en votre vaisseau conduira votre proie.

ORESTE.

J'abuse, cher ami, de ton trop d'amitié ;
Mais pardonne à des maux dont toi seul as pitié ;
Excuse un malheureux qui perd tout ce qu'il aime,
Que tout le monde hait, et qui se hait lui-même.
Que ne puis-je à mon tour dans un sort plus heureux...

PYLADE.

Dissimulez, seigneur; c'est tout ce que je veux.
Gardez qu'avant le coup votre dessein n'éclate :
Oubliez jusque-là qu'Hermione est ingrate;
Oubliez votre amour. Elle vient, je la voi.

ORESTE.

Va-t'en. Réponds-moi d'elle, et je réponds de moi.

---

[1] Il y a longtemps qu'on a remarqué cet élan généreux de l'amitié, dont la seule réponse à la douleur et au désespoir est de se montrer prête à tout ce qui peut les adoucir et les soulager. Plus de réflexion, plus d'objection ; Pylade n'a pu détourner Oreste du crime, il va le partager. (L.) — Ici l'intérêt s'accroît sans cesse, quoique les deux personnages se préparent au crime, ce qui est peut-être un défaut du sujet. Mais il faut remarquer cependant qu'Oreste est excusé par le délire d'un déplorable amour, et que Pylade est justifié par l'excès même de son amitié. (G.)

SCÈNE II.

HERMIONE, ORESTE, CLÉONE.

ORESTE.

Hé bien! mes soins vous ont rendu votre conquête :
J'ai vu Pyrrhus, madame, et votre hymen s'apprête.

HERMIONE.

On le dit; et de plus on vient de m'assurer
Que vous ne me cherchiez que pour m'y préparer [1].

ORESTE.

Et votre âme à ses vœux ne sera point rebelle?

HERMIONE.

Qui l'eût cru que Pyrrhus ne fût pas infidèle?
Que sa flamme attendrait si tard pour éclater?
Qu'il reviendrait à moi, quand je l'allais quitter?
Je veux croire avec vous qu'il redoute la Grèce;
Qu'il suit son intérêt plutôt que sa tendresse;
Que mes yeux sur votre âme étaient plus absolus.

ORESTE.

Non, madame : il vous aime, et je n'en doute plus.
Vos yeux ne font-ils pas tout ce qu'ils veulent faire?
Et vous ne vouliez pas, sans doute, lui déplaire.

HERMIONE.

Mais que puis-je, seigneur? On a promis ma foi :
Lui ravirai-je un bien qu'il ne tient pas de moi?

---

[1] Quelques commentateurs ont cru voir une ironie dans ces vers; mais Hermione est loin d'avoir une pareille intention : dans son transport, elle n'a qu'un sentiment; elle ne veut, elle ne peut vouloir que s'assurer de la résolution de Pyrrhus et des apprêts de son mariage. La scène est théâtrale : Hermione ne modère ses transports que par égard pour Oreste; Oreste concentre sa fureur pour cacher son projet d'enlèvement. Tout l'intérêt de cette scène repose donc sur la peinture fine et délicate des mouvements les plus secrets du cœur.

L'amour ne règle pas le sort d'une princesse :
La gloire d'obéir est tout ce qu'on nous laisse.
Cependant je partais; et vous avez pu voir
Combien je relâchais pour vous de mon devoir.

ORESTE.

Ah! que vous saviez bien, cruelle... Mais, madame,
Chacun peut à son choix disposer de son âme.
La vôtre était à vous. J'espérais; mais enfin
Vous l'avez pu donner sans me faire un larcin.
Je vous accuse aussi bien moins que la fortune.
Et pourquoi vous lasser d'une plainte importune?
Tel est votre devoir, je l'avoue; et le mien
Est de vous épargner un si triste entretien.

SCÈNE III.

HERMIONE, CLÉONE.

HERMIONE.

Attendais-tu, Cléone, un courroux si modeste?

CLÉONE.

La douleur qui se tait n'en est que plus funeste.
Je le plains d'autant plus qu'auteur de son ennui,
Le coup qui l'a perdu n'est parti que de lui.
Comptez depuis quel temps votre hymen se prépare :
Il a parlé, madame, et Pyrrhus se déclare.

HERMIONE.

Tu crois que Pyrrhus craint? Et que craint-il encor?
Des peuples qui, dix ans, ont fui devant Hector;
Qui cent fois, effrayés de l'absence d'Achille,
Dans leurs vaisseaux brûlants ont cherché leur asile,
Et qu'on verrait encor, sans l'appui de son fils,
Redemander Hélène aux Troyens impunis?
Non, Cléone, il n'est point ennemi de lui-même;

Il veut tout ce qu'il fait; et, s'il m'épouse, il m'aime.
Mais qu'Oreste à son gré m'impute ses douleurs;
N'avons-nous d'entretien que celui de ses pleurs?
Pyrrhus revient à nous! Hé bien! chère Cléone,
Conçois-tu les transports de l'heureuse Hermione?
Sais-tu quel est Pyrrhus? T'es-tu fait raconter
Le nombre des exploits... Mais qui les peut compter?
Intrépide, et partout suivi de la victoire,
Charmant, fidèle enfin : rien ne manque à sa gloire[1].
Songe...

CLÉONE.

Dissimulez : votre rivale en pleurs
Vient à vos pieds, sans doute, apporter ses douleurs.

HERMIONE.

Dieux! ne puis-je à ma joie abandonner mon âme?
Sortons : que lui dirais-je?

---

[1] Pyrrhus n'a plus que des perfections, quand Hermione croit qu'il revient à elle : c'est ainsi qu'Agrippine, qui ne voit que des vices dans son fils quand elle est sans crédit, change de ton quand elle croit revenir en faveur, et dit de lui :

> Non, il le faut ici confesser à sa gloire,
> Son cœur n'enferme pas une malice noire. (L. R.)

— Ce caractère d'Hermione est une des plus étonnantes créations de Racine; c'est le triomphe d'un art sublime et nouveau. J'oserai dire à ceux qui refusent à Racine le titre de créateur : Où est le modèle d'Hermione? où avait-on vu, avant Racine, ce développement vaste et profond des replis du cœur humain, ce flux et reflux si continuel et si orageux de toutes les passions qui peuvent bouleverser une âme altière et blessée, ces mouvements opposés et rapides qui se croisent comme des éclairs, ce passage si prompt de toutes les imprécations de la haine à toutes les tendresses de l'amour, des effusions de la joie aux transports de la fureur, de l'indifférence et du mépris affectés au désespoir qui se répand en plaintes, en reproches, et en menaces? (L.)

SCÈNE IV.

ANDROMAQUE, HERMIONE, CLÉONE, CÉPHISE.

ANDROMAQUE.

Où fuyez-vous, madame?
N'est-ce pas à vos yeux un spectacle assez doux
Que la veuve d'Hector pleurante à vos genoux?
Je ne viens point ici, par de jalouses larmes,
Vous envier un cœur qui se rend à vos charmes.
Par une main cruelle, hélas! j'ai vu percer[1]
Le seul où mes regards prétendaient s'adresser :
Ma flamme par Hector fut jadis allumée;
Avec lui dans la tombe elle s'est enfermée[2].
Mais il me reste un fils. Vous saurez quelque jour,
Madame, pour un fils jusqu'où va notre amour[3];
Mais vous ne saurez pas, du moins je le souhaite,
En quel trouble mortel son intérêt nous jette,
Lorsque de tant de biens qui pouvaient nous flatter,
C'est le seul qui nous reste, et qu'on veut nous l'ôter.

---

[1] VAR. Par les mains de son père, hélas! j'ai vu percer...

[2] Ce sentiment est exprimé dans ces vers de Didon (*Æneid.*, lib. IV, v. 28 et 29) :

> « Ille meos primus qui me sibi junxit amores
> « Abstulit : ille habeat secum, servetque sepulchro. »

« Le premier dont je reçus les vœux eut toutes mes amours : qu'il les possède seul, et qu'elles soient renfermées dans sa tombe! »

[3] Ces vers sont une espèce d'imitation des *Trachiniennes* de Sophocle. Déjanire répond aux jeunes Trachiniennes :

« Vous ignorez les chagrins que traîne après soi l'hyménée. Votre « âge ne vous permet pas encore de les connaître; mais vous saurez un « jour, par votre propre expérience, les alarmes qu'excitent dans le « cœur d'une tendre épouse l'absence d'un mari qu'elle aime, et la « crainte de perdre des enfants chéris. » (L. B.)

Hélas! lorsque, lassés de dix ans de misère,
Les Troyens en courroux menaçaient votre mère,
J'ai su de mon Hector lui procurer l'appui :
Vous pouvez sur Pyrrhus ce que j'ai pu sur lui.
Que craint-on d'un enfant qui survit à sa perte?
Laissez-moi le cacher en quelque île déserte;
Sur les soins de sa mère on peut s'en assurer,
Et mon fils avec moi n'apprendra qu'à pleurer.

HERMIONE.

Je conçois vos douleurs; mais un devoir austère,
Quand mon père a parlé, m'ordonne de me taire.
C'est lui qui de Pyrrhus fait agir le courroux.
S'il faut fléchir Pyrrhus, qui le peut mieux que vous[1]?
Vos yeux assez longtemps ont régné sur son âme.
Faites-le prononcer : j'y souscrirai, madame.

SCÈNE V.

ANDROMAQUE, CÉPHISE.

ANDROMAQUE.

Quel mépris la cruelle attache à ses refus!

CÉPHISE.

Je croirais ses conseils, et je verrais Pyrrhus.
Un regard confondrait Hermione et la Grèce...
Mais lui-même il vous cherche.

---

[1] Ironie amère et cruelle, qui fait désirer au spectateur l'humiliation d'une amante si orgueilleuse, et le triomphe de l'infortunée Andromaque. (G.)

SCÈNE VI.

PYRRHUS, ANDROMAQUE, PHŒNIX, CÉPHISE.

PYRRHUS, à Phœnix.

Où donc est la princesse?
Ne m'avais-tu pas dit qu'elle était en ces lieux[1]?

PHOENIX.

Je le croyais.

ANDROMAQUE, à Céphise.

Tu vois le pouvoir de mes yeux!

PYRRHUS.

Que dit-elle, Phœnix?

ANDROMAQUE.

Hélas! tout m'abandonne!

PHOENIX.

Allons, seigneur, marchons sur les pas d'Hermione.

CÉPHISE.

Qu'attendez-vous? Rompez ce silence obstiné[2].

ANDROMAQUE.

Il a promis mon fils.

---

[1] On a dit que Pyrrhus, feignant de chercher la fille d'Hélène, quoiqu'il voie Andromaque, est une scène de comédie. Si l'artifice était concerté, son affectation serait, en effet, du genre comique; mais les bienséances sont observées. C'est véritablement Phœnix qui conduisait son maître sur les pas d'Hermione, et c'est le hasard qui fait que dans ce même moment Hermione vient de céder la place à Andromaque. Dans cet instant de surprise, il est très-naturel que Pyrrhus hésite d'abord, et que l'amour profite d'un contre-temps sans l'avoir arrangé. Cet incident, qui amène une nouvelle explication entre Pyrrhus et Andromaque, sans que ni l'un ni l'autre soit compromis, paraît à la fois naturel et fort heureusement imaginé. Le poëte continue ainsi à mener son action par les mêmes moyens, ceux des caractères et de la passion; mais il ménage adroitement des circonstances qui favorisent ces moyens, et le font rentrer dans les bienséances de la tragédie. (L.)

[2] VAR. Qu'attendez-vous? Forcez ce silence obstiné.

CÉPHISE.
Il ne l'a pas donné.
ANDROMAQUE.
Non, non, j'ai beau pleurer, sa mort est résolue.
PYRRHUS.
Daigne-t-elle sur nous tourner au moins la vue?
Quel orgueil!
ANDROMAQUE.
Je ne fais que l'irriter encor.
Sortons.
PYRRHUS.
Allons aux Grecs livrer le fils d'Hector.
ANDROMAQUE, se jetant aux pieds de Pyrrhus.
Ah, seigneur! arrêtez! Que prétendez-vous faire?
Si vous livrez le fils, livrez-leur donc la mère!
Vos serments m'ont tantôt juré tant d'amitié!
Dieux! ne pourrai-je au moins toucher votre pitié[1]?
Sans espoir de pardon m'avez-vous condamnée[2]?
PHYRRHUS.
Phœnix vous le dira, ma parole est donnée[3].

[1] VAR. Dieux! n'en reste-t-il pas du moins quelque pitié?

[2] Accordons à l'abbé d'Olivet que, dans la rigueur de la grammaire et dans l'exactitude de la prose, *sans espoir de pardon* doit se rapporter à Pyrrhus qui condamne, quoique par le sens il se rapporte à Andromaque qui est condamnée. Mais avouons aussi que, quand le sens est si clair, la phrase, pour être elliptique, n'en devient pas plus louche, et qu'ici l'ellipse qui retranche deux mots (sans *me laisser* d'espoir de pardon) est non-seulement un droit du poëte, mais un devoir. Racine pouvait aisément être exact en mettant *me vois-je condamnée?* il s'en est bien gardé. Ce n'était pas lui qui pouvait ignorer que *me vois-je* était ici mortellement froid, et *m'avez-vous* absolument nécessaire. (L.)

[3] On voit déjà Pyrrhus se défier de lui-même, et se hâter de s'appuyer sur Phœnix, et d'en faire le garant de *la parole qu'il a donnée.* Ce *Phœnix vous le dira*, qui n'est pas au-dessus du familier, mais qui n'a rien de choquant, est assez relevé par une finesse d'intention qui ne peut pas échapper au spectateur intelligent. (L.)

ANDROMAQUE.
Vous qui braviez pour moi tant de périls divers !
PYRRHUS.
J'étais aveugle alors; mes yeux se sont ouverts.
Sa grâce à vos désirs pouvait être accordée ;
Mais vous ne l'avez pas seulement demandée :
C'en est fait.
ANDROMAQUE.
Ah, seigneur! vous entendiez assez
Des soupirs qui craignaient de se voir repoussés.
Pardonnez à l'éclat d'une illustre fortune
Ce reste de fierté qui craint d'être importune[1].
Vous ne l'ignorez pas : Andromaque, sans vous,
N'aurait jamais d'un maître embrassé les genoux.
PYRRHUS.
Non, vous me haïssez; et dans le fond de l'âme
Vous craignez de devoir quelque chose à ma flamme.
Ce fils même, ce fils, l'objet de tant de soins,
Si je l'avais sauvé, vous l'en aimeriez moins.
La haine, le mépris, contre moi tout s'assemble ;
Vous me haïssez plus que tous les Grecs ensemble.
Jouissez à loisir d'un si noble courroux.
Allons, Phœnix.
ANDROMAQUE.
Allons rejoindre mon époux.

---

[1] Tout le monde a senti la beauté de ce vers : il n'y a que les grammairiens qui aient songé à y découvrir une incorrection. Selon leur remarque, le *qui* relatif doit se rapporter à *reste* et non à *fierté* ; d'où il suit qu'on doit se servir de l'adjectif masculin *importun* au lieu d'*importune*. Mais ce *reste* n'est employé ici qu'adjectivement ; et, comme il sert à modifier la fierté, qui est le principal objet de la pensée, il ne saurait régler l'accord. La phrase est donc conforme à la grammaire, et surtout à la logique générale des langues. Nous pouvons encore nous appuyer de cette phrase, rapportée par l'Académie : *Toutes sortes de livres ne sont pas bons.* (L).

CÉPHISE.

Madame...

ANDROMAQUE, à Céphise.

Et que veux-tu que je lui dise encore ?
Auteur de tous mes maux, crois-tu qu'il les ignore ?
(à Pyrrhus.)
Seigneur, voyez l'état où vous me réduisez [1].
J'ai vu mon père mort, et nos murs embrasés [2] ;
J'ai vu trancher les jours de ma famille entière,
Et mon époux sanglant traîné sur la poussière,
Son fils seul avec moi réservé pour les fers.
Mais que ne peut un fils ! Je respire, je sers.
J'ai fait plus ; je me suis quelquefois consolée
Qu'ici, plutôt qu'ailleurs, le sort m'eût exilée ;
Qu'heureux dans son malheur, le fils de tant de rois,
Puisqu'il devait servir, fût tombé sous vos lois :
J'ai cru que sa prison deviendrait son asile.
Jadis Priam soumis fut respecté d'Achille :
J'attendais de son fils encor plus de bonté.
Pardonne, cher Hector, à ma crédulité [3] !

[1] Tout ce discours d'Andromaque est un chef-d'œuvre d'art, de sentiment et d'éloquence. Pyrrhus n'y résiste pas. (G.)

[2] Andromaque était fille d'Éétion, roi de Cilicie, dont Thèbes était la capitale. Cette ville fut prise et brûlée par Achille, qui fit périr Éétion. (G.)

[3] Cette apostrophe à Hector, ce pardon qu'elle lui demande, cette manière de lui égaler Pyrrhus, afin de relever Pyrrhus à ses propres yeux ; ce sublime mouvement,

Je n'ai pu soupçonner ton ennemi d'un crime !

et ce touchant détour de la douleur suppliante qui invoque Pyrrhus sans s'adresser à lui, et qui mêle les reproches et les leçons à la prière et aux larmes ; tout ce morceau, d'un bout à l'autre, est un modèle de pathétique noble ; et c'est le plus heureux emploi de toutes les ressources de l'éloquence et de tous les moyens de cette espèce de magie si peu connue, qu'on appelle l'intérêt du style. Observez encore avec quel art le poëte a terminé ce couplet si attendrissant par une phrase qui demeure comme suspendue, de manière que l'affliction d'Andromaque semble

Je n'ai pu soupçonner ton ennemi d'un crime ;
Malgré lui-même enfin je l'ai cru magnanime.
Ah! s'il l'était assez pour nous laisser du moins
Au tombeau qu'à ta cendre ont élevé mes soins,
Et que, finissant là sa haine et nos misères,
Il ne séparât point des dépouilles si chères!

PYRRHUS.

Va m'attendre, Phœnix.

SCÈNE VII.

PYRRHUS, ANDROMAQUE, CÉPHISE.

PYRRHUS.

    Madame, demeurez.
On peut vous rendre encor ce fils que vous pleurez.
Oui, je sens à regret qu'en excitant vos larmes
Je ne fais contre moi que vous donner des armes ;
Je croyais apporter plus de haine en ces lieux.
Mais, madame, du moins tournez vers moi les yeux :
Voyez si mes regards sont d'un juge sévère,
S'ils sont d'un ennemi qui cherche à vous déplaire.
Pourquoi me forcez-vous vous-même à vous trahir?
Au nom de votre fils, cessons de nous haïr.
A le sauver enfin c'est moi qui vous convie.
Faut-il que mes soupirs vous demandent sa vie?
Faut-il qu'en sa faveur j'embrasse vos genoux?
Pour la dernière fois, sauvez-le, sauvez-vous.
Je sais de quels serments je romps pour vous les chaînes ;
Combien je vais sur moi faire éclater de haines.

s'arrêter sur l'expression de ses derniers vœux et de ses dernières espérances, et attend, dans le silence de l'accablement, ce que va répondre Pyrrhus. Et quel nombre dans les vers! quelle harmonie dans les périodes! (L.)

Je renvoie Hermione, et je mets sur son front,
Au lieu de ma couronne, un éternel affront :
Je vous conduis au temple où son hymen s'apprête ;
Je vous ceins du bandeau préparé pour sa tête.
Mais ce n'est plus, madame, une offre à dédaigner ;
Je vous le dis : il faut ou périr, ou régner.
Mon cœur, désespéré d'un an d'ingratitude,
Ne peut plus de son sort souffrir l'incertitude.
C'est craindre, menacer, et gémir trop longtemps.
Je meurs si je vous perds, mais je meurs si j'attends.
Songez-y : je vous laisse ; et je viendrai vous prendre
Pour vous mener au temple où ce fils doit m'attendre ;
Et là vous me verrez, soumis ou furieux,
Vous couronner, madame, ou le perdre à vos yeux.

SCÈNE VIII.

ANDROMAQUE, CÉPHISE.

CÉPHISE.

Je vous l'avais prédit, qu'en dépit de la Grèce [1]
De votre sort encor vous seriez la maîtresse.

ANDROMAQUE.

Hélas! de quel effet tes discours sont suivis!
Il ne me restait plus qu'à condamner mon fils.

CÉPHISE.

Madame, à votre époux c'est être assez fidèle.
Trop de vertu pourrait vous rendre criminelle.
Lui-même il porterait votre âme à la douceur.

ANDROMAQUE.

Quoi! je lui donnerais Pyrrhus pour successeur?

CÉPHISE.

Ainsi le veut son fils, que les Grecs vous ravissent.

---

[1] VAR. Hé bien! je vous l'ai dit, qu'en dépit de la Grèce...

Pensez-vous qu'après tout ses mânes en rougissent?
Qu'il méprisât, madame, un roi victorieux
Qui vous fait remonter au rang de vos aïeux,
Qui foule aux pieds pour vous vos vainqueurs en colère,
Qui ne se souvient plus qu'Achille était son père,
Qui dément ses exploits, et les rend superflus?

ANDROMAQUE.

Dois-je les oublier, s'il ne s'en souvient plus?
Dois-je oublier Hector privé de funérailles,
Et traîné sans honneur autour de nos murailles [1]?
Dois-je oublier mon père à mes pieds renversé,
Ensanglantant l'autel qu'il tenait embrassé [2]?
Songe, songe, Céphise, à cette nuit cruelle
Qui fut pour tout un peuple une nuit éternelle;
Figure-toi Pyrrhus, les yeux étincelants,
Entrant à la lueur de nos palais brûlants,
Sur tous mes frères morts se faisant un passage,
Et, de sang tout couvert, échauffant le carnage;
Songe aux cris des vainqueurs, songe aux cris des mou-
Dans la flamme étouffés, sous le fer expirants; [rants
Peins-toi dans ces horreurs Andromaque éperdue :
Voilà comme Pyrrhus vint s'offrir à ma vue [3];

---

[1] *Sans honneur* est une figure latine qui affaiblit à dessein l'expression, pour faire entendre beaucoup plus qu'elle ne dit : *sans honneur* signifie ici *ignominieusement;* c'est ainsi que le mot latin *inglorius*, sans gloire, signifie souvent *la honte*. (G.) — Le vers suivant se trouve ainsi dans les premières éditions :

Dois-je oublier son père à mes pieds renversé?

[2] Imitation de ces vers de Virgile (*Æneid.*, lib. II, v. 501 et 502) :

« Priamumque per aras
« Sanguine fœdantem, quos ipse sacraverat, ignes. »

« Et Priam au pied des autels, souillant de son sang les feux qu'il avait lui-même consacrés. »

[3] On a toujours admiré ce morceau descriptif, mais qui ne l'est qu'autant qu'il doit l'être. Le poëte, quoiqu'il n'eût que vingt-sept ans, ne s'est point livré en jeune homme à la profusion des détails poétiques

414 ANDROMAQUE.

Voilà par quels exploits il sut se couronner;
Enfin, voilà l'époux que tu me veux donner.
Non, je ne serai point complice de ses crimes;
Qu'il nous prenne, s'il veut, pour dernières victimes.
Tous mes ressentiments lui seraient asservis [1]!

CÉPHISE.

Hé bien! allons donc voir expirer votre fils :
On n'attend plus que vous... Vous frémissez, madame!

ANDROMAQUE.

Ah! de quel souvenir viens-tu frapper mon âme!
Quoi! Céphise, j'irais voir expirer encor [2]
Ce fils, ma seule joie, et l'image d'Hector;
Ce fils, que de sa flamme il me laissa pour gage!
Hélas! je m'en souviens, le jour que son courage [3]
Lui fit chercher Achille, ou plutôt le trépas,
Il demanda son fils, et le prit dans ses bras [4] :

qui pouvaient tenter sa facilité. Il n'a point voulu peindre le sac de Troie, comme aurait fait en pareil cas quelque Sénèque ou quelque Lucain; mais il s'est souvenu qu'Andromaque ne devait voir que Pyrrhus; et c'est lui, en effet, dont la figure ressort dans ce terrible tableau :

> Les yeux étincelants,
> Entrant à la lueur de nos palais brûlants,
> Sur tous mes frères morts se faisant un passage,
> Et, de sang tout couvert, échauffant le carnage.

Ces coups de pinceau sont dignes de Virgile, quand il peint la chute de Troie; et l'on sent qu'il a servi de modèle à Racine. On n'avait point vu avant Racine cette brillante richesse d'images, ni cette savante harmonie de la phrase poétique : c'étaient des beautés nouvelles sur la scène. (L.)

[1] Ce dernier vers tranche désagréablement avec les autres; il termine froidement la tirade. (G.)

[2] *Voir expirer encor.* Cet *encor* répond à ce qu'elle vient de dire : elle a vu expirer Priam, ses frères, tout un peuple; verra-t-elle expirer *encore ce fils, sa seule joie,* etc.? (L. R.)

[3] VAR. Hélas! il m'en souvient, le jour que son courage...

[4] Le poëte n'oublie pas de placer dans sa tragédie le beau tableau

ACTE III, SCÈNE VIII.

« Chère épouse, dit-il en essuyant mes larmes,
« J'ignore quel succès le sort garde à mes armes;
« Je te laisse mon fils pour gage de ma foi :
« S'il me perd, je prétends qu'il me retrouve en toi.
« Si d'un heureux hymen la mémoire t'est chère,
« Montre au fils à quel point tu chérissais le père. »
Et je puis voir répandre un sang si précieux?
Et je laisse avec lui périr tous ses aïeux?
Roi barbare, faut-il que mon crime l'entraîne?
Si je te hais, est-il coupable de ma haine?
T'a-t-il de tous les siens reproché le trépas?
S'est-il plaint à tes yeux des maux qu'il ne sent pas?
Mais cependant, mon fils, tu meurs si je n'arrête [1]
Le fer que le cruel tient levé sur ta tête.
Je l'en puis détourner, et je t'y vais offrir!...
Non, tu ne mourras point, je ne le puis souffrir.
Allons trouver Pyrrhus. Mais non, chère Céphise,

qu'Homère a fait des adieux d'Hector et d'Andromaque, et il ajoute ces paroles tendres, qu'Andromaque ne dit pas dans Homère :

O cendres d'un époux! ô Troyens! ô mon père!
O mon fils! que tes jours coûtent cher à ta mère!

Elle s'adresse en même temps à Hector, aux Troyens, à son père et à son fils. (L. R.)

[1] Quelle rapidité de mouvement! quelle admirable peinture du combat qui se livre dans le cœur d'Andromaque! quelle vivacité, quelle abondance de tours et d'expression! La fin de cette scène est parfaite; et Andromaque, qui va consulter Hector sur son tombeau, laisse les spectateurs dans l'incertitude de ce qu'elle fera, et imprime d'avance un caractère auguste et solennel au parti généreux qu'elle va prendre. Il fallait un art prodigieux pour amener Andromaque à épouser Pyrrhus sans s'avilir elle-même, et pour concilier les devoirs de la veuve d'Hector avec ceux de la mère d'Astyanax. (G.) — Ajoutons qu'il y a un grand mérite à suspendre et graduer ainsi une intrigue, non pas par des moyens forcés, mais par des incidents pris dans les situations et le caractère des personnages. C'est le secret des maîtres ; c'est le merveilleux de l'art : le merveilleux des événements appartient à tout le monde. (L.)

Va le trouver pour moi.
CÉPHISE.
Que faut-il que je dise?
ANDROMAQUE.
Dis-lui que de mon fils l'amour est assez fort [1]...
Crois-tu que dans son cœur il ait juré sa mort?
L'amour peut-il si loin pousser sa barbarie?
CÉPHISE.
Madame, il va bientôt revenir en furie.
ANDROMAQUE.
Hé bien! va l'assurer...
CÉPHISE.
De quoi? de votre foi?
ANDROMAQUE.
Hélas! pour la promettre est-elle encore à moi?

---

[1] Voilà un exemple de ces équivoques fréquentes dont notre préposition *de* est d'autant plus susceptible que nous la faisons servir à tout, faute de mieux. Ce n'est pas qu'ici l'on puisse se méprendre sur le sens de ces mots, *l'amour de mon fils*. Toutes les circonstances sont telles que tout le monde comprend qu'Andromaque veut dire *l'amour que j'ai pour mon fils*. Mais la phrase en elle-même pourrait vouloir dire aussi *l'amour que mon fils a pour moi*. L'objet de cette remarque est d'avertir du danger de ces équivoques : dans ces phrases, l'amour *de*, la haine *de*, le mépris *de*; dans toutes celles du même genre, si l'amour, la haine, le mépris, tombent sur les choses, il n'y a point d'amphibologie à craindre; mais elle se présente d'elle-même si tous ces sentiments regardent des personnes; car alors *de* peut exprimer également un rapport actif ou passif. Il faut donc bien prendre garde si, dans ce cas, la phrase entière détermine l'un des deux rapports de manière à exclure l'autre; sinon il faut avoir recours à une autre construction, et substituer *pour* à *de*. Mais il s'en faut bien qu'en poésie cela soit indifférent, je ne dis pas seulement pour la mesure, qui ne doit jamais servir d'excuse à rien, mais pour l'élégance, la précision, le nombre, qui sont des considérations capitales : le *pour* et le *de* ne sont pas même indifférents dans la bonne prose. La véritable ressource est donc de travailler sa phrase comme Racine, de manière à prévenir toute obscurité, toute ambiguïté; et l'on conçoit que cette remarque et cet avis ne s'adressent qu'à ceux qui veulent écrire bien, et qui en sont capables. (L.)

O cendres d'un époux! ô Troyens! ô mon père!
O mon fils! que tes jours coûtent cher à ta mère!
Allons.
CÉPHISE.
Où donc, madame? et que résolvez-vous?
ANDROMAQUE.
Allons sur son tombeau consulter mon époux.

ACTE QUATRIÈME.

SCÈNE I.

ANDROMAQUE, CÉPHISE.

CÉPHISE.
Ah! je n'en doute point : c'est votre époux, madame,
C'est Hector qui produit ce miracle en votre âme!
Il veut que Troie encor se puisse relever
Avec cet heureux fils qu'il vous fait conserver
Pyrrhus vous l'a promis. Vous venez de l'entendre,
Madame : il n'attendait qu'un mot pour vous le rendre.
Croyez-en ses transports : père, sceptre, alliés,
Content de votre cœur, il met tout à vos pieds;
Sur lui, sur tout son peuple il vous rend souveraine [1].
Est-ce là ce vainqueur digne de tant de haine?
Déjà contre les Grecs plein d'un noble courroux,
Le soin de votre fils le touche autant que vous :
Il prévient leur fureur; il lui laisse sa garde;
Pour ne pas l'exposer, lui-même il se hasarde.
Mais tout s'apprête au temple; et vous avez promis...

ANDROMAQUE.
Oui, je m'y trouverai. Mais allons voir mon fils.

---

[1] On ne dirait pas en prose *souveraine sur*, mais *souveraine de*. On peut le dire en vers, par l'analogie secrètement sentie qui se trouve entre l'idée de *souveraineté* et l'idée de *règne*. *Il vous rend souveraine sur*, pour *il vous fait régner sur*. Mais pour hasarder ces constructions qui séparent la poésie de la prose, il faut être bien sûr de la justesse des rapports qui, saisissant l'imagination, empêchent l'oreille de s'étonner. (L.) — Racine parlait la langue de son temps : on disait alors *souverain sur* pour *souverain de*. Les pièces de Rotrou en offrent plusieurs exemples.

ACTE IV, SCÈNE I.

CÉPHISE.

Madame, qui vous presse? Il suffit que sa vue
Désormais à vos yeux ne soit plus défendue.
Vous lui pourrez bientôt prodiguer vos bontés,
Et vos embrassements ne seront plus comptés[1].
Quel plaisir d'élever un enfant qu'on voit croître,
Non plus comme un esclave élevé pour son maître[2],
Mais pour voir avec lui renaître tant de rois!

ANDROMAQUE.

Céphise, allons le voir pour la dernière fois.

CÉPHISE.

Que dites-vous? Oh dieux!

ANDROMAQUE.

O ma chère Céphise!
Ce n'est point avec toi que mon cœur se déguise :
Ta foi, dans mon malheur, s'est montrée à mes yeux;
Mais j'ai cru qu'à mon tour tu me connaissais mieux.
Quoi donc! as-tu pensé qu'Andromaque infidèle
Pût trahir un époux qui croit revivre en elle;
Et que, de tant de morts réveillant la douleur,
Le soin de mon repos me fît troubler le leur?
Est-ce là cette ardeur tant promise à sa cendre?
Mais son fils périssait, il l'a fallu défendre.
Pyrrhus en m'épousant s'en déclare l'appui;
Il suffit : je veux bien m'en reposer sur lui.
Je sais quel est Pyrrhus : violent, mais sincère,

---

[1] Quel vers! qu'il est heureux! que d'idées dans ces embrassements qui étaient *comptés*, et qui ne le seront plus! N'est-ce pas ainsi que les expressions les plus simples deviennent des expressions de génie? n'est-ce pas ainsi que Racine s'est fait une langue à lui, avec des mots qui sont à tout le monde? (L.)

[2] *Croître* et *maître* ne riment ni à l'œil ni à l'oreille. *Élever* et *élevé* forment une répétition; et toute répétition qui n'est pas une beauté est un défaut. Dans le vers suivant, *qu'on voit croître* pour *voir renaître* : *qu'on voit pour voir* est une négligence. (G.)

Céphise, il fera plus qu'il n'a promis de faire.
Sur le courroux des Grecs je m'en repose encor :
Leur haine va donner un père au fils d'Hector.
Je vais donc, puisqu'il faut que je me sacrifie,
Assurer à Pyrrhus le reste de ma vie ;
Je vais, en recevant sa foi sur les autels,
L'engager à mon fils par des nœuds immortels.
Mais aussitôt ma main, à moi seule funeste,
D'une infidèle vie abrégera le reste ;
Et, sauvant ma vertu, rendra ce que je doi
A Pyrrhus, à mon fils, à mon époux, à moi.
Voilà de mon amour l'innocent stratagème [1] :
Voilà ce qu'un époux m'a commandé lui-même.
J'irai seule rejoindre Hector et mes aïeux.
Céphise, c'est à toi de me fermer les yeux.

CÉPHISE.

Ah ! ne prétendez pas que je puisse survivre...

---

[1] Cette résolution d'Andromaque a été l'objet de la critique sévère de plusieurs commentateurs. Ils ont demandé comment la veuve d'Hector pouvait espérer que Pyrrhus deviendrait l'appui d'Astyanax, lorsqu'il verrait qu'elle a mieux aimé se donner la mort que de partager sa couronne. Mais il semble que Racine répond à cette objection, lorsqu'il fait dire à Andromaque :

> Je sais quel est Pyrrhus : violent, mais sincère,
> Céphise, il fera plus qu'il n'a promis de faire.

Oui, sans doute, dit La Harpe, il se croira obligé de servir de père à ce malheureux enfant, et d'autant plus qu'il ne pourra se cacher que c'est lui seul qui aura forcé la mère à mourir. Violent dans toutes ses passions, c'est la main d'Andromaque qu'il veut, et il ne se dissimule point qu'elle l'épouse sans l'aimer. Il dit en propres termes :

> Andromaque m'arrache un cœur qu'elle déteste.

Il est assez généreux pour ne voir, après la mort d'Andromaque, que le sacrifice qu'elle lui a fait, et les devoirs qui lui restent à remplir envers sa mémoire et envers un enfant qui est devenu le sien. Ces devoirs d'adoption, ces devoirs envers les morts étaient particulièrement sacrés chez les anciens, et Racine a tout fondé sur les mœurs et les caractères.

ANDROMAQUE.

Non, non, je te défends, Céphise, de me suivre.
Je confie à tes soins mon unique trésor :
Si tu vivais pour moi, vis pour le fils d'Hector.
De l'espoir des Troyens seule dépositaire,
Songe à combien de rois tu deviens nécessaire.
Veille auprès de Pyrrhus ; fais-lui garder sa foi :
S'il le faut, je consens qu'on lui parle de moi[1].
Fais-lui valoir l'hymen où je me suis rangée[2] :
Dis-lui qu'avant ma mort je lui fus engagée ;
Que ses ressentiments doivent être effacés ;
Qu'en lui laissant mon fils c'est l'estimer assez.
Fais connaître à mon fils les héros de sa race ;
Autant que tu pourras, conduis-le sur leur trace :
Dis-lui par quels exploits leurs noms ont éclaté,
Plutôt ce qu'ils ont fait que ce qu'ils ont été ;
Parle-lui tous les jours des vertus de son père ;
Et quelquefois aussi parle-lui de sa mère[3].

[1] VAR. S'il le faut, je consens que tu parles de moi.

[2] Cette expression, qui ailleurs pourrait déplaire, a ici de la beauté, parce qu'elle fait sentir qu'Andromaque n'a consenti à cet hymen que malgré elle. (L. R.)

[3] Trait d'une exquise délicatesse, qui n'appartient qu'à Racine. On a cru reconnaître dans plusieurs vers de cette tirade des rapports très-indirects avec l'Ajax de Sophocle. Ajax, avant de se donner la mort, prend son fils entre ses bras, et donne des conseils à cet enfant comme s'il pouvait en être entendu. Il lui dit entre autres choses : « O mon fils, sois « plus heureux que ton père, et ressemble-lui en tout le reste ! » Racine avait traduit ainsi ce passage dans un exemplaire de Sophocle, enrichi de notes de sa main, et précieusement conservé à la bibliothèque du Roi :

O mon fils, sois un jour plus heureux que ton père !
Du reste, avec honneur tu peux lui ressembler.
Ajax furieux, acte II, sc. II.

Ces paroles d'Ajax à son fils n'ont que très-peu de rapport avec les vers de Racine. (G.) — On en trouverait peut-être davantage dans ces paroles qu'Énée adresse à son fils (*Æneid.*, lib. XII, v. 435) :

« Disce, puer, virtutem ex me, verumque laborem ;

ANDROMAQUE.

Mais qu'il ne songe plus, Céphise, à nous venger :
Nous lui laissons un maître, il le doit ménager.
Qu'il ait de ses aïeux un souvenir modeste :
Il est du sang d'Hector, mais il en est le reste ;
Et pour ce reste enfin j'ai moi-même, en un jour,
Sacrifié mon sang, ma haine et mon amour.

CÉPHISE.

Hélas !

ANDROMAQUE.

Ne me suis point, si ton cœur en alarmes
Prévoit qu'il ne pourra commander à tes larmes.
On vient. Cache tes pleurs, Céphise ; et souviens-toi
Que le sort d'Andromaque est commis à ta foi[1].
C'est Hermione. Allons, fuyons sa violence.

SCÈNE II.

HERMIONE, CLÉONE.

CLÉONE.

Non, je ne puis assez admirer ce silence.
Vous vous taisez, madame ; et ce cruel mépris
N'a pas du moindre trouble agité vos esprits !
Vous soutenez en paix une si rude attaque,

> « Fortunam ex aliis. . . . .
> « . . . .
> « Tu facito, mox quum matura adoleverit ætas,
> « Sis memor ; et te animo repetentem exempla tuorum,
> « Et pater Æneas, et avunculus excitet Hector. »

« O mon fils ! que mon exemple t'apprenne à braver le danger, à lutter contre le malheur ; d'autres t'apprendront comment on est heureux. Bientôt l'âge aura mûri ta raison : alors rappelle-toi mes dernières paroles ; rappelle-toi les actions de ton père, n'oublie jamais que tu es fils d'Énée et neveu d'Hector. »

[1] *Commis* pour *confié* est un latinisme heureux que Racine a introduit dans la langue. Presque toutes les innovations de Racine sont devenues des règles.

Vous qu'on voyait frémir au seul nom d'Andromaque!
Vous qui sans désespoir ne pouviez endurer
Que Pyrrhus d'un regard la voulût honorer!
Il l'épouse; il lui donne, avec son diadème,
La foi que vous venez de recevoir vous-même :
Et votre bouche encor, muette à tant d'ennui[1],
N'a pas daigné s'ouvrir pour se plaindre de lui!
Ah! que je crains, madame, un calme si funeste!
Et qu'il vaudrait bien mieux...

HERMIONE.

Fais-tu venir Oreste[2]?

CLÉONE.

Il vient, madame, il vient; et vous pouvez juger
Que bientôt à vos pieds il allait se ranger[3],
Prêt à servir toujours sans espoir de salaire :
Vos yeux ne sont que trop assurés de lui plaire.
Mais il entre.

SCÈNE III.

ORESTE, HERMIONE, CLÉONE.

ORESTE.

Ah, madame! est-il vrai qu'une fois
Oreste en vous cherchant obéisse à vos lois?

---

[1] *Muette à tant d'ennui* : ce régime du datif avec l'adjectif *muet* est une hardiesse très-heureuse, et dont Racine a tiré le plus grand parti dans ce vers si énergique (act. V, sc. I) :
   Muet à mes soupirs, tranquille à mes alarmes.
Cependant, *muette à tant d'ennui* n'est pas aussi riche de style que hardi de construction. *Ennui* est faible dans la situation d'Hermione. (G.)

[2] Cette femme si emportée, si jalouse, qui sur les moindres soupçons éclatait en reproches contre Pyrrhus, qui triomphait avec tant d'audace lorsqu'elle se flattait de l'épouser, garde un morne silence lorsqu'il s'apprête à s'unir pour jamais avec Andromaque. Mais que son silence est éloquent! (L. B.)

[3] On *se range aux ordres*, on *se range à son devoir*; mais on ne dit pas *se ranger aux pieds* pour *venir se jeter aux pieds*. (L.)

Ne m'a-t-on point flatté d'une fausse espérance?
Avez-vous en effet souhaité ma présence?
Croirai-je que vos yeux, à la fin désarmés[1],
Veulent...

HERMIONE.

Je veux savoir, seigneur, si vous m'aimez.

ORESTE.

Si je vous aime! oh dieux! mes serments, mes parjures,
Ma fuite, mon retour, mes respects, mes injures,
Mon désespoir, mes yeux de pleurs toujours noyés[2];
Quels témoins croirez-vous, si vous ne les croyez?

HERMIONE.

Vengez-moi, je crois tout[3].

ORESTE.

Hé bien, allons, madame :
Mettons encore un coup toute la Grèce en flamme;
Prenons, en signalant mon bras et votre nom,
Vous, la place d'Hélène, et moi, d'Agamemnon;
De Troie en ce pays réveillons les misères[4];
Et qu'on parle de nous ainsi que de nos pères.

---

[1] Par quelle fatalité Oreste est-il toujours galant jusqu'au moment où son esprit s'égare? Pourquoi parle-t-il encore des *yeux* d'Hermione *armés ou désarmés?* (G.)

[2] Cette énumération est vive et rapide; il n'y a que cette expression, *les yeux toujours noyés de pleurs*, qui se sente encore de la fadeur romanesque. Un héros qui pleure toujours les rigueurs de sa maîtresse est trop tendre pour la tragédie. Ce défaut est du siècle; mais ce qui appartient au poëte, c'est le caractère d'Hermione, l'art du dialogue, et les traits terribles qui rendent cette scène une des plus tragiques de la pièce. (G.)

[3] *Vengez-moi, je crois tout... Fais-tu venir Oreste?... Je veux savoir, seigneur, si vous m'aimez....* Tous ces traits d'un laconisme terrible sont l'accent de la rage et de la vengeance, qui ne saurait trop tôt aller à son but. (L.)

[4] On dit bien *réveiller la douleur*, parce que la douleur peut s'assoupir; mais on ne dit pas *réveiller les misères* pour *renouveler les misères*. D'ailleurs, *misères* n'est pas le mot propre : Racine voulait dire *les malheurs, les désastres*. (L.)

Partons, je suis tout prêt.

HERMIONE.

Non, seigneur, demeurons :
Je ne veux point si loin porter de tels affronts.
Quoi! de mes ennemis couronnant l'insolence[1],
J'irais attendre ailleurs une lente vengeance?
Et je m'en remettrais au destin des combats,
Qui peut-être à la fin ne me vengerait pas?
Je veux qu'à mon départ toute l'Épire pleure.
Mais, si vous me vengez, vengez-moi dans une heure.
Tous vos retardements sont pour moi des refus.
Courez au temple. Il faut immoler...

ORESTE.

Qui?

HERMIONE.

Pyrrhus.

ORESTE.

Pyrrhus, madame!

HERMIONE.

Hé quoi! votre haine chancelle?
Ah! courez, et craignez que je ne vous rappelle.
N'alléguez point des droits que je veux oublier;
Et ce n'est pas à vous à le justifier.

ORESTE.

Moi, je l'excuserais! Ah! vos bontés, madame,
Ont gravé trop avant ses crimes dans mon âme.
Vengeons-nous, j'y consens, mais par d'autres chemins[2];

---

[1] Laisser Pyrrhus impuni, c'est pour Hermione *couronner son insolence*. Il y a de l'exagération dans sa pensée, parce qu'il y en a dans sa passion. Elle craint de voir triompher un seul moment celui qui la méprise. En interprétant ainsi la pensée de Racine, on ne peut adopter la critique de La Harpe, qui blâmait ce faste d'expression, comme sentant encore un peu le jeune homme.

[2] La Harpe blâme cette expression *se venger par des chemins*. Cependant il y a analogie avec cette autre expression reçue, *se venger par*

Soyons ses ennemis, et non ses assassins ;
Faisons de sa ruine une juste conquête[1].
Quoi! pour réponse aux Grecs porterai-je sa tête?
Et n'ai-je pris sur moi le soin de tout l'État,
Que pour m'en acquitter par un assassinat?
Souffrez, au nom des dieux, que la Grèce s'explique,
Et qu'il meure chargé de la haine publique.
Souvenez-vous qu'il règne, et qu'un front couronné...

HERMIONE.

Ne vous suffit-il pas que je l'ai condamné[2]?
Ne vous suffit-il pas que ma gloire offensée
Demande une victime à moi seule adressée ;
Qu'Hermione est le prix d'un tyran opprimé[3] ;

---

une voie. Suivant l'Académie, on peut employer le mot *chemin* au figuré ; il signifie alors *moyen, conduite qui mène à quelque fin*. Il n'y a donc point d'incorrection dans le vers de Racine, mais seulement un défaut d'élégance, le mot *chemin* ayant moins de noblesse que le mot *voie*.

[1] La Harpe demande comment on fait *d'une ruine une conquête*, et il ajoute que Racine cette fois n'a pas su rendre sa pensée. Il nous semble, au contraire, que dans la situation des personnages cette expression est très-heureuse. Oreste, dans son transport, promet la ruine de Pyrrhus, et cette ruine est une véritable conquête pour Hermione. Voilà pour la justesse de l'expression par rapport à Hermione, qu'Oreste a toujours devant les yeux. Mais la pensée est plus grande encore : il s'agit de la Grèce entière, pour qui la mort de Pyrrhus sera aussi une conquête, puisque Pyrrhus la trahit. L'expression est donc également juste dans ses deux applications.

[2] Il y a ici violation d'une règle indispensable ; Racine aurait dû écrire *que je l'aie condamné*. (L.)

[3] Il y a ici impropriété de termes. Racine a voulu dire qu'Hermione sera le prix de la mort de Pyrrhus. Son dessein est qu'on immole le tyran, et non pas qu'on l'opprime. Oreste dit encore un peu plus loin, *il faut que je l'opprime* ; ce qui pourrait faire présumer que Racine donnait au mot *opprimé* la signification du mot latin *oppressus*, qui se prend quelquefois pour *occisus*, tué : mais cette dernière acception n'a point été adoptée par l'usage. Racine le fils a remarqué que la rime *opprimé* et *aimai* n'est exacte qu'à l'oreille. Enfin les derniers vers de la

Que je le hais; enfin, seigneur, que je l'aimai?
Je ne m'en cache point : l'ingrat m'avait su plaire,
Soit qu'ainsi l'ordonnât mon amour ou mon père,
N'importe; mais enfin réglez-vous là-dessus.
Malgré mes vœux, seigneur, honteusement déçus,
Malgré la juste horreur que son crime me donne,
Tant qu'il vivra, craignez que je ne lui pardonne.
Doutez jusqu'à sa mort d'un courroux incertain :
S'il ne meurt aujourd'hui, je puis l'aimer demain.

ORESTE.

Hé bien! il faut le perdre, et prévenir sa grâce;
Il faut... Mais cependant que faut-il que je fasse?
Comment puis-je sitôt servir votre courroux?
Quel chemin jusqu'à lui peut conduire mes coups?
A peine suis-je encore arrivé dans l'Épire,
Vous voulez par mes mains renverser un empire;
Vous voulez qu'un roi meure; et pour son châtiment
Vous ne donnez qu'un jour, qu'une heure, qu'un moment;
Aux yeux de tout son peuple il faut que je l'opprime.
Laissez-moi vers l'autel conduire ma victime,
Je ne m'en défends plus; et je ne veux qu'aller
Reconnaître la place où je dois l'immoler :
Cette nuit je vous sers, cette nuit je l'attaque.

HERMIONE.

Mais cependant, ce jour, il épouse Andromaque[1];

---

tirade suivante offrent cette construction, *je ne veux qu'aller reconnaître la place où je dois l'immoler*. Cet enjambement, totalement opposé au principe de notre versification, prouve combien l'auteur a négligé celle de cette scène, d'ailleurs pleine de chaleur et d'énergie, et qui a des traits remarquables. *Où vous n'osez aller mériter ma conquête* est encore un mauvais vers, par le rapprochement de ces deux infinitifs qui font presque disparaître la césure. Il n'y a aucune scène de Racine où l'on rencontre, à beaucoup près, tant de fautes de ce genre. (L.)

[1] *Ce jour*, pour *en ce jour*, est un latinisme blâmé par d'Olivet, dé-

Dans le temple déjà le trône est élevé,
Ma honte est confirmée, et son crime achevé.
Enfin qu'attendez-vous? Il vous offre sa tête :
Sans gardes, sans défense, il marche à cette fête;
Autour du fils d'Hector il les fait tous ranger;
Il s'abandonne au bras qui me voudra venger.
Voulez-vous malgré lui prendre soin de sa vie?
Armez, avec vos Grecs, tous ceux qui m'ont suivie;
Soulevez vos amis; tous les miens sont à vous :
Il me trahit, vous trompe, et nous méprise tous.
Mais quoi! déjà leur haine est égale à la mienne :
Elle épargne à regret l'époux d'une Troyenne.
Parlez : mon ennemi ne vous peut échapper,
Ou plutôt il ne faut que les laisser frapper.
Conduisez ou suivez une fureur si belle;
Revenez tout couvert du sang de l'infidèle;
Allez : en cet état soyez sûr de mon cœur.

ORESTE.

Mais, madame, songez...

HERMIONE.

      Ah! c'en est trop, seigneur.
Tant de raisonnements offensent ma colère.
J'ai voulu vous donner les moyens de me plaire,
Rendre Oreste content; mais enfin je vois bien
Qu'il veut toujours se plaindre, et ne mériter rien.
Partez : allez ailleurs vanter votre constance,
Et me laissez ici le soin de ma vengeance.
De mes lâches bontés mon courage est confus;
Et c'est trop en un jour essuyer de refus.
Je m'en vais seule au temple où leur hymen s'apprête,
Où vous n'osez aller mériter ma conquête :

---

fendu par Desfontaines, et que l'usage n'a pas adopté, quoique Racine
l'ait encore employé dans *Bérénice*.

Là, de mon ennemi je saurai m'approcher;
Je percerai le cœur que je n'ai pu toucher;
Et mes sanglantes mains, sur moi-même tournées,
Aussitôt, malgré lui, joindront nos destinées;
Et, tout ingrat qu'il est, il me sera plus doux
De mourir avec lui que de vivre avec vous[1].

ORESTE.

Non, je vous priverai de ce plaisir funeste,
Madame : il ne mourra que de la main d'Oreste.
Vos ennemis par moi vont vous être immolés,
Et vous reconnaîtrez mes soins, si vous voulez[2].

HERMIONE.

Allez. De votre sort laissez-moi la conduite,
Et que tous vos vaisseaux soient prêts pour notre fuite.

SCÈNE IV.

HERMIONE, CLÉONE.

CLÉONE.

Vous vous perdez, madame, et vous devez songer...

HERMIONE.

Que je me perde ou non, je songe à me venger.
Je ne sais même encor, quoi qu'il m'ait pu promettre,
Sur d'autres que sur moi si je dois m'en remettre :
Pyrrhus n'est pas coupable à ses yeux comme aux miens,
Et je tiendrais mes coups bien plus sûrs que les siens.

---

[1] Ce trait, qui devrait désabuser Oreste, est cependant celui qui le détermine, parce que la jalousie est ce qu'il y a de plus violent et de plus aveugle dans l'amour. (G.)

[2] Oreste disait dans les premières éditions :

> Mais que dis-je ? Ah ! plutôt permettez que j'espère.
> Excusez un amant que trouble sa misère,
> Qui, tout près d'être heureux, envie encor le sort
> D'un ingrat condamné par vous-même à la mort.

Quel plaisir de venger moi-même mon injure[1],
De retirer mon bras teint du sang du parjure,
Et, pour rendre sa peine et mes plaisirs plus grands,
De cacher ma rivale à ses regards mourants!
Ah! si du moins Oreste, en punissant son crime,
Lui laissait le regret de mourir ma victime!
Va le trouver : dis-lui qu'il apprenne à l'ingrat
Qu'on l'immole à ma haine, et non pas à l'État.
Chère Cléone, cours : ma vengeance est perdue
S'il ignore en mourant que c'est moi qui le tue.

CLÉONE.

Je vous obéirai. Mais qu'est-ce que je vois?
O dieux! qui l'aurait cru, madame? C'est le roi!

HERMIONE.

Ah! cours après Oreste; et dis-lui, ma Cléone,
Qu'il n'entreprenne rien sans revoir Hermione!

SCÈNE V.

PYRRHUS, HERMIONE, PHŒNIX.

PYRRHUS.

Vous ne m'attendiez pas, madame; et je vois bien[2]
Que mon abord ici trouble votre entretien.

---

[1] Il y a quelque rapport entre la situation de Roxane, trahie par Bajazet, et celle d'Hermione, abandonnée par Pyrrhus : il se trouve aussi quelque conformité entre leurs discours. Voyez *Bajazet*, acte IV, sc. v. (G.)

[2] L'arrivée de Pyrrhus dans un pareil moment est un véritable coup de théâtre. Elle est absolument imprévue; et, comme il est impossible d'en deviner le motif, l'attente est aussi vive que la surprise. Qu'est-ce que Pyrrhus peut avoir à dire à Hermione quand il est prêt à épouser Andromaque? Rien n'est si hasardeux que de mettre en scène des personnages lorsqu'ils doivent être également embarrassés l'un de l'autre. Cette hardiesse de conception est d'un maitre, et l'exécution doit y répondre : une pareille scène médiocrement traitée ferait un très-mauvais effet;

Je ne viens point, armé d'un indigne artifice,
D'un voile d'équité couvrir mon injustice :
Il suffit que mon cœur me condamne tout bas;
Et je soutiendrais mal ce que je ne crois pas.
J'épouse une Troyenne. Oui, madame, et j'avoue
Que je vous ai promis la foi que je lui voue.
Un autre vous dirait que dans les champs troyens
Nos deux pères sans nous formèrent ces liens,
Et que, sans consulter ni mon choix ni le vôtre¹,
Nous fûmes sans amour attachés l'un à l'autre ;
Mais c'est assez pour moi que je me sois soumis.
Par mes ambassadeurs mon cœur vous fut promis ;
Loin de les révoquer, je voulus y souscrire² :
Je vous vis avec eux arriver en Épire;
Et quoique d'un autre œil l'éclat victorieux
Eût déjà prévenu le pouvoir de vos yeux,
Je ne m'arrêtai point à cette ardeur nouvelle,
Je voulus m'obstiner à vous être fidèle ;
Je vous reçus en reine; et jusques à ce jour
J'ai cru que mes serments me tiendraient lieu d'amour.

mais celle-ci est une des plus belles de la pièce. (L.) — Pyrrhus insulte au malheur d'Hermione à l'instant même où elle vient d'ordonner sa mort. Racine, dans cette scène, voulait diminuer les regrets que cette mort fait naître, et intéresser au sort d'Hermione, dont les projets semblent justifiés par la cruauté de Pyrrhus. Il était impossible de mieux préparer l'intérêt, et de mettre plus d'art dans une scène aussi difficile.

¹ VAR.   Et que, sans consulter ni mon cœur ni le vôtre,
            Nous fûmes sans amour engagés l'un à l'autre.

² Le mot propre était, *loin de les désavouer, loin de les démentir*. *Révoquer des ambassadeurs* signifie les rappeler, et non pas rétracter ce qu'ils ont promis. D'autres éditions portent *loin de le révoquer*; ce qui n'est guère moins défectueux. (L.) — L'hémistiche *je voulus y souscrire* pourrait faire présumer que Racine avait mis *loin de le révoquer*, c'est-à-dire loin de révoquer cela. *Souscrire à des ambassadeurs* offre une incorrection d'un autre genre. Deux vers plus bas, on voit avec peine cette expression, *l'éclat victorieux d'un autre œil*, lequel a prévenu *le pouvoir des yeux d'Hermione*.

Mais cet amour l'emporte ; et, par un coup funeste,
Andromaque m'arrache un cœur qu'elle déteste :
L'un par l'autre entraînés, nous courons à l'autel
Nous jurer malgré nous un amour immortel[1].
Après cela, madame, éclatez contre un traître,
Qui l'est avec douleur, et qui pourtant veut l'être.
Pour moi, loin de contraindre un si juste courroux,
Il me soulagera peut-être autant que vous.
Donnez-moi tous les noms destinés aux parjures :
Je crains votre silence, et non pas vos injures ;
Et mon cœur, soulevant mille secrets témoins,
M'en dira d'autant plus que vous m'en direz moins[2].

---

[1] *Malgré nous* a deux sens : Pyrrhus, malgré son devoir et son honneur ; Andromaque, malgré sa délicatesse et sa fidélité pour Hector. Ce tour est énergique dans sa simplicité et sa précision. (G.)

[2] On cite le grand Condé parmi ceux qui réprouvaient le caractère de Pyrrhus, comme celui *d'un malhonnête homme, qui manque de parole à Hermione*. Cette autorité pouvait être imposante dans la censure, puisqu'elle l'était dans l'approbation : ce prince avait beaucoup d'esprit et de goût ; nous voyons que les grands écrivains de son siècle attachaient du prix à son suffrage, et les larmes qu'il répandit au cinquième acte de *Cinna* sont encore aujourd'hui comptées parmi les titres du grand Corneille. D'ailleurs toute objection qui porte sur le respect des mœurs mérite elle-même du respect ; et l'on doit avouer d'abord que, s'il s'agissait ici de la morale absolue, il n'y aurait pas un mot à répondre au grand Condé, puisque assurément le procédé de Pyrrhus envers Hermione est contraire à la bonne foi et à l'honnêteté ; mais le grand Condé n'a pas distingué la morale relative, qui est du théâtre, de la morale absolue, qui est de la loi ; et voilà d'où vient sa méprise. Certainement celle-ci défend de manquer à sa parole, à des engagements pris solennellement avec une femme ; et si Pyrrhus était un de ces personnages sur qui roule l'intérêt d'une pièce, et dont on désire le bonheur, il eût fallu se garder de lui faire commettre une pareille faute. Mais la morale absolue n'est applicable qu'à ces sortes de personnages, trop chers au spectateur pour qu'il leur permette de faillir, ou à ceux qui sont annoncés décidément vertueux, et qui par conséquent doivent toujours l'être, en vertu du précepte de l'unité de caractère. A l'égard des autres, leur morale est relative à l'effet qu'ils doivent produire dans la pièce, suivant la place qu'ils

HERMIONE

Seigneur, dans cet aveu dépouillé d'artifice,
J'aime à voir que du moins vous vous rendiez justice,
Et que, voulant bien rompre un nœud si solennel,
Vous vous abandonniez au crime en criminel.
Est-il juste, après tout, qu'un conquérant s'abaisse
Sous la servile loi de garder sa promesse?
Non, non, la perfidie a de quoi vous tenter;
Et vous ne me cherchez que pour vous en vanter.
Quoi! sans que ni serment ni devoir vous retienne,
Rechercher une Grecque, amant d'une Troyenne;
Me quitter, me reprendre, et retourner encor
De la fille d'Hélène à la veuve d'Hector;
Couronner tour à tour l'esclave et la princesse
Immoler Troie aux Grecs, au fils d'Hector la Grèce!
Tout cela part d'un cœur toujours maître de soi,
D'un héros qui n'est point esclave de sa foi.
Pour plaire à votre épouse, il vous faudrait peut-être
Prodiguer les doux noms de parjure et de traître
Vous veniez de mon front observer la pâleur,
Pour aller dans ses bras rire de ma douleur.
Pleurante après son char vous voulez qu'on me voie[1];
Mais, seigneur, en un jour ce serait trop de joie;

---

y occupent. S'ils doivent être détestés et punis, ils peuvent être décidément méchants; s'ils ne doivent être que tolérés ou plaints, il suffit que leurs actions aient des motifs plausibles, qui fondent avec vraisemblance le mélange du bien et du mal. La conduite de Pyrrhus envers Hermione et Andromaque est de cette espèce. Son mariage avec Hermione avait été arrêté par ses ambassadeurs; mais il prétexte qu'un engagement politique ne saurait contraindre ses inclinations; il convient de ses torts devant Hermione; mais il avoue aussi qu'il n'est pas en lui de pouvoir aimer une autre femme qu'Andromaque. C'en est assez pour excuser sa faute. (L.)

[1] VAR. Votre grand cœur, sans doute, attend après mes pleurs,
Pour aller dans ses bras jouir de mes douleurs;
Chargé de tant d'honneur, il veut qu'on le revoie, etc.

Et sans chercher ailleurs des titres empruntés,
Ne vous suffit-il pas de ceux que vous portez?
Du vieux père d'Hector la valeur abattue
Aux pieds de sa famille expirante à sa vue,
Tandis que dans son sein votre bras enfoncé
Cherche un reste de sang que l'âge avait glacé;
Dans des ruisseaux de sang Troie ardente plongée[1] :
De votre propre main Polyxène égorgée
Aux yeux de tous les Grecs indignés contre vous :
Que peut-on refuser à ces généreux coups?

PYRRHUS.

Madame, je sais trop à quels excès de rage
La vengeance d'Hélène emporta mon courage[2] :
Je puis me plaindre à vous du sang que j'ai versé;
Mais enfin je consens d'oublier le passé.
Je rends grâces au ciel que votre indifférence
De mes heureux soupirs m'apprenne l'innocence.
Mon cœur, je le vois bien, trop prompt à se gêner,
Devait mieux vous connaître et mieux s'examiner.
Mes remords vous faisaient une injure mortelle;

---

[1] Je ne connais rien de plus original et de plus énergique en alliance de mots et en images que *Troie ardente*, *plongée* dans des ruisseaux de sang : observez ici combien l'inversion ajoute à l'effet, et combien, malgré la beauté de l'expression, le dernier hémistiche perdrait à devenir le premier. (L.)

[2] VAR. L'ardeur de vous venger emporta mon courage.

Cette réponse est fine sans être subtile, et oppose fort à propos reproche à reproche. On a vu d'ailleurs comment l'amour est d'un moment à l'autre, dans la bouche d'Hermione, ou le panégyriste le plus flatteur, ou le détracteur le plus emporté; et pourtant il s'agit du même homme. Telle est la passion : quel coup de pinceau, dans ce genre, que ce dernier trait de l'éloge que tout à l'heure Hermione faisait de Pyrrhus!

> Intrépide, et partout suivi de la victoire,
> Charmant, fidèle enfin... rien ne manque à sa gloire.

Fidèle enfin, voilà pourquoi *rien ne manque à sa gloire*. Il n'est pas donné à l'amour de parler et de penser autrement que dans Racine. (L.)

ACTE IV, SCÈNE V.

Il faut se croire aimé pour se croire infidèle.
Vous ne prétendiez point m'arrêter dans vos fers :
J'ai craint de vous trahir, peut-être je vous sers.
Nos cœurs n'étaient point faits dépendants l'un de l'autre[1] :
Je suivais mon devoir, et vous cédiez au vôtre :
Rien ne vous engageait à m'aimer en effet.

HERMIONE.

Je ne t'ai point aimé, cruel! Qu'ai-je donc fait?
J'ai dédaigné pour toi les vœux de tous nos princes;
Je t'ai cherché moi-même au fond de tes provinces;
J'y suis encor, malgré tes infidélités,
Et malgré tous mes Grecs honteux de mes bontés.
Je leur ai commandé de cacher mon injure;
J'attendais en secret le retour d'un parjure;
J'ai cru que tôt ou tard, à ton devoir rendu,
Tu me rapporterais un cœur qui m'était dû.
Je t'aimais inconstant, qu'aurais-je fait fidèle[2]?
Et même en ce moment où ta bouche cruelle
Vient si tranquillement m'annoncer le trépas,
Ingrat, je doute encor si je ne t'aime pas.
Mais, seigneur, s'il le faut, si le ciel en colère
Réserve à d'autres yeux la gloire de vous plaire,
Achevez votre hymen, j'y consens; mais du moins
Ne forcez pas mes yeux d'en être les témoins.

[1] Mauvaise phrase, qui ne dit pas ce que l'auteur veut dire : *nos cœurs n'étaient pas faits pour dépendre l'un de l'autre*. Ce vers, et celui qui a été relevé au commencement de la scène (*Loin de les révoquer*), sont les deux seules taches de cette scène, d'ailleurs aussi supérieurement écrite que conçue. (L.)

[2] Voilà de toutes les ellipses connues la plus hardie et la plus naturelle. Elle a toujours été admirée, parce que le génie l'a placée dans un de ces élans d'éloquence passionnée qui ne permettent pas une parole inutile : et c'est cette éloquence des passions qui a créé toutes les figures de diction et de pensée, de manière qu'en négligeant quelques formes du langage ordinaire, elles ne violent jamais la logique générale des langues. (L.)

Pour la dernière fois je vous parle peut-être[1].
Différez-le d'un jour, demain vous serez maître...
Vous ne répondez point? Perfide, je le voi,
Tu comptes les moments que tu perds avec moi!
Ton cœur, impatient de revoir ta Troyenne,
Ne souffre qu'à regret qu'une autre t'entretienne.
Tu lui parles du cœur, tu la cherches des yeux.
Je ne te retiens plus, sauve-toi de ces lieux ;
Va lui jurer la foi que tu m'avais jurée ;
Va profaner des dieux la majesté sacrée :
Ces dieux, ces justes dieux n'auront pas oublié
Que les mêmes serments avec moi t'ont lié.
Porte au pied des autels ce cœur qui m'abandonne ;
Va, cours; mais crains encor d'y trouver Hermione[2].

---

[1] Quel mélange de douceur et d'emportement, de fureur et de tendresse, de haine et d'amour! quelle rapidité dans les mouvements du cœur d'Hermione! Ce couplet, dit La Harpe, où il n'y a pas un mot faible, et où tout est beauté, est un des morceaux de passion les plus parfaits qui existent dans aucune langue. (G.)

[2]   Va, cours; mais crains encor d'y trouver Hermione.

Vers que Pyrrhus n'entend pas, et que le spectateur n'entend que trop; vers arraché à l'amour, qui, au milieu de ses tourments et de ses fureurs, ne peut résister à cette effrayante pensée, que Pyrrhus en sortant va chercher la mort; enfin ce dernier éclat de l'amour désespéré, qui, voyant tous ses efforts repoussés, ne peut plus se soulager que par les transports, les menaces, les imprécations de la rage.

La marche savante de ce couplet suppose la plus parfaite connaissance du cœur humain; joignez-y les beautés du style, qui sont sans nombre; cette alternative du *vous* et du *toi*, selon qu'un sentiment plus doux ramène Hermione aux bienséances, ou qu'un sentiment plus violent les lui fait oublier,

Vous ne répondez point?... Perfide, je le voi,
Tu comptes les moments, etc. ;

cette expression si dénigrante, *ta Troyenne*: cette expression trouvée par l'amour qui devine, *Tu lui parles du cœur*, car l'amour offensé devine toutes les injures les plus secrètes, comme l'amour heureux devine tous ses triomphes les plus secrets; cette expression qui serait ailleurs familière, et qu'ennoblit la vérité de l'idée et du reproche : *Sauve-toi de*

SCÈNE VI.

PYRRHUS, PHŒNIX.

PHŒNIX.

Seigneur, vous entendez : gardez de négliger
Une amante en fureur qui cherche à se venger.
Elle n'est en ces lieux que trop bien appuyée ;
La querelle des Grecs à la sienne est liée ;
Oreste l'aime encore ; et peut-être à ce prix...

PYRRHUS.

Andromaque m'attend. Phœnix garde son fils.

---

ces lieux, etc., etc... J'en ai peut-être trop détaillé, surtout pour ceux qui sentiront tout ce que j'ai omis. (L.)

ACTE CINQUIÈME.

SCÈNE I.

HERMIONE.

Où suis-je? Qu'ai-je fait? Que dois-je faire encore?
Quel transport me saisit? Quel chagrin me dévore?
Errante et sans dessein, je cours dans ce palais.
Ah! ne puis-je savoir si j'aime ou si je hais?
Le cruel! de quel œil il m'a congédiée :
Sans pitié, sans douleur au moins étudiée!
L'ai-je vu s'attendrir, se troubler un moment[1]?
En ai-je pu tirer un seul gémissement[2]?
Muet à mes soupirs, tranquille à mes alarmes[3],

---

[1] VAR. Ai-je vu ses regards se troubler un moment?
    L'ai-je vu se troubler et me plaindre un moment?

[2] Racine lutte ici contre Virgile avec peu d'avantage ; Didon a plus de précision et d'énergie lorsqu'elle dit (*Æneid.*, lib. IV, v. 369) :

« Num fletu ingemuit nostro? num lumina flexit?
« Num lacrymas victus dedit? »

« A-t-il gémi de ma douleur? a-t-il daigné m'accorder un regard? ai-je pu seulement le toucher et lui arracher une larme? »

[3] *Muet à mes soupirs.* C'est ici que cette construction hardie, créée par l'auteur, est heureusement placée. Remarquez que *tranquille à mes alarmes* est encore plus hardi; car, en prose, on ne pourrait construire ainsi le mot *tranquille* avec la préposition *à*, si ce n'est en énonçant le rapport immédiat, *tranquille à la vue, au bruit, à l'approche, à la nouvelle*, etc. Ici le rapport immédiat est supprimé, et cette suppression rapproche et oppose avec bien plus de rapidité et d'énergie la *tranquillité* d'un côté, et les *alarmes* de l'autre. Ce n'est pas là une ellipse ordinaire : elle est vraiment de création, et il en résulte un vers admirable, une construction de génie qui jusqu'ici n'a pas encore été imitée. Pour

Semblait-il seulement qu'il eût part à mes larmes?
Et je le plains encore? Et, pour comble d'ennui,
Mon cœur, mon lâche cœur s'intéresse pour lui?
Je tremble au seul penser du coup qui le menace?
Et, prête à me venger, je lui fais déjà grâce?
Non, ne révoquons point l'arrêt de mon courroux :
Qu'il périsse! aussi bien il ne vit plus pour nous.
Le perfide triomphe, et se rit de ma rage :
Il pense voir en pleurs dissiper cet orage[1];
Il croit que, toujours faible, et d'un cœur incertain,
Je parerai d'un bras les coups de l'autre main.
Il juge encor de moi par mes bontés passées.
Mais plutôt le perfide a bien d'autres pensées :
Triomphant dans le temple, il ne s'informe pas
Si l'on souhaite ailleurs sa vie ou son trépas.
Il me laisse, l'ingrat! cet embarras funeste.
Non, non, encore un coup, laissons agir Oreste.
Qu'il meure, puisque enfin il a dû le prévoir,
Et puisqu'il m'a forcée enfin à le vouloir...
A le vouloir? Hé quoi! c'est donc moi qui l'ordonne?
Sa mort sera l'effet de l'amour d'Hermione?
Ce prince, dont mon cœur se faisait autrefois
Avec tant de plaisir redire les exploits;
A qui même en secret je m'étais destinée

en reproduire une semblable avec succès, il faudrait la même justesse de sentiment et de goût qui a légitimé celle-ci. (L.)

[1] *Il pense voir dissiper* est une véritable faute, quoi qu'en dise Louis Racine. Le sens, d'accord avec la grammaire, exige absolument *se dissiper*. Il faut que le verbe soit réciproque, parce que le verbe actif n'aurait pas de sens. C'est sans doute une inadvertance, car il était très-facile de mettre :

Il pense voir en pleurs se dissiper l'orage;

et la correction du vers n'ôtait rien à la métaphore naturelle et neuve qui en fait la beauté. (L.) — Au second vers suivant, *parer* d'un bras les coups de *l'autre main*, est à peu près inintelligible.

Avant qu'on eût conclu ce fatal hyménée!
Je n'ai donc traversé tant de mers, tant d'États,
Que pour venir si loin préparer son trépas,
L'assassiner, le perdre? Ah! devant qu'il expire[1]...

SCÈNE II.

HERMIONE, CLÉONE.

HERMIONE.
Ah, qu'ai-je fait, Cléone? et que viens-tu me dire?
Que fait Pyrrhus?

CLÉONE.
    Il est au comble de ses vœux,
Le plus fier des mortels, et le plus amoureux.
Je l'ai vu vers le temple, où son hymen s'apprête,
Mener en conquérant sa nouvelle conquête;
Et, d'un œil où brillaient sa joie et son espoir[2],
S'enivrer en marchant du plaisir de la voir.
Andromaque, au travers de mille cris de joie,
Porte jusqu'aux autels le souvenir de Troie;
Incapable toujours d'aimer et de haïr,
Sans joie et sans murmure elle semble obéir.

HERMIONE.
Et l'ingrat? jusqu'au bout il a poussé l'outrage?
Mais as-tu bien, Cléone, observé son visage?
Goûte-t-il des plaisirs tranquilles et parfaits?
N'a-t-il point détourné ses yeux vers le palais?

---

[1] Tout le monde sait que la grammaire a distingué essentiellement l'usage de ces prépositions *avant* et *devant*. La première est relative au temps, et la seconde aux lieux et aux personnes. *Avant sa mort, devant lui, devant sa maison.* On les confondait du temps de Racine; et Voltaire, qui a rappelé la règle dans son commentaire de Corneille, l'a violée plus d'une fois dans ses ouvrages. (L.)

[2] VAR. Et, d'un œil qui déjà dévorait son espoir...

Dis-moi, ne t'es-tu point présentée à sa vue?
L'ingrat a-t-il rougi lorsqu'il t'a reconnue?
Son trouble avouait-il son infidélité?
A-t-il jusqu'à la fin soutenu sa fierté[1]?

CLÉONE.

Madame, il ne voit rien : son salut et sa gloire
Semblent être avec vous sortis de sa mémoire.
Sans songer qui le suit, ennemis ou sujets,
Il poursuit seulement ses amoureux projets.
Autour du fils d'Hector il a rangé sa garde[2],
Et croit que c'est lui seul que le péril regarde.
Phœnix même en répond, qui l'a conduit exprès[3]
Dans un fort éloigné du temple et du palais.
Voilà dans ses transports le seul soin qui lui reste.

HERMIONE.

Le perfide! Il mourra. Mais que t'a dit Oreste?

CLÉONE.

Oreste avec ses Grecs dans le temple est entré.

---

[1] Que d'interrogations accumulées! que de raisons qui n'en font qu'une! combien elles semblent répéter de petites choses! et quel poete les aurait ainsi entassées, à moins de savoir, aussi bien que Racine, que dans la situation d'Hermione l'amour ne peut faire qu'une seule demande, mais qu'il la fait de toutes les manières possibles : « Suis-je tout à fait oubliée? » (L.)

[2] Ce trait, qui peint l'amour de Pyrrhus, n'est cependant pas d'accord avec les usages des anciens. On ne voit point, dans les tragédies de Sophocle et d'Euripide, que les rois aient eu des gardes. Il est vrai qu'ils étaient accompagnés de ce qu'on appelait alors *des fidèles*, qui étaient plutôt des compagnons que des gardes. Racine n'a donc pas manqué à l'histoire, mais seulement au *costume*.

[3] *Phœnix en répond, qui*, etc... Cette construction est absolument latine; c'est une nouvelle preuve des efforts que faisait Racine, dès son premier chef-d'œuvre, pour transporter dans notre langue les tournures propres aux langues anciennes. *Exprès* et *palais* sont une mauvaise rime, c'est-à-dire une rime insuffisante; car Racine n'en a pas qui soient absolument vicieuses. (L.)

HERMIONE.
Hé bien! à me venger n'est-il pas préparé?
CLÉONE.
Je ne sais.
HERMIONE.
Tu ne sais? Quoi donc! Oreste encore,
Oreste me trahit?
CLÉONE.
Oreste vous adore;
Mais de mille remords son esprit combattu
Croit tantôt son amour et tantôt sa vertu.
Il respecte en Pyrrhus l'honneur du diadème;
Il respecte en Pyrrhus Achille et Pyrrhus même;
Il craint les Grecs, il craint l'univers en courroux[1];
Mais il se craint, dit-il, soi-même plus que tous[2].
Il voudrait en vainqueur vous apporter sa tête :
Le seul nom d'assassin l'épouvante et l'arrête.
Enfin il est entré, sans savoir dans son cœur
S'il en devait sortir coupable ou spectateur[3].
HERMIONE.
Non, non, il les verra triompher sans obstacle;
Il se gardera bien de troubler ce spectacle.
Je sais de quels remords son courage est atteint :
Le lâche craint la mort, et c'est tout ce qu'il craint
Quoi! sans qu'elle employât une seule prière,
Ma mère en sa faveur arma la Grèce entière;

[1] VAR. Il craint la Grèce, il craint l'univers en courroux.

[2] Du temps de Racine, la règle sur l'emploi de *lui* ou de *soi* n'était pas encore établie. Aujourd'hui la règle générale est de préférer *lui* lorsque le sens est défini, et *soi* lorsque le sens est indéfini. Selon cette règle, le vers de Racine serait incorrect dans un écrivain moderne.

[3] *En* ne se rapporte à rien qui ait été annoncé. On le supplée si aisément, que l'omission est une légère inexactitude. Il y a peut-être plus à redire à ces mots, *coupable ou spectateur*, qui n'expriment point d'opposition réelle. *Sortir spectateur* ne rend pas ce que l'auteur a voulu dire. (L.)

Ses yeux pour leur querelle, en dix ans de combats,
Virent périr vingt rois qu'ils ne connaissaient pas ;
Et moi, je ne prétends que la mort d'un parjure,
Et je charge un amant du soin de mon injure ;
Il peut me conquérir à ce prix, sans danger ;
Je me livre moi-même, et ne puis me venger !
Allons : c'est à moi seule à me rendre justice[1].
Que de cris de douleur le temple retentisse ;
De leur hymen fatal troublons l'événement ;
Et qu'ils ne soient unis, s'il se peut, qu'un moment.
Je ne choisirai point dans ce désordre extrême :
Tout me sera Pyrrhus, fût-ce Oreste lui-même.
Je mourrai ; mais au moins ma mort me vengera :
Je ne mourrai pas seule, et quelqu'un me suivra.

SCÈNE III.

ORESTE, HERMIONE, CLÉONE.

ORESTE.

Madame, c'en est fait, et vous êtes servie :
Pyrrhus rend à l'autel son infidèle vie.

HERMIONE.

Il est mort ?

ORESTE.

Il expire ; et nos Grecs irrités
Ont lavé dans son sang ses infidélités.
Je vous l'avais promis ; et, quoique mon courage
Se fît de ce complot une funeste image,
J'ai couru vers le temple, où nos Grecs dispersés

---

[1] *Se rendre justice*, c'est se rendre à soi-même un juste témoignage, soit en bien, soit en mal. *Se faire justice*, c'est exécuter sur soi-même ou sur un autre ce que la justice prescrit. Ce dernier cas est celui d'Hermione. Elle devait donc dire *me faire* et non pas *me rendre justice*. Ailleurs, Racine a parfaitement observé cette différence. (L.)

Se sont jusqu'à l'autel dans la foule glissés[1].
Pyrrhus m'a reconnu, mais sans changer de face[2] :
Il semblait que ma vue excitât son audace ;
Que tous les Grecs, bravés en leur ambassadeur,
Dussent de son hymen relever la splendeur.
Enfin, avec transport prenant son diadème,
Sur le front d'Andromaque il l'a posé lui-même :
« Je vous donne, a-t-il dit, ma couronne et ma foi,
« Andromaque, régnez sur l'Épire et sur moi.
« Je voue à votre fils une amitié de père ;
« J'en atteste les dieux, je le jure à sa mère :
« Pour tous mes ennemis je déclare les siens[3],
« Et je le reconnais pour le roi des Troyens. »
A ces mots, qui du peuple attiraient le suffrage,
Nos Grecs n'ont répondu que par un cri de rage ;
L'infidèle s'est vu partout envelopper[4],

[1] Cette expression, *glissés*, peu faite par elle-même pour la poésie noble, passe à la faveur de l'inversion et de l'arrangement des mots, qui la font pour ainsi dire attendre à la fin du vers, de manière à la rendre nécessaire. Si l'auteur eût mis dans le premier hémistiche *se glissant dans la foule*, c'eût été un prosaïsme marqué. Cette science de l'arrangement des mots, essentielle partout, l'est surtout dans une langue où beaucoup de termes dont la phrase a besoin semblent repoussés par la délicatesse scrupuleuse de notre poésie, et ne peuvent y entrer qu'avec toutes les précautions qui ne sont enseignées que par le goût. (L.)
[2] *Changer de face* s'entend, dans notre langue, des choses qui changent d'état, et non pas des personnes qui *changent de visage*. Ce second hémistiche est donc répréhensible. (L.)
[3] L'abbé d'Olivet a raison, quoi qu'en dise Louis Racine, de blâmer le mot *tous* et la place où il est. C'est trop intervertir l'ordre des idées. Je déclare *tous ses ennemis pour les miens* : voilà le sens et la construction. Je déclare *ses ennemis pour tous les miens* n'est pas français, et s'il l'était, dirait autre chose que ce que veut dire Pyrrhus ; car cela signifierait qu'il n'a pas d'autres ennemis que ceux d'Andromaque. (L.)
[4] On a critiqué l'expression d'*infidèle* comme trop faible et trop vague. Il nous semble cependant qu'elle caractérise à la fois la conduite de Pyrrhus vis-à-vis des Grecs et vis-à-vis d'Hermione. Comme homme public,

Et je n'ai pu trouver de place pour frapper[1] :
Chacun se disputait la gloire de l'abattre.
Je l'ai vu dans leurs mains quelque temps se débattre,
Tout sanglant à leurs coups vouloir se dérober ;
Mais enfin à l'autel il est allé tomber[2].
Du peuple épouvanté j'ai traversé la presse
Pour venir de ces lieux enlever ma princesse,
Et regagner le port, où bientôt nos amis
Viendront couverts du sang que je vous ai promis.

HERMIONE.

Qu'ont-ils fait !

ORESTE.

Pardonnez à leur impatience :
Ils ont, je le vois bien, trahi votre vengeance ;
Vous vouliez que ma main portât les premiers coups,
Qu'il sentît en mourant qu'il expirait pour vous ;
Mais c'est moi dont l'ardeur leur a servi d'exemple :
Je les ai pour vous seule entraînés dans le temple,

Oreste se croit justifié d'avoir porté les Grecs à frapper un roi *infidèle* à leur cause ; comme amant d'Hermione, il craint encore qu'elle ne plaigne Pyrrhus, et veut, par ce seul mot d'*infidèle*, lui rappeler combien il était coupable. Tels sont tous les sentiments que Racine a su renfermer dans une seule expression.

[1] Il y a beaucoup d'art dans ce récit. Quoi qu'Oreste ait promis à Hermione, ce n'est point lui qui massacre à l'autel un roi sans défense ; c'est la vengeance des Grecs outragés et furieux, qui se précipitent sur l'époux d'une Troyenne. Oreste n'est coupable qu'autant qu'il le faut pour son caractère, pour l'action, pour le châtiment qu'il va recevoir, et ne l'est pas assez pour être indigne de pitié. Ce sont ces nuances qui fondent l'intérêt. (L.)

[2] VAR. Le Troyen est sauvé. Mais partons, le temps presse :
L'Épire tôt ou tard satisfera la Grèce.
Cependant j'ai voulu qu'Andromaque aujourd'hui
Honorât mon triomphe et répondît de lui.
Du peuple épouvanté la foule fugitive
M'a laissé sans obstacle enlever ma captive,
Et regagner ces lieux, où bientôt nos amis
Viendront, etc.

Madame; et vous pouvez justement vous flatter
D'une mort que leurs bras n'ont fait qu'exécuter.
Vous seule avez poussé les coups...
HERMIONE.
Tais-toi, perfide,
Et n'impûte qu'à toi ton lâche parricide.
Va faire chez tes Grecs admirer ta fureur,
Va : je la désavoue, et tu me fais horreur.
Barbare, qu'as-tu fait? Avec quelle furie
As-tu tranché le cours d'une si belle vie?
Avez-vous pu, cruels, l'immoler aujourd'hui
Sans que tout votre sang se soulevât pour lui?
Mais parle : de son sort qui t'a rendu l'arbitre?
Pourquoi l'assassiner? Qu'a-t-il fait? A quel titre?
Qui te l'a dit[1]?
ORESTE.
Oh dieux! Quoi! ne m'avez-vous pas
Vous-même, ici, tantôt, ordonné son trépas?
HERMIONE.
Ah! fallait-il en croire une amante insensée?
Ne devais-tu pas lire au fond de ma pensée?

---

[1] Voilà ce fameux *qui te l'a dit?* car on peut s'exprimer ici comme Voltaire sur le *qu'il mourût.* Plus j'y réfléchis, plus le mot *qui te l'a dit?* me semble admirable. C'est à mon gré le plus hardi, le plus profond, le plus étonnant que la passion ait jamais inspiré. Prenez garde qu'un autre que Racine, en concevant la même révolution dans le cœur d'Hermione, n'eût jamais osé la faire si subite et si entière, de peur qu'Hermione ne parût absolument folle et ne révoltât. Il se serait cru obligé de graduer cette révolution, et en aurait détruit l'effet. Racine a compris qu'elle était faite dans le cœur d'Hermione à ce seul mot, *il est mort?* Pendant tout le reste du récit, son âme est bouleversée par le désespoir, et ne peut laisser échapper que ces mots : *qu'ont-ils fait!* Mais quand elle s'entend attribuer ce meurtre, c'est alors qu'elle est hors d'elle-même, et qu'elle devient pour Oreste la véritable Euménide qui tourmente le coupable, et le punit des crimes qu'elle lui a fait commettre. (L.)

Et ne voyais-tu pas, dans mes emportements,
Que mon cœur démentait ma bouche à tous moments?
Quand je l'aurais voulu, fallait-il y souscrire?
N'as-tu pas dû cent fois te le faire redire?
Toi-même avant le coup me venir consulter,
Y revenir encore, ou plutôt m'éviter?
Que ne me laissais-tu le soin de ma vengeance?
Qui t'amène en des lieux où l'on fuit ta présence?
Voilà de ton amour le détestable fruit :
Tu m'apportais, cruel, le malheur qui te suit.
C'est toi dont l'ambassade, à tous les deux fatale,
L'a fait pour son malheur pencher vers ma rivale.
Nous le verrions encor nous partager ses soins;
Il m'aimerait peut-être; il le feindrait du moins[1].
Adieu. Tu peux partir. Je demeure en Épire :
Je renonce à la Grèce, à Sparte, à son empire,
A toute ma famille; et c'est assez pour moi,
Traître, qu'elle ait produit un monstre tel que toi[2].

---

[1] On est surpris de trouver ce même vers dans une comédie de Montfleury, intitulée *le Mari sans femme*, jouée en 1663, quatre ans avant *Andromaque*. Mais si l'on en croit Louis Racine, dont le raisonnement paraît fort juste, c'est un vers que Montfleury a jugé à propos d'emprunter à Racine, pour en parer après coup une de ses comédies, lorsqu'il la fit imprimer. (G.)

[2] VAR.   Traître, qu'elle ait produit un monstre comme toi.

Dans l'origine, Andromaque était présente à cette entrevue. Hermione finissait même par briser les fers de sa rivale, en lui disant :

> Allons, madame, allons. C'est moi qui vous délivre.
> Pyrrhus ainsi l'ordonne, et vous pouvez me suivre.
> De nos derniers devoirs allons nous dégager.
> Montrons qui de nous deux saura mieux le venger.

Ces vers démentaient le caractère d'Hermione. On ignore à quelle époque Racine les retrancha. Nous donnons, à la fin de la pièce, la scène telle qu'elle avait d'abord été conçue.

SCÈNE IV.

ORESTE.

Que vois-je? est-ce Hermione? et que viens-je d'entendre?
Pour qui coule le sang que je viens de répandre?
Je suis, si je l'en crois, un traître, un assassin.
Est-ce Pyrrhus qui meurt? et suis-je Oreste enfin?
Quoi! j'étouffe en mon cœur la raison qui m'éclaire;
J'assassine à regret un roi que je révère;
Je viole en un jour les droits des souverains,
Ceux des ambassadeurs, et tous ceux des humains,
Ceux même des autels où ma fureur l'assiége;
Je deviens parricide, assassin, sacrilége[1]!
Pour qui? Pour une ingrate à qui je le promets,
Qui même, s'il ne meurt, ne me verra jamais,
Dont j'épouse la rage! Et quand je l'ai servie,
Elle me redemande et son sang et sa vie[2]!
Elle l'aime! et je suis un monstre furieux!
Je la vois pour jamais s'éloigner de mes yeux,
Et l'ingrate en fuyant me laisse pour salaire
Tous les noms odieux que j'ai pris pour lui plaire!

---

[1] *Parricide* est impropre. Oreste ne devient point parricide en tuant Pyrrhus. (G.) — La gradation d'ailleurs est mal observée, puisqu'un parricide est plus odieux qu'un assassin. (L. B.)

[2] Est-ce le sang et la vie d'Hermione? La grammaire le veut; le sens demande que ce soit le sang et la vie de Pyrrhus. Peut-être Oreste a-t-il horreur de nommer l'ennemi qu'il vient d'assassiner si lâchement; de même qu'Hermione avait horreur de nommer l'amant infidèle dont elle voulait se venger si cruellement. (G.)

SCÈNE V.

ORESTE, PYLADE; SOLDATS D'ORESTE.

PYLADE.

Il faut partir, seigneur. Sortons de ce palais,
Ou bien résolvons-nous de n'en sortir jamais.
Nos Grecs pour un moment en défendent la porte :
Tout le peuple assemblé nous poursuit à main forte[1].
Aux ordres d'Andromaque ici tout est soumis ;
Ils la traitent en reine, et nous comme ennemis.
Andromaque elle-même, à Pyrrhus si rebelle,
Lui rend tous les devoirs d'une veuve fidèle,
Commande qu'on le venge ; et peut-être qu'encor
Elle poursuit sur nous la vengeance d'Hector[2].
Allons, n'attendons pas que l'on nous environne ;
Nos Grecs nous rejoindront ; et tandis qu'Hermione
Tient encore le peuple autour d'elle arrêté,
Voilà notre chemin, sortons en sûreté[3].

ORESTE.

Non, non, c'est Hermione, amis, que je veux suivre :
A son dernier arrêt je ne puis plus survivre[4].
Partez : j'ai fait le crime, et je vais l'expier.

PYLADE.

Hermione, seigneur ? Il la faut oublier.

---

[1] On dit communément *prêter main forte*, pour *porter du secours. Poursuivre à main forte* est une tournure poétique qui n'exprime pas la même pensée. Selon toutes les apparences, cette locution, du temps de Racine, signifiait *avec force, avec vigueur*. C'est ainsi que Boileau s'en est servi, satire VIII, où il représente l'homme en proie à l'ambition, qui

Dans le sein du repos vient le prendre à main forte.

[2] VAR. Commande qu'on le venge, et peut-être sur nous
Veut venger Troie encore, et son premier époux.

[3] VAR. Voilà notre chemin, marchons de ce côté.

[4] VAR. A son dernier courroux je ne puis plus survivre.

Quoi! toujours l'instrument et l'objet de sa rage,
Cherchez-vous chez les morts quelque nouvel outrage?
Et parce qu'elle meurt faut-il que vous mouriez?

ORESTE.

Elle meurt! Dieux! qu'entends-je!

PYLADE.

Hé quoi! vous l'ignoriez?
En rentrant dans ces lieux, nous l'avons rencontrée
Qui courait vers le temple, inquiète, égarée.
Elle a trouvé Pyrrhus porté par des soldats
Que son sang excitait à venger son trépas.
Sans doute à cet objet sa rage s'est émue.
Mais du haut de la porte enfin nous l'avons vue
Un poignard à la main sur Pyrrhus se courber,
Lever les yeux au ciel, se frapper, et tomber.

ORESTE.

Grâce aux dieux, mon malheur passe mon espérance[1]!
Oui, je te loue, ô ciel, de ta persévérance!
Appliqué sans relâche au soin de me punir,
Au comble des douleurs tu m'as fait parvenir :
Ta haine a pris plaisir à former ma misère ;
J'étais né pour servir d'exemple à ta colère[2].

---

[1] C'est dans ces huit vers, les plus beaux du rôle d'Oreste, que l'ironie est sublime à force d'être amère; et c'est cette ironie déjà établie par ces mots, *grâce aux dieux*, qui amène et justifie le mot d'*espérance*. Cette ironie ressemble au rire effrayant et convulsif qui saisit quelquefois un malheureux dans l'aliénation de la douleur. L'ironie est ici la dernière ressource de la rage, qui feint d'applaudir aux dieux et à la destinée, faute d'expressions pour la maudire. Il faudrait avoir vu Le Kain prononcer ces mots : *Hé bien! je meurs content*, pour comprendre tout ce qu'ils ont d'effroyable dans la bouche d'Oreste. A peine les a-t-il proférés, qu'il est saisi par les Furies. Ce morceau fameux n'est point un lieu commun : il est conforme à la tradition mythologique et à la situation. S'il n'y était pas, il manquerait à la pièce et au dénoûment : on ne pouvait pas mieux terminer ce sujet funeste et terrible. (L.)

[2] *Servir d'exemple à la colère du ciel* signifie lui donner l'exemple de la

Pour être du malheur un modèle accompli.
Hé bien! je meurs content, et mon sort est rempli.
Où sont ces deux amants? Pour couronner ma joie,
Dans leur sang, dans le mien, il faut que je me noie;
L'un et l'autre en mourant je les veux regarder :
Réunissons trois cœurs qui n'ont pu s'accorder...
Mais quelle épaisse nuit tout à coup m'environne?
De quel côté sortir? D'où vient que je frissonne?
Quelle horreur me saisit? Grâce au ciel, j'entrevoi...
Dieux! quels ruisseaux de sang coulent autour de moi!

PYLADE.

Ah, seigneur!

ORESTE.

Quoi! Pyrrhus, je te rencontre encore!
Trouverai-je partout un rival que j'abhorre?
Percé de tant de coups, comment t'es-tu sauvé?
Tiens, tiens, voilà le coup que je t'ai réservé.
Mais que vois-je? A mes yeux Hermione l'embrasse!
Elle vient l'arracher au coup qui le menace!
Dieux! quels affreux regards elle jette sur moi!
Quels démons, quels serpents traîne-t-elle après soi?
Hé bien! filles d'enfer, vos mains sont-elles prêtes?
Pour qui sont ces serpents qui sifflent sur vos têtes [1]?
A qui destinez-vous l'appareil qui vous suit?

---

colère. Au contraire, Racine veut dire qu'Oreste est un exemple de la colère du ciel. Il fallait ici le génitif, et non le datif.

[1] Ce vers, dont l'harmonie imitative a été remarquée, est traduit d'Euripide, et l'a été autrement par Boileau dans le *Traité du Sublime* :
Quels horribles serpents *leur* sifflent sur la tête!
Je crois qu'on préférera la version de Racine.

C'est une opinion reçue depuis l'époque d'*Andromaque*, que les efforts que fit Montfleury pour rendre les fureurs d'Oreste allèrent au point de causer sa mort; et ce qui est sûr, c'est qu'ayant été saisi d'une grosse fièvre au sortir d'une représentation de cette pièce, la fièvre, qu'elle qu'en fût la cause, le conduisit au tombeau. (L.)

Venez-vous m'enlever dans l'éternelle nuit?
Venez, à vos fureurs Oreste s'abandonne.
Mais non, retirez-vous, laissez faire Hermione :
L'ingrate mieux que vous saura me déchirer;
Et je lui porte enfin mon cœur à dévorer.

PYLADE.

Il perd le sentiment. Amis, le temps nous presse;
Ménageons les moments que ce transport nous laisse.
Sauvons-le. Nos efforts deviendraient impuissants,
S'il reprenait ici sa rage avec ses sens [1].

[1] L'état où tombe Oreste à la fin de cette tragédie paraît une punition divine, qui satisfait le spectateur, aussi bien que la mort d'Hermione, qui s'est fait justice à elle-même. Les trois coupables sont punis, et la vertueuse Andromaque paraît récompensée; mais comme elle a perdu son défenseur dans Pyrrhus, la Grèce n'a plus rien à craindre du fils d'Hector. Ainsi la catastrophe délivrant la Grèce de ses inquiétudes cause une révolution, et elle est comme l'achèvement complet de son triomphe sur Troie. C'est pour cela que cet événement arrive un an après la ruine de cette ville. Pyrrhus a dit à Andromaque :

Mon cœur désespéré d'un an d'ingratitude.

Le poëte ne pouvait le reculer davantage : il n'eût point été vraisemblable que les Grecs eussent laissé vivre plusieurs années Astyanax, qui est dépeint dans cette pièce comme un enfant.

Racine trouva son sujet dans trois vers de Virgile; mais il ne trouva ni dans Virgile, ni dans Euripide, le plan qu'il suivit. Suivant Virgile, Pyrrhus traita en jeune vainqueur sa captive Andromaque, et, après lui avoir fait épouser un de ses esclaves, épousa Hermione, l'enlevant à Oreste, qui le tua au pied des autels. Dans Euripide, Pyrrhus, qui a deux femmes à la fois, Hermione et Andromaque, est tué par le peuple dans le temple de Delphes.

Le poëte français, en conservant ces quatre personnages avec la même catastrophe, a su faire un sujet tout nouveau, d'autant plus tragique que tout y devient grand, par l'intérêt que la Grèce y prend. Son repos et la tranquillité des États de Pyrrhus dépendent du parti qu'il va prendre; ce qui donne à ses faiblesses mêmes un air de grandeur, parce que lorsqu'il méprise Hermione, il méprise son père Ménélas; et quand il brave Oreste, il brave en la personne de cet ambassadeur toute la Grèce prête à s'armer contre lui. (L. R.)

FIN D'ANDROMAQUE.

VARIANTE

DE LA TROISIÈME SCÈNE DE L'ACTE V

D'ANDROMAQUE.

Dans les premières éditions, Racine faisait paraître Andromaque enchaînée : Oreste l'offrait à Hermione comme une preuve de l'accomplissement de sa mission; mais cette captive prenait en parlant à Hermione un ton bien différent de celui qu'elle emploie dans toute la pièce; et ce ton était bien moins intéressant. Andromaque, témoin de l'accueil que fait Hermione au meurtrier de Pyrrhus, refroidissait cette situation si tragique. Cependant on ne peut dérober au lecteur ce morceau précieux. On y verra combien le génie lui-même se trompe quelquefois dans ses inspirations soudaines, et quel besoin il a du jugement et du goût pour rectifier ses opérations. Nous citerons la scène entière telle qu'elle a été imprimée en 1668, afin qu'on puisse plus facilement la juger dans son ensemble, et par conséquent mieux apprécier le mérite des corrections. On ne sait pas précisément dans quel temps Racine retrancha le personnage d'Andromaque. On ne le trouve plus dans une petite édition imprimée, en 1673, chez Jean Ribou. Les guillemets indiquent les vers qui ont été supprimés ou changés. (G.)

ORESTE, ANDROMAQUE, HERMIONE, CLÉONE,
CÉPHISE, SOLDATS D'ORESTE.

ORESTE.

Madame, c'en est fait. « Partons en diligence :
« Venez, dans mes vaisseaux, goûter votre vengeance.
« Voyez cette captive : elle peut, mieux que moi,
« Vous apprendre qu'Oreste a dégagé sa foi.

HERMIONE.

« O dieux! c'est Andromaque!

ANDROMAQUE.
                « Oui, c'est cette princesse,
« Deux fois veuve, et deux fois l'esclave de la Grèce,
« Mais qui jusque dans Sparte ira vous braver tous,
« Puisqu'elle voit son fils à couvert de vos coups.
« Du crime de Pyrrhus complice manifeste,
« J'attends son châtiment : car je vois bien qu'Oreste,
« Engagé par votre ordre à cet assassinat,
« Vient de ce triste exploit vous céder tout l'éclat.
« Je ne m'attendais pas que le ciel en colère
« Pût, sans perdre mon fils, accroître ma misère,
« Et gardât à mes yeux quelque spectacle encor,
« Qui fît couler mes pleurs pour un autre qu'Hector.
« Vous avez trouvé seule une sanglante voie,
« De suspendre en mon cœur le souvenir de Troie.
« Plus barbare aujourd'hui qu'Achille et que son fils,
« Vous me faites pleurer mes plus grands ennemis ;
« Et ce que n'avaient pu prière ni menace,
« Pyrrhus de mon Hector semble avoir pris la place.
« Je n'ai que trop, madame, éprouvé son courroux :
« J'aurais plus de sujet de m'en plaindre que vous.
« Pour dernière rigueur, ton amitié cruelle,
« Pyrrhus, à mon époux me rendait infidèle :
« Je t'en allais punir ; mais le ciel m'est témoin
« Que je ne poussais pas ma vengeance si loin ;
« Et sans verser ton sang, ni causer tant d'alarmes,
« Il ne t'en eût coûté peut-être que des larmes.

HERMIONE.
« Quoi ! Pyrrhus est donc mort ?

ORESTE.
                « Oui, nos Grecs irrités »
Ont lavé dans son sang ses infidélités.
Je vous l'avais promis ; et, quoique mon courage
Se fît de ce complot une funeste image,
J'ai couru vers le temple, où nos Grecs dispersés
Se sont jusqu'à l'autel dans la foule glissés.
Pyrrhus m'a reconnu, mais sans changer de face :
Il semblait que ma vue excitât son audace ;
Que tous les Grecs, bravés en leur ambassadeur,
Dussent de son hymen relever la splendeur.
Enfin, avec transport prenant son diadème,
Sur le front d'Andromaque il l'a posé lui-même :
Je vous donne, a-t-il dit, *ma couronne et ma foi*,

VARIANTE.

Andromaque, régnez sur l'Épire et sur moi.
Je voue à votre fils une amitié de père,
J'en atteste les dieux, je le jure à sa mère.
Pour tous mes ennemis je déclare les siens,
Et je le reconnais pour le roi des Troyens.
A ces mots, qui du peuple attiraient le suffrage,
Nos Grecs n'ont répondu que par un cri de rage.
L'infidèle s'est vu partout envelopper,
Et je n'ai pu trouver de place pour frapper :
Chacun se disputait la gloire de l'abattre.
Je l'ai vu dans leurs mains quelque temps se débattre,
Tout sanglant à leurs coups vouloir se dérober ;
Mais enfin à l'autel il est allé tomber.
« Le Troyen est sauvé. Mais partons : le temps presse.
« L'Épire tôt ou tard satisfera la Grèce.
« Cependant j'ai voulu qu'Andromaque aujourd'hui
« Honorât mon triomphe, et répondît de lui.
« Du peuple épouvanté la foule fugitive
« M'a laissé sans obstacle enlever ma captive,
« Et regagner ces lieux, où bientôt nos amis »
Viendront couverts du sang que je vous ai promis.

HERMIONE.
Qu'ont-ils fait !

ORESTE.
Pardonnez à leur impatience.
Ils ont, je le vois bien, trahi votre vengeance :
Vous vouliez que ma main portât les premiers coups,
Qu'il sentît en mourant qu'il expirait pour vous.
Mais c'est moi, dont l'ardeur leur a servi d'exemple :
Je les ai pour vous seule entraînés dans le temple,
Madame ; et vous pouvez justement vous flatter
D'une mort que leurs bras n'ont fait qu'exécuter.
Vous seule avez poussé les coups...

HERMIONE.
Tais-toi, perfide.
Et n'impute qu'à toi ton lâche parricide.
Va faire chez tes Grecs admirer ta fureur ;
Va, je la désavoue, et tu me fais horreur
Barbare, qu'as-tu fait ? Avec quelle furie
As-tu tranché le cours d'une si belle vie?
Avez-vous pu, cruels, l'immoler aujourd'hui,
Sans que tout votre sang se soulevât pour lui?
Mais parle : de son sort qui t'a rendu l'arbitre?

Pourquoi l'assassiner? Qu'a-t-il fait? A quel titre?
Qui te l'a dit?

ORESTE.

Oh dieux! Quoi! ne m'avez-vous pas
Vous-même, ici, tantôt, ordonné son trépas?

HERMIONE.

Ah! fallait-il en croire une amante insensée?
Ne devais-tu pas lire au fond de ma pensée?
Et ne voyais-tu pas dans mes emportements
Que mon cœur démentait ma bouche à tous moments?
Quand je l'aurais voulu, fallait-il y souscrire?
N'as-tu pas dû cent fois te le faire redire?
Toi-même avant le coup me venir consulter,
Y revenir encore, ou plutôt m'éviter?
Que ne me laissais-tu le soin de ma vengeance?
Qui t'amène en des lieux où l'on fuit ta présence?
Voilà de ton amour le détestable fruit :
Tu m'apportais, cruel, le malheur qui te suit.
C'est toi dont l'ambassade, à tous les deux fatale,
L'a fait pour son malheur pencher vers ma rivale.
Nous le verrions encor nous partager ses soins :
Il m'aimerait peut-être, il le feindrait du moins.
Adieu. Tu peux partir. Je demeure en Épire :
Je renonce à la Grèce, à Sparte, à son empire,
A toute ma famille; et c'est assez pour moi,
Traître, qu'elle ait produit un monstre tel que toi.

(à Andromaque.)

« Allons, madame, allons. C'est moi qui vous délivre;
« Pyrrhus ainsi l'ordonne, et vous pouvez me suivre.
« De nos derniers devoirs allons nous dégager.
« Montrons qui de nous deux saura mieux le venger.

FIN DU TOME PREMIER.

TABLE

DES PIÈCES CONTENUES DANS CE VOLUME.

Préface de la première édition publiée en 1820. 1
Avertissement sur la cinquième édition. 9
Mémoires sur la vie et les ouvrages de Jean Racine, par Louis Racine. 11
LA THÉBAÏDE. 157
    Épître à monseigneur le duc de Saint-Aignan. 159
    Préface. 161
ALEXANDRE LE GRAND. 253
    Épître au Roi. 255
    Première Préface. 257
    Seconde Préface. 259
ANDROMAQUE. 341
    Épître à Madame. 343
    Première Préface. 345
    Seconde Préface. 346
    Variante de la troisième scène de l'acte V d'ANDROMAQUE. . . . 453

FIN DE LA TABLE DU PREMIER VOLUME.

Librairie de Firmin Didot Frères.

CHEFS-D'OEUVRE LITTÉRAIRES DU XVIIe SIÈCLE,
Collationnés sur les éditions originales, et publiés par M. Lefèvre.
20 volumes in-8°. — 4 fr. 50 le volume.

M. V. Cousin, dans un rapport à l'Académie française, a signalé l'utilité de publier des éditions de nos *Chefs-d'œuvre littéraires*, revus sur les textes originaux. M. Lefèvre, qui s'est livré pendant près de quarante années à ce genre d'études (les excellentes éditions qu'il a publiées en rendent témoignage), n'avait pu collationner toutes ses œuvres. Ce grand travail, il l'a achevé pour les vingt volumes que, d'accord avec lui, nous mettons sous presse.

Le volume contenant les OEuvres poétiques de Boileau fera juger du mérite de ces éditions. Le texte est accompagné : 1° de toutes les notes de Boileau ; 2° des variantes ; 3° des passages d'Horace, de Juvénal et de Perse, 4° des notes nécessaires pour l'intelligence du texte, extraites de tous les commentaires et dégagées des erreurs que M. Berriat-Saint-Prix a signalées et démontrées ; 5° d'un recueil des vers devenus maximes ou proverbes ; 6° d'une table des noms propres.

PIERRE CORNEILLE, ses *Chefs-d'œuvre dramatiques*, avec les variantes, les examens de pièces et les discours sur la poésie. 2 vol.

Édition conforme au texte de la dernière édition publiée par P. Corneille en 1682, deux ans avant sa mort. On a dit qu'elle est fautive, et cela est vrai ; mais, en conférant les éditions antérieures, M. Lefèvre a facilement rétabli la pureté du texte.

MOLIÈRE, OEuvres complètes, avec de nombreuses notes explicatives extraites de tous les commentaires 4 vol.

Le texte a été récemment collationné sur toutes les éditions partielles publiées par Molière, et sur un exemplaire de ses œuvres (1682), sans cartons, qui avait appartenu au lieutenant de police de la Reynie.

J. RACINE, ses OEuvres dramatiques, avec les variantes et ses *Poésies diverses*. 2 vol.

Les mêmes, en 8 volumes, avec les notes de tous les commentateurs, publiées par Aimé-Martin et précédées des Mémoires de L. Racine.

Le texte a été collationné sur toutes les éditions publiées par Racine.

BOILEAU, OEuvres poétiques, avec les variantes, les passages des poëtes latins qu'il a imités, des notes explicatives extraites de tous les commentateurs, etc. 1 vol.

Le texte est celui de l'édition de M. Berriat-Saint-Prix.

LA FONTAINE, ses *Fables*, avec des notes de tous les commentateurs et une table des vers devenus proverbes ou maximes.

Texte établi par M. Walckenaer.

DESCARTES, *Discours de la Méthode*, *Méditations philosophiques*, le traité des *Passions*, etc., etc. 1 vol.

Texte de Clerselier, précédé de la vie de Descartes.

PASCAL, ses *Provinciales*, précédées de l'*Histoire de ce livre*, et suivies des *Avis des Curés de Paris et de Rouen*, attribués à Pascal. 1 vol.

Texte de la dernière édition publiée par Pascal en 1659, conféré sur les éditions de 1656 et de 1657, qui ont fourni beaucoup de variantes.

PASCAL, ses *Pensées*, précédées de la *Vie de Pascal*, par madame Perier, sa sœur, de l'*Éloge de Pascal*, par Nicolle ; de la *Préface* entière de l'édition de 1670 ; et suivies d'un *Appendice* contenant plusieurs opuscules. 1 vol.

Le texte est celui des manuscrits autographes conservés à la Bibliothèque impériale, le classement des Pensées est de M. Lefèvre. Le volume est terminé par une table analytique qui nous appartient.

LA BRUYÈRE, sa traduction de *Théophraste*, et les *Caractères ou les Mœurs de ce siècle*, avec des notes. 1 vol.

C'est le texte de l'édition de 1696, la dernière que La Bruyère ait revue et corrigée. Une table analytique, par madame Voillez, termine le volume.

LA ROCHEFOUCAULD, ses *Réflexions, Sentences et Maximes morales*, avec les variantes ; suivies d'un *Examen critique*, par Aimé-Martin, et d'une table des matières. 1 v.

Texte de la dernière édition (1678) publiée par l'auteur.

BOSSUET, *Discours sur l'histoire universelle*, avec les variantes, des additions et une table analytique. 1 vol.

Texte de l'édition de 1700, augmenté, d'après un manuscrit autographe, d'additions que Bossuet avait écrites pour une quatrième édition ; et, pour la première fois, le volume est terminé par une table analytique.

BOSSUET, ses *Chefs-d'œuvre oratoires*, contenant les *Oraisons funèbres* avec les notes de tous les commentateurs, quatre *Panégyriques*, dix *Sermons*, et quarante *Extraits de Sermons*. 2 vol.

C'est le texte de l'édition de Versailles, corrigé d'après les notes qui ont été communiquées à M. Lefèvre par l'abbé Caron, ancien bibliothécaire du séminaire de Saint-Sulpice.

FÉNELON, les *Aventures de Télémaque*, avec des notes géographiques et littéraires, les passages des auteurs grecs et latins que Fénelon a imités, un Recueil des pensées et maximes, et une nouvelle table analytique. 1 vol.

Le texte est conforme aux deux manuscrits autographes que conserve la bibliothèque du séminaire de Saint-Sulpice ; les *Aventures de Télémaque* sont précédées de l'*Éloge de Fénelon* par La Harpe ; M. Lefèvre y a ajouté des notes biographiques.

MASSILLON, ses *Chefs-d'œuvre oratoires*. 1 vol.

C'est le choix que M. Lefèvre avait fait pour sa collection grand in-24 ; le texte est celui de l'édition de 1745.

Les *Chefs-d'œuvre littéraires du dix-septième siècle* feront vingt volumes in-8°, qui ne contiendront que des textes corrects, c'est-à-dire conformes aux éditions originales ; ils seront accompagnés de variantes et de notes explicatives.

Le prix de chaque volume est de 4 fr. 50 c.

Paris. — Typographie de Firmin Didot Frères, rue Jacob, 56.

www.ingramcontent.com/pod-product-compliance
Lightning Source LLC
Chambersburg PA
CBHW072110220426
43664CB00013B/2062